"十二五"职业教育国家规划教材
经全国职业教育教材审定委员会审定

国家文化产业资金支持媒体融合重大项目

高等职业教育教学改革融合创新型教材·旅游类

LÜYOU JINGQU FUWU
YU GUANLI

旅游景区服务与管理

第五版

王瑜 编著

东北财经大学出版社
Dongbei University of Finance & Economics Press

大连

图书在版编目（CIP）数据

旅游景区服务与管理 / 王瑜编著. —5版. —大连：东北财经大学出版社，
2021.12（2023.7重印）

（高等职业教育教学改革融合创新型教材·旅游类）

ISBN 978-7-5654-4400-5

Ⅰ．旅⋯　Ⅱ．王⋯　Ⅲ．①旅游区–商业服务–高等职业教育–教材 ②旅游区–
经济管理–高等职业教育–教材　Ⅳ．F590.65

中国版本图书馆CIP数据核字（2021）第255212号

东北财经大学出版社出版

（大连市黑石礁尖山街217号　邮政编码　116025）

网　　址：http：//www.dufep.cn

读者信箱：dufep@dufe.edu.cn

大连市东晟印刷有限公司印刷　　东北财经大学出版社发行

幅面尺寸：185mm×260mm　　字数：418千字　　印张：19

2021年12月第5版　　　　　　2023年7月第4次印刷

责任编辑：张旭凤　　　　　　　责任校对：王　娟

封面设计：冀贵收　　　　　　　版式设计：原　皓

定价：47.00元

富媒体智能型教材出版说明

　　"财经高等职业教育富媒体智能型教材开发系统工程"入选国家新闻出版广电总局新闻出版改革发展项目库，并获得文化产业专项资金支持，是"国家文化产业资金支持媒体融合重大项目"。项目以"融通""融合""共建""共享"为特色，是东北财经大学出版社积极落实国家推动传统媒体与新媒体融合发展的重要举措之一。

　　"财济书院"智能教学互动平台是该工程项目建设成果之一。该平台通过系统、合理的架构设计，将教学资源与教学应用集成于一体，具有教学内容多元呈现、课堂教学实时交互、测试考评个性设置、用户学情高效分析等核心功能，是高校开展信息化教学的有力支撑和应用保障。

　　富媒体智能型教材是该工程项目建设成果之二。该类教材是我社供给侧改革探索性策划的创新型产品，是一种新形态立体化教材。富媒体智能型教材秉持严谨的教学设计思想和先进的教材设计理念，为财经职业教育教与学、课程与教材的融通奠定了基础，较好地避免了传统教学模式和单一纸质教材容易出现的"两层皮"现象，有助于教学质量的提高和教学效果的提升。

　　从教材资源的呈现形式来说，富媒体智能型教材实现了传统纸质教材与数字技术的融合，通过二维码建立链接，将VR、微课、视频、动画、音频、图文和试题库等富媒体资源丰富呈现给用户；从教材内容的选取整合来说，其实现了职业教育与产业发展的融合，不仅注重专业教学内容与职业能力培养的有效对接，而且很好地解决了部分专业课程学与训、训与评的难题；从教材的教学使用过程来说，其实现了线下自主与线上互动的融合，学生可以在有网络支持的任何地方自主完成预习、巩固、复习等，教师可以在教学中灵活使用随堂点名、作业布置及批改、自测及组卷考试、成绩统计分析等平台辅助教学工具。

　　富媒体智能型教材设计新颖，使用便捷。使用富媒体智能型教材的师生下载"财济书院"App或者进入"财济书院"（www.idufep.com）平台完成注册，就可以开启个性化教与学之旅。

　　"重塑教学空间，回归教学本源！""财济书院"平台不仅仅是出版社提供教学资源和服务的平台，更是出版社为作者和广大院校创设的一个教学空间，作者和院校师生既是这个空间的使用者和消费者，也是这个空间的创造者和建设者，在这里，出版社、作者、院校共建资源，共享回报，共创未来。

　　最后，感谢各位作者为支持项目建设所付出的辛劳和智慧，也欢迎广大院校在教学中积极使用富媒体智能型教材和"财济书院"平台，东北财经大学出版社愿意也必将陪伴广大职业教育工作者走向更加光明而美好的职教发展新阶段。

东北财经大学出版社

第五版前言

本书于2009年9月第一次付梓，分别于2012年8月第二版、2015年9月第三版、2018年9月第四版修订出版，历时十余年。这十余年我国经济和社会各方面发生深刻变化并取得世人瞩目的进步，旅游业亦如此。据统计，2019年我国旅游总收入6.63万亿元，占GDP总量的11.05%，旅游业对GDP的综合贡献为10.94万亿元；旅游业实现直接和间接就业7 987万人，占全国就业总人口的10.31%。目前，我国已创建168个国家全域旅游示范区，已有5A级旅游景区302家、国家级旅游度假区45家、全国乡村旅游重点村1 000个、全国红色旅游经典景区名录300处。旅游被列为五大幸福产业之首，日益成为人们日常生活的重要组成部分，成为全新的生活方式、学习方式和成长方式。

2021年是我国"十四五"开局之年。"十四五"是我国全面建成小康社会、实现第一个百年奋斗目标之后，乘势而上开启全面建设社会主义现代化国家新征程、向第二个百年奋斗目标进军的第一个五年。文化和旅游部编制的《"十四五"文化和旅游发展规划》，提出将贯彻新发展理念，构建新发展格局，以推动旅游业高质量发展为主题，以深化旅游业供给侧结构性改革为主线，注重需求侧管理，坚持旅游为民、旅游带动，坚持科技赋能、创新驱动，不断完善现代旅游业体系，不断发挥旅游业在服务国民经济社会发展、推进文化强国建设、满足人民群众美好生活需要等方面的重要作用。

2021年10月中共中央办公厅和国务院办公厅印发《关于推动现代职业教育高质量发展的意见》，提出到2025年，职业教育类型特色更加鲜明，现代职业教育体系基本建成，技能型社会建设全面推进；到2035年，职业教育整体水平进入世界前列，技能型社会基本建成。

基于新的时代背景，本书进行第五版修订。第五版以习近平新时代中国特色社会主义思想为指导，积极贯彻党的二十大精神，落实立德树人根本任务，围绕现代职业教育理念，注重德技并修、产教融合、强化能力、促进就业创业。具体体现如下：

1）坚持立德树人，弘扬奋斗精神

本书坚持立德树人，以培养我国旅游业发展所需高素质技术技能人才为目标，注重价值引领和品格塑造，弘扬奋斗精神，特别注重引入根植于中国大地的，充溢热情和激情、极具奋斗精神的案例，如开篇章首的"福建古田：探索'红色旅游+'"，以及将遗产保护、旅游开发和脱贫攻坚相结合，被选为《中国减贫密码》纪录片中的旅游扶贫案例——

公益性援助计划"阿者科计划",从"飞鸟无栖树,黄沙遮天日"的荒凉景象,经过几代人接续努力成为"河的源头、云的故乡、花的世界、林的海洋"的塞罕坝,疫情防控期间担起"龙头"担子的张家界等,书中各章节融合了许多旅游人奋斗的事例。幸福都是奋斗出来的!

2)注重社会担当,树立家国情怀

本书将知识、能力和正确价值观的培养有机结合。作者立足时代发展与实践要求,将自然和文化资源保护与活化、旅游景区社区发展与管理、景区高质量发展管理与运营方面置于更为突出的位置,对旅游安全、智慧管理、危机管理、承载量管理、厕所革命、文明旅游等专门讨论,更多着墨。希望广大师生牢固树立"两山"理念,增强文化自信,注重社会担当,树立家国情怀,成为"美丽中国"的积极参与者和模范行动者!

3)注重产教融合,培养创新能力

本书紧盯国家发展及产业布局战略,关注行业发展趋势和人才需求。书中涉及的所有资讯力求最新,保留每章章首的"热点关注""行业视窗"、内文的"行业广角镜"和章后的"行业方向球"专栏,以此提示读者关注社会,关注业态,积极探寻现在和今后的行业发展之路,培养创新能力。当今,数字化、网络化、智能化深刻改变着文化和旅游的发展环境、产品形态、供给方式和消费模式,模式创新、业态创新、产品创新之景区个性化发展是市场所趋。本书直面行业难点痛点,如景区餐饮痛点如何纾解、长沙世界之窗:用新媒体运营思维经营景区、广东景区开发"雨"资源、文创雪糕小切口带来大收益等项目的探讨,以及章后设置的开放式问题、实训式任务的"应用习题",希冀能激发学习者的灵活思考和创新能力。

4)注重德技并修,促进就业创业

本书面向实践、强化能力。人才培养与市场需求相对接,及时对接教学标准,将新技术、新工艺、新规范、典型生产案例及时纳入教学内容。每章"相关规范"及书中涉及的旅游景区服务与管理工作岗位和工作环节,力求将行业发展新技术、新规范纳入其中,尤其是新业态标准如《自驾车旅居车营地质量等级划分》等,引导学习者对标准规范加以关注和学习。当前,我国社会主要矛盾已经转化为人民日益增长的美好生活需要和不平衡不充分的发展之间的矛盾,新时代的大众旅游既需要产品类型多元,也需要通过产品类型的多元化来分层对应、分层满足大众游客构成的多元化。因此,本书将旅游景区产品开发置于更加重要的位置,通过故宫升级线上游览服务和内容、济南拿出"泉"方案、宁夏的星空"点亮"沙漠旅游、赣菜进景区促商旅文融合发展等,探讨跨界融合、协同发展,提供更多精细化、差异化的旅游产品,研学游、文体游、商旅游、乡村游、医养游等新业态产品"百花齐放",更好地满足人民群众对于更高层次的精神和体验需求,培育和弘扬工匠精神,肩负起民族复兴的时代重任!

此外,本书精选核心内容开发微课,将传统纸质教材和数字技术融合,与课程教学指南、教学大纲、教学课件、案例库等形成丰富立体的教材配套教学资源库。

本书在修订过程中,参阅了大量的书刊和网络资料,得到了东北财经大学出版社的鼎力支持,尤其是张旭凤女士一如既往的激励和帮助,至为感激,特此谨致谢忱!本书虽经审慎编著，亦难免有疏漏之处，尚祈各位专家、同行和读者不吝指正、赐教为幸，以使本书更臻完善，共同为我国旅游业的进步和发展、为我国现代职业教育高质量发展作出时代贡献！

王瑜　谨识

2023年7月于福州

目 录

二维码资源目录

第1章
旅游景区概述

学习目标

1. 了解旅游景区的概念、分类，理解旅游景区在旅游业中的地位和功能，增强职业自信。
2. 了解我国旅游景区的发展历程，把握旅游景区未来的发展趋势，增强道路自信。
3. 了解旅游景区服务的内容，理解旅游景区的管理方法，理解旅游景区高质量发展的时代需求。

热点关注

新发展理念　高质量发展　大众旅游　全域旅游　乡村振兴

行业视窗 　福建古田：探索"红色旅游+"创造美好新生活

古田会议会址位于福建省龙岩市上杭县古田镇社下山西麓，1929年12月28日至29日，中国共产党红军第四军第九次代表大会即著名的"古田会议"在这里召开，"古田会议"重申了党对红军实行绝对领导，确立了"思想建党、政治建军"原则，新型人民军队由此走上了发展壮大的历史征程。5A级景区古田旅游区包含古田会议会址、古田会议纪念馆等14处对外开放的革命旧址，以及古田镇五龙村、毛主席纪念园等重要景点。

近年来，古田积极探索"红色旅游+"发展路径，以创新方式讲好古田故事，不断完善和丰富红色旅游产品体系，提高广大群众参与红色旅游的积极性和满意度，不断增强红色旅游对当地经济社会发展的辐射带动作用，助力当地村民走上脱贫致富路。

讲好红色故事。到古田会议会址、毛主席纪念园、古田会议纪念馆等场所瞻仰和参观，在"星火燎原"红色主题蜡像馆感受当年的革命斗争情形……慕名到古田旅游区缅怀革命先辈、接受红色革命教育的游客络绎不绝。纪念馆以图片、文物、场景、多媒体播放等相结合的方式，辅以油画、模型等展品，把厚重历史生动地展现在游客面前。近年来，古田引入中央苏区文化园等大型红色旅游综合体项目，与现有红色景点串联成片，规划设计小学、初中、高中阶段的研学实践教育线路，推出了当一回红军战士、听一个红军故事、唱一首红色歌谣等"十个一"特色研学课程，推动建设全国中小学研学营地，打造面向全国青少年的综合研学实践教育基地。2020年，古田旅游区累计接待培训班次653期、3.37万人次，接待研学班次236期、2.25万人次。

"红""绿"交相辉映。长期以来大部分游客到古田还是直奔古田会议会址，而地处梅花山国家级自然保护区的古田不仅有丰富的红色旅游资源，绿色旅游资源也十分丰富。为串联好"红""绿"资源，2019年11月，龙岩市委决定设立古田梅花山文旅康养试验区。2020年以来，古田策划了以"记住·古田"为主题的"一台戏"项目；改造提升古田美食街，开发具有客家特色的"古田院子"；以梅花山森林小火车项目为核心，开发特色生态康养产品。2020年复工复产以来，试验区累计接待游客183.81万人次，带动旅游综合收入10.18亿元。

红军小镇位于古田镇吴地村，距离古田会议会址仅10分钟车程，是一个有近2 000年历史的古村落，这里留存着红军后方医院、红军住房等革命旧址。小镇吸引了许多研学团与游客到这里体验昔日红军生活生产斗争的场景，自2018年1月正式对外开放以来，已接待学员、游客59.58万人次，增加旅游收入近千万元。

带动脱贫致富。古田会议会址旁的古田镇五龙村里，一排挂着"红军客栈"招牌的农家乐生意火爆，许多游客在这里吃"红军饭"。五龙村是古田镇较早发展农家乐的村庄。早在2008年，五龙村就开始重点发展农家乐，村里成立了农家乐旅游协会，采取联营的方式经营，使农家乐生意越做越红火。在这个人口仅千余人的村子里，目前已有近30家农家乐，成为当地村民脱贫致富的重要途径。

苏家坡民俗小镇景区位于古田镇苏家坡村，是中共闽西特委机关旧址——树槐堂所在地，也是古田镇唯一的畲族行政村。近年来，该村通过打造红色教育基地、民俗旅游体验小寨、采摘体验基地等，带动当地村民脱贫致富。景区自2018年6月正式运营以来，已累计接待游客10万余人次，村集体经济收入达38万余元，村民人均纯收入达2万元，已实现"三无"（无贫困户、无低保户、无五保户）目标，村民的日子越过越红火。

结合美丽乡村建设，古田镇还着力培育发展乡村旅游特色示范村。其中，赖坊村发挥红色景点《星星之火，可以燎原》写作旧址协成店等优势资源，推出"云上境"精品民宿；竹岭村成立红古田精准扶贫农产品展销中心，展销当地特色农产品和伴手礼，带动100多户贫困户增收。如今，古田红色旅游已成为拉动周边产业发展的重要引擎。截至目前，古田镇直接参与红色旅游就业1 000多人，间接参与就业5 000多人，景区群众收入的五成来源于红色旅游，老百姓的获得感和幸福感不断增强。

资料来源 李金枝.福建古田：探索"红色旅游+"创造美好新生活［N］.中国旅游报，2021-02-23（1）.有删减。

上述案例中，5A级景区古田旅游区以景区带动、特色推动、景村互动、"红""绿"联动，走出一条"红色旅游+"的发展路径，打造研学品牌，讲好古田红色故事，不断增强红色旅游对当地经济社会发展的辐射带动作用，助力当地村民走上脱贫致富路。旅游扶贫具有带动性强、产业链长、覆盖面宽、富民增收效果明显、剩余劳动力转移便捷、返贫率低等特性。2021年6月1日起施行的《中华人民共和国乡村振兴促进法》明确规定，各级政府应当发挥农村资源和生态优势，支持红色旅游、乡村旅游、休闲农业等乡村产业发展，支持休闲农业和乡村旅游重点村镇等建设。

1.1 旅游景区的概念

1.1.1 旅游景区的定义

"旅游景区"是一个非常笼统的概念。"旅游景区"这一概念的多样性表现在：在空间维度的语境下，旅游景区经常被称为景点、景区、旅游区；在要素维度的语境下，旅游景区经常被称为风景名胜区、森林公园、地质公园、遗产公园；在功能维度的语境下，旅游景区经常被称为风景旅游区、旅游度假区、主题公园、自然保护区。

中华人民共和国国家质量监督检验检疫总局（现为国家市场监督管理总局）2004年10月28日发布的中华人民共和国国家标准《旅游景区质量等级

二维码1

文档：《旅游景区质量等级的划分与评定》（修订）（GB/T 17775—2003）

的划分与评定》（GB/T 17775—2003）指出：旅游景区（tourist attraction）是以旅游及其相关活动为主要功能或主要功能之一的空间或地域。该标准中旅游景区是指具有参观游览、休闲度假、康乐健身等功能，具备相应旅游服务设施并提供相应旅游服务的独立管理区。该管理区应有统一的经营管理机构和明确的地域范围，包括风景区、文博院馆、寺庙观堂、旅游度假区、自然保护区、主题公园、森林公园、地质公园、游乐园、动物园、植物园及工业、农业、经贸、科教、军事、体育、文化艺术等各类旅游景区。上述定义是目前国内关于旅游景区的权威解释，本书采用此定义。

微型资料1-1

国际上更多地采用"旅游吸引物"这个概念来代表"旅游景区"的概念。旅游吸引物是旅游产品的要素，它吸引游客，决定游客选择旅游的地点，一般分为地点吸引物（site attraction）和事件吸引物（event attraction）。地点吸引物是指这个地方本身就是吸引游客前往游览的主要诱因，如气候、风景名胜等；事件吸引物是指节庆活动、体育盛会、商业贸易交流会等。

旅游景区不仅是自然空间和历史遗址，也是生活空间和当代场景。旅游景区是旅游的核心吸引物和目的地，是展示旅游业整体形象的重要窗口，在旅游业及经济社会发展中具有举足轻重的地位。至2020年年末，全国共有A级旅游景区13 332个，其中，5A级旅游景区302个，4A级旅游景区4 030个，3A级旅游景区6 931个。

1.1.2 旅游景区的特征

二维码2

微课：我国旅游景区发展

从上述关于旅游景区的定义中可以看出，旅游景区具有5个明显的特征：

1）地域性

旅游景区是以一定的地域空间为载体，也就是说，每一个旅游景区都有一定的地域背景，特别是景观、文化和习俗具有明显的地域性特征。一个地区的自然风光、文化和习俗，反映了它所在地区的地质、地貌、气候、水文、土壤、生物等自然要素及其相互作用的结果和特征。例如，平原与高原的旅游景区，沿海与内陆的旅游景区，它们的景观特征就有很大的差异；建筑风格、饮食习惯、宗教信仰、音乐、服饰等，都具有各地区、各民族的地方特色。正是由于旅游资源的地域差别，才形成了风格迥异、类型不同的旅游景区。例如，丽江古城地处茶马古道枢纽地区，为多种文化的融合提供了便利条件，形成了独具特色的纳西文化。

2）旅游性

无论是海滨旅游景区、森林旅游景区，还是山岳旅游景区、民族风情旅游景区，人们在游览观光之余，皆能获得身心的锻炼和知识的增长。也就是说，尽管不同类型的旅游景区，其功能会以不同的方式表现出来，但基本的功能都是满足旅游者的精神需求和物质需要。需要特别说明的是，有的旅游景区并不是因为旅游的目的而存在的，旅游功能是它原有功能的一种衍生物，如东方明珠是广播电视塔，金贸大厦是饭店，奥林匹克中心是体育运动中心，横店影视城是影视拍摄场地，但随着人们旅游需求的变化，这些都成为了旅游景区。可见，旅游业与其他产业共生是现实中突出的现象。

3）设施性

旅游景区应具有完善的基础设施，包括外部交通工具、内部交通工具、旅游厕所、停车场、给排水设施、垃圾处理设施、电力能源设施、邮政电信设施等；还应具有一定的旅游服务设施，如游客中心、标识标牌、餐饮设施、住宿设施等。合理完善的设施是游客完美旅游体验的有力支持和基本保证。

4）管理性

旅游景区既是一个经济单元，也是一个社区单元，可能还是遗产资源。任何一个旅游景区都有一个管理和经营主体，对景区的资源开发保护、经营服务进行统一管理。这个主体可能是政府机构或行业主管机构，也可能是多部门联合的机构或独立的法人单位。景区也是一个社区单元，需要维系好与社区原住民的关系。遗产资源是人类历史和自然发展史的见证，是不可复制的，一旦被破坏，就将永远受损甚至消失，对于遗产资源，我们要做好保护管理。

5）创新性

任何一个旅游景区生命周期都会经历初创期、发展期、成熟期、衰退期等几个过程。要想延长旅游景区的生命周期，实现旅游景区的长盛不衰，必须不断创新，包括观念创新、服务管理创新、经营模式创新等。比如，位于重庆市沙坪坝区的重庆融创文旅城以巴渝文化为主题，涵盖融创渝乐小镇、融创茂商业购物中心、水世界、海世界、雪世界、高端酒店群等，打造集主题乐园、现代商业、夜游市场、体育竞技等多种消费形态于一体的欢乐旅游目的地，能够一站式满足游客吃住行游购娱的全方位需求。未来的景区将会通过二次消费、衍生产品开发、"景区＋"生态系统构建等方式拓展更加广阔的市场空间，"人山人海吃红利，圈山圈水收门票"的传统经营模式，必然被市场和时代所摒弃。

1.1.3 旅游景区的类型

1）按照旅游景区的质量等级划分

（1）二级分类。

风景名胜区是指"具有观赏、文化或者科学价值，自然景观、人文景观比较集中，环境优美，可供人们游览或者进行科学、文化活动的区域"。2006年12月1日起施行的《风景名胜区条例》（中华人民共和国国务院令第474号）将我国的风景名胜区分为国家级风景名胜区和省级风景名胜区，其中第八条规定："自然景观和人文景观能够反映重要自然变化过程和重大历史文化发展过程，基本处于自然状态或者保持历史原貌，具有国家代表性的，可以申请设立国家级风景名胜区；具有区域代表性的，可以申请设立省级风景名胜区。"第十条规定："设立国家级风景名胜区，由省、自治区、直辖市人民政府提出申请，国务院建设主管部门会同国务院环境保护主管部门、林业主管部门、文物主管部门等有关部门组织论证，提出审查意见，报国务院批准公布。设立省级风景名胜区，由县级人民政府提出申请，省、自治区人民政府建设主管部门或者直辖市人民政府风景名胜区主管部门，会同其他有关部门组织论证，提出审查意见，报省、自治区、直辖市人民政府批准公布。"

为规范风景名胜区规划管理，住房和城乡建设部发布《风景名胜区总体规划标准》

（GB/T 50298—2018），自2019年3月1日起实施。

自1982年11月至2017年3月，国务院总共公布了9批、244处国家级风景名胜区。其中，第一批至第六批原称国家重点风景名胜区，2007年起改称国家级风景名胜区。

（2）三级分类。

根据相关的法规，我国的文物保护单位、森林公园可分为国家级、省级、市（县）级三级。《中华人民共和国文物保护法》第三条规定："古文化遗址、古墓葬、古建筑、石窟寺、石刻、壁画、近代现代重要史迹和代表性建筑等不可移动文物，根据它们的历史、艺术、科学价值，可以分别确定为全国重点文物保护单位，省级文物保护单位，市、县级文物保护单位。"第十三条规定："国务院文物行政部门在省级和市、县级文物保护单位中，选择具有重大历史、艺术、科学价值的确定为全国重点文物保护单位，或者直接确定为全国重点文物保护单位，报国务院核定公布。省级文物保护单位，由省、自治区、直辖市人民政府核定公布，并报国务院备案。市级和县级文物保护单位，分别由设区的市、自治州和县级人民政府核定公布，并报省、自治区、直辖市人民政府备案。"

自1961年3月至2019年10月，国务院已公布八批5 058处全国重点文物保护单位。

（3）五级分类。

《旅游景区质量等级的划分与评定》（GB/T 17775—2003）将旅游景区质量等级划分为五级，从高到低依次为AAAAA级、AAAA级、AAA级、AA级、A级旅游景区。旅游景区的质量等级主要是从旅游交通、游览、旅游安全、卫生、邮电服务、旅游购物、经营管理、资源和环境的保护、旅游资源吸引力、市场吸引力、年接待海内外旅游者数量、游客抽样调查满意率等方面进行评定，满分为1 000分。其中，950分以上为AAAAA级，850分以上为AAAA级，750分以上为AAA级，600分以上为AA级，500分以上为A级。

从2006年开始，国家旅游局（现为文化和旅游部）组织开展了5A级旅游景区的创建试点工作。2007年8月17日，66家质量过硬、服务规范、秩序良好的景区被授予国家首批5A级旅游景区标牌。截至2021年6月，我国共有5A级旅游景区306家。

2）按照旅游景区的资源类型划分

按照资源类型划分，旅游景区可分为自然类旅游景区、历史文化类旅游景区和人工型旅游景区。自然类旅游景区包括山、河、湖、海等自然风景区、自然保护区、森林公园等，如九寨沟风景名胜区、黄龙风景名胜区、武陵源风景名胜区、三江并流等世界自然遗产；历史文化类旅游景区是人类社会经济发展的产物，如长城、故宫、秦始皇陵、澳门历史城区等世界文化遗产；人工型旅游景区主要是指主题公园，如广州长隆欢乐世界、北京环球影城、深圳华侨城的锦绣中华和世界之窗等。

3）按照旅游景区的功能特征划分

按照功能特征划分，旅游景区可分为观光体验类旅游景区、度假休闲类旅游景区、科考探险类旅游景区、体育运动类旅游景区和宗教活动类旅游景区等。观光体验类旅游景区是以观光游览为主要内容的旅游景区，具有较高的审美价值，如九寨沟、张家界；度假休闲类旅游景区拥有高质量的环境和服务设施，通常是指以气候、温泉、矿泉、海水为条件，为旅游者提供度假、康体、休闲等服务的旅游景区，如河北秦皇岛的北戴河、福建莆田的湄洲岛；科考探险类旅游景区是以科学考察和开展探险活动为主要内容的旅游景区，如四川的卧龙大熊猫自然保护区、天津蓟县的国家地质公园；体育运动类旅游景区是以体育锻炼为主要内容的旅游景区，如黑龙江的亚布力滑雪旅游景区；宗教活动类旅游景区是以开展宗教朝拜和宗教圣地观光旅游活动为主要内容的旅游景区，如四大佛教名山（五台山、普陀山、峨眉山、九华山）和四大道教名山（武当山、青城山、龙虎山、齐云山）。

微型资料1-2

《旅游资源分类、调查与评价》（GB/T 18972—2017）国家标准，将旅游资源分为8大"主类"、23个"亚类"和110个"基本类型"3个层次。其中8大"主类"分别是：地文景观、水域景观、生物景观、天象与气候景观、建筑与设施、历史遗迹、旅游购品、人文活动。

4）按照旅游景区的管理归属划分

我国旅游景区的管理主体有多种，因此以景区的管理部门作为分类依据，便形成了我国景区管理主体的分类系统。例如，归属住房和城乡建设部管理的国家级风景名胜区；归属自然资源部中的国家林业和草原局管理的国家级森林公园；归属文化和旅游部管理的国家级旅游度假区；归属生态环境部管理的国家级自然保护区；归属文化和旅游部中的国家文物局管理的国家级文物保护单位；归属自然资源部管理的国家级地质公园等。

5）按照旅游景区形成的原因划分

美国学者查尔斯·R.戈尔德耐、J.R.布仑特·里奇、罗伯特·W.麦金托什在2003年所著的《旅游业教程》一书中，根据形成的原因将旅游景区划分为文化景区、自然景区、节庆活动、游憩景区和娱乐景区五种类型，这种分类方法被人们称为旅游景区类型的"五分法"（如图1-1所示）。

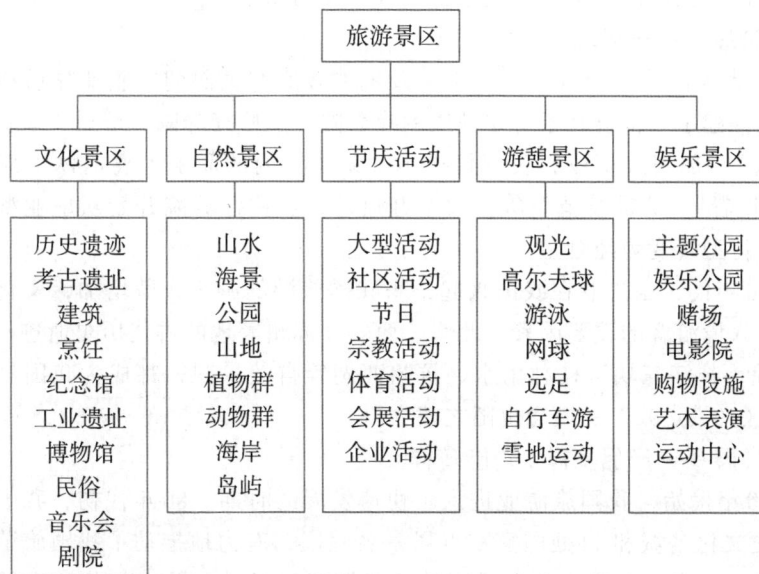

旅游景区				
文化景区	自然景区	节庆活动	游憩景区	娱乐景区
历史遗迹 考古遗址 建筑 烹饪 纪念馆 工业遗址 博物馆 民俗 音乐会 剧院	山水 海景 公园 山地 植物群 动物群 海岸 岛屿	大型活动 社区活动 节日 宗教活动 体育活动 会展活动 企业活动	观光 高尔夫球 游泳 网球 远足 自行车游 雪地运动	主题公园 娱乐公园 赌场 电影院 购物设施 艺术表演 运动中心

图1-1 旅游景区类型的"五分法"

资料来源 戈尔德耐，里奇，麦金托什. 旅游业教程 [M]. 贾秀海，译. 8版. 大连：大连理工大学出版社，2003：201.

1.2 旅游景区的发展历程与趋势

1.2.1 我国旅游景区的发展历程

我国古代主要的游历活动是皇帝的巡游和士大夫的漫游，他们所到之处，也是后来真正的旅游出现之后大量游客光顾的重要旅游景区。

秦朝时期，秦始皇为了巡游，制定了祭祀名山大川的制度，令大臣统计名山，并确定了必须出游的12座名山，包括恒山、泰山、华山等。对于这些名山，官府投入了大量的人力、物力进行建设，有些至今仍是我国著名的风景名胜区。

魏晋南北朝时期，道教、佛教兴盛，一些道教名山，如青城山、罗浮山、茅山、龙虎山等，以及一些佛教名山，如五台山、峨眉山等，都被开发了出来。

隋唐时期，掀起了文人墨客漫游之风，自然的名山、秀水、温泉、花木，以及人文景观中的陵墓、楼台、园林、道观、佛寺，都成了文人怀古伤今、抒发情怀的重要场地。

南宋时期，都城临安（今杭州）集中了大量的人力、物力和财力开发西湖，修筑了湖岛、湖堤，还在湖周边的群山上修建了楼台、桥梁、庄园等。

明清时期，园林建设盛行，主要有两类：一类是皇家园林，如圆明园、畅春园、钓鱼台等；另一类是私家园林，如南京的随园、苏州的拙政园等。

由于中国古代游山玩水只是极少数人的行为，自然景观只是大自然的空间存在形态，人为开发极少，且没有经营部门的介入，因此并未形成"旅游景区"的概念。但有些地方已经具备了旅游景区的形态特征，是旅游景区开发的原生态。

1) 起步阶段——产品单一，功能单一

1949年中华人民共和国成立后，中央及地方政府有关部门、企业先后在一些风景胜地、温泉胜地修建了一批有利于身体健康的疗养院。这些疗养院一般属于事业性质，隶属于某个"系统"、部门或企业，负责接待本"系统"内的职工、离退休干部或"优秀职工""先进工作者""劳动模范"等。改革开放后，一些疗养院开始从事业型转变为企业型，从内部接待型转变为经营型。

20世纪70年代，旅游业在我国兴起，来我国旅游的游客人数增加，文化古迹和名山大川成为吸引入境游客的重要因素。北京、西安和苏州等地的古代历史遗迹、博物馆、园林等人文景观，长江三峡、桂林山水、杭州西湖等自然景观，都成为我国早期的游览胜地，"旅游景区（景点）"的概念也随之建立。

2) 快速发展——产品多样，功能多样

20世纪80年代始，我国旅游业进入了快速发展的时期。80年代初，我国公布了首批24个国家历史文化名城和44处国家重点风景名胜区，有力地推动了我国旅游景区的开发和建设，在很大程度上提高了旅游景区的经营管理与服务水平。80年代中后期，我国许多地方相继出现了一些人造景观或主题公园，一般是以一定的文学艺术作品或历史资料等为创作蓝本，运用现代的声、光、电、自动控制技术等手段，进行原物的模仿，营造出形

象逼真的景观效果，以吸引游客的观赏，如河北正定的西游记宫和封神演义宫等；还有一些以微缩、移植或仿古的景观为主，如深圳的锦绣中华、中华民俗村和世界之窗，无锡的唐城、水浒城，北京和上海的大观园等。

1992 年 7 月，国务院做出了试办国家旅游度假区的决定，并批复建立了 12 处国家旅游度假区。90 年代中期，随着可持续发展理念的引入，以及工农业资源综合利用的推进，各类旅游示范区纷纷出现。1995 年，国家计划委员会（现为"国家发展和改革委员会"）和国家环境保护局（现为"生态环境部"）开始开展全国生态示范区建设，并将生态示范区建设这一环境工程列为"九五"重点。国家旅游局也在此基础上开始试办国家生态旅游示范区。

2005 年，国家旅游局公布了首批全国工农业旅游示范点，其中农业旅游示范点 303 个、工业旅游示范点 103 个。2006 年，国家旅游局制定了《关于促进农村旅游发展的指导意见》，以推进农业旅游示范点的建设。2007 年，国家旅游局制定了《关于进一步促进旅游业发展的意见》，推动了生态旅游、文化旅游、乡村旅游、工业旅游、红色旅游、滨海旅游、温泉旅游、冰雪旅游、森林旅游、科技旅游、健康旅游的发展。2008 年，北京奥运会结束后，各地特别是奥运城市，为了充分发挥后奥运旅游效应，针对后奥运旅游市场的特点，推出了一系列后奥运旅游产品和线路。

3）跨越发展——产品丰富，功能丰富

2009 年 12 月发布的《国务院关于加快发展旅游业的意见》（国发〔2009〕41 号）指出："推动旅游产品多样化发展，实施乡村旅游富民工程，开展各具特色的农业观光和体验性旅游活动。在妥善保护自然生态、原居环境和历史文化遗存的前提下，合理利用民族村寨、古村古镇，建设特色景观旅游村镇，规范发展'农家乐'、休闲农庄等旅游产品。依托国家级文化、自然遗产地，打造有代表性的精品景区。积极发展休闲度假旅游，引导城市周边休闲度假带建设。有序推进国家旅游度假区发展。规范发展高尔夫球场、大型主题公园等。继续发展红色旅游。"2010 年国家旅游局积极落实《国务院关于加快发展旅游业的意见》这一文件的精神，继续加强与农业、文化等部门的合作，共同推出乡村旅游、文化旅游等示范产品，在推进海南国际旅游岛建设的同时，推动主要沿海城市滨海旅游的发展和提升，支持岛屿旅游的发展。2013 年 11 月《中共中央关于全面深化改革若干重大问题的决定》提出建立国家公园体制。

2014 年 8 月国务院出台《国务院关于促进旅游业改革与发展的若干意见》（国发〔2014〕31 号），提出推动旅游产品向观光、休闲、度假并重转变，对现有景区实行分级分类管理，大力扶持新型景区特别是文化创意和技术驱动型主题公园和资本运作项目，积极发展老年、民俗、养生、医疗、研学等旅游景区。2015 年 8 月国务院办公厅发布《关于进一步促进旅游投资和消费的若干意见》（国办发〔2015〕62 号），提出实施旅游投资促进计划，计划到 2020 年，鼓励引导社会资本建设自驾车房车营地 1 000 个左右，全国建成 10 个邮轮始发港，建设一批集观光、休闲、度假、养生、购物等功能于一体的全国特色旅游城镇和特色景观旅游名镇，全国 4A 级以上景区和智慧乡村旅游试点单位实现免费 Wi-Fi（无线局域网）、智能导游、电子讲解、在线预订、信息推送等功能全覆盖，在全国打造 1 万个智慧景区和智慧旅游乡村。建设一批高水平旅游度假产品和满足多层次多样化休闲度假需求的国民度假地，鼓励城市发展休闲街区、城市绿道、骑行公园、慢行系统，拓展城市休闲空间。

为认真贯彻落实《国民旅游休闲纲要（2013—2020 年）》和国务院办公厅《关于进一步促进旅游投资和消费的若干意见》（国办发〔2015〕62），适应我国居民休闲度假旅游需求快速发展需要，提供多样化、高质量的休闲度假旅游产品，国家旅游局近年先后制定了《旅游度假区等级划分》（GB/T 26358—2010）、《旅游度假区等级划分细则》和《旅游度假区等级管理办法》。2015 年 10 月，经全国旅游资源规划开发质量评定委员会组织专家对照国家级旅游度假区的标准和评定细则确定了 17 个首批国家级旅游度假区，之后 2017 年、2019 年、2020 年又推出三批国家级旅游度假区。至 2020 年 12 月，中国国家级旅游度假区总数达到 45 家，分布在全国 23 个省份，涵盖河湖湿地类 16 家、山林类 8 家、温泉类 6 家、海洋类 5 家、冰雪类 3 家、主题文化类 5 家、古城古镇类 1 家以及沙漠草原类 1 家等各种度假类型。

> **微型资料 1-3**
>
> 2015 年 10 月公布的首批 17 个国家级旅游度假区：江苏省汤山温泉旅游度假区、天目湖旅游度假区、阳澄湖半岛旅游度假区；吉林省长白山旅游度假区；浙江省东钱湖旅游度假区、太湖旅游度假区、湘湖旅游度假区；山东省凤凰岛旅游度假区、海阳旅游度假区；河南省尧山温泉旅游度假区；湖北省武当太极湖旅游度假区；湖南省灰汤温泉旅游度假区；广东省东部华侨城旅游度假区；重庆市仙女山旅游度假区；四川省邛海旅游度假区；云南省阳宗海旅游度假区、西双版纳旅游度假区。

4）品质发展——产品品质，功能融合

二维码 3

文档：《国务院办公厅关于促进全域旅游发展的指导意见》

2018 年 1 月，《中共中央 国务院关于实施乡村振兴战略的意见》提出："实施休闲农业和乡村旅游精品工程，建设一批设施完备、功能多样的休闲观光园区、森林人家、康养基地、乡村民宿、特色小镇。""创建一批特色生态旅游示范村镇和精品线路，打造绿色生态环保的乡村生态旅游产业链。"

2018 年 3 月，《国务院办公厅关于促进全域旅游发展的指导意见》（国办发〔2018〕15 号）提出旅游供给品质化。

二维码 4

文档：《"十四五"文化和旅游发展规划》

2021 年 4 月，文化和旅游部印发《"十四五"文化和旅游发展规划》，突出"以满足人民日益增长的美好生活需要为根本目的"，突出高质量发展主题、创新引领理念、服务国家战略和文旅融合发展，谋划将"一个工程、七大体系"作为具体抓手。

可以说，旅游业发展至今，我国各级政府和相关部门都十分重视旅游景区的开发建设、管理和保护。一大批高质量、高品位、高水平的旅游景区已经成为我国旅游业发展的主力军和国家旅游形象的重要组成部分，实现旅游业高质量发展将成为未来的主旋律。

1.2.2　我国旅游景区的发展趋势

2018 年 1 月全国旅游工作会议提出：中国旅游将从高速增长阶段转向优质发展阶段。优质旅游是能够很好满足人民日益增长的旅游美好生活需要的旅游，优质旅游是更加安全的旅游、更加文明的旅游、更加便利的旅游、更加快乐的旅游。"十三五"期间，我国旅游业呈现以下发展特点：①消费大众化——随着全面建成小康社会持续推进，旅游已经成为人民群众日常生活的重要组成部分，自助游、自驾游成为主要的出游方式；②竞争国际化——各国各地区普遍将发展旅游业作为参与国际市场分工、提升国际竞争力的重要手段，纷纷出台促进旅游业发展的政策措施，推动旅游市场全球化、旅游竞争国际化，竞争领域从争夺客源市场扩大到旅游业发展的各个方面；③发展全域化——以抓点为特征的景点旅游发展模式向区域资源整合、产业融合、共建共享的全域旅游发展模式加速转变，旅游业与农业、林业、水利、工业、科技、文化、体育、健康医疗等产业深度融合；④产业现代化——科学技术、文化创意、经营管理和高端人才对推动旅游业发展的作用日益增强，云计算、物联网、大数据等现代信息技术在旅游业的应用更加广泛。

在这样的背景之下，贯彻以人民为中心的发展理念，沿着普惠、绿色和数字化的目标，我国旅游景区的发展趋势将主要体现在以下几个方面：

1) 旅游景区业态发展更加跨界、融合

《国务院关于促进旅游业改革发展的若干意见》（国发〔2014〕31 号）提出，要"推动优势旅游企业实施跨地区、跨行业、跨所有制兼并重组，打造跨界融合的产业集团和产业联盟"。《关于进一步扩大旅游文化体育健康养老教育培训等领域消费的意见》（国办发〔2016〕85 号）提出，出台促进体育与旅游融合发展的指导意见，支持实体书店融入文化旅游、创意设计、商贸物流等相关行业发展，建设成为集阅读学习、展示交流、聚会休闲、创意生活等功能于一体、布局合理的复合式文化场所等。2016 年 7 月，国家旅游局会同国家中医药管理局联合印发《关于开展国家中医药健康旅游示范区（基地、项目）创建工作的通知》，提出用 3 年时间在全国建成 10 个国家中医药健康旅游示范区、100 个示范基地、1 000 个示范项目。通过示范区、示范基地、示范项目的建设，推动旅游业与养老、中医药、健康服务业深度融合发展。2017 年 9 月，国家旅游局、国家中医药管理局联合发布首批 15 家国家中医药健康旅游示范区创建单位。《国务院办公厅关于支持社会力量提供多层次多样化医疗服务的意见》〔国办发〔2017〕44 号〕提出，推动发展多业态融合服务，促进医疗与旅游融合，发展健康旅游产业，以高端医疗、中医药服务、康复疗养、休闲养生为核心，丰富健康旅游产品，培育健康旅游消费市场；有条件的地方可探索医疗与养老、旅游、健身休闲等业态融合发展。2018 年 5 月，国家发改委、农业农村部印发《全国沿海渔港建设规划（2018—2025 年）》，对我国渔港建设做出全面规划，90% 以上的渔港经济区建设规划融入了旅游功能，如滨海旅游、主题公园、休闲渔业、海洋文化展示等。其中，明确山东半岛沿海渔港群的灌云—响水渔港经济区要打造旅游商贸、海钓基地、海洋主题公园；上海—浙江沿海渔港群的象山渔港经济区要打造海洋公园和渔文化特色创意街区；东南沿海渔港群的三都澳东冲半岛渔港经济区要推动形成以海岛观光、旅游

11

综合服务和渔业生产贸易等为特色的渔港经济区。

《国务院办公厅关于促进全域旅游发展的指导意见》（国办发〔2018〕15号）提出，推动旅游与城镇化、工业化和商贸业融合发展，推动旅游与农业、林业、水利融合发展，推动旅游与交通、环保、国土、海洋、气象融合发展，推动旅游与科技、教育、文化、卫生、体育融合发展。

微型资料1-4

2018年3月22日，《国务院办公厅关于促进全域旅游发展的指导意见》（国办发〔2018〕15号）发布，全域旅游正式上升为国家战略。发展全域旅游，将一定区域作为完整旅游目的地，以旅游业为优势产业，统一规划布局、优化公共服务、推进产业融合、加强综合管理、实施系统营销，有利于不断提升旅游业现代化、集约化、品质化、国际化水平，更好地满足旅游消费需求。全域旅游一个很重要的关键词是"全域融合"，即从封闭的旅游自循环向开放的"旅游+"融合发展方式转变，加大旅游与农业、林业、工业、商贸、金融、文化、体育、医药等产业的融合力度，形成综合新产能。

行业广角镜1-1　　　　　　　　比亚迪：精雕细琢工业旅游产品

作为长沙地区工业旅游项目推动最积极、启动时间最长的企业，比亚迪早在2013年就开启了颇有企业特色的工业旅游项目。

"汽车王国"+旅游

第一站是参观比亚迪汽车城占地近2 000平方米的汽车展厅。展厅里展示着比亚迪公司设计出产的各款车型、关键零部件和许多游客可以亲身体验的遥控驾驶、疲劳预警、随动转向大灯、裸眼3D仪表、电动记忆座椅等新奇有趣的高科技产品。在现场，看着各种机器运作、展演，前来参观的学生团发出了阵阵"惊呼"。比亚迪之所以将这些实用性极强的高端配置搬出实验室，搭载在展厅的汽车上，就是想让游客通过亲身体验来感受具有创造性、前瞻性的技术，让他们更好地认识比亚迪产品，增强对国产品牌的认同。

第二站是乘坐一辆环保电动车，开启比亚迪核心景观四大工艺生产线之旅。一条长约1.8千米、架设在生产线上方的透明参观通道，将汽车生产冲压、焊接、涂装、总装四大工艺车间连接起来。在宽敞明亮的冲压车间里，一块块冲压好的钢板整齐地排列在巨型架子上。焊接车间内，一台台机器正在自动焊接汽车的车身、车盖等部位。在涂装车间，一只只巨型机器手是整个生产线上最具魔力的"画家"，它们将一辆辆银色的钢板车身喷涂上银灰色、亮红色、黑色等色彩。在总装车间，穿戴整齐的工人们有条不紊地组装轮胎、座驾等零部件。窗外宽敞的停车坪上则停放着数百辆已经生产完成的比亚迪汽车，它们即将启程，被送往各地销售中心。

精心规划谋发展

在长沙基地启动建设立项之时，比亚迪就提前做了工业旅游项目规划，将工业旅游项目列为公司发展的重要组成部分。作为一个生产加工型企业，汽车生产车间一定是工业旅游的核心景点。为了让游客了解汽车的制作工艺、加工流程，比亚迪公司投入1 000多万元修建了一条长约1.8千米、架设在生产线上方的透明参观通道。这条通道可以说是国内第一条专门为了游客而设置的观光通道。

除了在硬件上精雕细琢，比亚迪在工业旅游线路设计方面也是煞费苦心。近年来，公司每年向全市大专院校、中小学学生开展新能源汽车科普教育；分享、体验比亚迪锐意创新、全球领先的新能源汽车技术，让学生充分理解相关知识、理念，从小树立正确的民族观、价值观和品牌观。通过与相关单位开展合作，公司目前已形成了极具特色的"比亚迪新能源汽车研学游"——中小学生主题科普教育和"比亚迪汽车梦工厂探秘"等工业旅游实践活动，为中小学生建立了一个汽车行业科普学习互动的平台。自2013年9月正式上线工业旅游项目以来，比亚迪始终坚持"新能源汽车梦想体验之旅"的定位，不断为游客营造良好的工业旅游环境，提升游客满意度，打造集文化性、知识性、社会性与趣味性于一体的新能源汽车参观之旅。

联手推广新游线

比亚迪着重将"车"和"新能源"等创新元素融入项目中，开发出具有原创性、观赏性、体验性、趣味性、知识性、差异性的旅游产品，把游客留下来。有了丰富的旅游产品还远远不够，营销宣传、联合推广也是打响企业品牌必不可少的环节。2017年5月，长沙市雨花区全域旅游开发建设指挥部及区商务局、旅游局联合同升街道设计打造了首条工业智造游线路。游客可以在位于环保东路的比亚迪汽车有限公司乘坐新能源旅游大巴，免费游览创新设计、新能源汽车、克明面业和机器人产业集聚区四大工业智造景点。企业抱团协作发展，整合工业旅游资源，树立整体品牌，是一条利益最大化的发展路径。这条由旅游部门进行设计包装，整合各资源点，高规格、高品质的精品工业旅游线路，大大提高了当地旅游辐射能力和游客吸引力，为更多人了解比亚迪及周边企业提供了便利。

资料来源　伍文歆. 比亚迪：精雕细琢工业旅游产品［N］. 中国旅游报，2018-04-05（5）. 有删减。

分析提示：工业旅游由最初的汽车行业逐步扩展至其他工业领域，进而深化为工业旅游。这一旅游分支因其具有文化性、知识性、趣味性，充满现场感、动态感、体验感等独特魅力而深受游客青睐。在景区发展越来越开放的背景下，应从产业发展、融合发展和"旅游+"的角度，推动政府完善促进景区产业发展的政策体系。

2）旅游景区设施和服务配置更加完善、优化

在大众旅游时代，旅游景区公共设施和服务尤为重要。《国务院办公厅关于促进全域旅游发展的指导意见》（国办发〔2018〕15号）提出，要加强基础配套，提升公共服务。文化和旅游部《"十四五"文化和旅游发展规划》指出：①要完善旅游公共设施，优化旅游公共设施布局，增强旅游集散中心、游客服务中心、咨询中心的公共服务功能，完善旅游公共服务配套设施，推进旅游景区、度假区、休闲街区、游客服务中心等标识体系建设；②持续深入开展旅游厕所革命，建设一批示范性旅游厕所；③加强旅游交通设施建设，提高旅游目的地进入通达性和便捷性；④完善旅游绿道体系；⑤加强节假日高速公路和主要旅游道路交通组织、运输服务保障、旅游目的地拥堵预警信息发布；⑥提升旅游信息公共服务水平；⑦制定出台残疾人、老年人旅游公共服务标准规范。

微型资料1-5

截至2021年6月，北京急救中心在包括朝阳区、丰台区、房山区在内的8个区、20个跑步健身爱好者较为集中的大型公园，建立了120急救信息员志愿服务网络，并已投入试运行。当公园内有人员需要紧急救援时，在救护车到达前，急救信息员将在调度医生和急救车医生的指导下，维护现场秩序、引导救护车尽快到达。北京急救中心还选派了20名经验丰富、热心公益的急救信息员作为负责人，必要时组织公园内的急救信息员协助完成急救服务工作，为户外跑步健身爱好者建立更加完善的急救服务保障体系。

3）旅游景区产品结构更加多元、个性

自2015年全国启动新一轮旅游度假区创建工作以来，国家旅游度假区的建设和发展迎来了全面发展的新阶段。而景区投资也主要集中于文化旅游、生态旅游、乡村旅游以及温泉滑雪、低空飞行和工业旅游等休闲度假类项目。以黄山、西湖、长城、故宫、兵马俑为代表的经典景区对广大游客依然具有持续的吸引力，以华侨城、海昌、长隆等为代表的主题公园越来越受到游客特别是年轻人的欢迎，乌镇、古北水镇、宽窄巷子等文化休闲度假景区越来越成为资本追逐的对象，旅游小镇作为促进产业提升、加速产业融合、实现扶贫扶农、推动新型城镇化发展的重要途径之一而成为新的发展趋势，这些都让我们看到了新型旅游景区创新发展的无限生机。

微型资料1-6

在北京2022年冬奥会迎来倒计时一周年之际，文化和旅游部、国家发展改革委、国家体育总局联合发布《冰雪旅游发展行动计划（2021—2023年）》，旨在加大冰雪旅游产品供给，推动冰雪主题旅游度假区和景区建设，引导以冰雪旅游为主的度假区和A级旅游景区探索发展夏季服务业态，推动冰雪旅游高质量发展，更好地满足人民群众冰雪旅游消费需求，助力构建新发展格局。

新时代的大众旅游既需要产品类型多元，也需要通过产品类型的多元化来分层对应、分层满足大众游客构成的多元化。以邮轮旅游、自驾车房车营地、低空旅游为代表的"海陆空"旅游新业态新产品不断丰富，体育游、文化游、康养游、研学游等融合产品层出不穷。未来景区的新业态可用"参与感""沉浸式""数字化"三个词来概括。

比如，近年海南游艇强势"出圈"，2021年五一假期，三亚各类旅游船艇共计开航9 663艘次，接待运送旅客超过37万人次，人均300～500元的"亲民"价格让游艇出海成为海南旅游的热门项目，体验海上冲浪、休闲海上K歌、浪漫日落晚宴等项目，备受年轻游客青睐。

再如，宁夏不仅以贺兰山东麓贺兰砚、泥哇呜、葫芦刻画、剪纸、刺绣、麻编、八宝茶等具有代表性的传统工艺为重点，与北京依文集团等国内知名文创企业合作，而且将葡萄酒元素融入非遗旅游品牌打造，注入"我把宁夏送给你"伴手礼盲盒设计，进一步讲好宁夏非遗故事，擦亮葡萄酒旅游品牌，助推非遗旅游产品提质增效。同时，宁夏立足贺兰山东麓旅游资源丰富、气象条件良好的优势，打造宁夏"星星的故乡"文旅IP，推出6条星空主题线路产品，在沙坡头景区、志辉源石酒庄布设最佳观星点，配备观星装备，开设

星空讲堂，策划举办"来宁夏，跟着大咖拍星空"等一系列特色文化旅游活动，实现了葡萄酒品牌与星空品牌的完美融合。为了推动"葡萄酒+体育+旅游"，宁夏依托廊道沿线优势资源，深度开发虎克汽车攀岩、徒手攀岩、沙漠越野、贺兰山徒步露营、汽车越野拉力赛等动感体验产品和项目，着力构建多业态融合的产品体系，为葡萄酒品牌增添了现代气息和动感元素，丰富了品牌内涵。

行业广角镜1-2　　　　　　　　　　　　　　**湖南星空飞行营地启航**

2021年，湖南低空旅游首航暨星空飞行营地启航仪式在长沙市傅家洲举办。星空飞行营地由湘江集团建设运营，位于橘子洲头北端的傅家洲，占地约6 000平方米，拥有两个标准直升机停机坪。项目启动后，可开展直升机空中游览活动、热气球系留飞活动、空中跳伞（定点跳）活动、青少年航空科普活动及其他与通航相关的衍生活动。飞行营地在"五一"假期开通了5分钟的橘子洲头空中飞行标准航线、10分钟的橘子洲头空中飞行精品航线和20分钟的橘子洲头巡飞航线，后期还将开通"橘子洲头—花明楼—韶山冲—橘子洲头"红色旅游线路。

2020年年底，湖南获批为3 000米以下全域低空开放试点省份，这意味着湖南将构建起纵横贯通的"干线、支线、通用"无障碍串飞航路航线网络，以文化体育、旅游观光等为主的消费型通航业务迎来利好。

资料来源　邝瑶，高慧.湖南星空飞行营地启航［N］. 中国旅游报，2021-05-10（2）.有删减。

分析提示：低空旅游是通用航空与旅游相融而生的新业态，湖南低空旅游首航暨星空飞行营地正式启航，对通航产业与旅游产业融合发展，进一步丰富长沙旅游新业态、新模式，提升"山水洲城、快乐长沙"旅游品牌具有积极意义。

4）旅游景区管理要求更加标准、品质

标准管理是现代服务业管理的基本要求，也是服务管理品质化的基本保障。《旅游景区质量等级的划分与评定》（GB/T 17775—2003）与《旅游景区质量等级管理办法》经过多年的宣传贯彻和实施，在促进旅游景区功能完善化、环境生态化、管理现代化、服务细微化、发展品牌化等方面起到了至关重要的作用，已经成为旅游景区规划、建设、经营的重要标准以及旅游者衡量旅游景区质量的重要标尺。

大众旅游时代已来临，旅游消费将向"多样化、特色化、休闲化、个性化、品质化"转型升级，寻求独特的旅游体验。这就需要我们从供给侧和需求侧协同发力，更好地满足人民群众多样化的旅游需求。为此，旅游景区标准规范应更加细化、系统，特别是要不断完善旅游新业态的服务管理标准。例如，2018年5月1日起实施《景区游客高峰时段应对规范》（LB/T 068—2017）、《温泉旅游企业星级划分与评定》（LB/T 016—2017）、《温泉旅游泉质等级划分》（LB/T 070—2017）等行业标准；2017年12月1日起实施《国家工业旅游示范基地规范与评价》（LB/T 067—2017）行业标准。再如，文化和旅游部2021年2月发布《旅游民宿基本要求与评价》（LB/T 065—2019）第1号修改单，修改后旅游民宿等级由低到高分别为丙级、乙级和甲级，要求提供餐饮服务时应制定并严格执行制止餐饮浪费行为的相应措施等。文化和旅游部2021年1月发布《旅游休闲街区等级划分》（LB/T 082

—2021），将旅游休闲街区划分为国家级旅游休闲街区和省级旅游休闲街区两个等级，对旅游休闲街区的可进入性、文化和旅游特色、环境特色、业态布局、服务设施、综合服务、卫生、安全、管理等作出要求。

旅游景区服务管理也更加注重品质。2019年1月发布的《文化和旅游部关于实施旅游服务质量提升计划的指导意见》（文旅市场发〔2019〕12号）提出要提升旅游区点服务水平。

政府方面：①完善、细化、落实A级旅游景区复核和退出机制，坚决清退不符合标准的A级旅游景区。②全面落实景区流量控制制度，加快推广景区门票网上预约制度，依法落实旅游景区最大承载量核定要求，及时发布客流预警信息，引导游客合理安排出行，避免滞留拥堵。③严格实施旅游度假区和生态旅游示范区标准，加大复核工作力度。④持续抓好全国红色旅游经典景区建设。

市场主体和行业组织方面：①A级旅游景区要完善旅游引导标识，标识应布局合理、科学设置、制作精良，5A级旅游景区应采用至少有中英文的导览标识，中英文对照说明要准确、科学，不能有错字、错译和语病。②A级旅游景区应提升游客消费便利化程度，景区消费不得拒收现金，5A级旅游景区可协调增设外币兑换点。③A级旅游景区和具备条件的行业组织应针对景区管理人员、一线服务人员开展管理实务、日常业务、应急处置等培训，提升服务专业性。比如，为切实解决老年游客在行动困难等方面存在的问题，广东旅游景区基本都建设了无障碍设施、第三卫生间、特殊指引标识，设立了便民服务点和医疗箱，为老年人提供轮椅、拐杖等服务设备。

5）旅游景区内涵特色更具文化、体验

为了提升吸引力，许多旅游景区更加重视突出主题特色，体现差异性，把文化内涵贯穿于旅游活动的全过程，把文化元素融入食、住、行、游、购、娱各个环节，把静态的文化资源、分散的文化元素、高深的文化内涵转化成为平易近人、美味可口的"文化大餐"，以及既有鲜明的文化特色，又有很强的参与性和普适性的文化休闲娱乐产品。例如，2018年3月16日在江西省吉安市青原区举办的第八届庐陵文化旅游节中，最精彩的是民间"求神祭神"或"接神送神"的祭祀活动"喊船"，众多游客加入"喊船"队伍，跟随抬着镀金龙船、舞着长龙的队伍浩浩荡荡地前行，感受这项延续了1 000多年的民俗，祈求神灵保佑一方百姓平安，风调雨顺，五谷丰登。

"文化是旅游的灵魂，旅游是文化的载体"，这成为近年来文旅融合的共识，也指导着各地的实践。一个节日，给游客带来别样的体验，一台旅游演艺，给游客带来一个留下来的理由，多住几天，直接拉动旅游消费多出几倍。从象山的开渔节到傣族的泼水节，从青海的花儿会到南宁的民歌节，从端午节的龙舟到重阳节的登高，从实景演出到室内演出，从"印象系列"到"千古情系列"，从饮食文化到节庆文化，文化丰富了旅游的体验，旅游为文化的保护、开发、传承、弘扬提供了资金和渠道，文旅融合实现了良性循环、合作双赢。文化的基因优势在资源，而旅游的基因优势在流量。如果文化的保护和传承无资金的支持、无人员的参与，就只能是"养在深闺"。正是因为有旅游的支持，获得了资金和人气，文化也获得了新生和发展。

　　　　　　　　　　　　　宁夏：星空"点亮"沙漠旅游

　　2020 年"十一"黄金周，宁夏气温骤降，夜晚的沙漠有些寒冷，但位于中卫市腾格里沙漠边缘沙坡头景区的一栋栋白色木屋里亮起了暖光，游客在全景餐厅内享用热腾腾的小火锅，玻璃幕墙外的人工湖倒映着璀璨星河。白天体验了很刺激的滑沙、沙漠越野项目，夜宿沙漠里，吃小火锅、数星星、做游戏、看烟火腾空而起，对于许多游客来说，是一次毕生难忘的体验。

　　宁夏三面环沙，当地政府在防沙治沙的同时，也充分利用沙漠资源大力发展沙漠旅游产业，打造了以沙坡头、沙湖等 5A 级沙漠景区为代表的一批知名沙漠旅游景点。但一直以来，包括宁夏在内的全国沙漠旅游都是以体验性项目为主，且淡旺季明显。宁夏年均晴好天气近 300 天，无论是黄河两岸还是沙海大漠，光污染等级都低至 3~4级，依托独特的星空资源，宁夏正在打造"星星的故乡"文化旅游新名片。在此背景下，为了延长沙漠旅游产业链，促进沙漠旅游从观光体验向休闲度假模式转变，宁夏开始将星空资源融入沙漠旅游。景区努力将黄河、大漠、星空融为一体，为游客创造"躺在床上数星星"的休闲体验模式，目前已开发出"住星星酒店（如图 1-2 所示）、品星空晚餐、看星空演艺、听星空讲座、赏大漠星辰、悟星空之旅"的星空旅游深度体验系列产品。

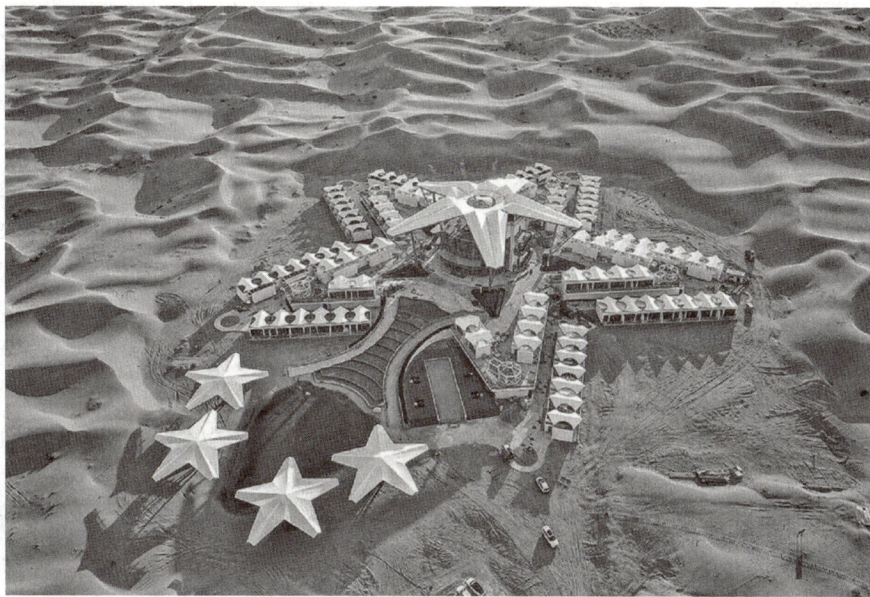

图 1-2　宁夏沙坡头景区星星酒店

　　资料来源　赵倩，马思嘉.宁夏：星空"点亮"沙漠旅游［EB/OL］.（2020-10-07）. http://www.xinhuanet.com/2020-10/07/c_1126580266.htm.有删减。

　　分析提示：宁夏景区立足黄河流域自然特征和文化属性，依托"黄河文化""大漠星空""酒庄休闲"等资源优势，发挥"旅游+"和"+旅游"联动优势，围绕市场消费需求，深入挖掘星空旅游与特色产业内涵，发展星空文旅项目，让星空旅游成为新亮点，让"星星的故乡"成为宁夏文化和旅游未来可期的新名片。

6）旅游景区营销方法更加时尚、新颖

随着大众化旅游和国民休闲时代的到来，旅游景区面临着广大散客在目的地消费多元化和体验生活化等方面的新需求，旅游景区营销的重要性日益凸显。比如，实施营销组合策略即价格策略配合品牌策略，形成一种线上线下的立体整合营销，线上打造旅游产品品牌的文化附加值，烘托商业氛围，推动品牌知名度与美誉度，通过大数据分析定位消费群体，实施精准传播，对线下营销提供有力的依托，形成线下购买、线上体验的反向O2O。再比如，基于微信、抖音等新媒体社交平台与旅游有高度关联性，景区必须主动融入这些平台，搭上新媒体社交平台快车借力营销，加速融合线上线下，构建旅游新媒体营销矩阵，强化抖音等短视频平台、直播平台创新性营销、事件营销，利用网络力量打造"网红景区"。当然，景区的火爆依靠的不应该只是抖音这类新型的传播方式，更多的是景区产品、服务、管理等方面的综合实力。要积极挖掘本地域景区的旅游价值和潜在资源，结合市场设计独特的产品，整合产业、锻造品牌、树立形象，变小为大、变突发为持久，助力区域景区释放魅力。

行业广角镜1-4　　　　　　　　　　**长沙世界之窗：用新媒体运营思维经营景区**

创意思维

时针回拨到1997年10月，长沙世界之窗作为全国第一代也是湖南首座现代主题乐园横空出世，因产品的稀缺性，成为当时游客们"不出国门看世界"的窗口，一时间游客爆棚。但随着时间推移，这座静态景观型主题公园逐渐失去市场吸引力，2003年，经营跌入谷底。同年，湖南广电团队临危受命，接手介入园区经营，凭借"电视湘军"强大的创意思维，以文化产业的思路经营景区，提出"主题活动是景区的灵魂"这一先锋理念，成就了一段妙笔生花的经营奇迹。2003年"五一"期间，借助《射雕英雄传》连续剧的热播，"射雕主题一日游"登场。"其实你不用去远方，好地方就在长沙世界之窗"的口号深入人心。以此为转机，长沙世界之窗进入了发展的快车道。多年来，秉持"创意至死"的理念，长沙世界之窗先后诞生了"万人多米诺""庆丰包子来了""西红柿大战""火人节""万圣主题活动""圣诞跨年季"等多个"现象级"经典活动。最具代表性的是从2014年至今，长沙世界之窗每年都举办的"十一"黄金周"中国狂欢节"，将最具中国味的民俗技艺、非遗文化一一展现，用时尚现代的方式重新演绎，带给每一位游客民族自豪感和文化自信心。

2020年，受新冠肺炎疫情影响，高考延期一个月，长沙世界之窗特别策划推出"万名毕业生彩粉跑"活动，打造中国最大规模毕业大派对，为当年的高考毕业生送上了最具仪式感的毕业大礼。这个充满情怀的活动，实现了社会效益和与经济效益的双赢。目前，长沙世界之窗的团散比是1：9，完全摆脱了传统景区依托团队来维持客流量的老模式。

"流量王国"

如果线下主题活动是长沙世界之窗触底反弹、一路高歌的"杀手锏",那么,线上的新媒体营销,则让景区实现了"二次爆发",闯出了一片新天地。当下,Z世代(1995—2009年出生的人)逐渐成为消费主力军,他们很容易被"种草"和"收割",会根据自己的喜好兴趣去打卡,为网红、颜值去买单,这也是长沙世界之窗始终注重粉丝诉求,力求与粉丝们产生价值共鸣和情感共鸣的原因,只有有了无数粉丝的认可和主动传播,才能为园区带来二次、三次甚至N次营销传播,这为景区带来的经济价值是巨大的。长沙世界之窗尝试用MCN(一种新的网红经济运作模式)的思维方式,搭建起属于自己的"流量王国"。

2020年,国内已有不少主题公园嗅到了NPC(互动迎宾角色)的流量价值,开始在主题活动中融入高颜值NPC,借助抖音等短视频平台进行营销宣传。2020年10月27日当天,甘望星为主题的话题登上新浪微博全国热搜榜第5,话题阅读量达2.4亿次,视频播放量达1 236万次。NPC甘望星一炮而红,线上出圈又带动了线下市场发展,形成了千人排队合影打卡的爆红场面,更促成了长沙世界之窗万圣节一票难求的盛况。

目前,长沙世界之窗官方微信、微博、抖音等自媒体平台全网粉丝已超过200万,流量曝光已过百亿,自主打造了长沙世界之窗的新媒体矩阵,尤其是在短视频领域多维发力,"长沙世界之窗""仔仔大挑战""窗里的星探"等短视频账号,从不同角度对景区实行全方位宣传,单条视频最高播放量突破了3 000万,多个话题热度破亿。

2020年,在上海交大主题公园研究所的"全国主题公园品牌在线影响力指数"分析中,长沙世界之窗连续7个月成为全国声量前五的主题公园。在"2020抖音年度数据报告"中,其成为2020抖音上升最快景点TOP10之一,位居第8名。除此之外,它还跻身微博、微信2020年最具影响力主题乐园前十,也是2020年全国夜游榜排行第一、位列美团和抖音长沙市风景名胜热门榜第一的景区。

资料来源 高慧.长沙世界之窗:用新媒体运营思维经营景区[N].中国旅游报,2021-05-11(6).有删减和修改。

分析提示:近年来,文旅项目"重开发,轻运营"的理念逐步退出历史舞台,"内容为王""运营为王"的时代号角正在吹响。实践证明,长沙世界之窗正是通过一系列创意迭出的文化主题活动,脑洞大开的宣传营销,走出了一条独特且适合自身发展的道路——用新媒体运营思维经营旅游景区。

7) 旅游景区生态保护更加严格、规范

近年来,国家环保总局(现生态环境部)和国家旅游局先后印发了《关于加强资源开发生态环境保护监管工作的意见》《关于进一步加强旅游生态环境保护工作的通知》等文件,这些对加强旅游资源和生态环境的保护,促进旅游业的健康、协调、可持续发展起到重要作用。2007年9月,国家旅游局颁布了《旅游资源保护暂行办法》。《关于促进旅游业改革发展的若干意见》(国发〔2014〕31号)明确提出了"稳步推进建立国家公园体制,实现对国

二维码5

微课:我国第一批国家公园简介

家自然和文化遗产地更有效的保护和利用"。2015年年初，我国出台建立国家公园体制试点方案；5月发布的《中共中央国务院关于加快推进生态文明建设意见》提出"建立国家公园体制，实行分级、统一管理，保护自然生态和自然文化遗产原真性、完整性"；6月，选定北京、吉林、黑龙江、浙江、福建、湖北、湖南、云南、青海等9省市开展国家公园体制试点，试点时间为3年；6月8日，国家发展和改革委员会和美国保尔森基金会签署框架协议，启动为期3年的中国国家公园体制建设合作。2018年1月，国家发展改革委员会公布《三江源国家公园总体规划》（发改社会〔2018〕64号），明确至2020年正式设立三江源国家公园，而三江源国家公园体制试点正是全国首个国家公园体制试点。2021年10月12日，我国公布第一批国家公园名单：三江源国家公园、大熊猫国家公园、东北虎豹国家公园、海南热带雨林国家公园、武夷山国家公园。

微型资料1-7

国家公园是指由国家批准设立并主导管理，以保护具有国家代表性的大面积自然生态系统为主要目的，兼有科研、教育、游憩等功能，实现自然资源科学保护和合理利用的特定陆地或海洋区域。自1872年美国黄石国家公园诞生以来，国家公园这种自然保护地的模式已经在全球200多个国家通行。目前，我国在国家林业和草原局加挂国家公园管理局牌子，将自然保护地纳入统一管理，建立以国家公园为主体的自然保护地体系。中国将国家公园定位为自然保护地最重要类型之一。

值得注意的是，生态保护不仅包含自然生态保护，还包含文化生态保护。《国家级文化生态保护区管理办法》（文化和旅游部令第1号）2018年12月10日发布，自2019年3月1日起施行。该办法所称的"国家级文化生态保护区"，是指以保护非物质文化遗产为核心，对历史文化积淀丰厚、存续状态良好，具有重要价值和鲜明特色的文化形态进行整体性保护，并经文化和旅游部同意设立的特定区域。其中第四条规定：国家级文化生态保护区建设应坚持保护优先、整体保护、见人见物见生活的理念，既保护非物质文化遗产，也保护孕育发展非物质文化遗产的人文环境和自然环境，实现"遗产丰富、氛围浓厚、特色鲜明、民众受益"的目标。

8）旅游景区管理手段更加智慧、智能

2014年是智慧旅游的元年，国家旅游局提出了智慧管理、智慧服务。2015年1月10日国家旅游局印发的《关于促进智慧旅游发展的指导意见》（旅发〔2015〕10号）指出：充分、准确、及时感知和使用各类旅游信息，从而实现旅游服务、旅游管理、旅游营销和旅游体验的智能化；建设一批智慧旅游景区、智慧旅游企业和智慧旅游城市，建成国家智慧旅游公共服务网络和平台（12301.cn）；建立景区门票预约制度，鼓励博物馆、科技馆、旅游景区运用智慧旅游手段，建立门票预约制度、景区拥挤程度预测机制和旅游舒适度的评价机制，建立游客实时评价的旅游景区动态评价机制等。

文化和旅游部《"十四五"文化和旅游发展规划》明确将智慧旅游作为构建现代旅游产业体系的重要组成部分。

工业和信息化部、中央网络安全和信息化委员会办公室、文化和旅游部等十部门印发的《5G应用"扬帆"行动计划（2021—2023年）》，明确了5G应用15个重点领域。其中对"5G+文化旅游"提出，促进5G和文旅装备、文保装备、冰雪装备的融合创新，推动景区、博物馆等发展线上数字化体验产品，培育云旅游、云直播、云展览、线上演播等新业态，鼓励定制、体验、智能、互动等文化和旅游消费新模式发展，打造沉浸式文化和旅游体验新场景。

未来要充分利用5G、物联网、人工智能、云计算、区块链、大数据中心、虚拟现实、增强现实、全息技术等新基建、新技术，提升旅游领域的科技水平，把科技创新成果与旅游消费深度融合，拓展科技应用场景，推动科技在旅游领域的深度和广泛应用。

例如，携程开发的SOS全球救援机制，涵盖7×24小时呼叫中心、专业导游领队、当地向导和遍布全球的救援服务供应商，在印尼火山喷发、美国枪击案等重大公共事件中提供了应急救援，经受了严峻考验，获得了广泛的好评。再如，南昌八一起义纪念馆推出的还原南昌起义战斗场景的VR互动体验项目和VR军事体验项目将VR技术应用到军事训练和军事设备体验中，凭借专门的模拟体验设备，如飞行舱、潜水舱等，结合VR呈现技术，能使游客"身临其境"。这类产品突破了时空和人体自身条件的限制，让游客穿越时空、亲临"战场"，既能保证游客人身安全，又能最大化地激发临场感。

9）旅游景区品牌形象更加鲜明、重要

品牌是一种能够给拥有者带来溢价、产生增值的无形资产。塑造一个品牌的真正意义，不仅在于企业能通过品牌取得较大的经济利益，其社会效益也是深远的。品牌是旅游景区的标志，也是旅游景区产品的质量及其满足旅游者效用的可靠程度的综合体现。

行业广角镜1-5　　　　浙江临安"天目村落"：中国首个村落景区公共品牌正式发布

近年来杭州市临安区以有着"大树华盖闻九州"美誉的天目山为金名片，围绕"游有天目村落、住有天目乡宿、吃有天目暖锅、购有天目山宝"，推进"天目"系列公共品牌建设，提高临安乡村旅游的辨识度和知名度。当前，临安的乡村运营，正围绕品牌化建设、市场化运营、整体化推进三个方向进行优化。

自2003年起，浙江的乡村先后经历了"千村示范、万村整治"行动和美丽乡村建设，已经旧貌换新颜。为推动美丽乡村向美丽经济转变，2017年临安率先提出"村落景区"概念，探索市场化运营模式。通过打造"八线十景"、引入市场化运营、推进"两进两回"政策等系列组合拳，实现了三产融合，多方共赢。2021年2月3日，浙江·临安"天目村落"，作为中国首个村落景区公共品牌在京发布。LOGO以黛蓝色为主色调，由四部分组成，分别代表着临安四个核心要素：山、水、人和村落建筑。四个要素组合呈现出一幅自然与人文完美融合的乡村生活图景（如图1-3所示）。

图1-3 浙江·临安"天目村落"LOGO

资料来源 佚名．浙江临安"天目村落"：中国首个村落景区公共品牌正式发布［EB/OL］．(2021-02-03)．https：//baijiahao.baidu.com/s?id=1690665201984979946.有删减。

分析提示：2017年，在实施乡村振兴战略和全域旅游的背景下，临安首次提出"村落景区"概念，统一运营、联合营销、统筹发展，打造"美丽共生"的现代乡村，各村落景区运营商在政府的统筹协调下，挖掘出自身潜在的精神气质，规避了美丽乡村建设中容易出现的同质化弊端，呈现出各具特色的乡村风貌，许多旅游业态、文化业态入驻，沉睡的民风民俗重新激活，走出去的年轻人纷纷回乡创业，乡村有了发展的内生动力，取得了良好的品牌效应。

10）旅游景区资本结构更加多元、合理

除了自有资金、正常的银行信贷和政府的政策性支持外，证券化、项目融资、风险基金、金融控股等形式也正在逐渐成为旅游景区投资开发的重要资本运作手段。旅游投资正在呈现以民营资本和社会资本为主、政府投资和外商投资为辅的多元化投资格局。例如，广东长隆集团在珠海横琴岛首期投资200亿元建设珠海长隆旅游度假区，万达集团牵头投资230亿元建设长白山国际度假区，云南明宇集团计划投资150亿元建设版纳四季国际度假区。国内主要的大型旅游集团，如国旅集团、中旅集团等，都参与了若干大型旅游项目的开发；同时，国际资本也在积极介入。近年来，我国一些旅游景区和旅游企业都进行了旅游景区开发的新尝试，出现了如合资、独资、股份制合作、租赁、承包和出让开发权等旅游景区开发的新模式，初步探索出了政府配置模式、市场配置模式、景政合一模式、国家公园模式等旅游景区治理模式。

1.3 旅游景区服务与管理的内容

1.3.1 旅游景区服务的内容

旅游景区服务是有形产品与无形产品的结合，是旅游景区在旅游者游览、消费过程中提供的各种服务，是旅游景区内一系列服务的统称。

从旅游景区的功能设置系统来看，旅游景区是一个由食、住、行、游、购、娱六大要素构成的综合载体，其服务功能较为全面。旅游景区服务的内容可概括为游览服务、接待服务、营销服务、安全服务等。游览服务是旅游活动开展的原动力；接待服务包括车辆停放、售票服务、入口接待服务、咨询服务、解说服务、商业服务等；营销服务是为了向旅游者提供满意的产品；安全服务包括确保一切旅游设施的性能良好、安全可靠，维护旅游景区的安全，保证游客的生命财产安全等。

1.3.2　旅游景区管理的内容

旅游景区管理的内容涉及三个层面，即旅游景区管理主体、旅游景区管理客体、旅游景区管理环节。

1）旅游景区管理主体

旅游景区管理主体即旅游景区所有权、管理权、经营权的所有者。旅游景区管理主体在管理上包括管理理念、管理体制、运营机制等具体管理内容。

2）旅游景区管理客体

旅游景区管理客体主要指人与资源。人是指与旅游景区相关的一切人员，包括旅游者、当地居民、景区员工等，在管理上包括人力资源管理、游客文明管理、社区关系管理等。资源主要指景区旅游资源、土地资源、财务资源、信息资源、环境资源等，在管理上包括景区旅游资源管理、土地资源管理、环境资源管理、财务资源管理、信息资源管理等。

3）旅游景区管理环节

旅游景区管理环节主要指经营管理过程中的主要环节和要素管理，涉及的具体内容包括景区接待服务管理、景区商业服务管理、景区营销管理、景区安全管理、景区容量管理、景区危机管理、景区环境管理、景区智慧管理、景区品牌管理等。

综上所述，旅游景区管理的内容见表1-1。

表1-1　　　　　　　　　　　　旅游景区管理的内容

管理维度	对应关系	具体内容
旅游景区管理主体	各级政府	管理理念、管理体制
	经营主体	管理理念、运营机制
旅游景区管理客体	人（旅游者、当地居民、景区员工）	人力资源管理、游客文明管理、社区关系管理等
	资源（景区旅游资源、土地资源、财务资源、信息资源、环境资源等）	景区旅游资源管理、土地资源管理、环境资源管理、财务资源管理、信息资源管理等
旅游景区管理环节	经营活动	景区经营管理、景区治理模式
	管理活动	景区接待服务管理、景区商业服务管理、景区营销管理、景区安全管理、景区容量管理、景区危机管理、景区环境管理、景区智慧管理、景区品牌管理等

1.4 旅游景区服务质量管理

1.4.1 旅游景区服务质量的构成要素

1）旅游景区服务质量的概念

旅游景区服务质量是利用设施、设备和产品所提供的服务在使用价值方面适合和满足游客需要的物质满足程度和心理满足程度，也就是游客在旅游过程中享受到的服务劳动的使用价值，得到某种物质和心理满足的一种感受。

2）旅游景区服务质量的两个构成要素

旅游景区服务质量由硬件质量和软件质量两个要素构成（如图1-4所示）。

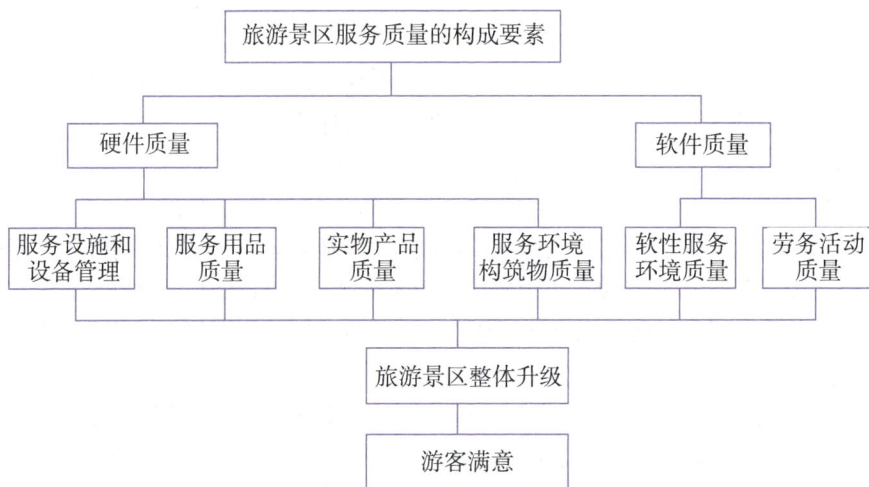

图1-4　旅游景区服务质量的构成要素

行业广角镜1-6　　　　　　　　　　西西里欲使出"洪荒之力"招揽中国游客

据《欧洲时报》（意大利版）的微信公众号报道，意大利旅游博览会在西西里岛举办了旅游产业交易会（Borsa Siciliana Del Turismo，以下简称旅交会）。旅交会期间公布的一项数据显示：全欧洲每年迎来约1 000万人次的中国游客，其中仅有1.7%的游客会选择来访西西里岛。而根据中国官方公布的报告，2017年中国出境旅游市场达到1.29亿人次。由此可见，不仅是西西里岛，整个意大利都未全面转向开发这个极富潜力的市场。

报道称，中国人向来拥有独特的生活习惯，接待中国游客则需要针对一系列细节而提供精准服务。因此，由中国旅游研究院（China Tourism Academy）颁发的"欢迎中国"（Welcome Chinese）认证便被引入意大利。欧洲"欢迎中国"认证协会总经理孔塔·卡拉韦洛（Concetta Caravello）在旅交会上指出，为达成这一全新的目标，需要制定一个让全意大利都行动起来的战略。"目前在西西里岛，'欢迎中国'只启动了两个试点项目，分别是阿格里真托市的神殿之谷公园（Valle dei Templi di Agrigento）和皮亚扎-阿尔梅里纳市的卡萨尔古罗马别墅（Villa Romana del Casale di Piazza Armerina），目前这两处项目已获得先期成效。"孔塔·卡拉韦洛认为，"西西里是一个非常有潜力的旅游目的地，尤其是对于特别钟情于世界文化遗产的中国游客来说。他们不是不喜欢大海，而是不想被晒黑。此外，近年来中国人对葡萄酒的兴趣越来越浓厚，品尝葡萄酒被看作一种新的身份象征，因此有关葡萄酒的旅行产品总是更受欢迎"。

从 2016 年起，卡萨尔古罗马别墅和神殿之谷公园就已经正式宣布，在欢迎中国游客拜访西西里的同时，也准备好满足中国游客的各项需求。这两处世界文化遗产也都获得了"欢迎中国"官方认证。据悉，获得认证需要通过非常严格的测试，旅游机构须符合多项特殊标准，以保证中国游客能够享受到他们所期望的优质服务。这些标准包括中文导游、中文指南等，而最重要的是，需建立中文网站，并和中国主要社交媒体联动。2018 年是"中国-欧盟旅游年"，孔塔·卡拉韦洛建议，当地旅游机构还应为游客建立一套从机场到酒店的 360 度全方位服务体系。此外，旅游业的商家还应该在中文社交媒体上进行推广，这一方式要比参加旅游博览会的成本低很多。

文章指出，酒店应该特别注意中国游客的需求：客房里需要提供热水壶、无线网络及中文电视频道；不要分配给客人带数字 4 的房间，该数字在中国人眼中代表着不吉利；不要过多使用白色物品，因为白色是用于丧葬的颜色；另外，早餐对于中国人来说也是非常重要的。

资料来源　佚名. 西西里欲使出"洪荒之力"招揽中国游客 [EB/OL]. [2018-05-07]. http：//www.chinanews.com/hr/2018/05-06/8507155.shtml.有删减。

分析提示：旅游景区硬件质量和软件质量共同构成了旅游景区服务质量的要素，需要多方合力共同为游客服务，提升旅游品质，让更多中国人享受"诗和远方"。

1.4.2　我国旅游景区服务质量管理的现状

1）建立赔偿先付制度最大化保障游客权益

自 2015 年《关于完善消费环节经营者首问和赔偿先付制度切实保护消费者合法权益的意见》发布以来，旅游行业积极响应，福建、青海、黑龙江、江西、山东等省率先行动。各省通过设立基金，完善制度建设，全面推进省级层面旅游先行赔付制度的落地，保障游客权益。例如：福建省设立"放心游福建"旅游理赔基金，对符合先行赔付条件的旅游投诉实施先行赔付；江西省设立旅游专项理赔金，由指定旅游专项理赔金管理机构管理，对符合条件的旅游投诉先行赔付；黑龙江省设立旅游诚信基金，对涉旅消费纠纷通过旅游诚信基金先行赔付；山东省设立初始额度为 100 万元的旅游诚信先行赔付金，由省文化和旅游厅设立专账管理，对相应投诉先行赔付；青海省建立了旅游商品七天无理由退货制度。上述省份在先行赔付制度方面的积极创新保障了游客权益，推动旅游企业更加重视旅游产品和服务质量建设，在全国形成了良好的示范效应。

2）建立旅游投诉纠纷仲裁中心、人民调解委员会和巡回法庭等游客权益保护制度

相关游客权益保护制度的建立主要适应游客流动性和异地消费的特点，破解游客异地

维权难问题。早在 2002 年，海南省三亚市就设立了三个旅游景区的旅游巡回法庭，以简易程序就地化解矛盾纠纷。全国多地结合本地旅游特点设置了旅游巡回法庭，如新疆已设立了 74 个旅游巡回法庭。为配合旅游警察、旅游巡回法庭建设，海南、山东等地还创新设立了旅游仲裁中心、人民调解委员会等机构，大大提升了旅游纠纷处理的效率和灵活性，为游客构建了更加放心、满意的诚信旅游环境，在为游客提供更加满意的旅游消费环境的同时，也推动了旅游企业加速服务质量升级，向更高质量、更优服务方向发展。

3）出台全面提升旅游服务质量监管办法

文化和旅游部 2021 年 5 月印发了《文化和旅游部关于加强旅游服务质量监管提升旅游服务质量的指导意见》（以下简称《指导意见》），对"十四五"时期加强旅游服务质量监管、提升旅游服务质量等工作做出部署。《指导意见》从 6 个方面提出了 29 条具体任务，提出：落实旅游服务质量主体责任，鼓励和支持有条件的旅游企业建立"首席质量官""标杆服务员"制度，A 级旅游景区要落实"错峰、预约、限量"要求，依法落实最大承载量核定要求，完善流量控制制度，实现国有旅游景区门票网上预约全覆盖，进一步提高景区线上预约便利度；培育优质旅游服务品牌，建设一批富有文化底蕴的世界级旅游景区和度假区，打造一批文化特色鲜明的国家级旅游休闲城市和街区，打造中国旅游服务品牌新形象；推进旅游服务相关标准制修订工作，有序制定涉及旅游新业态、新模式等方面的标准，在《旅行社等级的划分与评定》《导游服务规范》《旅游饭店星级的划分与评定》《旅游景区质量等级的划分与评定》《旅游度假区等级划分》等国家标准及相关行业标准、地方标准的修订中，进一步突出旅游服务质量方面要求；建立以游客为中心的旅游服务质量评价体系，建设旅游服务质量大数据平台等。

1.4.3　旅游景区服务质量的标准化管理

1）国际通用质量标准

国际上通用的质量标准主要有 ISO 9000 系列标准、ISO 14000 系列标准，以及由世界旅游及旅行理事会创立的"绿色环球 21"标准。其中，ISO 9000 系列标准及 ISO 14000 系列标准主要针对制造业，而"绿色环球 21"标准主要针对旅游景区的质量管理。我国旅游景区标准化管理借鉴了国际标准化组织的 ISO 9000 系列标准和 ISO 14000 系列标准，并创建了《旅游景区质量等级的划分与评定》国家标准。

（1）我国旅游景区与 ISO 9000 系列标准

①ISO 9000：质量管理体系标准。

ISO 9000 质量管理体系标准是质量管理体系认证依据的主要国际标准。该标准由国际标准化组织（ISO）于 1987 年首次发布，并于 1994 年进行修订，2000 年又对 1994 年版 ISO 9000 系列标准进行修订。目前，人们使用的 ISO 9000 系列标准为 2008 年版。2008 年版 ISO 9000 系列标准的文件结构见表 1-2。

表 1-2　　　　　　　　　　　　2008 年版 ISO 9000 系列标准的文件结构

核心标准	GB/T 19000—2008/ISO 9000：2005《质量管理体系：基础和术语》 GB/T 19001—2008/ISO 9001：2008《质量管理体系：要求》 GB/T 19004—2009/ISO 9004：2009《质量管理体系：业绩改进指南》 GB/T 19011—2003/ISO 19011：2002《质量和（或）环境管理体系审核指南》
支持性标准 和文件	ISO 10012《测量控制系统》 ISO/TR 10006《质量管理：项目管理质量指南》 ISO/TR 10007《质量管理：技术状态管理指南》 ISO/TR 10013《质量管理体系文件指南》 ISO/TR 10014《质量经济性管理指南》 ISO/TR 10015《质量管理：培训指南》 ISO/TR 10017《统计技术指南》 《质量管理原则》 《选择和使用指南》 《小型企业的应用》

其中，GB/T 19000—2008/ISO 9000：2005《质量管理体系：基础和术语》起着奠定理论基础、统一术语概念和明确指导思想的作用，具有很重要的地位。

GB/T 19001—2008/ISO 9001：2008《质量管理体系：要求》取代了 1994 年版 ISO 9001、ISO 9002 和 ISO 9003 三个质量保证模式标准，成为用于审核和第三方认证的唯一标准。

GB/T 19004—2009/ISO 9004：2009《质量管理体系：业绩改进指南》提供了超出 GB/T 19001 标准要求的指南，它不是 GB/T 19001 标准的实施指南，它充分考虑了提高质量管理体系的有效性和效率，进而考虑开发改进组织绩效的潜能。

GB/T 19011—2003/ISO 19011：2002《质量和（或）环境管理体系审核指南》是 ISO/TC 176 和 ISO/TC 207（环境管理标准化技术委员会）联合制定的有关审核方面的指南标准，它遵循了"不同管理体系可以共同管理和审核"的原则，取代了 1994 年版 ISO 10011-1、ISO 10011-2 和 ISO 10011-3 三个质量管理体系审核指南标准，也取代了 1996 年版 ISO 14010、ISO 14011 和 ISO 14012 三个环境管理体系审核指南标准。

②ISO 9000 系列标准在我国旅游景区的实施。

深圳的"锦绣中华"是我国第一家获得 ISO 9000 质量管理体系认证的旅游景区。锦绣中华发展有限公司于 1997 年 8 月引入 ISO 9000 质量管理体系，试运行 10 个月后，于 1998 年 6 月 26 日顺利通过了 ISO 9000 质量管理体系 19 个要素的正式认证。目前，峨眉山、武夷山、九寨沟、西安秦岭野生动物园等许多旅游景区都先后通过了 ISO 9000 质量管理体系认证。

（2）我国旅游景区与 ISO 14000 系列标准

①ISO 14000：环境管理系列标准。

ISO 14000环境管理系列标准是目前世界上最全面和最系统的环境管理国际化标准。ISO 14000环境管理系列标准包括ISO 14001—ISO 14009（环境管理体系）、ISO 14010—ISO 14019（环境审核）、ISO 14020—ISO 14029（环境标志）、ISO 14030—ISO 14039（环境行为评价）、ISO 14040—ISO 14049（生命周期评估）、ISO 14050—ISO 14059（术语和定义）、ISO 14060（产品标准中的环境指标）。其中，ISO 14001作为ISO 14000环境管理系列标准的核心，是企业建立环境管理体系并开展审核认证的根本准则。

②ISO 14000系列标准在我国旅游景区的实施。

为了贯彻"严格保护、统一管理、合理开发、永续利用"的方针，有效落实全国风景名胜区的资源与环境保护工作，根据部分已经通过ISO 14000环境质量认证的风景名胜区的经验，建设部（现为"住房和城乡建设部"）和国家环境保护总局在国家重点风景名胜区开展创建ISO 14000国家示范区活动，制定了《创建ISO 14000国家示范区实施办法》，并于2001年3月9日联合颁布了《关于国家重点风景名胜区开展创建ISO 14000国家示范区活动的通知》（城建〔2001〕51号）。武汉黄鹤楼公园是我国首家通过ISO 14000环境质量认证的旅游景区。目前，深圳的"锦绣中华"、长春的净月潭景区、苏州的苏州乐园、杭州的宋城等许多旅游景区都先后通过了ISO 14000环境质量认证。

（3）我国旅游景区与"绿色环球21"标准

① "绿色环球21"标准。

"绿色环球21"标准是当今世界上唯一一个涵盖旅游全行业的全球性可持续发展标准体系。"绿色环球21"作为一个独特的品牌，在国际旅游业享有很高的声誉。加入"绿色环球21"有助于改善企业的环境与社会形象，提升企业的国际竞争力。

世界旅游及旅行理事会（WTTC）于1993年根据全球环境保护运动的先驱者、第一任联合国环境规划署署长毛瑞思·斯特朗先生（Mauris Strong）的建议，开始创立"绿色环球21"标准，并于1994年正式公布。1999年，"绿色环球21"标准得到进一步发展壮大，并且开始独立运作。"绿色环球21"标准包括五大标准体系，即可持续旅游企业标准体系、可持续旅游社区标准体系、生态旅游标准体系、可持续设计建设标准体系和景区规划设计标准体系。目前，"绿色环球21"由三个合资伙伴进行全球管理，它们是英国绿色环球、亚太绿色环球（澳大利亚）和加勒比可持续旅游联盟（波多黎各）。它们在这个组织中，各有不同的作用与功能。"绿色环球21"的总部原在英国，主要负责全球政策和营销，同时处理欧洲和非洲的认证。加勒比海地区和南美洲地区由加勒比可持续旅游联盟（CAST）负责认证。亚太绿色环球是"绿色环球21"与澳大利亚可持续旅游合作研究中心（STCRC）合资建立的机构。2003年，"绿色环球21"全球业务重构，位于澳大利亚堪培拉的亚太绿色环球成为"绿色环球21"在全球推行其业务的中心。

② "绿色环球21"标准在我国旅游景区的实施。

国家环境保护总局和"绿色环球21"于2002年10月15日签订了在中国推行"绿色环球21"可持续旅游标准审核体系的合作协议。蟹岛生态园区是我国首家通过"绿色环球21"认证的企业，三星堆遗址博物馆是全球第一家通过"绿色环球21"认证的博物馆，蜀南竹海风景区是全球第一家通过"绿色环球21"认证的以竹资源和竹文化为特色的旅游景区。这些旅游景区不仅拥有自然与文化遗产，更重要的是，经过我们的努力，有效地保护和发掘了这些遗产的内在价值，实现了可持续发展，这是值得我们骄傲的地方。

2）我国旅游景区服务管理相关标准

（1）我国旅游景区与《旅游景区质量等级的划分与评定》

中华人民共和国国家标准《旅游景区质量等级的划分与评定》（GB/T 17775—2003）于2004年10月28日由中华人民共和国国家质量监督检验检疫总局发布，2005年1月1日起实施。该标准将旅游景区质量等级划分为五级，从高到低依次为AAAAA、AAAA、AAA、AA、A级旅游景区。旅游景区质量等级的划分依据与方法如下：根据旅游景区质量等级划分条件确定旅游景区质量等级，按照《服务质量与环境质量评分细则》《景观质量评分细则》的评价得分，并结合《游客意见评分细则》的得分进行综合评定。

《旅游景区质量等级的划分与评定》（GB/T 17775—2003）替代了《旅游景区质量等级的划分与评定》（GB/T 17775—1999），新增了AAAAA级旅游景区，旅游景区质量等级的划分从原来的四级发展为五级，更加强调以人为本的服务宗旨，在旅游景区的文化性和特色性等方面都提出了更高的要求。旅游主管部门对A级旅游景区进行动态的监管，从2015年到2019年四年期间，全国有秦皇岛山海关景区、长沙橘子洲旅游区、重庆神龙峡景区和山西晋中乔家大院4家5A级旅游景区被摘牌；25家5A级旅游景区被予以警告或严重警告，82家4A级景区被摘牌。我国旅游景区监管走向制度化和常态化，做到进出有序常态化管理，确保为游客提供最好的旅游产品和服务。

（2）其他相关规范和标准

我国旅游景区服务与管理相关法律、行政法规、部门规章、标准、规范性文件等见表1-3。

表1-3 我国旅游景区相关的法律、行政法规、部门规章、标准、规范性文件

类别	法律、行政法规、部门规章、标准、规范性文件
法律	《中华人民共和国文物保护法》（2017年）、《中华人民共和国非物质文化遗产法》（2011年）、《中华人民共和国旅游法》（2013年）、《中华人民共和国民法典》（2021年）等
行政法规	《导游人员管理条例》（1999年5月公布，2017年10月修改）、《旅行社条例》（2009年2月公布，2017年3月第二次修改）、《中国公民出国旅游管理办法》（2017年）、《博物馆条例》（2015年）、《旅游行政许可办法》（2018年）等
部门规章	《在线旅游经营服务管理暂行规定》（2020年）、《旅游投诉处理办法》（2010年）、《旅行社条例实施细则》（2016年）、《旅游安全管理办法》（2016年）、《国家级文化生态保护区管理办法》（2018年）、《导游管理办法》（2018年）等
国家标准	《旅游资源分类、调查与评价》（GB/T 18972—2017）、《旅游厕所质量等级的划分与评定》（GB/T 18973—2016）等

续表

类别	法律、行政法规、部门规章、标准、规范性文件
行业标准	《旅游景区游客中心设置与服务规范》(2011年)、《旅游景区公共信息导向系统设置规范》(2015年)、《绿色旅游景区》(LB/T 015—2011)、《景区最大承载量核定导则》(LB/T 034—2014)、《国家绿色旅游示范基地》(LB/T 048—2016)、《国家蓝色旅游示范基地》(LB/T 049—2016)、《康养旅游示范基地》(LB/T 051—2016)、《国家人文旅游示范基地》(LB/T 050—2016)、《研学旅行服务规范》(LB/T 054—2016)、《景区游客高峰时段应对规范》(LB/T 068—2017)、《旅行社在线经营与服务规范》(LB/T 069—2017)、《温泉旅游企业星级划分与评定》(LB/T 016—2017)、《温泉旅游泉质等级划分》(LB/T 070—2017)、《旅游经营者处理投诉规范》(LB/T 063—2017)、《文化主题旅游饭店基本要求与评价》(LB/T 064—2017)、《精品旅游饭店》(LB/T 066—2017)、《国家工业旅游示范基地规范与评价》(LB/T 067—2017)、《自驾车旅居车营地质量等级划分》(LB/T 078—2019)、《文明旅游示范区要求与评价》(LB/T 074—2019)、《文明旅游示范单位要求与评价》(LB/T 075—2019)《旅游民宿基本要求与评价》(LB/T 065—2019)(2021年2月第1号修改单)、《旅游休闲街区等级划分》(LB/T 082—2021)等
规范性文件	《国家全域旅游示范区验收、认定和管理实施办法(试行)》和《国家全域旅游示范区验收标准(试行)》(办资源发〔2020〕30号)、《国家级旅游度假区管理办法》(文旅资源发〔2019〕143号)、《文化和旅游规划管理办法》(文旅政法发〔2019〕60号)等

行业方向球

讲好气象+旅游的故事

3月23日是世界气象日。我国气象服务在旅游业中的价值正在日渐凸显，在开展精准气象预报服务同时，如何利用气象知识为公众提供科学实用的指南、打造旅游气象主题产品等也是值得探索的方向。

提升春游幸福度

气象知识并不神秘，还记得小时候学过的二十四节气歌吗？春雨惊春清谷天，夏满芒夏暑相连……二十四节气是值得中国人骄傲的文化瑰宝，已被正式列入联合国教科文组织人类非物质文化遗产代表名录，在国际气象界甚至被誉为"中国的第五大发明"。

春分是二十四节气的第四个节气，也是天气变化最为明显的分水岭。春暖花开的日子到来了，踏青、赏花、吸氧，是这个时节最应该做的事，花香与诗意交融，各地文化和旅游部门纷纷发布春游线路。为了让北京市民和游客有一个如沐春风、心花怒放的好心情，北京市文化和旅游局近日推出12条"花开的日子——漫步北京赏春花读建筑主题游"线路，将赏春花与读建筑巧妙结合起来，涵盖了法源寺的丁香诗会、大觉寺的古寺兰香、明城墙下的千株梅花、紫禁城的雪落梨花等。四川省文化和旅游厅近日也发布了全省100个赏春踏青点位以及26条春游线路，分享了一幅桃花、油菜花、樱花、梨花、杜鹃花等花团锦簇的"四川春季赏花分布图"，该地图内容还包括特色小镇和民宿的实用信息，呼唤人们奔赴一场春天的约会。

目前各地在推赏花指南，一般指的是开花期，但是不同地区不同的花，初放期、盛放期、最佳观赏期都不同，从气象知识的角度，有必要对赏花游进行细分，为公众选择不同的时间出游提供便利。另外，结合当地相关的旅游信息进行综合发布，还可以提升游客春游的幸福感。

气象旅游资源增添吸引力

"迟日江山丽，春风花草香。"气象与旅游，你中有我，我中有你。气象旅游资源是指自然界中能对游客产生吸引力、有利于旅游发展，从而产生经济效益、社会效益和环境效益的各种天气现象、气候条件及其衍生产物。

以踏青、赏花为核心吸引物的气象旅游资源的吸引力惊人，"烟花三月下扬州"是深深刻在传统文化记忆中关于春天的约定，"相约武汉赏樱花"成为人们热衷的拍照打卡项目，而在"中国最美乡村"江西婺源，近万亩梯田油菜花海层层叠叠，宛如一片金色海洋，"以花为媒"，掘金"赏花经济"，催热了当地的乡村旅游。在景观审美中，天气、气候被誉为"风景的化妆师"，跟旅游资源密切相关，天气条件往往是形成旅游景观的基础。另外，丰富的气候资源造就了诸如涌潮、云海、雾凇等丰富多彩、美轮美奂的自然景观，甚至很多气象景观本身就是旅游资源。

在我国的江浙地区，中秋节有"观潮"的习俗，去钱塘江两岸，欣赏波涛汹涌的"钱塘潮"是一大盛事。苏东坡写道"八月十八潮，壮观天下无"，钱塘江涌潮受天文、气象、上游来水、河床地形等多种因素共同影响，具有较高的观赏价值。其中，海宁观潮最为有名，在海宁盐官古镇观潮胜地公园，有着天下奇观"一线潮"的最佳观赏点。每年中秋前后，这里都会推出相关活动，最著名的是祭祀海神的民俗表演，吸引大量游客前来观潮。

另外，气象服务也为旅游发展保驾护航。旅游业受气象条件影响大，游客在进行旅游线路规划、出行、游览等过程中，均会受到天气的影响。目前多地文化和旅游部门都在加强和当地气象部门的合作，向旅游景区提供气象服务，特别是做好暴雨、雷电和大风等灾害性天气监测预警工作，共同建设旅游景区灾害性天气预警信息发布系统，定时和不定时地向景区管理人员和游客发布气象预报预警信息，并推送到景区显示屏，确保景区安全。

旅游气象产品服务游客

在国务院办公厅印发的《关于促进全域旅游发展的指导意见》中，就加快推动旅游业转型升级、提质增效，全面优化旅游发展环境，走全域旅游发展的发展路径作出部署。其中提出要推动旅游与气象等行业的融合发展，开发建设天然氧吧、气象公园等产品。气象旅游资源也在成为科普研学产品的主题。

云海、冬雪、日出、雾凇、佛光，具有丰富气象景观资源的黄山风景区，2018年1月启动了国家气象公园试点建设。"气象公园"是指以气象旅游资源为主体，包括天气景观资源、气候环境资源、人文气象资源，具有生态保护、观赏游览、科学及文化研究等功能，同时与提升智慧旅游、开展研学旅游相结合的旅游产品。

"中国天然氧吧"是国家气候标志的子品牌，是通过评价旅游气候及生态环境质量，发掘高质量的旅游憩息资源，倡导绿色、生态的生活理念，发展生态旅游。中国气象局公共气象服务中心授予北京市延庆区等79个地区"中国天然氧吧"称号。此评选旨在将一些生态环境优良，空气清新，适宜旅游、休闲、养生的地区发掘出来，助力生态旅游、健康旅游、全域旅游及地方经济转型升级。其中，负氧离子浓度是评选的一项重要指标，要求当地年平均负氧离子浓度达到1 000个/立方厘米以上，负氧离子对改善人体心肺功能、促进新陈代谢等有诸多益处，有着"空气维生素"的美誉。好的空气质量、生态环境已经成为重要的旅游吸引物和宝贵的旅游资源。浙江舟山推广旅游气象产品，推出观日赏霞、观浪海钓、赏花采摘等18个气象景观指数，丰富旅游气象指数产品，并开展花期、采摘期（收获期）等物候景观预测预报，形成节气图谱。

资料来源　曹燕. 讲好气象+旅游的故事［N］. 中国旅游报，2021-03-23（7）. 有删减。

分析提示：各地在开展精准气象预报服务，利用气象知识为公众提供科学实用的指南，为旅游发展保驾护航的同时，打造以踏青、赏花、观潮为核心吸引物的气象旅游产品、科普研学产品、旅游气象主题产品等，创新服务理念，拓展服务项目，可以为游客提供个性化的旅游产品和更好的体验。

观念回顾

1.旅游景区是指具有参观游览、休闲度假、康乐健身等功能，具备相应旅游服务设施并提供相应旅游服务的独立管理区。该管理区应有统一的经营管理机构和明确的地域范围，包括风景区、文博院馆、寺庙观堂、旅游度假区、自然保护区、主题公园、森林公园、地质公园、游乐园、动物园、植物园及工业、农业、经贸、科教、军事、体育、文化艺术等各类旅游景区。旅游景区具有五个明显的特征，即地域性、旅游性、设施性、管理性和创新性。

2.中华人民共和国国家标准《旅游景区质量等级的划分与评定》（GB/T 17775—2003），按照《服务质量与环境质量评分细则》《景观质量评分细则》的评价得分，并结合《游客意见评分细则》的得分进行综合评定。将旅游景区质量等级划分为五级从高到低依次为AAAAA、AAAA、AAA、AA、A级旅游景区。截至2021年6月，我国共有5A级旅游景区302家。

3.旅游景区的发展趋势主要体现在以下十个方面：旅游景区业态发展更加跨界、融合；旅游景区设施和服务配置更加完善、优化；旅游景区产品结构更加多元、个性；旅游景区管理要求更加标准、品质；旅游景区内涵特色更加文化、体验；旅游景区营销方法更加时尚、新颖；旅游景区生态保护更加向严格、规范；旅游景区管理手段更加智慧、智能；旅游景区品牌形象更加鲜明、重要；旅游景区资本结构更加多元、合理。

4.旅游景区是由食、住、行、游、购、娱六大要素构成的综合载体。旅游景区服务是旅游景区在旅游者游览、消费过程中提供的各种服务，是旅游景区内一系列服务的统称。旅游景区管理的内容涉及三个层面，即旅游景区管理主体、旅游景区管理客体、旅游景区管理环节。

第 2 章
旅游景区接待服务

学习目标

1. 了解旅游景区接待服务的主要环节，掌握票务和闸口服务标准。
2. 理解旅游景区游客中心的主要功能、设施配置和服务内容，增强对品质服务的理解和追求。
3. 了解旅游景区解说服务的类型和功能，理解旅游景区解说服务的内容。
4. 掌握旅游景区导游解说的技巧、导游词的撰写方法，讲好中国故事，铸牢社会主义核心价值观。

热点关注

游客中心　旅游解说　旅游投诉

行业视窗　　故宫：升级线上线下服务 回应暑期游览热情

　　故宫门票怎么"抢"？"进宫"前去哪儿"做功课"？"进宫"后如何选择最优游览路线？订不到票如何实现线上深度游故宫？暑期游客出游热情高涨，故宫一票难求。故宫通过优化票务、接待服务，升级线上游览服务和内容，更好地满足了游客需求。

　　优化线下服务。按照疫情防控要求，并考虑世界文化遗产地保护和游客参观游览体验等因素，目前，故宫每日限流3万人次，实行预约参观，游客可以通过故宫博物院网络售票网站或微信故宫博物院公众服务号实名预约门票，门票于参观日10天前20时开始预售，售完为止。为给游客提供更加快捷的健康码核验服务，故宫博物院已完成与北京健康宝系统的对接工作。目前，游客可在购票流程中完成健康宝状态的核验，有效缩短了现场排队候检的时间，进一步提升了参观体验。暑期北京天气炎热、降雨增多，为服务好参观游客，故宫推出了一系列保障措施，如增加了外岗服务人员和巡逻人员，加强对人流的疏导和对突发状况的应对，在珍宝馆、御花园等地增加了30把路椅，供游客休息乘凉，并为游客准备了一次性雨衣。

　　线上服务往深里走。如果结合"数字故宫"小程序在故宫进行游览，游客还将获得不一样的体验。去年，故宫发布了"数字故宫"小程序，游客可在上面浏览"故宫名画记""数字文物库""全景故宫"等平台上的藏品、建筑信息，还可第一时间获取故宫博物院的相关资讯。小程序上的"游故宫"和"赏物"两个频道，不仅聚合了紫禁城建筑和院藏文物资源，还结合线下开放路线为游客提供便捷的导览服务。目前在用户喜欢使用的路线中排名前三的是"一日游""夏日纳凉""东路游览"。夏日炎炎，游客大多选择通风近展览、九州清晏游暑，但又不想错过经典游览区域，这三条路线便成了"夏日爆款线"。其实，如果想在酷暑中避开客流高峰，线上游故宫也不失为一个好选择。故宫正在采取多种措施，让这种游览体验往"深"里走。

　　通过"数字故宫"小程序上的"全景故宫"畅游故宫，还有导游利用"全景故宫"进行直播，带大家360度无死角逛故宫，代入感极强。据了解，"数字故宫"小程序即将在近期迎来升级。游客不仅可以在上面提前购票、预约展览、规划路线、了解行前信息，还可以在游览中获取定位和路线导览，了解实时人流密度，避开拥挤区域，随时向更智能的AI导游咨询问题。

　　创新传播故宫文化。故宫蕴藏着历史、建筑、天文等多个领域的丰富知识，是学生们在暑期开展研学活动的热门去处。为满足更多游客需求，目前，故宫正在策划暑期故宫知识线上课堂，计划以"文物与自然"为主题，于8月11日至20日连续推出20节课程，每个课程围绕故宫的一件文物展开。比如，围绕浑天仪讲解古代天文学知识；围绕敔器讲解其背后的物理学知识及蕴含的"满则覆"的人生哲理；围绕《耕织图》解读养蚕缲丝的奥秘；围绕大禹治水玉山，讲述清宫玉石的相关历史及玉器制作知识。希望通过多样化的讲授，让深宫里的藏品真正活起来，让艰涩难懂的文物信息转变为轻松好玩的科普知识，带领学生们探索人物与自然、文化与科技、历史与当下的交融，让故宫与自然、社会建立起关联，真正走进百姓生活。

近年来，故宫宣教部通过线上线下多种途径为观众提供教育服务，策划出版了多套青少年图书，如《哇！故宫的二十四节气》绘本、《我要去故宫》插图书、《故宫思维训练大挑战》游戏书等。故宫宣教部还整合各种资源，通过多个媒体平台推广展览信息，解读故宫知识，传播故宫文化。"故宫宣教"微信公众号、"带你看故宫"抖音号、"我要去故宫"快手号等平台持续更新，推送故宫建筑历史知识、藏品背景故事、展览推介和趣味看展建议、故宫参观服务、时令风景分享等内容，不定期举办各类直播，分享故宫美景、文化等。2021年上半年，各平台总浏览量达6 109万。

今年，故宫宣教部还结合夏日消暑主题，与中外文化交流中心合作制作了《萌狮讲消暑》动画视频。片中将太和殿的脊兽狮子拟人化为狮威威，通过他可爱、轻松的讲述，带领观众了解紫禁城中夏日消暑纳凉妙招，呈现一个充满趣味的清凉故宫。

资料来源　王洋.故宫：升级线上线下服务 回应暑期游览热情［N］.中国旅游报，2021-07-29（2）.有删减。

上述案例告诉我们，要打造高品质的旅游景区，离不开接待服务，接待服务是其中非常重要的服务内容。旅游景区接待服务包括入门接待服务和进入景区后的接待服务等。入门接待服务主要包括车辆停放、票务服务、闸口服务、游客中心接待服务等；进入景区后的接待服务主要包括游览接待、讲解服务、商业服务等。虽说线上接待服务日益普遍，但是其主要还是用以引流、宣传以及为线下接待提供便利条件，故我们在此仍以线下接待服务来作以介绍，其中商业服务接待将在后续章节阐述。

2.1　票务与闸口服务

2.1.1　票务服务

1）门票的类型

（1）按照制作材料分类

按照制作材料的不同，门票可分为纸质门票和电子门票。

纸质门票是传统的门票形式。目前，我国有些景区还在使用纸质门票，并采用手工验票的方式。使用纸质门票较容易出现假票、错票、漏票、逃票及入口拥挤混乱等问题。

电子门票主要是磁卡（IC卡、条码卡）和二维码电子门票。在管理方面，电子门票管理系统由计算机实行全封闭式门票卡的发售、统计控制工作，自动检验门票，采用日、月报表核算，从而有效地杜绝了假票、偷票、漏票的产生；同时，电子门票管理系统能够准确统计每天的客流量、门票收入、参观者的类别，并控制预售票的数量，从而提供给管理者准确、可靠的第一手资料，使管理者能够有效疏导客流，合理、及时地安排服务项目，改善接待服务环境。因此，使用电子门票能够为管理者提供超前决策、科学管理的依据，能够赋予管理者最有力的决策支持。电子门票产生初期有过多媒体光盘电子门票。

行业广角镜2-1　　　　　　　　黄山风景区新增人脸识别系统

2017年，黄山旅游发展股份有限公司制定三年发展规划，提出对黄山风景区的两大平台、十大系统进行发展升级。设立人脸识别系统，人脸识别系统分为两部分：在售票处，游客在机器上留下人脸影像，通过微信或支付宝完成购票；在检票处，机器对游客脸部进行扫描后，游客便可直接进入景区，省去了检票环节。"码上游黄山"智慧旅游服务平台正式上线，游客通过微信或支付宝扫码，即可选购黄山门票和索道票。游客扫码后，凭借存有二维码电子门票凭证通知的短信，或持二代身份证便可直接通过闸机检票进入景区，大幅减少了游客换票、取票等环节，平均能节约时间30分钟。"码上游黄山"还将完成"全网预订"和"分时预约"两个阶段。届时，"黄山码"将覆盖机场、高铁站、集散中心等地，实现票务预订、车辆预约、导游预约等多重服务，满足游客的多样化需求。

为助力全域旅游，打造"智慧景区"，2018年4月开始，黄山风景区的景区Wi-Fi项目投入试运行。该项目在景区游客集散中心、售票处及核心景区共49个区域、布设了91个无线AP设备，形成Wi-Fi网络覆盖。游客在黄山游览时，只需打开数码设备无线上网功能，登录无线名称为"黄山风景区"的Wi-Fi，经短信认证后即可享受免费上网服务。该项目将对景区客流量、客源地、驻留天数、消费情况、游览轨迹等数据进行统计分析，为景区客流量的监管调控及旅游产品的精准营销提供科学准确的数据，也为游客提供更为完善的旅游服务和体验。黄山旅游发展股份有限公司依托酒店的电视屏+电信iTV平台，将酒店电视打造成黄山旅游的宣传窗口。电视剧开机界面设有最美黄山、直播黄山、舌尖上的黄山、VR游黄山、人文徽州等栏目。开机即点对点推送黄山旅游攻略，租车、门票、黄山特产在线预订等，方便广大游客畅游黄山。

资料来源　李晓洁．黄山风景区新增人脸识别系统［EB/OL］．（2018-05-08）．http://www.huang-shan.gov.cn/News/show/2659286.html.有删减。

分析提示：旅游景区门票的类型在不断创新，总体上是往更加方便游客、包含更丰富的资讯、产业链延伸更大、更加低碳的方向发展，综合性服务必须依靠强大的信息网络来支撑，利用信息化手段提高管理水平是当前旅游企业提升核心竞争力的出路。

（2）按照消费对象分类

按照消费对象的不同，门票可分为全票、优惠票。优惠票主要针对儿童、学生、离退休人员、残疾人、军人、当地居民以及团体游客。

（3）按照适用期限分类

按照适用期限的不同，门票可分为当日门票和年卡门票。

（4）按照旅游淡旺季分类

按照旅游淡旺季的不同，门票可分为淡季票和旺季票。

目前，对景区门票及景区内相关服务价格比较常见的分别实行政府定价、政府指导价和市场调节价。

2）票务预订服务

现阶段旅游景区的订票方式主要有以下几种：

（1）网上预订

网上订票是游客根据出行的需要，将需要订购的票务信息按景区官方网站或者相关电子商务平台设定的要求，如游客姓名、身份证号码、景区名称、进入时间、购买数量等，填写完成提交，并通过安全、便捷、高效的认证支付完成购票的方式。

（2）手机 App 客户端、官方微信公众号预订

游客可以通过手机 App 客户端、官方微信公众号流程提示预订订票，现场确认。

（3）旅行社预订

有代理权的旅行社可以提供预订服务，而且有些旅行社所提供的旅游套餐中，已包括景区门票。

（4）团体预订

团体游客若想订购一定数量或以上的门票，如作商务会议或家庭聚会等用途，可电话联络景区团体销售部，获得若干优惠。

微型资料 2-1

2019 年 8 月 23 日，《国务院办公厅关于进一步激发文化和旅游消费潜力的意见》发布并提出，要推广景区门票预约制度，合理确定并严格执行最高日接待游客人数规模。2020年 11 月 30 日，文化和旅游部、国家发展改革委等十部门联合发布的《关于深化"互联网＋旅游"推动旅游业高质量发展的意见》提出，加快建设智慧旅游景区，明确在线预约预订、分时段预约游览等建设规范，并要求落实"限量、预约、错峰"要求，提出国有旅游景区应于 2021 年年底前全部提供在线预约预订服务。

3）旅游景区售票处售票工作服务规范

旅游景区售票工作服务规范包括：

（1）积极开展优质服务，礼貌待客，热情周到，售票处应公示门票价格及优惠办法。

（2）售票员应主动解答游客的提问，做到百忙不厌，不能与游客发生口角，能够熟练使用普通话。

（3）售票员应主动向游客解释优惠票价的享受条件，售票时做到热情礼貌、唱收唱付。

（4）售票员应向闭园前一小时内购票的游客提醒景区的闭园时间及景区内仍有的主要

活动。

（5）游客因购错票或多购票而在售票处办理退票手续时，售票员应按旅游景区的有关规定办理；如确实不能办理退票，售票员应耐心向游客解释。

（6）售票员应热情待客，耐心回答游客的提问；如果游客出现冲动或失礼行为，售票员应保持克制态度，不能恶语相向。

（7）售票员应耐心听取游客批评，注意收集游客的建议，并及时向上一级领导反映。

微型资料2-2

旅游景区接待服务文明用语：①您好，欢迎光临××景区。②您好，请收好门票，景区内有××个景点需要验票。③谢谢，欢迎下次光临。④对不起，您的证件不符合免票规定，请到售票处补票，谢谢。⑤请拿好票，往这边走，祝您玩得愉快!⑥您好，需要帮忙吗?⑦对不起，这个问题我现在无法回答，让我了解清楚再告诉您，请留下您的联系方式。⑧对不起，请再重复一遍。⑨您好，这是××景区咨询员为您服务。⑩这是我们工作的疏漏，十分感谢您提出的批评。

2.1.2　闸口服务

1）检（验）票工作服务规范

旅游景区检（验）票工作服务规范包括：

（1）检（验）票岗位工作人员应保持良好的工作状态，精神饱满，面带微笑，检（验）票时站立服务。

（2）游客进入旅游景区时，检（验）票岗位工作人员应使用标准普通话及礼貌用语。

（3）对于漏票、持无效证件或因身高、年龄等原因不能进入旅游景区的游客，检（验）票岗位工作人员要礼貌地耐心解释，说明原因，说服游客重新购票。

（4）残疾人或老人等需要更多关心的特殊游客进入景区时，检（验）票岗位工作人员要告之安全事项，并通知安全人员在游览过程中予以协助。

（5）如遇到无理闹事者或滋事者，检（验）票岗位工作人员应及时礼貌予以制止；如无法制止，应立即报告有关部门，切忌在众多游客面前发生争执、抓扯，甚至扩大事端，引起景区秩序混乱。

2）导入服务

旅游景区入口导入是游客进入景区的第一印象区。由于旅游的季节性较强，在旅游旺季，如果分流措施不力，就会降低游客的满意度，影响景区的声誉。

排队服务是在不同的地方，根据游客的流动规律，采取不同的队形和接待方式。旅游景区入口导入队形可分为单列单人队形、单列多人队形、多列多人队形、多列单人队形、主题或综合队形5种形式，每种各有优缺点（见表2-1）。不同的旅游景区应根据游客流量、游客集中度、热门参观点、排队项目点、排队区地形等特点采取不同的队形和接待服务方式。

表2-1 旅游景区入口导入队形比较

队形	示意图	特点	优点	缺点	改进措施
单列单人队形	栏杆 ——— ☺检票员 队列↑	一名验票员	成本低	等候时间难确定;有视觉障碍	设置座位或护栏;标明等候时间
单列多人队形	☺ ☺ ☺检票员 栏杆 队列↑	超过一名验票员	接待速度加快	人工成本增加;有视觉障碍	设置座位或护栏;队列从纵向改为横向
多列多人队形	☺ ☺ ☺检票员 栏杆 队列↑ 队列↑ 队列↑	多名验票员	接待速度较快;视觉进入感缓和	人工成本增加;队列速度可能不一样	不设栏杆可以改善游客视觉进入感
多列单人队形	☺检票员 栏杆 队列↑ 队列↑ 队列↑	一名验票员	视觉进入感缓和;人工成本低	栏杆多,成本增加;游客需要选择进入哪一队列	外部队列位置从纵向改为横向,可以改善视觉
主题或综合队形	☺☺检票员 栏杆 队列	超过两名验票员	视觉及时改善;有信息展示的空间和时间;硬件齐全	增加了硬件建设成本	单列变双列

3) 景区电子门票管理系统

(1) 系统简介

景区电子门票管理系统是以当代数据技术与通信技术为基础,以智能卡与身份识别技术为主要手段的高科技信息化综合处理系统。景区电子门票管理系统由中央控制系统、售票系统、验票系统三大部分组成。中央控制系统由服务器与若干台计算机管理工作站组成,具有管理、决策和财务核算的作用;售票系统由若干台计算机售票工作站和若干台电子门票发卡机组成,其功能包括电子门票的销售及与中央控制系统的数据通信;验票系统由计算机监控工作站和若干个电子门票通道控制器组成,其功能是对通道控制器进行实时监控及与中央控制系统进行数据通信。电子门票识别系统主要分为射频识别技术、数字指纹识别技术及条码识别技术;通道控制系统可分为自动控制三杆机通道、人工扫描识别通道等。

(2) 电子门票识别系统

①射频识别技术。射频识别技术是一项新的高科技识别技术,当游客通过安装有读码

器的旅游景区（景点）大门时，无线感应器就会将电子门票中唯一的20位辨识数码传回读码器，再将电子门票信息送回中央处理电脑，由电脑控制的识别系统自动完成验票工作。在整个验票过程中，游客无须停下，即可通行，即使将电子票证装在参观者的身上也可以识别，从而使游客能够快速通过旅游景区（景点）大门。采用射频识别技术的电子门票的感应距离可达到2米，系统的复杂程度小，设备易于维护，而且还能同时感应识别多种类别的电子票证。

②数字指纹识别技术。指纹识别技术是一项利用个人指纹的唯一性与不变性来对个人身份进行识别的技术。数字指纹识别技术是一项将指纹识别技术与非接触式IC卡系统进行有机结合，集成为非接触式IC卡指纹识别系统的技术。售票时，系统将IC卡持有人的指纹图像信息与姓名、性别、年龄等信息写入IC卡中。IC卡持有人在进出旅游景区（景点）大门时，只需将手指按在指纹仪上与卡中指纹信息进行比较识别即可。电子门票识别系统将IC卡识别、指纹识别结合起来，指纹的唯一性与不变性大大增加了该系统的安全性与可靠性。

③条码识别技术。电子门票识别系统采用条码识别技术，即动态数字加密信息打印技术，能够同时实现数字防伪与文字信息记录等功能。系统利用每张门票属性的动态信息编号，通过加密运算与条码生成软件，变成加密条码，在线送出条码图像，然后由售票人员使用打印机自行打印出二维码，成为防伪电子门票。该防伪电子门票通过条码阅读器与解密运算，读出相应信息，对比并识别出真伪。

（3）通道控制系统

①自动控制三杆机通道。游客持电子门票进入旅游景区（景点），在验卡过程中，闸机根据卡上记载的信息检验门票的时效性，确认是否放行，并记录读卡的时间、卡号等信息；如果闸机在设定的时段内再次读到该卡，则该卡为非法票。上位机还可以下载"黑名单"卡号给闸机，闸机一旦读到该卡号就会报警，并禁止通行。在紧急情况下，闸机可接受命令自动落杆，以保证所有进出口通道畅通。

②人工扫描识别通道。人工扫描识别通道将人工与电脑系统相结合，首先由工作人员在旅游景区（景点）入口手持扫描器，扫描游客所持的电子门票所附的条码信息，并将该信息传输回电子门票系统管理中心，然后由中央控制服务器中的售票信息来判断该游客所持门票的合法性，最后再将判断结果传回入口处，通过信号灯指示放行与否。

2.2　游客中心服务

二维码6

微课：旅游景区游客中心

游客中心（tourist center）是旅游景区内为游客提供信息、咨询、游程安排、讲解、教育、休息等旅游设施和服务的专门场所，属于旅游公共服务设施，其所提供的服务是公益性的或免费的。游客中心一般位于旅游景区的入口，是旅游景区对外形象展示的主要窗口。游客中心的标志为"🈯"。

《旅游景区质量等级的划分与评定》（GB/T 17775—2003）规定，AA级以上的旅游景区必须要有为游客提供咨询服务的游客中心（注意：A级旅游景区只要求有为游客提供咨询服务的场所即可）。不同等级的旅游景区对游客中心的选址、规模、设施、功能以及咨询服务人员服务质量等方面的要求不同。《旅游景区游客中心设置与服务规范》（LB/T 011—2011）2011年2月1日发布，自2011年6月1日起实施。

2.2.1　游客中心的主要功能

按照《旅游景区游客中心设置与服务规范》（LB/T 011—2011）的规定，游客中心的功能分为必备功能和指导功能。必备功能包括旅游咨询、基本游客服务和旅游管理；指导功能包括旅游交通、旅游住宿、旅游餐饮和其他游客服务。旅游景区游客中心应具备必备功能，可根据实际情况科学合理地引入指导功能。

2.2.2　游客中心的选址与建筑

1）位置应合理

游客中心应设在能直接进入主要景区、地质稳定、地势平坦、便于接入基础设施的地区。游客中心的建筑可独立设置，也可与其他建筑组合设置，但应拥有独立的单元和出入口，以及醒目的标志和名称。游客中心附近200米范围内宜设置引导路标。

2）建筑有特色

游客中心的建筑应符合旅游景区主题。建筑外观（造型、色调、材质等）应突出地方特色，并与所在地域的自然和历史环境相协调。

3）规模要适度

《旅游景区游客中心设置与服务规范》（LB/T 011—2011）规定：大型游客中心的建筑面积应大于150平方米；中型游客中心的建筑面积不应少于100平方米；小型游客中心的建筑面积不应少于60平方米。游客中心应包括服务区、办公区和附属区。

2.2.3　游客中心的设施配置

1）咨询设施

游客中心应配备咨询台和咨询人员，提供旅游景区的全景导览图、游程线路图、宣传资料、活动预告，以及旅游景区周边的交通图和游览图；应设置电脑触摸屏和影视设备，以介绍旅游景区的旅游资源、游览线路、游览活动、天气预报，并提供网络服务。有条件的游客中心还可以建立网上虚拟景区游览系统。

2）休息设施

游客中心应设置游客休息区。游客休息区的面积及座椅数量要适当，应能够满足高峰期游客的短暂休息需求；应注重游客休息区氛围的营造，与周边功能区要有缓冲或隔离，要求安静、视野开阔。游客休息区内应有适当的盆景、盆花或其他装饰品摆放，应提供饮水设施。

3）展示宣传设施

游客中心应设置资料展示台、架，用来展示有关旅游景区形象的资料和具有地方特色的产品、纪念品、科普环保书籍。大型游客中心的展示架不得少于4个，展示架所展示的资料应进行分类摆放，并有明显的标志或文字。中、小型游客中心的展示架不得少于2个，展示架所展示的资料应进行分类摆放，并有明显的标志或文字。

游客中心还应设立主背景墙。咨询台的背景墙上应设置所在旅游景区的照片或招贴画，并配合当地的旅游活动不断更换。区域地图或旅游示意图可置于室内显著的位置或建筑物外墙，并保持所展示的图件内容准确，查阅方便。大型游客中心应设置循环播放影视资料的设备，该设备可置于室内显著的位置或建筑物外墙。

4）特殊人群服务设施

游客中心的入口、台阶处应设置无障碍通道，并提供轮椅、婴儿车、拐杖等辅助器械。

5）便民设施

游客中心（如图2-1所示）应提供自助语音导游器服务；提供雨伞租借、手机和拍摄设备免费充电、小件物品寄存、失物招领服务；提供电池、手机充值卡等旅游必需品的售卖服务，并且收费合理；提供邮政明信片及邮政投递、纪念币和纪念戳服务。游客中心内应设立公用电话，公用电话应具备国际、国内直拨功能，要求移动信号全覆盖且信号清晰；有条件的游客中心还可以提供医疗救护服务，设立医务室，配有专职医护人员，并备有日常药品、氧气袋、急救箱和急救担架。

图2-1 福州三坊七巷历史文化街区游客中心外观和内部配置

2.2.4 游客中心的服务

1）人员配置

游客中心应配备咨询员。大型游客中心应配备四名以上工作人员，并保证有三名工作人员同时在岗进行旅游咨询工作，应提供普通话、英语或当地方言等语言服务。中型游客中心应配备三名以上工作人员，并保证有两名工作人员同时在岗进行旅游咨询工作，应提供普通话语言服务。小型游客中心应配备两名以上工作人员，并保证有一名工作人员在岗进行旅游咨询工作，应提供普通话语言服务。

微型资料2-3

游客中心咨询员服务规范：①接待游客咨询时，应面带微笑，且双目平视对方，全神贯注，集中精力，以示尊重与诚意，专心倾听，不可三心二意。②应有较高的旅游综合知识，对于游客提出的关于本地及周边区域景区情况的询问，要提供耐心、详细、准确的答复和游览指导。③答复游客的问询时，应做到有问必答，用词得当，简洁明了，客观真实。④ 接听电话时首先应报上姓名或景区名称，回答电话咨询时要热情、亲切、耐心、礼貌，要使用敬语。⑤ 对于暂时无法回答的问题，应向游客说明，并表示歉意，不能简单地说"我不知道"之类的用语。⑥ 通话完毕后，应互道再见，并确认对方先收线后再挂断电话。

2) 服务时间

游客中心每天的开放时间应当根据旅游景区的开放时间确定，夜间要有专人值班管理。游客中心也可以根据旅游季节的差异或重大节庆活动延长或缩减服务时间，并在醒目位置进行公示。

3) 服务内容

咨询员应熟练掌握工作范围所要求的相关知识，熟练使用游客中心的办公设备。这主要包括：回答游客提出的有关旅行和旅游活动的问询；应游客要求，提供有关旅行和旅游等方面的建议；为游客提供旅行、游览等方面的信息资料，包括当地地图、导游图及景点介绍等；接待游客投诉，并及时向相关部门转达；接受旅游救助请求，并协助相关部门进行旅游紧急救助；为游客提供反映旅游景区特色的纪念品和书籍。

4) 投诉处理

（1）投诉原因

旅游景区服务的内容丰富，涉及面广，因此，旅游景区工作人员应充分了解游客投诉的原因，以便预先估计可能发生的问题，重视令游客不满的部门和环节，尽量减少游客的投诉，努力做到防患于未然。游客投诉旅游景区的原因主要包括：对旅游景区工作人员服务的投诉（如服务态度差、服务技能不高等）、对旅游景区服务产品的投诉（如价格投诉、餐饮投诉、交通投诉等）、对旅游景区硬件及环境的投诉等。

①对旅游景区工作人员服务的投诉。服务态度差，如服务人员待客不主动、不热情，说话没有修养、言语粗俗，冲撞客人甚至羞辱客人，不尊重客人的风俗习惯等；服务技能不高，如工作程序混乱或效率低下，损坏、遗失客人物品，记错账单，没有完成客人交代的事情等。

②对旅游景区服务产品的投诉。价格投诉，如旅游景区门票价格过高、园中园重复购票、商品价格或服务项目收费过高等；餐饮投诉，如饭菜质量太差、卫生不能令游客满意等；交通投诉，如旅游景区乘船、租车不方便等；其他服务投诉，如最佳观景点被承包者占据、拍照需要额外付费等。

③对旅游景区硬件及环境的投诉。例如，入住饭店的空调、照明、供水、供暖、供电、电梯等设施损坏后未能及时修理；没有与旅游景区配套的娱乐项目；治安状况差，缺乏安全感；旅游氛围差，小贩穿梭其间；交通混乱，车辆摆放无指定地点。

（2）投诉的心理分析

了解和认识游客的投诉心理，有助于旅游景区正确处理游客的投诉。游客投诉的心理主要包括求尊重的心理、求平衡的心理、求补偿的心理三个方面。

①求尊重的心理。游客求尊重的心理每时每刻都是存在的。当游客受到怠慢时，就可

能引起投诉，其投诉的目的就是找回尊严。游客进行投诉以后，都希望别人认为他的投诉是对的，是有道理的，希望得到同情、尊重，并希望有关人员、有关部门高度重视他的意见，向他表示歉意，并立即采取相应的处理措施。

②求平衡的心理。人在遭受心理挫折以后，可能采取三种心理补救措施，即得到心理补偿、寻求合理解释而得到安慰、宣泄不愉快的心情。俗话说："水不平则流，人不平则鸣。"这是人们寻求心理平衡、保持心理健康的正常方式。

游客在碰到令他感到烦恼的事之后，就会感到心理不平衡，认为自己遭受了不公正的待遇，因此就可能会找到有关部门，利用投诉的方式把心里的怨气发泄出来，以求得心理上的平衡。当然，游客之所以投诉，还源于游客对人的主体性和社会角色的认知，因为游客花钱是为了寻求愉快美好的经历，如果他得到的是不公，是烦恼，这种强烈的反差就会促使其选择投诉来找回他作为游客的权利。

③求补偿的心理。在旅游景区服务过程中，如果由于工作人员的职务性行为或旅游景区未能履行合同，而给游客造成物质上的损失或精神上的伤害，游客就可能利用投诉的方式要求有关部门给予经济上的补偿。这是一种正常的、普遍的心理现象。事实上，对于职务性行为所带来的某些精神伤害，在法律上游客有权要求经济赔偿。

（3）投诉处理

美国麦肯锡公司的调查统计表明：当有了大问题，没有提出抱怨的顾客，有再度惠顾意愿的占9%；会提出抱怨，不管结果如何，愿意再度惠顾的占19%；提出抱怨，并获得圆满解决，有再度惠顾意愿的占54%；提出抱怨，并迅速获得圆满解决，愿意再度惠顾的占82%。因此，旅游景区的每一位员工都应树立这样的理念：受理投诉、解决问题是旅游景区发展的机遇，是旅游景区改进发展的方向。

①投诉处理程序。游客投诉处理程序如图2-2所示。

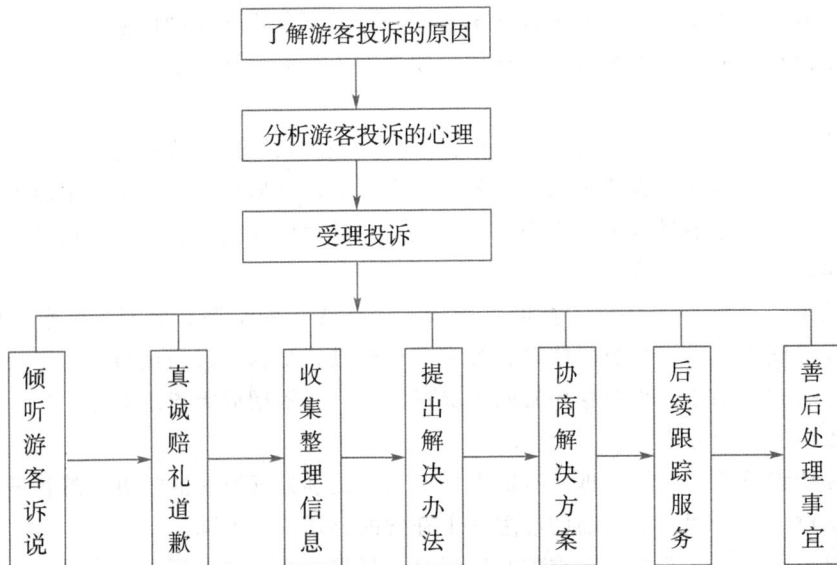

图2-2　游客投诉处理程序

②投诉处理要领。第一，倾听游客诉说，保持沉默，避免使用过激的语言，保持眼神交流，让游客感受到你的倾听；要敏锐地洞察对方感到委屈、沮丧和失望之处，不能无视对方的情绪。第二，表达歉意需发自内心，体现出一种诚意，同时要对游客的遭遇表示同情并安慰游客。即使是游客误解了，投诉处理员仍然要表示歉意，不要阻拦游客提出自己的要求，更不要指责或暗示游客错了，也不要马上进行自我辩解。在道歉时，要注意用语，表现出一种诚意，如可以说"非常抱歉，让您遇到这样的麻烦"，也可以说"这是我们工作的疏漏，十分感谢您提出的批评"，等等。第三，真诚地与游客交流，理解游客，同时了解游客需要解决的问题，适当提出问题，获取游客的需求信息，用自己的话重复、确认游客所遇到的问题，并适时做好记录。第四，明确游客的问题之后，需根据旅游景区的实际情况，客观对待问题，有时可提供补偿性服务，以弥补游客所受到的损失。通常，补偿性服务包括打折、送赠品（如礼物或服务）、个人交往等。第五，解决问题只有通过双方的协商、确认，才能形成最终的方案。在确定解决问题方案的时候，既要维护游客合法、合理的权益，又要维护旅游景区的合法权益。第六，通过后续跟踪服务，进一步向游客了解旅游景区的解决方案是否有用，是否还有其他问题；如果还有不尽如人意的地方，可继续寻求更有效的解决方案。后续跟踪服务的方法一般有电话、电子邮件、信函等。第七，受理投诉的人员应记录投诉处理的全部过程，将投诉事件整理成报告并存档，同时对投诉进行统计，分析投诉的原因，总结投诉解决的方法，特别要对典型问题产生的原因和相应措施进行分析，从而不断改进服务水平。

微型资料2-4

投诉处理员服务规范包括：①旅游景区工作人员应把游客的投诉视为建立诚信的契机。投诉处理员要着装整洁，举止文明，热情、耐心地接待投诉游客。②对于能够现场解决的投诉事件，投诉处理员应及时给予解决；对于暂时不能解决的投诉事件，投诉处理员应及时上报旅游景区负责人，并及时将处理结果通知游客，同时注意收集反馈意见，科学分析，以便及时改进，提高服务质量。③投诉处理员应以"换位思考"的方式去理解投诉游客的心情和处境，满怀诚意地帮助游客解决问题，严禁拒绝受理或发生与游客争吵的现象。④投诉处理员在接待投诉游客时，要注意礼貌礼仪，不能与游客争辩，既要尊重游客的意见，又要维护旅游景区的利益。⑤旅游景区应设立专用投诉电话，在旅游景区的明显位置（售票处、游客中心等）标明投诉电话号码，且有专人值守。⑥投诉处理员在处理投诉时，应本着实事求是的原则，依法及时协调和解决。

2.3　旅游景区导游解说服务

2.3.1　旅游景区解说服务概述

"解说之父"费门·提尔顿（Freeman Tilden）在1957年出版的《解说我们的遗产》（Interpreting Our Heritage）一书中指出：解说是一种通过原始物件的使用、第一手经验和说明媒体，来揭示资源意义和游客关联的教育活动，而不是单纯地传达真实资讯。旅游解说是通过一定的技术手段，向旅游者揭示或展示旅游资源的内在意义及相互联系，服务、娱乐和教育旅游者。

行业广角镜 2-2　　　　　　　　　武汉百年老街有个环卫"导游班"

身着橘色环卫服，挂着蓝色"导游"牌……夜色下的百年老街武汉中山大道上，悠久的历史建筑、地道的特色小吃吸引着天南海北的游客，熙熙攘攘的人群中，有一个由环卫工人组成的"导游班"，为游客提供免费导游服务。

武汉市中山大道具有百年历史，是我国最早一条以"中山"命名的城市马路。2016年年底，精心修复的中山大道重新开街。街道建筑保留了历史原貌，一到晚上，汉口水塔、汉口总商会、消防队旧址这些老建筑，在灯光衬托下显得美轮美奂。刚开街那会儿，游客到了这里，就像来到一个新世界。惊叹之余，很多人摸不着方向了，四处打听：车站、某某家老店搬到哪里了。无论是本地人还是外地人，都纷纷找人问路。外地人问得最多的是：武汉哪家热干面最正宗，某某老建筑在哪里，到武广或江滩怎么走。于是，有关部门在环卫工人中遴选出工龄8年以上、熟悉中山大道周边至少5条街道内地名的人兼任义务导游。为增进对这条百年老街的了解，讲出地道的武汉故事，环卫队邀请一些"老武汉"来"讲课"。他们从那些老字号商铺、街居小作坊、特色武汉小吃开始，深入了解中山大道、老汉口的历史文化；又邀请导游培训师进行简短的授课，培训基本导游知识。肚里有"货"，对游客就好讲啦！几期培训后，江汉区城管委为这56名环卫工人授了胸牌："中山大道（江汉段）环卫导游班"。蓝色的牌子一挂，一个由56名环卫工人组成的义务"导游班"就这样"出山"了。平时，每名环卫工人一天大约要给20多人"导游"，有武汉市民，有外地游客，还有不少前来问路的外国人。

粗略统计，中山大道重新开街一年多以来，这个环卫"导游班"大约为33万人次进行过导游服务。即便这样，环卫的主业从未因此被耽误。为保障路面干净整洁，环卫工人每天忙碌到晚上12点才下班，节假日更要到凌晨1点多才能收工。有了他们的辛勤付出，中山大道2017年被评为"武汉市容环境示范路"。

资料来源　冯国栋.武汉百年老街有个环卫"导游班"［EB/OL］.（2018-03-06）. http：//www.xin-huanet.com/fortune/2018-03/02/c_1122479339.htm.有删减。

分析提示：上述案例中，武汉百年老街环卫工人组成的"导游班"，用乡土化的解说与游客分享百年老街的故事，既新颖又亲切。

1）旅游景区解说服务的主要形式

（1）按照解说服务提供方式划分

按照解说服务提供方式的不同，旅游景区解说服务可分为自助式解说和导游人员解说两大类。自助式解说也称为图文声像解说，是指利用信息指示标志、旅游宣传品以及各类音像制品进行解说活动，它主要包括四大类型：标志牌解说、印刷品解说、电子音像解说和网络展示解说。导游人员解说也称为定点导游讲解，是指景区导游员（讲解员）的现场口头语言讲解。

（2）按照解说内容划分

按照解说内容的不同，旅游景区解说服务可分为历史古迹类解说、宗教类解说、自然生态景观类解说、民俗风情类解说、科普类解说、游艺类解说、山地探险类解说、综合类解说等。

（3）按照解说场所划分

按照解说场所的不同，旅游景区解说服务可分为风景区解说、自然保护区解说、文物景点解说、主题公园解说、现代工农业景点解说、博物馆解说等。

（4）按照解说对象划分

按照解说对象的不同，旅游景区解说服务可分为旅游团队解说、散客解说、贵宾解说等。

此外，按照解说语种的不同，旅游景区解说服务可分为中文解说、外文解说、中外文对照解说等；按照解说服务过程的不同，旅游景区解说服务可分为全程解说、时段解说等。

2）旅游景区解说服务的主要功能

解说之父费门·提尔顿在《解说我们的遗产》一书中还提到：通过解说，达到理解；通过理解，达到欣赏；通过欣赏，实现保护。景区解说服务对旅游者体验、旅游资源保护、旅游景区发展等具有显著的意义。

（1）基本信息和导向服务功能

以简单、多样的方式，如入口导游图、标志牌、景点介绍牌等，向游客提供有关旅游景区的信息，可以使游客在游览过程中更深入地了解旅游景区的情况，随时获取相关信息；同时，向游客提供指引服务，可以使游客顺利找到目标。

（2）帮助游客了解、享受和欣赏资源

每个旅游景区都有其资源特色，每个旅游景区服务的一个重要任务就是要让游客感受到旅游景区的独特资源特征。旅游解说服务不应仅是罗列事实，而应试图解释概念和现象之间的内在联系，使游客对旅游景点更加好奇，并帮助游客获得良好的旅游经历；同时，向有兴趣的游客提供必要的讲解或者资料，可以使游客对旅游景区的资源及其科学、艺术价值有较深刻的理解。特别是历史文化资源突出的旅游景区，更应通过园内解说服务，使游客理解并欣赏其历史文化资源的内涵，了解旅游景区的资源价值与意义。

（3）强化环境意识与教育功能

必要的园内解说服务不仅能够使游客比较充分地了解旅游景区的资源、文化、环境状况，了解当地民众的状况，还可以使游客愉悦身心，增长见识，开阔眼界。这有利于游客树立保护历史、文化和自然资源的意识，增进游客与旅游地民众的交流和理解，实现旅游地的良性循环发展。

（4）加强对游客的保护与管理

在游客集散地、主要通道、危险地段等区域按照国家安全标志符号规范设置安全标志系统，如禁止标志、警告标志、指令标志和提示标志等，以保证游客的安全。

（5）提高游客参与旅游景区活动的技能

目前，旅游景区管理部门正在想方设法地使游客参与到其举行的活动中来，但其中许多活动需要游客掌握一定的技能才可以参加,如滑雪、登山、滑翔、野营、溯溪、漂流等。

行业广角镜2-3　　　　　　　　"何家千金"——扬州何园的靓丽风景

2015年5月,在江苏扬州何园举办的"何家千金善待天下客"活动中,一群身着精致清朝服饰的靓丽女子为游客们表演击鼓、舞蹈、走秀,成为何园一道亮丽的风景线,她们的一颦一笑、一举一动都透露着古典美女的气息,引得游客们纷纷驻足围观,拍照留念,而这群多才多艺的女子不是别人,正是何园的导游团队——"何家千金"。

培养"何家千金"树旅游亮点

扬州何园素有"晚清第一园"的美誉,这座始建于清代中期的汉族古典园林建筑不仅有着中式园林的温婉,同时融合了西方元素的简约。何园是文化园林,要让游客更好地了解何园,导游队伍很关键,既然何家也是文化大家,何家千金自古至今都很有名,何不像何家培养大家闺秀一般培育导游,让游客近距离感受何家人文气息?何园以导游队伍为突破口,塑造"何家千金"品牌,打造何园旅游亮点。

"何家千金"需内修外兼

在对"何家千金"的打造上,何园坚持着呈现外在美与内在美的融合。外在美方面,何园专门找了化妆师根据每个"何家千金"个人容貌气质特征"定制"妆容,同时邀请了专业人员设计一年四季的清朝服饰,如今,每个"何家千金"都有10套不同款式的服装。而除了妆容服饰,形体举止也是外在美的重要体现之一,为此何园专门请了教师教授形体礼仪,并要求"何家千金"每天早晨做形体操,"走路该是什么速度、拿东西怎么拿、微笑时露出几颗牙齿……只有注意到这些细节,才会让'何家千金'有别于其他导游"。

比起外在美,内在美的培育则是一项长久而细致的工作。不一定像古代才女一样琴棋书画样样精通,但至少要把女性基本的修养呈现出来。于是,每天"何家千金"们都会诵读《女则》《弟子规》等经典。此外,何园还会定期开展文化培训课程,邀请大学教授为"何家千金"们讲授中国古典文化,并展开包括琵琶、古筝、茶道、扬州评话、木偶戏等才艺培训,以传统技艺培训塑造"何家千金"的古典气质。

"何家千金"成推广使者

近年来,每逢中秋、端午、春节等传统节日,"何家千金"们便会带领游客体验相应的传统民俗,深受好评;旅游专线大巴上总能看到"何家千金"为游客免费讲解、发旅游宣传单的身影;"何家千金"们还会不定期前往周边社区及敬老院进行公益演出……通过一系列的活动,游客们了解了何园,更记住了"何家千金",于是,在何园新推出的何园印象系列文化创意产品中,甚至推出了以"何家千金"们为原型的玩具娃娃,虽未正式投入市场,但展示柜里的"何家千金"娃娃总是被小游客们团团围观。

资料来源　袁婷婷."何家千金"——扬州何园的靓丽风景 [N].中国旅游报,2015-05-25(6).有删减。

分析提示:旅游解说服务应使游客对旅游景区的资源及其科学、艺术价值有较深刻的理解,特别是历史文化资源突出的旅游景区,更应使游客理解并欣赏其历史文化资源的内涵，了解旅游景区的资源价值与意义，增进游客与旅游地民众的交流和理解，帮助游客获得良好的旅游经历。"何家千金"导游团队的打造不仅推动了何园旅游发展，也为整个扬州园林旅游推广树立了典范。

3）旅游景区解说服务的主要内容

科学完善的旅游景区解说服务应该包含旅游景区环境解说、旅游吸引物解说、旅游设施设备解说、旅游管理解说、资源保护解说五个方面的内容。这五个要素之间相互依赖、相互作用，共同构成了景区解说服务的整体。

（1）旅游景区环境解说

旅游景区环境解说主要向游客介绍旅游景区所在区域的自然、社会、文化和经济环境，包括旅游景区所在的行政归属和地理位置，以及该区域的社会经济概况、地质地貌、气候、水文、生物、文物、历史文化、民俗风情、土特产等，从而使旅游者了解身在何处，如何更好地融入所处的环境。根据旅游景区类型的不同，环境解说内容的侧重点和要求亦有所不同。

（2）旅游吸引物解说

旅游吸引物解说是对旅游景区内各类旅游景观自然属性和文化属性的解说，如对自然保护区内动植物的种类、分布、生长习性、环境价值、观赏游乐价值等的系统的、全面的科学介绍。旅游吸引物解说是旅游景区解说服务中最为核心的部分，它可以使游客更深入地了解旅游景区的各类景观及旅游活动，从而获得更加满意的旅游体验。

（3）旅游设施设备解说

旅游活动的实现必须借助于一系列旅游设施和旅游配套服务才能完成。这些旅游设施功能的实现，在一定程度上要依靠清晰、准确、简洁、明了的解说系统，如各种路标、停车场或卫生间的标志等。旅游设施设备解说的内容应具体而细致，具有很强的指导性和操作性，能细致入微地考虑旅游者的实际需要，能帮助旅游者更好地使用旅游设施，体现人文关怀。

（4）旅游管理解说

旅游景区在开展旅游活动的过程中存在生态安全、文化冲击、游客活动安全等一系列经营和管理风险，需要景区管理者和游客来共同面对并合理避免。为此，对景区的管理体制、管理制度、管理规范及对游客的管理措施等进行科学系统的解说是十分必要的，它能够为旅游景区所有利益相关群体提供一个共同参与管理的信息平台。

（5）资源保护解说

旅游景区在满足游客日益增长的旅游需求的同时，也承担着保护自然和文化资源的重任。如何平衡资源的开发、利用与保护，是关系旅游景区生态平衡和可持续发展的重要问题，为此，旅游景区应通过解说使游客深入了解旅游资源的生态属性及资源保护策略。

此外，旅游景区解说服务还应包含适当的旅游商品解说。旅游景区商品包括农林畜产品、水产品、中草药及制品、手工艺品等几种基本类型。旅游商品解说的重点在于介绍其功用，并结合对历史文化内涵的挖掘赋予其一定的寓意。旅游商品解说不仅能够使游客更加了解当地的民俗文化，还能够促成游客对旅游地富有地方特色的商品的购买。

2.3.2　旅游景区导游解说服务

旅游景区导游解说服务即通过景区（点）导游人员的引导、讲解等服务性工作，帮助游客认识景区，以加深游客对景区的了解，增强游客的旅游体验。旅游景区导游解说服务是旅游景区解说服务的重点和核心，是旅游景区接待服务工作的核心与纽带。优质的旅游景区导游解说服务能增加游客的游览兴趣，有效地提高游客的满意度，培植民族文化之根，提升中华文化国际影响力。

微型资料2-5

二维码7

微课：红色讲解员讲百年党史

文化和旅游部主办的"百名红色讲解员讲百年党史"宣讲活动2021年5月29日在嘉兴南湖景区开讲。这些金牌讲解员是从全国数万名导游和讲解员中历经层层严格筛选脱颖而出的，获得全国红色故事讲解员大赛优秀选手、全国红色旅游五好讲解员等荣誉。作为金牌讲解员，他们日常不仅包括讲好红色故事、传承红色精神，还担任讲解员培训班的老师。他们已不再是传统意义上照本宣科的讲解员，而是新时代学史崇德、矢志践行的青年才俊。他们从浩瀚的党史中挖掘红色基因，以年轻人的视角进行解读，用青年人喜闻乐见的方式，把党史经典编写成贴近生活、贴近群众的短视频故事，他们，是新时代的"红色好声音"。

1）导游解说原则

（1）计划性。

导游员在安排旅游活动的整体时间分配时，要有完整的计划，根据旅游景区情况、游览时间及服务对象情况等因素，选择最佳的游览路线，安排恰当的讲解服务。

（2）客观性。

导游员在讲解服务中，要以客观实际为依托，不可凭空想象，切忌胡编乱造、信口开河。

（3）针对性。

导游员应从服务对象的实际情况出发，运用不同的接待方式、服务形式、讲解方法、语言表达方式，做到有的放矢，服务游客。

（4）灵活性。

导游员的讲解要因人而异、因时而异、因地制宜，切忌墨守成规、千篇一律。比如，导游员在讲红色旅游时可以结合一些出自当地的红歌、小调等，使红色故事更为饱满生动，展现当地红色故事的特色，增强红色故事的吸引力，提升红色故事的教育实效。再如，鄱阳湖国家湿地公园导游讲解，针对不同的游客群，可以有以下3个版本：①科普版：各位专家，根据鄱阳湖国家湿地公园的实际情况和建设保护重点的要求，公园主要由低山、丘陵和平原组成，公园内水系发达。按照景观生态学的基本原理，鄱阳湖国家湿地公园的空间布局为"一城、七区、两廊、四基质、三组团"。②政务版：各位领导，鄱阳湖国家湿地公园是我们鄱阳县积极响应鄱阳湖生态经济区建设的重大项目，是我们鄱阳县积极贯彻落实市委、市政府建设全国旅游强市发展战略的重大项目，规划布局为"一城七区"。③普通版：各位游客朋友，中国是世界上湿地和生物多样性最丰富的国家之一，湿地遍布我国各地，可分为八个主要区域。当然，咱们鄱阳湖国家湿地公园是目前我国面积最大的湿地公园，规划面积365平方千米，包括乌金汊综合服务区、香油洲自然体验区、小南海湿地风情区、鄱阳湖湿地科普区四大主题游览区，下面请大家随我依次游览。

2）导游解说技巧

（1）动静相融，巧妙结合体态语言。

导游员的讲解应该是生动、活泼、引人入胜的。在导游服务中，导游员运用得最多的是口语与体态语言，它们是导游员传情达意、实现导游服务目的的主要手段。导游解说如果单靠动口是起不到良好的沟通效果的。在动口的同时，导游员应配以相应的体态语言。体态语言是一种辅助性语言，它对导游员同旅游者之间的信息传递和情感交流起着不可替代的作用。

导游员掌握和运用语言的能力对做好导游服务工作、提高导游服务质量至关重要，每一位导游员应在口头讲解之余，配以适当、自然的体态语言，以增强语义的表示，强化信息的传递，提高语言水平，使所表达出的语言对游客更富吸引力和感染力。

（2）情景交融，灵活运用讲解技巧。

旅游是一项综合性的审美活动，导游员的讲解并不能代替游客的游览，因此，导游员并不是讲得越多越好，而是要把握节奏，以讲解为主，以游客游览为辅，使讲解内容与客观景物和谐统一，并根据服务现场的时空条件，做到有急有缓、有张有弛、有导有游，让游客感到景中有情，情中有景，从而获得最佳的导游享受。仍然以鄱阳湖国家湿地公园导游讲解为例："游客朋友们，大家是不是已经心动了？记得大哲学家庄子曾经说过：'天地有大美而不言。'自然旅游的深刻本意，其实就是人向自然的回归，只有领会了自然的深意，我们才能真正欣赏到自然的大美。鄱阳湖如地球母亲般的广袤、博大与包容，将深深震撼每一位大自然的孩子。鄱阳湖以她伟大浑然的母爱拥抱我们的生命，使我们变成陶然自足的婴儿，获得不可言喻的安慰，得到身心的双重回归。正如法国哲学家列奥塔所说：'风景使心智迷失。'鄱阳湖的美，妙不可言！"

（3）察言观色，合理调配注意力。

导游员不但要有良好的口才，而且要懂得察言观色，能够通过合理分配注意力或迅速转移注意力，了解游客的兴趣所在，想游客之所想，投其所好，从而及时调整讲解方法、内容，使导游解说更具感染力和吸引力。

（4）把握时机，恰当选择讲解内容。

把握好解说的时机对导游解说的效果有促进作用。导游解说的内容要根据不同的时间、地点、条件有所取舍。导游员要合理安排游览前、游览中、游览后的讲解内容，要根据游客生理、心理的状态来取舍选材，这样才能提高导游解说的效果，提高游客的游兴。

3）旅游景区导游解说的方法

（1）分段讲解法。

所谓分段讲解法，就是将一处大景点分为前后衔接的若干部分来分段讲解的方法。

游览活动可粗略地分为游览前、游览中和游览后三个阶段。导游员可据此采用分段讲解法来提高导游解说的质量。导游员在进入旅游景区前（通常在入口处的示意图、导游图前）应概括地介绍景区（包括景区概况、历史沿革、发展历程、欣赏价值、主体景观等），从而使旅游者对即将游览的景区有个初步印象，达到"见树先见林"的效果，并使之产生"一睹为快"的渴求，然后再到现场依次游览。导游员讲解这一景区的景观时，不要过多涉及下一景区的景观，但要在快结束这一景区的游览时，适时地点到下一个景区，目的是引起旅游者对下一个景区的兴趣。旅游者边欣赏沿途美景，边听导游员有声有色、层次分明、环环相扣、引人入胜的讲解，一定会心旷神怡，获得美的享受。

（2）突出重点讲解法。

所谓突出重点讲解法，就是导游在解说时避免面面俱到，而是突出某一方面的解说方法。旅游景区需要讲解的内容很多，导游员必须根据不同的时空条件、服务对象，有针对性地介绍，做到搭配合理、重点突出、详略得当、疏密有致。导游解说时一般要突出以下四个方面：

①突出景区中具有代表性的景观。

游览规模大的景区时，导游员必须做好周密的计划，确定重点景观。这些景观既要有自己的特征，又要能概括全貌。到现场游览时，导游员主要讲解这些具有代表性的景观。

②突出景区的特征及与众不同之处。

旅游者在游览中经常会遇到景区雷同、景观相似的问题，因此，导游员在提供导游解说服务时，应特别突出景区的特征及其与众不同之处，以吸引旅游者的注意力，避免旅游者产生"雷同"的感觉。

③突出旅游者感兴趣的内容。

导游员要根据服务对象的不同，研究旅游者的职业和文化层次，了解旅游者的兴趣爱好，投其所好地提供导游解说服务，尽量避免蜻蜓点水式的参观、讲解方式，这样才能产生良好的导游效果。

④突出"……之最"。

导游解说时应突出景观的独特之处，突出"……之最"，这样不仅直观地展示了景观的价值，而且大大激发了旅游者的游兴，给旅游者留下深刻的印象。不过，在使用"……之最"的导游解说方法时，导游员必须实事求是，有根有据，绝不能杜撰和张冠李戴。比如，杭州飞来峰，其洞窟岩壁上分布着五代到宋、元时期的石窟造像338尊，导游员的讲解不可能面面俱到，只能择其重点，对"最大、最早、雕刻最细腻"的3尊佛像细述，其余概述即可。

（3）触景生情法。

所谓触景生情法，就是见物生情、借题发挥的导游解说方法。在导游解说时，导游员不能就事论事地介绍景物，而是要借题发挥，利用所见景物制造意境，引人入胜，使旅游者产生联想，进而领略其中的妙趣。触景生情法要求导游解说的内容要以客观实际为依托，并与所见景物和谐统一，让旅游者感到景中有情，情中有景。触景生情法贵在发挥，要自然、正确、切题地发挥。导游员应通过生动形象的讲解、风趣感人的语言赋予死的景观以生命，注入情感，引导旅游者进入审美对象的特写意境，从而使他们获得更多的知识和美的享受。例如，在景色如画的苏州西湖洞庭山东面的石公山上，一位导游员向游客描绘说："朋友们，我们现在身在仙山妙境。请看，我们的背后是一片葱翠的丛林，面前是无边无垠的太湖。青山绕着湖水，湖水映着青山；山石伸进了湖面，湖水'咬'住了山石；头上有山，脚下有水。真是天外有天，山外有山，岛中有岛，湖中有湖，山如青龙伏水，水似碧海浮动。"接着，导游员抑扬顿挫地吟道："茫茫三千顷，日夜浩青葱，骨立风云外，孤撑涛声中。"

（4）虚实结合法。

所谓虚实结合法，就是在导游解说中将典故、传说与景物介绍有机结合，即恰当编织情节的导游解说方法。导游解说应努力实现故事化，以求产生艺术感染力，努力避免平淡的、枯燥乏味的、就事论事的解说方法。

虚实结合法中的"实"是指景观的实体、实物、史实、艺术价值等，而"虚"则指的是与景观有关的民间传说、神话故事、趣闻逸事等。"虚"与"实"必须有机结合，但要以"实"为主，以"虚"为辅，"虚"为"实"服务，以"虚"烘托情节，以"虚"加深"实"的存在，努力将无情的景观变成有情的导游解说。导游员在选择"虚"的素材时，要"精"，要"活"。所谓"精"，就是所选的传说是精华，与讲解的景观密切相关；所谓"活"，就是使用时要灵活，见景而用，即兴而发。这样，导游解说才会产生艺术吸引力，才会受到旅游者的欢迎。

（5）问答法。

所谓问答法，就是在导游解说时，导游员向旅游者提出问题或启发旅游者提出问题的方法。使用问答法的目的是活跃游览气氛，激发旅游者的想象，促进旅游者与导游员之间的思想交流，使旅游者参与其中，避免导游员唱独角戏式的、单向灌输式的讲解状态，让旅游者获得参与成功、自我满足的快乐，加深旅游者对所游览景点的印象。问答法的形式主要有以下三种：

①自问自答法。

导游员提出问题，并作适当停顿，让旅游者猜想，但并不期待他们回答，只是为了吸引他们的注意力，促使他们思考，激起他们的游兴，然后再做出简洁明了的回答或生动形象的介绍，从而给旅游者留下深刻的印象。

②我问客答法。

导游员要善于提问题，即提问要从实际出发，运用恰当；要循循善诱，引导旅游者回答，而不要强迫旅游者回答，以免使旅游者感到尴尬。旅游者的回答不论对错，导游员都不应打断，更不能笑话，而要给予鼓励。最后，导游员可以通过导游解说，巧妙地为旅游者揭开谜底，并引出更多、更广的话题。

③客问我答法。

导游员要善于调动旅游者的积极性和他们的想象力，欢迎旅游者提出问题。如果旅游者能够提出问题，则说明他们对该景点产生了兴趣，进入了审美角色。对于旅游者提出的问题，导游员绝不能置若罔闻，不要取笑他们，更不能显示出不耐烦，而要善于有选择地将回答和讲解有机地结合起来。此外，导游员一般只需回答与旅游景点有关的提问，同时注意不要让旅游者的提问冲击导游讲解，打乱游览安排。导游员要认真倾听旅游者的提问，善于思考，掌握他们提问的一般规律，总结出一套相应的"客问我答"的解说技巧，以随时满足旅游者的好奇心理。

（6）制造悬念法。

所谓制造悬念法，是指在导游解说时，导游员提出令人感兴趣的话题，但故意引而不发，以激起旅游者急于知道答案的欲望，并使其产生悬念的方法。

导游员通常先提出话题或问题，激起旅游者的兴趣，但不告知下文或暂不回答，让旅游者去思考、去琢磨、去判断，最后才讲出结果。这是一种"先藏后露、欲扬先抑、引而不发"的手法，一旦"发（讲）"出来，就会给旅游者留下特别深刻的印象，而且导游员可以始终处于主导地位，成为旅游者的关注焦点。

制造悬念的方法很多，如问答法、引而不发法、引人入胜法、分段讲解法等，都可能激起旅游者对景观的兴趣，引起旅游者的遐想，从而制造出悬念。导游员巧妙运用制造悬念法，可以活跃气氛，创造意境，提高旅游者的游兴，增强导游解说的效果。但在导游解说服务过程中，导游员要避免滥用制造悬念法，以免引起旅游者的反感。

（7）类比法。

所谓类比法，就是用旅游者熟悉的事物与眼前的景观进行比较，以便于旅游者理解，从而起到触类旁通作用的方法。类比法以熟喻生，使旅游者感到亲切，从而达到事半功倍的解说效果。类比法不仅包括物与物之间的比较，还可以做时间上的比较，其中物与物之间的比较又可分为同类相似类比和同类相异类比两种。

①同类相似类比。

将相似的两物进行比较，便于旅游者的理解，能够使旅游者产生亲切感。例如，把苏州比作"东方威尼斯"，大家都知道威尼斯是水城，那么苏州就是中国的水城。这样的比喻使旅游者容易了解苏州并留下深刻的印象。

②同类相异类比。

这种类比法可将两物比出质量、水平、价值等方面的不同。例如，导游员在讲解时把中国唐代的西安城与东罗马帝国的首都君士坦丁堡相比，把北京故宫与巴黎凡尔赛宫相比，使游客不仅对中国悠久的历史文化有了较深刻的了解，而且对东西方文化传统的差异有了进一步的认识。

③时间类比。

将同一国家或地区不同时代的状况，或者不同国家或地区相同时代的状况进行比较，可以加深旅游者对景观的印象。例如，导游员在讲解北京故宫的建造时间时，对于外国游客，如果只说"它始建于明代永乐四年，也就是公元1406年"，他们并不会有多少印象，一下子也难以感受到北京故宫历史的悠久。但如果采用类比法，对美国游客说"故宫在哥伦布发现新大陆 70 多年之前就已建成"，对英国游客说"故宫的建成时间是在莎士比亚诞生之前的 140 多年"。这样一比较，外国游客就能更好地感受到中国文化的悠久历史。

正确、熟练地使用类比法，要求导游员掌握丰富的知识，熟悉客源市场，对相比较的事物有较为深刻的了解，切忌生搬硬套、乱比一通。正确运用类比法，可以提高导游解说服务的水平。

（8）画龙点睛法。

画龙点睛法就是用凝练的词句概括所游览景点的独特之处，从而给旅游者留下突出印象的导游解说方法。旅游者边听导游讲解边观赏景物，既看到了"林"，又欣赏到了"树"，会在内心形成对旅游景区的印象与评价。此时，导游员适时对旅游景区做出提炼、总结，会给旅游者留下深刻的印象。例如，导游可借用现代著名作家秦牧盛赞三清山绝景的一句话"云雾的家乡、松石的画廊"作为概括三清山美景的点睛之笔。又如，旅游团游览西安后，导游员可用"早"（历史年代早）、"长"（建都时间长）、"全"（文物门类全）、"高"（艺术水平高）、"大"（气势规模大）这五个字来总结陕西文化的基本特征。

在具体的导游解说服务工作中，各种导游解说方法和技巧不是孤立的，而是相互渗透、相互依存、密不可分的。导游员只有将其融会贯通，结合自身的特点，形成自己的解说风格，并视具体的时空条件和服务对象，灵活、熟练地运用导游解说方法，才能使导游解说服务受到旅游者的欢迎。

行业广角镜 2-4　　　　　　　　　　**给老外讲故事　暖起来软下来**

"有朋自远方来，不亦乐乎""以心相交者，成其久远"。随着中国入境游市场平稳发展，越来越多的外国游客来中国观光体验，感受中华文化的气质与内涵。

讲解侧重有不同

2000 年，张红媚从北京语言大学毕业，走上了天坛导游的岗位。"我的专业是对外汉语，在校期间经常给留学生上课，彼此交流颇多。除了讲授课本上的知识，我还会和他们聊一聊中国茶、禅等传统文化。"在她看来，讲解工作与所学专业相当契合，都是在对外传播中华文化。刚接触外国游客时免不了有些紧张。"当时，讲解就是背稿子。一被游客打断，就忘记说到哪里。"经过一段时间的训练与自我摸索，逐渐掌握方法，面对不同类型的游客都能从容应对。她认为，拥有充足的知识储备至关重要。如果游客参观时间有限，那就直入主题，言简意赅，讲述最精华的部分。

如今，张红媚已是天坛导游班班长，在外事接待讲解方面的经验尤其丰富。每有外事活动，她总是提前了解来访领导人的教育与文化背景，寻找他们对中国文化的兴趣点。针对不同年龄、不同国家的游客，张红媚总是随时调整讲解，各有侧重，这一方法被她总结为"分类讲解法"。她以国外青少年游客为例，"除了介绍天坛整体古建情况，我还会着重讲述天文、回音壁原理等趣味知识。"

一个优秀的导游，必须不断学习，完善自己的知识库。张红媚和同事们经常接受包括讲解技巧、传统文化、外国文化背景在内的专业课程学习。每当有新人到岗，她总是教导他们说："我们要将学习内容理解并消化，不断训练，培养应对突发事件的能力，以游刃有余的姿态解说，展现出中国人的自信。"

轻松氛围少不了

2008年，初彩霞从黑龙江大学英语语言文学专业毕业，到北京开始了英文地陪的职业生涯。考导游证期间，初彩霞系统学习了景点历史文化、讲解技巧等内容。不过，"掌握课本知识只是第一步，我们还要去现场踩点，熟悉游玩线路，具体到从哪个门进哪个门出。我的原则是尽量不让游客走回头路"。

团队氛围很重要。导游要营造出轻松愉悦的交流氛围，潜移默化地传达中国文化内涵。她发现，如果一味跟游客讲历史，他们会觉得枯燥乏味。因此，她总是通过一个个有趣的故事，让讲解引人入胜。"有一些稍微上了年纪的客人，他们可能看过电影《末代皇帝》，对清末历史和慈禧生平十分好奇，我就会给他们讲相关的故事。"为了活跃团队气氛，初彩霞也会向游客提问，像是故宫里的缸有何用处、太和殿前铜鹤和铜龟有何含义等。问答的方式既调动了游客的情绪，也加深了他们对景点的印象。

资料来源　束涵. 给老外讲故事 暖起来软下来［N］. 人民日报（海外版），2018-05-09（12）.有删减。

分析提示：中国不乏生动的故事，关键是要有讲好故事的能力。作为讲好中国故事的重要桥梁，旅游从业人员多年来为展示旅游形象、促进中外交流做出了积极贡献，是向外国游客讲好中国故事的主力军。

2.3.3　旅游景区导游词的创作

导游词是导游员引导旅游者游览时讲解的文字，是导游员或导游词作者在对该旅游景区（景点）进行深入调查研究、挖掘掌握大量资料的基础上，将材料合理组织后，以一种口头文学的形式呈现给旅游者的文学作品。导游词不仅可以引导旅游者观光游览，而且还会影响旅游景区信息的传播，对于旅游景区形象的树立及旅游者满意度的提高至关重要。

1) 导游词的特点

（1）准确性。

导游员的口语质量在很大程度上取决于导游词遣词造句的准确性。导游词必须以事实为依据，准确地反映客观事实，做到就实论虚、入情入理，切忌空洞无物或言过其实。这就要求导游员对导游词要有严肃认真的态度，要讲究字斟句酌，注意词语的组合及搭配。只有恰当的措辞、相宜的搭配，才能准确地表达意思。

（2）生动性。

在讲解内容准确、情感健康的前提下，导游词的语言还要求鲜明生动、风趣活泼，切忌呆板、老套、平铺直叙。导游员要善于借题发挥，活跃讲解气氛，增强艺术表现力，能够巧妙而恰当地运用一些修辞手法，如对比、夸张、比喻、借代、映衬、比拟等，以"美化"自己的语言。只有"美化"了的语言，才能把导游内容讲得有声有色，活灵活现，才能产生一种美感，勃发一种情趣；才能以强烈的艺术魅力吸引旅游者去领会你所讲解的内容，体验你所创造的意境。例如，《话说长江》中的一段解说词："有人说，三峡像一幅展不尽的山水画卷；也有人说，三峡是一条丰富多彩的艺术长廊；还有人说，三峡更像一部辉煌的交响乐，它由'瞿塘雄、巫峡秀、西陵险'这三个具有不同旋律和节奏的乐章所组成。"在这段解说词中，有四个生动形象的比喻：前三个比喻把三峡分别比作"山水画卷""艺术长廊""交响乐"，揭示了三峡的内在美；把三峡比作交响乐后，又把瞿塘峡、巫峡、西陵峡比作三个"乐章"，生动地反映了三峡的特征。

（3）通俗性。

导游讲解主要靠口语表达。口语声过即逝，旅游者不可能像看书面文字那样可以反复阅读。当时听得清楚，听得明白，游客才能理解。所以，导游词要根据口语"有声性"的特点，采用通俗、直白、易懂的口语化语言来创作。也就是说，导游词中应多使用口语化的短句，避免使用冗长的书面语，忌用歧义语和生僻词汇，更不要满篇空话、套话，这样创作出来的导游词才能做到简洁明了、确切达意、措辞恰当、组合相宜、层次分明、逻辑性强、通俗易懂。

2）导游词的写作要求

一篇优秀的导游词，除了要结构严谨、层次清晰、主次分明、文字流畅等外，还必须注意以下六个方面：

（1）强调知识性。

一篇优秀的导游词必须有丰富的内容，不能只满足于对一般知识的介绍，而要重视深层次的内容，融进各种知识并旁征博引、融会贯通。这样的导游词才能吸引旅游者的注意力，满足旅游者的求知欲，这样的导游员才会受到旅游者的尊重。如果导游词涉及的知识贫乏，语言干瘪，就无法引导旅游者进入审美意境。

（2）讲究生动性。

导游语言是一种具有丰富表达力、生动形象的口头语言，这就要求导游员在导游词的口语化方面下功夫。为了使导游词口语化，就要多用口语词汇，当然也要有浅显易懂的书面语词汇，但要避免难懂的书面语词汇和音节拗口的词汇；多用短句，避免使用冗长的句子，以便说起来利索顺口、生动活泼，听起来轻松易懂、效果良好。

一篇优秀的导游词能够多方面调动旅游者的注意力，激发他们的兴趣。在创作中，导游员应恰当地运用修辞手法，使静止的化为活动的，使无生命的变为有生命的，使抽象的变成具体的；同时，灵活运用多种解说方法，以增加导游词的幽默性与趣味性，使景观富于趣味性与生动性。

（3）突出主题性。

每一个景区（景点）都有自己的主题。导游词的内容应围绕主题来展开，而不能偏离主题。导游词不仅是对景观的客观反映，也是导游员主观意识的表达。通过导游词，导游员向旅游者传递了一种思想、一种认识，激发了旅游者对景区（景点）加深了解的兴趣。

（4）重视独特性。

旅游景区能够吸引旅游者，除了景区的宣传因素外，最主要的原因就是旅游景区的资源特性。为了满足旅游者求新、求奇的需求，导游词应在照顾全面的情况下，突出重点，即突出景区景观的独特性。旅游景区个性越鲜明，旅游资源的价值就越高，吸引力就越强。

（5）遵循整体性。

任何一个具有很强吸引力的旅游景区，都不是孤立存在的，必然与周围的世界发生着某种关联，有着广泛的历史、社会、政治、经济、文化方面的内涵。因此，导游词不能"就景写景"，单独地描述一个景观，而应涉及多方面的知识。

（6）注重创新性。

导游词在内容上、语言上都要与时俱进，有所创新。导游词所描述的景区景观要有新角度、新思想、新素材。在创作导游词时，导游员要广泛收集素材，认真整理筛选，选取科学性、时代性、品味性俱佳的信息，以符合旅游者不断提升的文化品位，满足旅游者对知识的需求。

3）导游词的写作过程

（1）掌握游览行程。

导游员要根据旅游景区的规模、布局，以及旅游者的心理需求，掌握旅游行程，串联游览线路；同时，根据场景、环境的不同，采用变化多样的解说方法，提高导游服务水平。

（2）构思提纲。

提纲是写好导游词的基础，是构思的外化和成果，是整篇导游词的主干，可以起到提纲挈领的作用。有了提纲，就能从总体上对导游词进行准确的把握，创作起来也就更加顺理成章。

（3）搜集创作素材。

要写好导游词，掌握丰富的资料是至关重要的，包括现实的资料及历史的资料。"巧妇难为无米之炊"，只有在大量资料的基础上，导游员才能整理加工、去伪存真、去粗存精，才能进行再创造，从而编写出具有自己特色的导游词。

（4）甄别考证。

任何旅游景区，不管其开发建设时间长短，都有一定的时代局限性。因此，在导游词创作时，导游员一定要充分挖掘，掌握大量的史料，并进行科学考证与比较甄别；尤其是在涉及历史事件、人物时，评价一定要客观公正，绝不可主观臆断，甚至道听途说，以讹传讹。

（5）突出重点。

突出介绍游览线路中的主体景观。主体景观是一次游览活动的主要内容，因而也应该是导游词最重要的组成部分。导游员应在掌握大量资料的基础上，做到突出重点、点面结合、围绕主题、善于取舍、宁缺毋滥。

（6）修改完善。

书本知识和实际情况有时会存在差异，所以认真的导游员往往会在条件允许的情况下到实地考察，根据实际情况对导游词进行修改，并在以后的导游讲解过程中不断对导游词进行完善、丰富。

（7）完成写作。

导游词中还应有辅助性常用语言，如游览前的欢迎词、提醒注意事项的服务用语、结束时的欢送词等。这些习惯用语虽然是导游词中的辅助性部分，但是在与旅游者沟通、展示导游员职业形象等方面，却有着不可忽视的作用。

2.4　旅游景区自助式解说服务

2.4.1　旅游景区自助式解说服务的概念

旅游景区自助式解说服务既是导游解说的重要辅助手段，也是游客在没有导游解说的情况下，了解景区、游览景区的重要支撑手段。旅游景区自助式解说服务是通过各种印刷品、音像解说系统、标志牌等设施设备向游客提供的自助的信息服务，它是一种单向性的信息传播方式。其优点是受众群体范围广，游客可在其空闲时间使用，不受人为因素的干扰，解说内容一般都经过精心选择和设计，具有较强的科学性和权威性；不足之处是信息量有限，不能提供个性化服务，且不易更改。

2.4.2　旅游景区自助式解说服务的主要类型

旅游景区自助式解说服务的类型主要有标志牌解说、印刷品解说、电子音像解说、网络展示解说、特殊解说服务等。

1）标志牌解说

旅游景区的标志牌是一种载有旅游目的地相关内容（包括图标、符号、文字），具有标记、解说、向导、装饰等作用的功能牌。旅游景区的标志牌是一个面向旅游者的信息传递系统，它不仅是使旅游景区的使用功能、服务功能得以充分发挥的基础，也是旅游者获取旅游目的地信息的重要手段，是旅游景区必不可少的基本构件（如图 2-3 所示）。

二维码 8

微课：旅游景区标志牌解说

（1）标志牌的类型。

旅游景区标志牌的类型从不同角度，有不同的划分方法。按功能划分，标志牌可分为讲解介绍标志牌、引导指示标志牌、安全警示标志牌、服务说明标志牌等；按服务场所和服务内容划分，标志牌可分为吸引物标志牌、设施设备标志牌、环境路线标志牌和管理标志牌等；按所属范围划分，标志牌可分为景区户外标志牌和户内标志牌等；按制作工艺与材质划分，标志牌可分为木质印刻标志牌、塑料吹型标志牌、玻璃压花标志牌、金属压膜标志牌、易拉宝标志牌、石头碑刻标志牌、纸质标志牌、竹编标志牌等；按式样划分，标志牌可分为单板式标志牌、多板式标志牌、亭式标志牌和厅式标志牌等。

（2）标志牌的特点。

①直观形象。旅游者在参观游览的时候，可以通过标志牌加强对旅游目的地的认识与了解。标志牌贴近旅游吸引物客体，其直观而形象的效果是显而易见的。

②简便实用。标志牌是旅游景区最早使用也是最常使用的一种信息传播手段。其中最

主要的原因便是标志牌成本低、易制作、更新快，且信息受众量大。

③简洁易记。标志牌上的内容一般通俗易懂，图文并茂，文字精练。旅游者对此更易于识记，且印象深刻，这对于旅游景区的宣传起到了很重要的作用。

三星堆景区标志牌（警示标志牌、引导指示标志牌）

桂林独秀峰景区标志牌（引导指示标志牌）

庐山别墅区标志牌（讲解介绍标志牌）

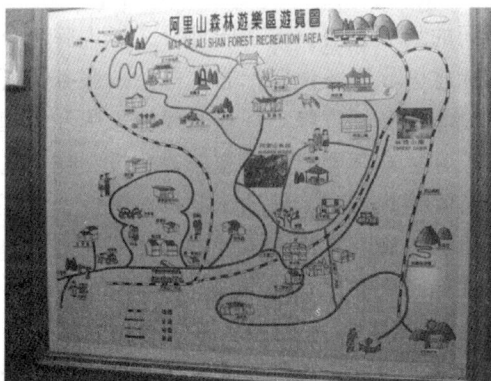

台湾阿里山森林游乐区标志牌（引导指示标志牌）

长城景区标志牌（安全警示标志牌）

图2-3 部分旅游景区标志牌示例

2）印刷品解说

印刷品是通过印刷技术，将要传达的信息在纸张上体现的一种宣传品，主要包括书籍、期刊等。印刷品解说的主要类型及特点如下：

（1）旅游地图。

旅游地图主要向旅游者展示旅游景区的地理位置、景点分布情况、景区旅游路线情况等。旅游地图往往还附有旅游景区概况、景区特色、景点简介等相关文字介绍。旅游地图为了满足不同国籍（地区）旅游者的需求，常常使用多种语言。旅游地图不仅可以让旅游者明白自己在游览途中所处的位置，还可以指导旅游者进行其他旅游活动，满足旅游者不同类型的旅游需求。

（2）旅游指南。

旅游指南由于不受版面限制，因此具有内容翔实、图文并茂、制作精良等特点。旅游指南上所展示的信息有：景区概况、旅游者须知、旅游服务设施、景区主题景观（特色景点）介绍、旅游景区全景图、景点游览路线图、旅游咨询服务等。旅游指南应制作精美，并富有旅游目的地浓郁的地方特色与文化气息。

（3）旅游风光画册。

旅游风光画册就是将有关旅游景区的风光照片、景观特写、独特景象等具有纪念意义、现实意义的图片通过装订，制作成精美的画册。与旅游指南突出准确性、科学性不同，旅游风光画册更加注重给人以美的享受。因此，旅游风光画册更突出文字的典雅，图片的优美，并强调图文并茂，风格协调。旅游风光画册不仅向旅游者展示了旅游景区的风光，更具有珍藏价值和纪念意义。例如，由施景福先生摄影、创作、编著，中国文化出版社出版的《婺源风光摄影》《婺源旅游风光》《婺源乡村水口》摄影画册，分别用图片的形式展示了婺源的秀美风光，指引了婺源的精品旅游线路，介绍了婺源的乡村文化，图文并茂，印刷精美，是一套不可多得的了解婺源文化的旅游画册。

（4）门票。

门票既是旅游者入门的凭证，又是旅游景区宣传自身旅游形象的载体。门票一般是单页双面，因版面所限，其展示的内容也有所限制。门票展示的信息有：景区概况、景点游览路线图、景点美誉介绍、景区主题景观（特色景点）图片、价格信息、投诉热线等。景区门票不仅具有实用价值，还具有一定的收藏纪念价值。所以，门票应在有限的设计空间中尽可能地包含丰富的、形象的解说信息（如图2-4所示）。

（5）景区图文展示区。

景区图文展示区是指在旅游景区内将景观的导游解说内容用图文的形式印刷出来，并在一定的区域进行展示。景区图文展示区的印刷品根据旅游景区性质的不同，陈列的方位也不同，可以在室内的展台、陈列柜、展示墙之上，也可以在室外的宣传栏、展示架之上。比如，福州三坊七巷保护修复成果展示馆，2011年6月1日正式对外开放。展馆面积达600多平方米，分为"坊巷旧影""保护修复""旧貌新颜"三部分。第一部分回顾保护修复前三坊七巷的破落景象，第二部分全方位展示保护修复的全过程，第三部分再现焕然一新的三坊七巷风采。展览通过大量图片、实物及模型，运用传统与现代手段，配以360

敦煌阳关文物旅游景区门票（正面）　　敦煌阳关文物旅游景区门票（背面）

中国八达岭长城景区门票（正面）

中国八达岭长城景区门票（背面）

图2-4　部分旅游景区门票示例

度环幕及声、光、电、投影等高科技手段，以动静结合的方式进行展示，为观众带来了全新的视觉感受。

（6）书籍。

旅游景区出版的书籍，一般都以旅游景区和当地旅游文化为背景，描述景区及当地的历史沿革、民俗文化、政治制度、经济水平、生态环境等，同时也阐述有关旅游景区的建筑、园林、文物、生物等知识。旅游景区根据不同层次的旅游者编写出版不同类型的书籍。旅游景区出版的书籍侧重趣味性、生动性，以期吸引更多大众读者；侧重专业性、知识性，以期吸引更多对专业知识渴求的读者。

（7）期刊。

旅游景区出版的刊物是旅游景区印刷品中非常重要的一种。旅游者通过阅读旅游景区的刊物，可以了解景区的内涵，加深对景区的印象。旅游景区通过出版刊物，可以更加具体、深刻地向旅游者阐述景区的建筑结构、地质构造、物种类别、景观价值，剖析景观的成因、历史条件、社会因素、科技含量及发展趋势；还可以发表与旅游景区有关的科研论文及意见建议等。

（8）报纸。

报纸是最普及的传统大众传播媒体，是旅游景区宣传旅游形象的最佳选择。报纸上刊登的内容应包括景区概况、独特景观、配套设施、主题活动等。旅游景区通过报纸宣传，除了可以提升景区的旅游形象，还可以向旅游者宣传景区动态、优惠政策、发展趋势等。

3）电子音像解说

旅游景区内的各种信息都可以通过电子音像解说来展示与传递，电子音像解说集声音、图文、影像等于一体，服务信息量大，视觉冲击力强，时代气息强，感染力丰富，具有其他自助式解说服务手段无法比拟的优点，电子音像解说在旅游景区的信息传播中起到了十分重要的作用。电子音像解说的主要类型及其特点如下：

（1）电子导游。

电子导游是一种借助通信、无线调控技术、微电脑、数码语音技术开发制作的自助式导游服务设备。电子导游具有较强的智能化，对旅游者的参观游览线路、速度没有严格的限制。旅游者在游览过程中，可自行操作控制，选择收听相应的景观或展品介绍。使用电子导游可以让更多的旅游者享受到方便、经济、高品质的导游服务，提高旅游者的游览质量，加深对旅游景区的印象，树立旅游景区良好的旅游形象。

行业广角镜2-5　　　　　　　　**古巴推出旅游地图手机应用程序服务国际游客**

古巴政府2018年5月3日推出手机旅游地图应用程序CubaMaps，旨在为日益增加的国际游客提供更好的服务。这款应用程序是在此间召开的第38届国际旅游博览会上推出的，有西、英、法、德、俄5个语种版本，目前仅适用于安卓操作系统。用户也可登录古巴地图网站如www.cubamaps.cu等查找感兴趣的信息。

应用程序为游客提供酒店、民宿、餐馆、机场、租车中心、货币兑换处、ATM自动取款机、无线网络、旅行社、使领馆、商店、药店等分类信息。游客可以定位目的地，还能计算出使用不同交通工具到达某地点所需要的时间，并能标识博物馆、剧院、画廊、电影院等地点。应用程序还提供技术援助、国际法律咨询、警察局、银行、海滩、诊所、健身房、医院等信息。

截至目前，古巴电子地图上已有1.08万个标注地点，专家们将继续开发其他点对点数字旅行产品，不断引入书店和其他设施等新内容。古巴国家旅游信息办公室主任奥斯卡·冈萨雷斯介绍说，这款应用程序所提供的信息都来自官方，精准而权威。"我们知道有许多游客想在古巴自助游，因此需要有可以随时求助的精准向导。"

据介绍，古巴国家旅游信息办公室刚刚完成一个120页的道路指南小册子，用西、英、法、德4种语言介绍古巴道路信息。

资料来源　马桂花．古巴推出旅游地图手机应用程序服务国际游客［EB/OL］．（2018-05-05）．http：//www.xinhuanet.com/travel/2018-05/05/c_1122786534.htm.有删减。

分析提示：旅游景区自助式解说服务是游客了解景区、游览景区的重要支持手段，其解说内容一般都经过精心选择和设计，具有较强的科学性和权威性，受众群体范围广。

（2）影像放映厅。

影像放映厅是旅游景区以图文、影像、声音等形式全面展示旅游景区景观的一种设施。旅游景区一般将旅游景区风光资料片、艺术片等通过影像放映厅展示给旅游者。

旅游景区可以单独设置影像放映厅或在景区游客服务中心设置影像放映厅，并不间断地向旅游者播放。旅游者通过欣赏旅游景区展示的内容，可以达到加深印象、愉悦身心的效果。

（3）电子滚动屏幕。

电子滚动屏幕主要有 LED、液晶显示屏等。旅游景区设立电子滚动屏幕，以图文、影像、声音的形式循环播放旅游景区介绍、代表景观图片、景区所获荣誉等。电子滚动屏幕一般设在旅游景区较显眼的地方，以便引起旅游者的注意，吸引旅游者观看。电子滚动屏幕力求文字通俗易懂，图片丰富多彩，这样才能让旅游者赏心悦目，流连忘返，达到最佳的欣赏效果。

（4）电子触摸屏幕。

旅游景区可以将景区主体景观或代表景物的最佳景象，配以文字解说，借助可触摸式的电脑显示设备向旅游者展示，旅游者可以根据自己的兴趣和爱好自主选择浏览。电子触摸系统内容还可以融入目的地游客情况、环境状况、食宿服务信息等。比如，福州旅游电子信息系统在全国率先采用基于全景照片的三维成像技术建立360°全景数据库，实现全市 4A 级景区 3D 全景导览，还有旅游线路组织、食宿服务信息、智能旅行规划等板块，并在全国旅游城市率先实现嵌入交通卡、金融卡及手机等闪付功能，于2014年"6·18"之后首批 100 台旅游电子信息触摸屏终端投放到福州各大三星级以上酒店、3A 级以上景区、游客咨询服务中心，以及机场、火车站、各大商场等人流密集的公共场所，让游客感受"指尖上"的体验。这些旅游电子信息触摸屏终端上点开景区实时动态，立刻显示出福州多个景区是否拥挤、空气质量、负氧离子、停车位等信息，不仅如此，福州三坊七巷、森林公园、西湖公园、船政文化景区、于山风景区、鼓山风景区甚至有 3D 全景导览，轻松划动指尖，就能提前"探路"，为出游提供借鉴。其中，三坊七巷景区还有关于二梅书屋、小黄楼、水榭戏台的页面，点开有语音播报进行介绍。

（5）广播。

广播是以声音为主的信息传播媒介。旅游景区广播传递信息的形式主要包括语言和音乐。通过广播，旅游景区可以向旅游者传递景区概况、配套设施说明、游客须知、背景音乐等，使旅游者在游览的同时得到听觉上的享受，加深对旅游景区的印象。

┌ 微型资料2-6

口袋博物馆也称掌上博物馆、移动博物馆。它是博物馆利用移动通信技术，以手机或其他移动设备作为接收终端的新型服务方式。广义的口袋博物馆则指参观者利用移动通信技术和设备实现数字文物资源的在线检索与获取，并利用这种技术和设备获取博物馆导览等服务。以故宫博物院新推出的手机 App 软件"故宫陶瓷馆"为例，点击图标进入，一段故宫全景动画结束后，一件件精美的陶瓷展品出现在手机屏幕上，"触摸"瓷器，会出现文字简介、语音导览，"滑动"瓷器，藏品会缓缓旋转，供游客360°无死角欣赏，通过这款 App，游客可以随时了解自己喜爱的藏品。

4）网络展示解说

网络展示解说即旅游景区借助现代网络技术，通过建立门户网站或与其他网站整合景区信息资源，发布景区旅游信息，传播景区旅游形象，并提供景区旅游的网上相关代理服务的方法（如图2-5所示）。

图2-5　网络展示解说示例——周庄旅游网

（1）网络展示解说的主要功能。

①展示功能。旅游景区网站最大的功能就是展示功能。旅游景区将景区概况、著名景点、服务设施、游览路线等制作成精美的图文资料在网站上展示，能够吸引广大的潜在旅游者前来游览。

②信息服务功能。旅游景区网站是旅游者获取旅游目的地或旅游景区信息的重要途径之一。通过旅游网站，旅游者、旅游从业人员都可以获得有关旅游目的地的地理气候、历史沿革、文化传统、风俗民情、社会状态、政治经济制度、休闲娱乐等容量巨大的信息。旅游景区网站是一个信息沟通与交流的平台。

③中介服务功能。随着现代网络技术的发展，旅游景区网站已不仅是信息沟通与交流的平台，还逐渐担负起了中介服务的功能。旅游景区网站大多设有在线论坛，或是提供在线咨询、在线服务等功能。通过这些功能，旅游者可以在旅游景区网站上直接与景区进行沟通与交流，发表留言、诉说心得等；旅游景区也可以为旅游者提供在线预订等服务。

（2）网络展示解说的内容。

①旅游景区概况：包括景区的地理位置、气候条件、历史沿革、发展成就等。

②旅游景区新闻：包括旅游景区的发展动态、政策通告、注意事项等，并附有旅游行业的重要新闻、消息等。

③旅游景区景观：包括旅游景区的代表景观、历史价值、文化内涵、科学价值，以及旅游景区所在地的文化传统、风俗民情、社会状态、政治经济制度等。

④旅游景区线路：包括进入旅游景区的交通方式、旅游景区内的游览路线等。

⑤旅游景区服务设施：包括旅游景区的服务接待设施、配套设施等，以及所能提供的接待服务、导游服务、商业服务等。

⑥虚拟游客中心：包括旅游景区的安全防范措施、救援救治措施、在线咨询服务等。

⑦旅游景区论坛：包括旅游者信息发布（如游记、心得、留言、照片等）、旅游景区信息发布、热门话题讨论等。

行业广角镜2-6　　　　　　　　　漫游地图让胡同游更加生动有趣

近日，"朝阳门漫游地图"在北京史家胡同博物馆发布。市民、游客可根据朝阳门街道推出的"胡同闲游""往昔风流""四合院完全指南""看'门'道"4条路线，健步闲游、欣赏秋景，领略老北京胡同文化。

胡同作为老北京传统文化的标记，其历史韵味深厚久远。一些胡同遍布历史文化遗址，有的胡同还因为住过名人，享有"一条胡同，半个中国"的美誉。然而，对于胡同的历史故事，如果缺乏介绍，市民和游客在参观时，往往只能走马观花、蜻蜓点水，不知所看为何物，"打卡式旅游"更无法体味胡同的文化魅力。此次推出的胡同"漫游地图"，将文物与文化结合起来。比如，发布的4条路线，覆盖了胡同的29个文物保护单位、名人故居、文化空间等，让参观者在欣赏历史建筑、闲游胡同的同时，还能感受胡同街巷的文化肌理和内涵。

值得一提的是，"漫游地图"还推出了二维码扫码功能。扫描地图上的二维码，会出现每个院落最精华部分的语音、文字介绍以及精彩图片。同时，地图增加了"居民代言人"板块，扫描二维码就能听到居民讲胡同故事。这就让景色"跃然纸上"，也让胡同文化鲜活了起来。通过"地图讲解"，让市民游客能够"到达一处、了解一处"，全方位感知胡同的过去与未来。

时下，不少保留着历史韵味的建筑和场所，虽进行了精心修复、科学保护，也面向游客大开欢迎之门，但游客参观总感觉少了些什么。实际上，这种"匮乏感"源于对景区文化的不了解。特别是对于历史文化古迹，如果只能看个样子，游客就无法"深度参与"，景区本身也起不到宣传的效果。

为此，要让胡同游更有趣、让历史景点更加生动，不妨再想些办法。比如，开通网上游、VR游等新潮游，让游览方式更加丰富多彩。依托互联网增设互动平台，让市民游客能够留下游览记忆和真诚建议。同时，不妨让胡同居民成为"宣传大使"，参与志愿服务，让老街坊们讲述胡同历史故事，与市民游客交流互动。

资料来源　吴昊.漫游地图让胡同游更加生动有趣［N］.中国旅游报，2020-11-05（3）.有删减。

分析提示：让胡同游更有趣、让历史景点更加生动，解说很重要，通过多元解说，有助于游客对历史文化古迹有更深刻的理解。

5）特殊解说服务

哈里森（1994）提到了四种特殊群体，旅游景区在提供解说设施与解说服务时，要考虑这些特殊群体的特殊需求。特殊解说服务包括：便于轮椅活动的足够空间；适合轮椅高度观看与阅读的展示；失聪的人所需要的助听器材或阅读材料；弱视者需要的充足的光源与大小合适的字体；盲人所需要的盲文阅读材料和其他触摸型媒体；行动不便的老人需要的座椅和休息处等。除了配备帮助人们聆听、感受和获取解说内容的设施设备外，旅游景区的员工还必须接受敏感度训练，使用术语和某些字眼要小心谨慎，表现出景区员工关心每一位游客的情感、需求和感受。

行业广角镜2-7　　　　　　　　上海世博会残障人士无障碍游览

世博会是全人类的世博会，为了让那些弱势人群能更好、更安全地游玩世博，上海世博局和诸多展馆均做了充分准备。

世博生命阳光馆位于B片区，全馆实行通行无障碍。生命影院区设有轮椅区，坐轮椅前来参观的残疾人无须挪动身体，便可在这一区域坐享精彩视频；而序厅、天聪公寓、天乐公寓、天目公寓的展品展台都进行了低位设计；天籁光韵区的手动系统和盲人足球区的挡板均降低了高度，这使得乘轮椅的残疾人也能参与互动体验。馆内地面采用了防滑材料，以免使用拐杖的残疾人滑倒。考虑到盲人参观，进馆处还设有盲文导航图和可触摸式的馆内整体模型，供盲人了解全馆的结构和概况。

全馆通过科技手段，预埋了电子语音导航系统，盲人在参观中可以使用馆内提供的电子盲杖，每经过一个展区、展台时，轻轻一点，就能听到详细的语音解说。这一系统通过导航耳机的形式供健全人参观使用，实现了残健共享。

展馆还特别配备了懂得手语的讲解员。在馆内的视听展区，所有的视频和影片都配有字幕。馆内还发放文字导览卡，以便聋哑人按图参观。

资料来源　佚名. 上海世博会全方位公共服务贴士［EB/OL］.（2010-04-21）. http：//www.jiaodong.net/trauel/systom/2010/04/19010811491_01.shtul.有删改。

分析提示：旅游景区有责任为特殊群体提供方便，尤其是智障、残障人士和老人，这是解说服务的一种人性化的发展趋势。

行业方向球　　　　　　　　昆山"船娘"传播水乡文化

乌篷船的历史已经很悠久了。应该说自从有了古运河就有了乌篷船，也可以说自从有了水乡也就有了乌篷船。它之所以叫"乌篷船"，是因为最初这种小船篾篷漆成黑色。而我们现在看到的乌篷船的船顶棚大都是蓝色的塑料防雨布。但无论如何演变，水乡的小船依旧被世人称为"乌篷船"。以往，划乌篷船出水运货载客的大都是男人。从2001年开始，周庄组建的"万船娘"船队便名声远扬，被誉为"水乡文化大使"，成为昆山旅游一个最靓丽的品牌。古镇周庄以水为美，以桥为奇，无处不见水，满目皆是桥。环镇水上游、古镇水上游、万三水上财道，摇船的几乎都是船娘，而且年龄都在三四十岁以上。她们穿一式的白花蓝底滚红边的斜襟布褂，头上或包蓝布巾或戴竹斗笠，脸膛黑里透红，浑身透出朴实的乡土气息。令人惊讶的是，这些船娘个个会唱歌，嗓门清脆响亮，吐字发音极为本色，听来别有韵味。

说到船娘，总要提到王秀英的名字，她就是摇出周庄第一条船的女子。1991年，她用856元买下了一条小船，成了水乡周庄第一位做旅游生意的船娘。渐渐地，能说会唱的王秀英开始受到媒体的关注，成了周庄的名人。在她的启发和带动下，更多的妇女操起了"手摇船"的绝活。1994年，周庄成立了旅游公司，与王秀英一起撑船的妇女们都当上了"船娘"。船娘徐美珍，当年她以清亮甜美的歌喉，边摇船、边为游客演唱她编写的《摇船歌》。她把自己对生活的感受编进了《摇船歌》，并以十分轻快的风格唱给坐她游船的游客听，她的游船分外受人青睐。后来她在这首《摇船歌》里又充实进了许多周庄的名胜和典故。她家里有一个大包，里面装的都是中外游客写来的信和寄来的照片。南来北往的客人，带走的是水乡人的情谊，留下的是对水乡文化的热爱。

每一个船娘就是一个故事，每一个船娘就是一个窗口。"万船娘"船队从1997年的三五条小船到现在的177条船，190多名船娘，规模逐年壮大，承接着每年接待百万游客的水上游项目。自成立以来，船队近200名船娘每年都要分期分批地参加妇联等组织开展的培训，系统地学习普通话、英语会话、民间小调、周庄历史、礼节礼仪、安全操作等内容。这些船娘不仅仅是划船能手，更是周庄的形象大使，每年周庄旅游的重大活动，都能看到周庄船娘的身影。她们走上街头，打连厢、挑花篮、舞龙、唱戏，"十八般武艺"样样精通。周庄船娘出色地完成了2001年APEC贸易部长和经济首脑配偶的接待任务，以及2004年第28届世界遗产委员会议嘉宾接待等重要任务。"万船娘"们纯朴的笑脸、流利的英语、标准的普通话、规范的服务，赢得了海内外游客的一致赞赏。2005年，"万船娘"船队荣获全国"巾帼文明示范岗"称号。

坐一叶轻舟，徜徉在碧波荡漾的河上，听一曲吴歌小调，一睹身着蓝印花布服饰的船娘的风采，体会江南水乡古镇的独特韵味……游客在昆山市几大古镇就能有这样的美妙享受，而驾着小船带您领略水乡风光的"船娘"，咿咿呀呀的唱腔伴着水中摇曳的倒影，令人情不自禁地想起元代名句："吴树依依吴水流，吴中舟楫好夷游。"船娘在吴门烟水之中，传播着让人难忘的水乡文化。

资料来源　周伟明.昆山"船娘"传播水乡文化［N］.中国旅游报，2015-07-10（11）.有删减。

分析提示：旅游景区解说服务应该以更加多样化的方式向旅游者提供有关旅游景区的信息，从而使旅游者在游览过程中，不仅能深入地了解旅游景区的情况，而且能充分感受到旅游景区独特的资源特征，理解并欣赏旅游景区历史文化资源的内涵、价值与意义；不仅可以愉悦身心，还可以增长见识，开阔眼界，获得良好的旅游体验。这有利于旅游者树立保护历史、文化和自然资源的意识，促进旅游者与旅游地民众的交流，实现旅游地的良性循环发展。

观念回顾

1.旅游景区门票有不同的类型。按照制作材料的不同，门票可分为纸质门票和电子门票；按照消费对象的不同，门票可分为全票、优惠票；按照适用期限的不同，门票可分为当日门票和年卡门票；按照旅游淡旺季的不同，门票可分为淡季票和旺季票。

2.旅游景区的订票方式灵活多样，主要有网上订票、售票处订票、电话订票、通过旅行社订票和团体订票等。

3.游客中心是旅游景区内为游客提供信息、咨询、游程安排、讲解、教育、休息等旅游设施和服务的专门场所，属于旅游公共服务设施，其所提供的服务是公益性的或免费的。

4.游客投诉旅游景区的原因主要包括：对旅游景区工作人员服务的投诉，对旅游景区服务产品的投诉，对旅游景区硬件及环境的投诉等。游客投诉的心理主要包括：求尊重的心理、求平衡的心理、求补偿的心理。

5.旅游解说是通过一定的技术手段，向旅游者揭示或展示旅游资源的内在意义及相互联系，服务、娱乐和教育旅游者。解说之父费门·提尔顿阐释了解说服务的功能，即通过解说，达到理解；通过理解，达到欣赏；通过欣赏，实现保护。按照解说服务提供方式的不同，解说可分为自助式解说和导游人员解说两大类。

6.旅游景区导游解说服务是旅游景区解说服务的重点和核心。导游解说技巧包括：动静相融，巧妙结合体态语言；情景交融，灵活运用讲解技巧；察言观色，合理调配注意力；把握时机，恰当选择讲解内容。旅游景区导游解说的方法有分段讲解法、突出重点讲解法、触景生情法、虚实结合法、问答法、制造悬念法、类比法、画龙点睛法等。

7.旅游景区自助式解说服务是导游解说的重要辅助手段。旅游景区自助式解说服务的类型主要有标志牌解说、印刷品解说、电子音像解说、网络展示解说、特殊解说服务等。

相关规范

1.《旅游景区游客中心设置与服务规范》（LBT 011—2011）、《旅游景区讲解服务规范》（LB/T 014—2011）、《旅游景区公共信息导向系统设置规范》（LB/T 013—2011），中华人民共和国国家旅游局 2011 年 2 月 1 日发布，自 2011 年 6 月 1 日起实施。

2.《旅游投诉处理办法》（国家旅游局 32 号令），中华人民共和国国家旅游局 2010 年 5 月 5 日发布，自 2010 年 7 月 1 日起实施。

应用习题

1.就近选择一个旅游景区，通过资料调研与实地调研，了解该景区游客中心的选址与建筑特点、设施配置、服务内容、服务方式等，分析其合理性，并提出进一步优化的方案。

2.选择本地一处知名旅游景区，尽可能全面地搜集与它有关的解说材料，对该旅游景区的解说系统和解说服务进行分析评价，并对业界提供参考性建议。

3.选择本地一处知名旅游景区，查阅其相关背景资料，实地考察游览线路，根据导游词的编写要求，创作一篇书面导游词，并进行模拟导游讲解。

第3章
旅游景区商业服务

学习目标

1. 了解旅游景区餐饮服务的特点，掌握旅游景区餐饮服务管理的内容，尊崇和弘扬工匠精神。
2. 了解旅游景区住宿服务的类型，掌握旅游景区住宿服务管理的内容，关注社会，培养创新思维。
3. 了解旅游景区交通服务的作用，掌握旅游景区交通服务管理的内容，感受中国基建为旅游业发展带来的便利。
4. 了解旅游商品的概念及类型，理解游客购物的心理，掌握旅游景区购物服务销售技巧，理解供给侧结构改革的社会需求。

热点关注

民宿　房车　露营地　伴手礼　供给侧结构改革

行业视窗   景区餐饮痛点如何纾解？

日前，有网友称陕西白鹿原·白鹿仓景区的面15块钱4根，针对该事件，白鹿仓景区官方微博发布致歉和处理公告称，涉事商户存在"大碗面份量不足"违规经营行为，已责成涉事商户停业整顿，调查结束后将按照《景区商户管理规定》严肃处理。"价格虚高""份量缺斤少两""品质参差不齐"等问题是旅游餐饮的痛点。

景区餐饮的特定环境

在早年间约定俗成的"吃、住、行、游、购、娱"旅游六要素中，"吃"排第一位。但吃饭难、吃饭贵、饭难吃等是备受游客诟病的旅游问题。

景区内的餐饮服务，既和景区本身的特定环境相关，又和景区游客作为一个特殊群体相关。从管理的角度看，景区内的餐饮服务与开放的普通社会餐饮业有很大差别。景区多是一个封闭型的游览场所，规模有大有小，而规模小且以室内活动为主的景区，如博物馆、艺术馆等，一般不考虑餐饮服务，最多只提供一些零食、简餐或饮料。一些规模偏大的自然景区，餐饮服务多是外部企业进入，自营的较少，存在的餐饮问题相对较多。

好的餐饮体验是加分项

一般而言，景区的游客重游率低，而一次不愉快的体验会影响整个旅游过程，甚至对景区的评价造成不良影响。在互联网时代，"好"或"不好"的评价都会被放大。

2020年国庆节期间，河南老君山景区推出"一元午餐"，在就餐区入口，景区未设人值守，游客纷纷自觉投币、自助找零；河南省偃师马蹄泉风景区某餐馆推出"十元管饱"，成为人们关注的焦点。老君山景区在之后的餐费收入统计中，发现多出了458元，这是一份善意的传递。可见，提供价格实惠的餐饮体验成为景区的亮点和加分项。但是，"一元午餐"主要是在"十一"旅游旺季期间推出，并不是常态。

游客在景区停留的时间有限，餐食消费主要在于果腹，而不在于美食；游客用餐时间过度集中，而且希望尽量减少用餐时间，心情急切；最重要的是，游客人员结构多为团队、家庭，存在着需求多样化但供给单调的矛盾。

精细化运营是方向

目前来看，开放性景区和旅游综合体项目，在衔接旅游餐饮和本地生活消费方面更加游刃有余。在春节假期，杭州最火的两大网红美食，一个是吴山烤禽，一个是西湖边上的南方大包。特别是南方大包，经常能看到游客手里拿着白嫩松软的大包，成为景区附近的一道风景。地处桂林–阳朔黄金旅游带的桂林融创国际旅游度假区，通过引入大量的本土特色餐饮和国内外知名连锁品牌进入景区，解决旅游餐饮痛点，既为外来游客和本地市民带来诚意满满的一站式美食打卡体验，同时也让餐饮与其旅游目的地功能实现双向赋能。

有条件的景区，应当考虑增加自营的餐饮店作为示范，对外部进入的企业要做严格的遴选，并与之签订合同，保证餐饮与服务的质量，对此，景区要有监督、检查和接受游客投诉的途径。另外，尽量引进品牌快餐企业，尤其是品类多样的快餐连锁企业，包括中餐和西餐。景区和餐饮店进行合作经营也是一种解决难题的方式，可以采取统一收银模式，做套票，具体操作是：景区推出套餐价，购买门票+索道+某项目，可以免费送一顿餐饮。餐饮店老板有检票的权限，并按照合同再跟景区分成。但是，这种联合销售的模式，也需要有效的景区监管和更精细化的运营管理。

一些旅游目的地政府也在进行探索。日前，四川省甘孜州正式发布通知，推出旅游景区景点餐饮标准化试点。要求试点餐厅在确保菜品品质的前提下，把菜品的主材数量化、质量化，让游客可触可感，以此增强游客的体验性、获得感。菜品计量表规定：一份番茄牛腩锅，牛腩是 350 克，菌类为 200 克，其余葱、姜、蒜等佐料不计；一份松茸菜品，松茸份量要够 150 克；一份菌捞饭必须要经过捞食材、加菌汤、大火烹煮等 6 个步骤。可以说，"标准化"对餐饮店自身的管理能力和执行力也是一种考验。

资料来源　曹燕.景区餐饮痛点如何纾解？［N］.中国旅游报，2021-03-16（5）.有删减。

上述案例告诉我们，景区的餐饮服务管理很重要，这既和游客的安全相关，又和景区的形象，甚至游客对目的地的评价有直接关系。需要从旅游业宏观管理上提高认识，坚持和落实"以游客为本"的服务理念。事实上，旅游六大要素中的食、住、行、购不仅是旅游活动的重要组成部分，也是旅游景区重要的商业配套设施。具有特色和创新的食、住、行、购，能够增加游客的旅游体验，为旅游景区带来丰厚的收入。

3.1　旅游景区餐饮服务

3.1.1　旅游景区餐饮服务概述

餐饮是满足旅游者需求的基础性项目，是景区旅游业的重要组成部分。它不仅能够满足游客对餐饮产品和服务的需求，还反映了旅游景区的饮食文化特色，影响着旅游景区的形象，是旅游景区收入的重要组成部分。

1）旅游景区餐饮服务的特点

具体来说，旅游景区餐饮服务具有如下特点：

（1）目标市场构成复杂。

旅游景区餐饮的经营场所在旅游景区内部，其消费者绝大多数是来自异地的旅游者。这些旅游者在年龄、性格、喜好、口味、支付能力、个人经历以及心理需求等方面都各有不同，从而导致他们对旅游景区的餐饮要求有差异性。这种差异性给旅游景区餐饮服务与管理带来了一定的困难和挑战。

（2）客源市场不稳定。

旅游景区餐饮由于受当地旅游淡旺季的影响，客源不稳定，具有较强的波动性。在旅游旺季、节假日、周末、大型娱乐活动期间，旅游者较多；而在其他时间，旅游者较少。因此，旅游景区餐饮要重点抓住游客高峰期的用餐服务与管理，既要保证干净卫生，又要体现当地餐饮的特色。

（3）餐饮类型丰富。

旅游景区餐饮的类型较为丰富，有餐饮一条街、农家乐、户外烧烤、特色餐馆、宴会餐厅、主题餐饮等多种形式。旅游者可以根据自身的需要，选择快餐、自助餐、宴会、烧烤等不同就餐方式，丰俭随意，快慢有别。

（4）经营方式灵活。

旅游景区餐饮的经营方式较为灵活，包括独资、合资、联营、承包经营或者景区自主经营等多种方式。

（5）管理难度较大。

餐饮市场竞争日益激烈，旅游餐饮产品的同质化现象日益严重，一些餐饮企业在景区内制作的菜品做工粗糙，缺乏地方特色，质量控制随意性较强，因此旅游景区餐饮管理的难度较大。

行业广角镜 3-1　　　　　　　**中国人旅行时怎么吃？本地味道和网红美食成关键词**

马蜂窝旅行网于2017年年末发布的《全球自由行报告2017》（以下简称"报告"）中，用大数据分析了旅游美食消费增长的趋势。报告指出，2017年境内旅游餐饮消费增长201%，远远高出普通餐饮的平均增长水平。人们在以放松和享受为目的的旅行中，往往更愿意消费，也更乐于享受美食。自由行游客在内蒙古、东北三省旅游时，会在餐饮上花费更多，人均消费甚至高于一线城市。境外旅游餐饮人均消费最高的目的地是澳大利亚、加拿大和日本，澳洲牛排、日本寿司等美食的价格均相对较高。在对美食种类的选择上，中国游客无论去到哪里，最爱的美食永远是海鲜。2017年马蜂窝平台新产生的游记中，"海鲜"这一关键词被提及42 730次。而据中国烹饪协会的报告，日常生活中最受消费者喜爱的菜品种类前十位分别是：小龙虾、牛排、烤鸭、寿司、酸菜鱼、潮汕牛肉火锅、米线、拉面、麻辣香锅和炸鸡。

出门在外的中国人更乐意品尝特色的当地美食，漂洋过海寻找"正宗味道"也成为人们开启一场旅行的重要原因和意义所在。厦门的沙茶面、海蛎煎，拉萨的酥油茶，重庆的火锅，兰州的牛肉面，北京的烤鸭，都是倍受游客喜爱的美食。境外方面，泰国的冬阴功汤，日本的拉面和鳗鱼，新加坡的肉骨茶，印度尼西亚的脏鸭餐，越南的米粉也颇受中国游客喜爱。

多数中国人仍然愿意费尽心思让自己吃到"网红美食"。以日本为例，预约最为火爆的日本"网红美食"分别为螃蟹、和牛、河豚、怀石料理和鳗鱼，特别火爆的餐厅甚至需要提前几个月预约。"网红美食"的热度往往并不由食物的美味程度决定，比如ins风的装修吸引爱拍照的女性顾客，造型独特的甜点满足人们发朋友圈的需要。拥有高评分的美食店更容易走红，到店评价也成为人们快速锁定美食目标的方法，在境外旅行时更是如此。2017年评论数超过1 000且点评分值在4分以上的美食店分别位于曼谷、清迈、亚庇、首尔、大阪、东京和新加坡。大阪可谓是中国游客最喜爱的美食之都，评分最高的十大美食店中大坂占据三席，一兰拉面、蟹道乐和道顿崛美食街，总体评分达4.4分和4.35分。

资料来源 刘佳. 中国人旅行时怎么吃？本地味道和网红美食成关键词［EB/OL］. (2018-01-26). http://travel.people.com.cn/n1/2018/0125/c41570-29786009.html.有删减。

分析提示：中国人的餐饮消费能力逐年提高，"吃"成为愈发重要的主题。餐饮是满足旅游者需求的基础性项目，是景区旅游的重要组成部分。

2）旅游景区餐饮服务的基本要求

（1）安全与卫生。

旅游景区餐饮消费的流动性大且常接待团队游客，团队游客用餐时间集中，并且游客构成复杂，对彼此的健康状况不了解，很容易引起交叉感染，因此游客对旅游景区餐饮安全与卫生的要求非常强烈。旅游景区餐饮的安全与卫生不仅会使游客产生安全感，也会给游客留下难忘的用餐经历，从而增强游客的旅游体验。游客对旅游景区餐饮安全与卫生的要求体现在用餐环境、餐具用品和餐饮产品几个方面。游客希望旅游景区用餐环境整洁雅静、空气清新，餐具用品都经过严格的消毒，餐饮产品都新鲜、卫生。

（2）快速与及时。

大部分游客进入旅游景区主要是为了游玩，为了抓紧时间游玩，会缩短就餐时间，有的游客甚至选择边走、边看、边吃。因此，为了满足游客需求，旅游景区餐饮服务必须快速、及时。目前，大部分旅游景区的餐饮形式以快餐为主，常备有快餐食品，从而为那些急于就餐的游客提供快速的服务。

（3）特色与创新。

越来越多的游客在旅游景区就餐不仅仅是为了填饱肚子，更是为了获得一种特殊的体验。因此，旅游景区餐饮在安全卫生、快速及时的前提下，还要进行创新，体现其特色。游客对旅游景区餐饮特色的要求不仅体现在餐饮产品本身，也体现在用餐的氛围、环境等方面。例如，北京金鼎轩专门为10人以上的旅游团队推出了特色套餐，让游客们能够品尝到地道的京味小吃。套餐分为京味特色团队套餐和精选春茶特色团队套餐两种。京味特色团队套餐的菜品有老北京炸酱面、京味麻酱粉皮、蒜香炸灌肠、宫廷豌豆黄等。精选春茶特色团队套餐则以金鼎轩的招牌点心为主，同时涵盖了招牌虾饺皇、豉汁蒸凤爪、蛋黄流沙包、桂花糖藕等经典点心。再如，南浔古镇景区创立于抗战初期的老字号饭馆"大庆楼"在2021年重新开业，"大庆楼"沿河一侧可以远眺拱桥长河，行船来往穿梭，极具江南风味，饭店不仅推出当地"老底子"特色菜，还创新推出冲锋鱼片、长征鸡、军大嫂土豆丝、老班长蒸肉、战地牛蛙等红色主题菜肴。在菜式和室内布置方面，结合南浔古镇地方特色和历史典故，致力于弘扬古镇文化和红色文化，力求怀旧与创新兼备，让游客在品味现代江南水乡的同时，也能回忆起那段感人肺腑的抗战历史。

（4）便捷与舒适。

旅游景区餐饮在景区内的位置要符合便利性的要求，既要有良好的外部连通性，又要有便捷的内部通达性。另外，旅游景区餐饮还要营造舒适的就餐环境，使游客感受到餐厅甚至景区的氛围，得到享受和尊崇感。但是，旅游景区餐饮在创造便捷交通和舒适环境的同时，不得以损害旅游景区景观环境和生态环境为代价，应尽量减少对周边自然环境和人文生态的破坏。

行业广角镜3-2　　　　　　　　　　　　**沈厅酒家与"万三家宴"**

沈厅酒家（如图3-1所示）位于周庄古镇富安桥堍，是周庄最富水乡特色、地方风格的菜馆。沈厅酒家历史悠久，前身为沈厅大业堂，相传沈万三后裔常在此设宴摆席，烹调美味佳肴，招待宾客。如今，沈厅酒家不仅保留了原有的风貌，古朴风格依旧，还进行了适当修饰，更加突出了沈万三家的餐馆特色，典雅别致，古色古香。走入沈厅酒家，如入水乡人家。沈厅酒家餐厅分楼上、楼下两部分，能同时容纳400余人就餐。楼下为宴会厅，楼上有过街骑楼连接东西两部分。东部楼口为包厢，装饰雅致，环境舒适；西部两层餐厅临河傍水，波光桥影，水乡风光，尽收眼底。

图3-1　周庄沈厅酒家

"沈万三家吃顿饭，富寿康宁聚进财。"沈厅酒家推出的"万三家宴"（如图3-2所示），风格独特，能够使游客品味地道的水乡风味菜。相传此宴中的各式佳肴是当年沈万三用来招待权贵亲朋的，随入吴中风俗，特聘名厨精心烹调而成。菜肴具有讲究时鲜，选料精致，色、香、味、形俱佳等特点。其中，浓汤赤酱的当家菜"万三蹄"是沈万三宴请朱元璋的主菜之一，皮酥肉嫩，香气四溢。"万三家宴"由万三蹄、草鸡三味圆、红烧鳝筒、田螺塞肉、油卜塞肉、农家鳗鲤菜、红烧鳜鱼、蚬江水鲜八道菜组成，并配有万三十月白酒、万三糕等点心。"万三家宴"常以蓝印花布铺垫餐桌，以青瓷大碗为盛菜器皿，并配以毛竹筷，这是名副其实的周庄特有的饮食文化。

图3-2 沈厅酒家推出的"万三家宴"

资料来源 作者根据相关资料整理而成。

分析提示：旅游景区餐饮在景区内的位置要考虑到游客的便利性需要，餐饮单位的内、外部环境要让游客感受到景区的独特氛围，餐饮产品更要注重挖掘旅游景区的文化特色。

3.1.2 旅游景区餐饮服务管理

旅游景区餐饮与社会餐饮，无论是在目标市场、餐饮类型，还是在对美学、环保、安全等方面的要求上，都存在诸多不同。所以，旅游景区餐饮服务管理不能完全用社会餐饮服务管理的标准来衡量，而应该从旅游景区餐饮的特点出发，从餐饮单位的选址、设计、菜单管理，以及餐饮产品的开发、餐饮服务质量管理等方面来综合考虑。

微课：旅游景区餐饮服务质量管理

1）旅游景区餐饮单位的选址

由于旅游景区特殊的环境和功能，因此餐饮单位在选址时，要不同于一般的餐饮单位。具体来说，旅游景区餐饮单位在选址时应重点考虑以下几个方面：

（1）交通。

旅游景区餐饮单位要有良好的外部连通性，一般要允许车辆直达，同时还要使旅游者能够较为便捷地前往景点。因此，为了满足交通的要求，餐饮单位一般位于交通枢纽处。

（2）景观。

餐饮单位作为旅游景区内的配套服务设施，是旅游景区的一部分。餐饮单位的建设不能影响旅游景区中的景观视线，不能破坏景观的美感，其建筑体量和风格要与周围环境相协调。

（3）生态。

餐饮单位在选址时，要注意减少对周边生态环境的负面影响。因此，餐饮单位不应该设置于生态环境较为脆弱的位置。同时，餐饮单位产生的大量废弃物也应该合理排放，尽量减少对周边自然环境和人文生态的破坏。

2）旅游景区餐饮单位的设计

旅游景区餐饮单位的设计是根据建筑空间的使用性质和所处环境，运用物质技术手段和艺术处理手法，设计餐饮单位的形状、大小和内部空间，使其与周边环境相一致，与旅游景区的主题相吻合。

（1）外观设计。

旅游景区餐饮单位的外观设计应与旅游景区和本地特色相一致，应尽可能采用当地特有的建筑样式，注重建筑外观和周围环境的协调，尽可能利用本地的材料和建造工艺，增强建筑的观赏性，使得建筑本身成为景观的一部分；另外，还要尽可能减少对电力、机械设备的依赖，减少广告宣传牌和霓虹灯箱的运用。

（2）内部环境。

餐厅内部的设计与布局应根据餐厅空间的大小来决定。由于餐厅内部各部门对空间要求的不同，因此在设计内部空间布局的时候，既要考虑到顾客的舒适、安全、便利及服务员的操作效果等，又要注意全局与部分之间的和谐、均匀，通过装修、配饰、灯光、音乐、色彩等，体现出餐饮单位独特的风情与格调，突出旅游景区特色。

行业广角镜3-3　　　　　　　　　　　　**穿越时空飘来福州香文儒坊9号**

福州三坊七巷文儒坊9号会馆将传统福州古民居庭院与地道的闽菜紧密地结合起来，形成了独具福州传统特色的饮食文化风格。厅堂采用对称式的三开间内凹式布局，古旧的四扇木色雕花窗面半开半掩，精巧地镂刻着八仙过海的胜景。天井开阔，环廊相抱，两侧马鞍墙舒缓流畅，正厅高悬福州船政大员沈葆桢所题匾额。这里的每个角落，都有着美不胜收的雅致。厅堂边堆放着大小不一的黑漆陶制酒坛，酒香弥散在空气间，漫步院落，只觉时光顿滞，浓厚的人文情怀满溢心间，竟不觉这是个品菜之地。大厅两侧的厢房放置了不少花梨木家私，17间厢房里，大的包厢还安置有咖啡色的茶桌和罗汉椅供休憩。包厢名称均取自三坊七巷旧有的书院商铺，既融入了明清时三坊七巷古民居的特色，又体现出了原始闽菜的风味（如图3-3所示）。

文儒坊 9 号会馆外观

文儒坊 9 号会馆内饰

文儒坊 9 号会馆菜单

文儒坊 9 号会馆菜单

图 3-3　福州三坊七巷文儒坊 9 号会馆及其菜单

资料来源　佚名. 穿越时空飘来福州香——文儒坊 9 号［EB/OL］.（2011-05-11）.http：//www.
v17go.com/thread-1904581-1-1.html. 有删减。

分析提示：旅游景区餐饮单位的设计应尽可能采用当地特有的建筑样式，并与旅游景区的主题风格相吻合，与周边环境相一致。

3）旅游景区餐饮单位的菜单管理

菜单是旅游景区餐饮单位提供的详细的、带价目表的菜肴清单，包括固定菜单、循环菜单、即时菜单等多种类型。菜单是餐饮单位对外沟通的窗口，具有展示餐厅经营理念、沟通旅游者、反映餐饮特色和水平等多重功能。旅游景区餐饮单位的菜单管理应包含以下内容：

（1）菜肴选择。

根据旅游景区的饮食特点、地区特产，餐饮单位的经营定位、经营理念、厨师技能特点，以及目标市场的需要等，确定菜单的菜肴类型。菜单的设计应讲求营养平衡，注重主流菜肴的相对稳定性和对部分菜肴的动态调整。

行业广角镜 3-4　　　　　　　　　　　天台山的"仙花时节"

浙江天台山盛产铁皮石斛、乌药等名贵中药材，有三千多亩仿野生铁皮石斛栽培基地。天台山麓国清寺旁的温泉度假山庄推出夏季精品药膳"仙花时节"系列，每道菜都加入了有"仙草"之称的铁皮石斛，具有滋阴润肺、养胃生津的功效。

点菜时，服务员端上了一杯山庄自制的铁皮石斛花茶，茶色清透，抿上一口，香味四溢。来过这儿的朋友建议少点冷菜，多点一些有"质感"的热菜。于是，我们点了石斛焖鸡、仙草花烤虾、仙草花扎肉等特色"硬菜"。

菜上桌，服务员介绍石斛焖鸡是选用当地土鸡、铁皮石斛茎、金华火腿、猪蹄等食材，用上等花雕酒经过8小时慢慢焖出来的。难怪鸡肉肉质细腻、口感鲜嫩，还带着铁皮石斛的清香和甘甜。仙草花烤虾中的"仙草花"，其实就是铁皮石斛花。大厨将其与新鲜的对虾一起腌制，然后烹制烘烤而成。仙草花扎肉外形有点像东坡肉，选用上好五花肉配上石斛花，去除了猪肉的油腻感，好吃不上火。

除了主菜，我们还点了仙草养胃粥、仙草花白玉心盒、薄荷炖银耳等特色小食。其中，仙草养胃粥，雪白晶莹的粥面上，撒了黄绿色石斛花和红色枸杞，入口甘甜，回味清香。服务员说，石斛花能清心解郁、舒缓紧张，枸杞则具有补肾、明目、润肺的功效。这里的药膳因食材新鲜，做法精致，价格也相对较高，人均消费在150元左右。部分稀有药膳如石斛炖天鹅、西洋参扒梅花参等还需要提前预订。

原来石斛除了入药、制作药膳，还能鲜吃、浸酒、泡茶。夏天如有口燥咽干、汗出心悸、食少呕逆等症状，可以取石斛15克、麦冬10克、绿茶5克，冲入沸水，在杯中焖泡15分钟，代茶饮用，简便有效。吃火锅时在汤底中酌量添加石斛，不仅可以提味，还可以防止上火。

资料来源　徐宏．天台山的"仙花时节"［N］．中国旅游报，2015-06-10（23）．有删减。

分析提示：旅游景区菜肴制作，应充分挖掘旅游景区的地方特产和饮食特色等，同时注重营养搭配。

（2）价格核定。

旅游景区的餐饮定价要合理，要在诚信服务的基础上盈利。餐饮产品和服务应明码标价，菜单上的菜肴除了应标明价格外，还要标明分量，并要出具服务凭证或相应的税票，不欺客且不宰客。

（3）包装设计。

首先，根据旅游景区餐饮单位的类型、规格以及制作成本，选择合适的制作材料。然后，根据餐厅内部的环境颜色，设计能够反映餐厅经营特色、餐厅风格和餐厅等级的菜单封面和封底。最后，设计菜单上的文字，选择与餐厅风格相吻合的图片。这些文字和图片还要和旅游景区的其他标志风格一致，从而共同组成旅游景区标志化的识别系统。

4）旅游景区餐饮产品的开发

旅游景区餐饮单位应针对游客求新奇、求安全和求体验的需求，开发能够满足游客需要的产品。旅游景区餐饮单位应重点开发以下三种餐饮产品：

（1）大众型餐饮产品。

大多数游客在旅游景区用餐，主要是为了满足基本饮食和生存需要。中式快餐具有价格便宜、适合中国人的饮食结构、方便、快捷等优点，是大多数游客在旅游景区内解决饮食需要的优先选择。因此，不少旅游景区都开发了大众化的中式快餐，还有饮品，包括各类茶饮、酒水、咖啡、冰激凌、乳品饮料等。但即便是大众型餐饮，也需要保持旅游景区自身的特色。例如，成都著名传统小吃名店"龙抄手"餐厅（如图3-4所示），以龙抄手为龙头，小吃为主，配以冷热菜。其龙抄手皮薄、馅嫩、汤鲜，1995年被授予"中华老字号"称号。

图 3-4　成都著名传统小吃名店"龙抄手"餐厅

（2）特色型餐饮产品。

特色型餐饮产品既可以满足游客求新、求奇的餐饮消费心理的需要，也可以弘扬地方特色餐饮、特色小吃和底蕴深厚的饮食文化。旅游景区餐饮业的特色化经营主要体现在特色服务和特色食品上。旅游景区餐饮业应根据自身的特点，在保证旅游景区环境不受到破坏的前提下，将当地的特色小吃引进景区，以满足游客求新、求异的需要。例如，杭州西湖景区的百年老店楼外楼，创建于1848年（清道光二十八年），采用砖木结构，端庄古朴，富有中国民族特色，因享有"佳肴与美景共餐"的美誉而驰名海内外（如图3-5所示）。楼外楼是一家正宗的杭菜馆，烹制的菜肴素以选料严谨、制作精细、烹调精湛、时鲜多变、风味独特而著称，招牌菜有西湖醋鱼、宋嫂鱼羹、油爆大虾、东坡肉、叫花童子鸡、龙井虾仁等。

图 3-5　杭州西湖景区的百年老店楼外楼

微型资料3-1

题临安邸

林升

山外青山楼外楼，西湖歌舞几时休？

暖风熏得游人醉，直把杭州作汴州。

（3）高档型餐饮产品。

高档型餐饮产品主要用于满足高端游客的需要。例如，全聚德，创建于1864年（清同治三年），在百余年里，全聚德菜品经过不断创新发展，形成了以独具特色的全聚德烤鸭为龙头，集"全鸭席"和400多道特色菜品于一体的全聚德菜系（如图3-6所示），备受各国元首、政府官员、社会各界人士及国内外游客喜爱，被誉为"中华第一吃"，"不到万里长城非好汉，不吃全聚德烤鸭真遗憾！"

图3-6　北京全聚德外观和菜肴

5）旅游景区餐饮服务质量管理

旅游景区餐饮服务质量是指利用餐饮设施、设备和餐饮产品所提供的服务在使用价值方面适合和满足客人需要的物质满足程度和心理满意程度。餐饮服务是旅游景区商业服务的一个重要环节，其服务质量的高低不仅关系着游客对旅游景区餐饮单位的印象，更关系着游客对旅游景区的整体评价。因此，旅游景区餐饮服务质量管理至关重要。

（1）餐饮实物质量。

餐饮实物质量一方面包括餐饮单位提供的食物和饮料等有形产品的质量，如菜肴的花色品种、清洁健康、香味口感、色泽外观、内在质量与价格之间的吻合程度以及餐饮用具的清洁卫生、美观方便等；另一方面包括餐饮单位的硬件设施、设备的质量，如硬件的完好程度、安全程度、舒适程度和方便程度以及硬件的档次和规格、餐厅的容量等。

行业广角镜3-5　　　　　　　　　**走进海口石山村落 感受神奇火山风情**

对不太了解海口石山地区的人来说，火山群世界地质公园可能是他们唯一的印象。但石山的魅力绝不仅仅于此，如果你能深入到石山镇里的各个村落，了解古老的火山文化、品尝原生态的石山美食、体验各具特色的石山民宿，一定能感受这片神奇火山土地不一样的风情。

石山风情：石斛园里百草绿 文化古村韵味浓

现在，每天通往石山镇施茶村石斛园的小道上，都是络绎不绝的游客，单日接待量从600多人激增至上千人。2015年，施茶村引进了石斛产业，将金钗石斛见缝插针地种植在园区的每一块火山石上，打造了火山石斛种植特色产业园区。因石斛需在阴凉的环境中生长，石斛园里四处都是浓密的树荫，凉爽宜人。石斛花优雅芬芳、三角梅如火怒放、玉叶金花幽香浮动，还有成片的黄花梨、沉香、重阳木。幸运的话，还能看到松鼠爬到木瓜树上偷吃水果的情景。如今的石斛园，就是一个人与自然和谐共生的"百花园"。

施茶村历史悠久、民风淳朴，其村名源于海南四大才子之一丘濬的施茶故事。2017年，施茶村以美富村小组为基地，挖掘、整合家训文化，修建了家风家训馆。馆内，古色古香的陈设，整体搬迁复制的海南特色民居，还有耙犁、鱼篓等老物件，墙上展示有家训和家风，保留传承了当地优秀的传统文化。美社村位于马鞍岭火山口南麓，距今已有800多年的历史，交通便捷，生态良好，景色优美。美社村有一条闻名遐迩的美丽村道，村道两旁种植的是槟榔树，以及有"木中黄金"之称的海南黄花梨。古堡福兴楼是美社村的标志，高18.6米，分为5层，每层都有枪孔和瞭望眼。抗日战争时期，福兴楼成为美社村民抵御敌人，打击日寇的碉堡。在石山镇道堂村委会三卿村，有保存完整、连片的火山石老屋建筑群。火山人家的石屋，全部是用玄武岩经人工捶打后，依就地形，巧妙干垒而成。此外，安华楼、敬字塔、古拜亭……三卿村里无处不彰显先人的文化印迹。

石山"岩"味：黑豆壅羊美名扬 火山土鸡原生态

受条件的限制，生长于火山土地上的食材无法进行规模化生产，一直保持着传统的种植、养殖方式。正因为此，石山形成了纯正、独特的"火山岩味"。提到石山美食，最有名的当属石山黑豆和石山壅羊。用石山黑豆制作的黑豆腐堪称"石山一绝"，因用料、工艺传统，石山黑豆腐质地嫩滑可口，弹性十足，豆香浓郁。石山壅羊吃当地营养丰富的百草长大，加之常年圈养，羊毛乌黑发亮，皮薄肉嫩，骨头酥软，不膻不腻。壅羊可白斩、打边炉、红烧、炖汤，吃时醮上用什锦酱、桔子、酱油等调制的料汁，别有一番风味。

石山还有不少"隐密"在村间的原生态美食。在石山镇政府斜对面，有一家开了近百年，传承了三代的石山粉店。粉店由一对夫妻共同经营，生意十分红火。老板娘将新鲜猪肉煮好备用，烫过的石山粉一捞，放上酸菜，浇上香浓的汤头，美好的一天就在一碗柔软爽滑的石山粉中开启。

在石山镇施茶村，大大小小的农家乐都有一道招牌菜——火山土包鸡。将鸡的内脏掏出，腌制好后，当地人会用双手给鸡做个全身"按摩"，让肉既滑嫩又入味。接着，把调料涂满鸡的全身，用锡纸把鸡整个包起来，外面裹上火山土，用文火进行焖制。一个小时后，拨开烧红的土块和沾满酱汁的锡纸，一道硬菜就出炉了。

资料来源 计思佳. 走进海口石山村落 感受神奇火山风情 [EB/OL]. (2018-05-12). http://www.haikoutour.gov.cn/info/news_view.asp? ArticleID=47751.有删减。

分析提示：旅游景区餐饮服务质量管理举足轻重。菜肴的花色品种、清洁健康、内在质量等都是旅游景区餐饮服务质量管理的重要内容。

（2）餐饮环境质量。

餐饮环境质量包括自然环境质量和人文环境质量。餐饮单位优质的自然环境一方面要求其建筑风格要符合旅游景区的主题，与旅游景区融为一体；另一方面要求餐饮单位的内部装修设计、空间布局和灯光音乐等要轻松舒适、美观雅致。餐饮单位良好的人文环境体现为餐厅的管理人员、服务人员和顾客三者之间友好、和谐、相互理解的互动关系。例如，2015年，位于海口西海岸的海口喜来登温泉度假酒店以"鱼菜共生"为特色的梦幻都市田园（如图3-7所示）开业，为人们打造了一个以"绿色、有机、健康"为主题的综合性度假养生休闲园。该园共划分为五大功能区：鱼菜共生展示园、热带农家果园、童趣农家庭园、妈妈的菜园、梦幻农家花园。其中，鱼菜共生展示园采用最新的有机农业技术，形成"养鱼不换水，种菜不施肥"的鱼菜共生环境。周末有不少海口的市民带着孩子前来体验。

图3-7　海口喜来登温泉度假酒店的梦幻都市田园

（3）餐饮服务质量。

餐饮工作人员服务质量是餐饮服务质量管理的重要构成，其水平的高低既要有客观的衡量方法，还要更多地从顾客的主观认识方面加以评判。因此，对餐饮工作人员服务质量的管理要从以下两个方面入手：

①制定服务质量标准和服务规程。餐饮业是劳动密集型行业，服务人员多，服务项目复杂，同时，旅游景区游客的餐饮需求多样，就餐时间有限，这些都造成了旅游景区餐饮工作人员服务质量具有不稳定性。因此，旅游景区必须制定服务质量标准和服务规程，通过对服务标准和每个环节的动作、语言、时间、用具，以及对意外事件、临时要求的化解方式、方法等的规定，来规范对游客服务的言行，稳定餐饮服务质量。例如，针对个别旅游景区曝出的"天价餐"等宰客事件，山东青岛崂山风景区试行新规，游客用餐时，店主需要先让游客在价格确认单上签字，一旦发生消费纠纷，确认游客合法权益受到侵害时，景区管理部门将向游客先行赔付，事后再向餐饮单位进行追偿。山东青岛崂山景区尝试推行的签单前置和赔付先行，可谓是打造放心旅游消费环境的积极举措。

②加强员工服务能力的培训。服务质量的高低虽然有很多客观衡量标准，但更多地取决于餐饮工作人员在服务现场的心理状态和顾客接受服务时的主观感受，常常因人、因时、因地而异。因此，旅游景区餐饮单位一方面要加强员工的培训，增强员工对餐饮文化的了解，改善员工的服务态度，规范员工的服务程序和服务礼仪，提高员工的服务效率；另一方面，要开展有效的市场沟通，发掘游客需求，改善员工服务技巧并充分授权，从而充分满足游客的需求。

行业广角镜3-6　　　　　　　　　　　　　　　　如何讲好"舌尖上的故事"

　　安徽某酒店餐厅接待了几位北方客人，他们品尝了几道特色徽菜后，赞不绝口。这时，服务员又端上一盆酿豆腐。客人已有饱意，又见这道菜用料平常，大家便都没有动筷。见此情景，服务员走上前说："这道菜可是明朝开国皇帝朱元璋最爱吃的御膳宫食啊。朱元璋是我们安徽凤阳人，年幼时家境贫寒，靠乞讨度日。相传有一天，朱元璋在凤阳城内的黄家小饭店里讨得一碗酿豆腐，感觉味道极佳。以后，他便经常去这家饭店乞讨酿豆腐。他做了皇帝后，下令将凤阳城内那家小饭店的厨师召进皇宫，专门为他烹制'凤阳酿豆腐'。从此，这道菜身价百倍，成了明朝宫廷筵席上的一道名菜。"听了服务员的介绍，一盆酿豆腐顿时一扫而光。

　　杭州某酒店餐厅来了几位台湾客人，服务员小王递上菜谱，请客人点菜。其中一位客人指着菜谱问："'西湖醋鱼'是怎样的一道菜？"小王凭借自己掌握的杭州菜谱知识，娓娓道来："这道菜出自'叔嫂传珍'的故事。古时候，西子湖畔住着宋氏兄弟，以捕鱼为生。当地恶棍赵大官人见宋嫂姿色动人，杀害其夫，又欲加害小叔，宋嫂劝小叔外逃，用糖醋烧鱼为他饯行，要他'苦甜毋忘百姓辛酸之处'。后来，小叔得了功名，除暴安良，一次偶然的机会，又尝到这道酸甜味的鱼菜，由此找到了隐姓埋名的嫂嫂，他也辞官重操渔家旧业。后人传其事，仿其法烹制醋鱼，而西湖醋鱼也成为杭州的传统名菜流传下来。西湖醋鱼选用鲜活草鱼，经饿养一至两天，促其排尽泥土味，活杀现烹，色泽红亮，酸甜适宜，鱼肉结实，鲜美滑嫩，胜似蟹肉，风味独特。"客人们听得入迷，连连叫道："我们就要尝尝这'西湖醋鱼'。"

　　江苏某酒店餐厅，一位客人问起常熟叫花鸡的来历，服务员介绍说："这道菜是根据一个传说而得名的。清朝同治年间，常熟北门外有个王四酒家，店主名叫王龙清，他乐善好施，凡乞丐上门一律以礼相待，屋后三间草棚成了乞丐栖身之地。隆冬季节，王掌柜怕他们冻着，关照送些柴火。店小二发现，自从送柴火后，圈养的鸡经常丢失，后来发现是乞丐们偷了鸡烤着吃了，便建议赶走乞丐。王掌柜却说，没有盐，鸡怎么吃？就关照给乞丐送盐。冬去春来，乞丐们整整偷吃了一百只鸡，王掌柜仍旧视而不见。乞丐们要走了，其中一个为头的向王掌柜辞行，捧出一个烤焦了的泥团，说是表一表心意。店小二怒不可遏，大骂乞丐无礼。王掌柜却笑吟吟地收下来，打开泥团，便闻到一股诱人的香味，原来这是一只制作特别的煨鸡。王掌柜是聪明人，一下子悟出了真谛，用泥团裹着鸡煨，不让味道走失，真正原汁原味，如果加上其他配料、佐料，一定超凡脱俗。王掌柜立即动手制作，以后又不断改进，终于制成一道名菜。"听了介绍，客人非常高兴，戏称自己是"叫花子"，赶紧品尝一下美味的"叫花鸡"。

　　资料来源　张建宏. 如何讲好"舌尖上的故事"［N］. 中国旅游报，2015-07-03（13）.有删减。

　　分析提示：餐厅服务员在介绍菜肴时，不应仅限于食材、烹饪方法，若能穿插诗句、典故，将会大有情趣。事实上，一道菜品背后耐人寻味的故事更能激发食客的味蕾。

3.2 旅游景区住宿服务

3.2.1 旅游景区住宿服务概述

有一定规模的旅游景区都为游客提供住宿服务，住宿服务是旅游景区商业服务的一项重要内容。

1) 旅游景区住宿服务的概念

旅游景区住宿服务就是借助旅游景区的住宿设施和服务人员向游客提供的，以满足游客在景区住宿、休息等需求为基本功能，同时也可满足游客其他需求的服务。例如，绍兴咸亨酒店是一家以越文化、水乡文化为背景的鲁迅文化主题酒店，无论是建筑风格还是装修艺术，特色都非常鲜明；地上、墙上，动态的、静态的，都会让宾客有视觉、听觉等感官上的冲击；黄酒、茴香豆让人回想起鲁迅文章中描述的孔乙己，大堂内的主题景观"文房四宝"反映了鲁迅先生弃医从文的人生转折……整个酒店四处散发着鲁迅文化的气息，使宾客流连忘返，这就是文化主题酒店的魅力所在。再如，不少外国游客选择北京护国寺宾馆，其重要原因之一，就是能在走廊、客房欣赏展示胡同民俗的手工泥塑、京剧脸谱、四合院玻璃画、胡同门楼微缩工艺品等，足不出户就能选购富含京剧文化元素的系列旅游纪念品。宾馆围绕京剧文化、胡同文化，已经研发了9个品类、20余种不同图案款式的旅游纪念品，包括以京剧脸谱卡通造型为设计图案的T恤、背袋、化妆镜、钥匙扣、钱包、U盘、抱枕以及精美小巧的胡同模型等，很多人在体验了京城民俗文化之后，都会为亲友带回些"实实在在的北京记忆"。

行业广角镜 3-7　　　　　**都江堰市：构建多元住宿产品体系 让住宿地成为旅游目的地**

作为拥有世界文化遗产、世界自然遗产、世界灌溉工程遗产的"三遗之城"，都江堰市的文化底蕴和旅游资源十分丰富。经过多年来的发展，尤其是近年来的转型升级，都江堰市已经形成了"高端度假+星级饭店+精品民宿+商务宾馆+房车营地"的旅游住宿产品体系，为满足各地游客的多元化需求提供了重要支撑。

融创文旅城酒店群环湖而建，近处是浩荡的蜀仙湖，远处是缥缈的赵公山，碧水如镜、青山倒映，让人心旷神怡。其中的文华酒店是一座高端别墅酒店，86座川西特色的庭院别墅巧妙散落于葱郁密林之中，每栋别墅均配有前庭后院，且带有户外独立露天泡池、私密花园泳池。住在这里的宾客能够在宁静清幽的环境中，尽享品茶、泡汤、漫步、闲坐、棋牌等蜀地假日的悠闲安逸。

"云锁柴门半掩关，雨打芭蕉绿水间。卿宿青城君且醉，浮名浮利总输闲。"坐落在青城半山的"卿宿青城"民居以春夏秋冬四季情境命名客房，古典元素与现代材质的巧妙兼融显得简约而不失高雅。在这里，无论住进"哪一季"，都有看不完的花开花落，望不尽的云雾缭绕。房中更有香茗与书籍，闲暇之余，执一本喜欢的书，伴着茶香便可在青山间遨游书海、品读人生。

相对于文华和卿宿的宁静淡雅，途悦·霞客行房车度假营地则野趣十足。这里深居赵公山、临渊紫坪铺，水库、高山、花卉形成了"春有百花秋有月，夏有凉风冬有雪"的奇景，属于不多见的山地房车露营地。这里配置有17台不同类型的房车，均拥有独立的楼台庭院，并有自驾房车营位40余个和多个帐篷营位。游客在这里除了能享受露营、烧烤、徒步、团建、垂钓等丰富的户外体验外，更可于早晨在山顶观赏日出美景，在夜晚观赏深邃变幻的日月星辰和漫天飞舞的萤火虫……

目前，都江堰市共有各类住宿业经营实体超过1 300家，床位数超过4.2万间。随着旅游住宿业的精品化不断提升，住遍都江堰市的特色酒店已经成为不少粉丝的一大心愿，吸引着他们多次前往都江堰市休闲度假。

资料来源 白骅.都江堰市：构建多元住宿产品体系 让住宿地成为旅游目的地［N］.中国旅游报，2021-08-23（4）.有删减。

分析提示：都江堰市在持续推进旅游产业转型升级的过程中，把"留住游客"作为产业升级的重要课题，让许多酒店、民宿成为各地游客的旅游目的地。这不仅有效延长了游客在都江堰市的停留时间，也有力拉动了产业链条上的其他消费。

2）旅游景区住宿服务的分类

按照住宿接待设施的档次和运作模式，旅游景区住宿服务可以分为休闲度假酒店类、旅游民宿类、主题旅游饭店和精品旅游饭店、民居客栈类、露营类等几种主要类型。

（1）休闲度假酒店类。

按照《旅游饭店星级的划分与评定》（2010年版）（GB/T 14308—2010），休闲度假型旅游饭店作为旅游饭店特色类别项，要求具备特色休闲度假设备和功能，建筑与装修风格独特，管理和服务特色鲜明。

行业广角镜3-8　　　　　　　　　　**天人合一的印度希蒂度假花园酒店**

印度，一片古老的土地，既是一个曾经有着王室的辉煌与荣耀、浪漫与激情、庄严与绚丽的国度，也是一个传统与现代同步发展，充满摩登情调和时尚气息的国度。南印度无论在视觉、嗅觉、味觉和听觉上都会让人感受到一个完全不一样的印度。

哈桑是卡纳塔克地区一个非常宁静的小镇，来这里通常会参观贝鲁尔、哈勒比德和沙维省等旅游胜地。希蒂度假花园酒店位于霍萨拉小镇，游客刚一下车，在花簇锦攒的花园里，身穿印度民族盛装的男女青年吹着民族乐器，跳着欢快的舞蹈，在酒店门口迎接游客的到来。他们将刚刚采摘下来的茉莉花串成花环挂在客人的胸前，以南印度最隆重的传统仪式欢迎来自远方的客人。午饭后，这些印度的民间艺人为来自各国的游客演奏了民族乐器，并向游人介绍了乐器的材料、由来及乐器自身承载的民间传说。

这是一座花园式酒店，花园里有数百种花卉，争奇斗艳，上千个树种，郁郁葱葱。其中有一棵高大的古树，盘根错节，根部直径就达10多米。穿过安静的小径，高大的树木高耸入云，像一个个潇洒的游吟诗人，闲散而恬静地站在那里。它们舒展着繁茂枝叶的树冠，在微风中，荡漾着翡翠般的绿色，绿叶随风摇曳，仿佛翩翩起舞，跳着欢悦的舞蹈。

这里的每一个房间都有独特的名字，如鸟屋、咖啡屋、泰坦尼克屋、红石屋等。这些房间装饰的风格也很不一样，摆设的家具和情调都大不相同。比如，鸟屋以绿色为主，进去就仿佛踏进了丛林；咖啡屋的装饰色调都非常典雅，使人感觉浪漫温馨；泰坦尼克屋的设计就非常现代时尚，身处其中，可以感受到巨轮远航时的舒适与清凉。这是专门为来自世界各地的时尚年轻人准备的，每天晚上的费用是200美元。特别值得一提的是菠萝蜜屋，花园酒店有一条小河从这里流过，河边茂密的树丛中有一栋白色的木头小屋，这里自然地生长着一棵高大的菠萝蜜树，聪明的印度人就围着这棵树建了一个小屋，把菠萝蜜树围在了小屋中间，让你在屋子里也可以看到硕大的菠萝蜜果实，甚至想吃的时候，就可以坐在屋里信手拈来。推开窗户，风景如画，鸟语花香，流水潺潺。可想而知，到这里来旅游度假是多么令人轻松愉快。

酒店环境优美，勤劳的印度员工在不停地忙碌，修剪花草，帮客人提行李，送去最新鲜的水果。他们每个人脸上都挂着真诚的笑容，对客人彬彬有礼，服务周到，让人觉得宾至如归。见到在花园散步的游客，服务员会非常礼貌地打招呼。游客问他们工作累不累，他们微笑着说："不累，哈桑是我们的花园，更是客人们的家。"

资料来源　杜京. 天人合一的印度希蒂度假花园酒店［N］. 中国旅游报，2015-01-30.有删减。

分析提示： 希蒂度假花园酒店将天人合一的思想运用于酒店设计。旅游度假酒店无论是在内部环境设计上，还是在外部环境设计上，都更强调与旅游景区主题的一致性和协调性。

（2）旅游民宿类。

根据《旅游民宿基本要求与评价》（LB/T 065—2019），旅游民宿（homestay inn）是指利用当地民居等相关闲置资源，经营用客房不超过4层，建筑面积不超过800平方米，主人参与接待，为游客提供体验当地自然、文化与生产生活方式的小型住宿设施。根据所处地域的不同，其可分为城镇民宿和乡村民宿。2021年2月25日，文化和旅游部发布《旅游民宿基本要求与评价》（LB/T 065—2019）第1号修改单，新增"提供餐饮服务时应制定并严格执行制止餐饮浪费行为的相应措施"条款，并将旅游民宿等级由三星级、四星级、五星级更改为丙级、乙级、甲级。

行业广角镜3-9　　　**打造特色精品民宿　助力廊坊市乡村旅游迈上新台阶**

廊坊市乡村民宿（如图3-8所示），既有对中国传统文化的固守，又有对农家田园生活的向往，同时也不乏新时代的创新精神。

"一方庭院深幽处，半卷闲书一壶茶"，这是文化小院带给游客的直观印象。其设计者张先生多年来潜心于民宿的开发、建设和运营，在国家鼓励和支持乡村旅游发展的大背景下，充分发扬、发展中国传统文化，将中国文化美学融入生活当中，打造富有中式元素的文化庭院。文化小院设计元素采取中式风格，鱼池、芭蕉、绿植相映成辉，呈现出一幅"芭蕉弄影见流水、绿竹浮动有兰香"的诗篇画卷。文化小院自建成营业以来，无数文化爱好者接踵而至，无不称赞这方"以书会友，以画沁心"的世外桃源。

图3-8 廊坊市乡村民宿

"一家一主题，一院一世界"是香居小筑主题民宿的灵魂所在。其创建者李先生根据多年创业经验，以独到的眼光挖掘香河县蒋辛屯镇民宿特有的发展优势，在这里打造了一片满足北京人放逐身心、休闲度假需求的新天地。香居小筑主题民宿紧邻潮白河，农家田园风情浓郁，千亩果树百里飘香，广阔花海魅力无穷，余舍、国粹堂、松息别院、九雅歆居、潮白心居、摩托家、精一别舍、乡韵茶情、古韵乡情、潮白筱院等不同主题的"香居小筑"，犹如一股清流，注入了廊坊乡村旅游业，也开启了他发展民宿的新征程。在李先生的精心管理下，民宿运营取得了不错的业绩。2017年9月份开业不足一个月，5家民宿就接待入住游客268人次，参观280余人次，实现营业收入近15万元。2018年，李先生还将建设15家文创工匠主题的民宿，通过远期规划建设，打造独具特色的工匠小镇。

"读山读水读民风，洗肺洗胃洗灵魂"是三河市璞然生态园秉承的企业核心思想，创建人于付财多年来致力于乡村民宿的研究，以满足目标人群的怀旧情怀为出发点，将原有的闲置老旧房屋统一改造成主题民宿，浓浓的乡村气息在这里得以完美呈现。创新是民宿建设的活力，为满足不同人群的居住需求，打造高品质民宿体验，于付财依托果树等自然环境建设了林间别墅，林间别墅被郁郁葱葱的果树和月季花所环绕，打开门窗即可闻到果树特有的清香和花香，其景象如诗如画，吸引了众多文人墨客观光旅游，其古朴典雅的建筑风格更是让人流连忘返、回味无穷。

资料来源 佚名. 打造特色精品民宿 助力廊坊市乡村旅游迈上新台阶［EB/OL］.［2018-01-06］. http://www.lftour.gov.cn/shouye/yaowendongtai/2018-01-06/1465.html. 有删减。

分析提示：从千篇一律到特色鲜明，从形态单一到百花齐放，从环境纷杂到美轮美奂，从基础设施建设薄弱到完善的配套及安全设施，从口口相传到精准营销，廊坊市民宿业为游客提供了集美学鉴赏、艺术观摩、乡村体验、农耕体验、亲子娱乐于一身的旅游居住感受。民宿产业变革的奔涌，为廊坊市乡村旅游业发展注入了新的活力。

（3）主题旅游饭店和精品旅游饭店

根据《文化主题旅游饭店基本要求与评价》（LB/T 064—2017），文化主题旅游饭店（cultural theme hotel）是指以某一文化主题为中心思想，在设计、建造、经营管理与服务环节中能够提供独特消费体验的旅游饭店。其中文化主题（cultural theme）是指依托某种地域、历史、民族文化的基本要素，通过创意加工所形成的能够展示某种文化独特魅力的思想内核。

《文化主题旅游饭店基本要求与评价》明确了文化主题旅游饭店的基本要求，包括传承发展、独特创意、舒适安全、系统协调四个方面，规定了其评定基本条件、等级划分条件等。文化主题旅游饭店分为金鼎级和银鼎级两个等级，从文化主题构建、文化主题氛围、文化主题产品、文化主题活动、基本功能与服务等方面提出了具体要求。标准的核心在于通过中华文化元素的创造性使用，使饭店这样一个传统的住宿场所成为传承中华优秀文化、讲好中国故事的重要载体。

根据《精品旅游饭店》(LB/T 066—2017)，精品旅游饭店简称精品饭店。精品饭店(boutique hotel)是指地理位置优越、设计风格独特、文化内涵丰富、品质精良、运营专业的小型精致旅游饭店。精品饭店也称为精品酒店。

《精品旅游饭店》明确了精品旅游饭店的基本特征为精致、独特、专业、绿色，规定了其必备要求、一般要求、评定要求等，对建筑与环境、设施与设备、管理与服务等做出了规范要求。标准特别强调精益求精的工匠精神，其核心指标注重住宿体验，特别强调舒适性、安全性、私密性和定制化，围绕"精致、精细、精巧、精准、精到"几个关键词，提炼出精品旅游饭店的特征。这些精益求精的要求，正是工匠精神在旅游住宿业的最好体现。

（4）民居客栈类。

这类住宿服务的接待设施是根据旅游景区的自然和人文环境设计出的、具有当地特色的住宿场所，其能够反映出地方的风土人情及历史文化特色，能够满足游客休闲游憩体验的需要，如吊脚楼、小竹屋、小木屋、小石屋等。该类住宿接待设施在为旅游者提供住宿服务的同时，也构成了旅游景区中极具特色的风景，使旅游者能够感受到旅游景区内特有的自然和文化氛围。例如，坐落在九寨沟甘海子风景区的九寨天堂·甲蕃古城（如图3-9所示），原生态的藏羌建筑充分保留了传统的自然古朴之风，融合了藏羌历史、人文、宗教等多种特色民俗文化元素，整个建筑群给游客展示了一幅活生生的藏羌民族的"清明上河图"。

（5）露营类。

根据《自驾车旅居车营地质量等级划分》(LB/T 078—2019)，露营(camping)是指使用自备或租赁设备，以在野外临时住宿和休闲生活为主要目的的活动方式；露营地(camp)是指有明确范围和相应服务设施的露营场所；自驾车旅居车营地(auto and recreational vehicle camp)是指以小客车、旅居车为主要进入交通方式的露营地。自驾车旅居车营地划分为3C、4C、5C三个质量等级。

自驾车旅居车营地功能区的设置方面，基础功能区应包括出入口、服务中心、停车场、自驾车露营区、旅居车宿营区、服务保障区、废弃物收纳与处理区，可设置木屋住宿区、帐篷露营区、儿童游乐区、户外运动区、露天活动区、商务活动区、宠物活动区等特色功能区。各功能区之间的内部交通联络通畅，并通过绿化带等方式进行适度隔离。

图 3-9　九寨天堂·甲蕃古城

营地位置优越、交通便利非常关键。比如，常州太湖湾露营谷位于常州市武进区太湖湾旅游度假区内；安徽黄山途瑞露营地离黄山西大门仅 1.3 公里，属于黄山风景区的核心区位；宜昌三峡国际房车露营地属于临江山地型房车露营地，地处宜昌三峡国际旅游度假区西陵峡核心组团范围内，临近三峡大坝、三峡人家等 5A 级景区，且周边度假产品丰富，旅游业态既有差异性又有互补性。

同时，构建吃、住、行、游、购、娱完整的商业体系是我国自驾车旅居车营地的特色之一，其中营地美食是消费者非常看重的。在安徽黄山途瑞露营地，游客可以品尝到全国不同地方的美食，而且食材都是从露营地所在地直采直供而来的，保证新鲜。每个营地还可根据不同的定位策划一系列主题活动，如音乐节或大众参与的体育赛事等。

受疫情影响，既能亲近自然又能保持安全社交距离的露营成了新的旅游风向。"露营旅游"不是简单的"安营扎寨"，对露营环境、卫生、安全以及餐饮、娱乐、购物等，都有不同于传统旅游方式的新要求，能否满足游客的新要求，将直接影响游客的体验。只有为游客提供高质量的旅游产品和人性化的服务，让游客在露营环境、用餐、娱乐、购物等环节，都有舒适、愉悦的体验，才能让游客高兴而来，满意而归。

比如，由易达（福建）旅游集团开发的福州永泰云顶景区的帐篷酒店，位于云顶景区樱花园（如图 3-10 所示），造型各异的彩色帐篷，或尖或圆，层层叠叠坐落在 100 多亩呈梯田状的朵朵如云似霞的樱花园中，似被遗忘于凡间的夜明珠，烁烁星光，花草相伴……此时，以天为被，以地为席，或一个人静静聆听山间天籁，或两个人细数漫天繁星，或一家人嬉戏追逐，自在自得，让身体与大自然亲密接触，清水、绿地错落有致，宽阔的草坪逶迤起伏，可以尽情地享受多彩生活。

又如，爱往度假·养马岛营地由烟台本土五星级酒店——烟台孚利泰国际大酒店创意打造。该"野奢营地"有三个宿营区、四种风格迥异的帐篷（如图 3-11 所示），散落分布于松林中、海岸边，背靠万亩黑松林，海阔天空、云淡风轻。梦幻泡泡屋是270度全透明式观景设计，内部软装采用马卡龙配色，受到了亲子家庭的欢迎。带着孩子在蘑菇园种蘑菇、给小兔子喂食，来一次沙滩排球、足球友谊赛，在秋千、躺椅、吊床上发呆看海，吹海风、听松涛、喝咖啡、吃烤串……体会面向星辰大海时的惬意自在。

图3-10　福州永泰云顶景区的樱花帐篷

图3-11　烟台爱往度假·养马岛营地

3.2.2　旅游景区住宿服务管理

1）旅游景区住宿服务管理的方式

在旅游景区的实际工作中，住宿服务管理主要通过表单管理、制度管理、现场管理来实现。

（1）表单管理。

表单管理是通过对表单的设计和处理，来控制客房部业务的管理活动。表单一般分为三类：一是上级部门向下级部门发布的各种业务指令；二是各部门之间传递信息的业务表单；三是下级向上级呈报的各种报表。表单管理要遵循实用性、准确性、经济性和时效性原则，数量和种类应简单明了，易于填报分析。表单要能全面反映客房部的业务活动情况，表单的传递程序、时间要求、资料处理方法等都要有明确的规定。

景区住宿单位的服务人员和管理人员，应学会应用表单来了解和控制客房部的业务活动，通过阅读、分析营业报表，了解、控制客房部或旅游景区的经营活动，掌握本部门的工作情况，督促下属完成工作任务。

（2）制度管理。

制度管理是通过制定旅游景区的规章制度，来控制本部门的经营活动。科学合理的制度是旅游景区日常工作的行动指南，也是考核评价的依据。

实施制度管理，首先要根据旅游景区的特色和住宿部门管理的需要，制定出符合行业通行规则和旅游景区实际的、具有较高科学性的制度；其次要严格执行制度，维护制度的权威性，在执行制度时，对所有员工要一视同仁，奖罚要以制度为依据，并在具体处理时讲究艺术性，把执行、遵守制度同细致的思想工作结合起来，把执行制度同解决员工实际问题结合起来。

（3）现场管理。

现场管理就是管理者深入到各个工作岗位现场，进行巡视检查，及时处理工作中遇到的问题，协调本部门与其他部门的关系，调节本部门经营活动中各方面的关系。现场管理能及时发现和处理工作中的各种问题，协调各方面的关系，便于管理者及时与下属沟通思想、联络感情，或者进行现场激励。

2）旅游景区住宿服务管理的内容

旅游景区住宿服务管理的内容很多，其中最主要的两个方面是服务质量管理和安全管理。

（1）服务质量管理。

旅游景区住宿服务质量管理是景区内住宿部门对为游客提供的住宿服务及其相关方面的质量进行管理，主要包括以下几个方面：①通过利用和开发旅游景区良好的环境资源和现有的设施设备，向游客提供高质量的住宿服务。②通过市场调研与预测，结合旅游景区特色，开发符合市场需求的产品，以满足游客与当地消费者的需要，提高旅游景区的经济效益。③通过旅游景区住宿业务部门与公关部门的广告、宣传，以及住宿单位设施设备的改进和服务质量的提高，打造住宿服务的声誉和口碑，以吸引更多的客源。④通过与旅游供应商和零售商的业务联系，从产、供、销各个方面，不断改进服务质量，提高市场竞争力。⑤通过专业教育和岗位培训，提高住宿服务部门各级管理人员和服务人员的专业知识水平和服务水平。⑥通过对人力、物力、财力的决策、计划、组织、协调、监督等管理工作，提高住宿管理效率。比如海南民宿结合民宿所在地旅游资源特点，推出了赶海文化、海上冲浪、免税购物、星空露营、摄影约拍、茶园采茶等丰富玩法，不少民宿还能提供接送机、景区门票、旅游导览、新能源汽车充电等一站式服务，小众、特色的体验和周到、细致的服务俘获了游客的"芳心"。

行业广角镜3-10　　　　　　　　　广东主题酒店这样吸引"小客人"

　　在珠三角地区，华侨城和长隆集团打造的主题酒店集群，除了发挥"乐园+酒店"的优势，还通过加强儿童产品设计、活动营销、个性服务等，带给儿童不一样的住宿体验。

增加配套软硬件

　　为了抓住小客人的心，主题酒店在客房软、硬件上花了不少心思。深圳威尼斯酒店是一家威尼斯文化主题酒店。该酒店不仅会为住店的小客人精心布置婴儿床、儿童马桶、拖鞋和浴袍等，连床单都选择百分之百纯棉的亲肤材质。酒店还在咖啡厅的一角打造了"儿童游戏区"，供小朋友游玩。珠海长隆横琴湾酒店是一家海洋文化主题酒店。该酒店家庭套房的儿童床是海盗船造型，连孩子用的洗浴用具上都印有海洋特色的拼图。此外，该酒店的水上乐园，无论是尖叫滑道、冲浪池，抑或是雪白沙滩、天际泳池，都是儿童喜爱的游玩项目。广州长隆酒店无处不体现"动物王国"的主题特色。酒店的1 500间生态主题客房，环绕着中庭动物岛，小客人们可以透过窗户看见飞禽走兽。不仅如此，酒店还专门设计了狩猎家庭套房。推开狩猎家庭套房的房门，可以看见儿童床是可爱的长颈鹿造型，分上、下铺。房间内摆放着儿童专属用品，各种动物卡通形象随处可见。除客房之外，酒店餐厅是最吸引小客人的地方。广州长隆酒店的白虎自助餐厅，有一侧是全落地式玻璃设计，窗外就是动物岛。小客人可以在用餐的时候看见威风的白虎、热情的火烈鸟。餐厅专门为小客人准备了儿童趣味餐具、动物图案小围裙以及儿童游玩区。每逢周六、周日，餐厅还提供涂鸦画笔及画桌，用完餐的小客人可以看着窗外的动物们画画。

开展活动营销

　　对酒店而言，儿童节、母亲节、父亲节、圣诞节、春节以及寒暑假等节假日都是亲子游旺季。广州长隆酒店销售人员告诉记者，酒店在这些节假日期间会推出优惠套票、亲子游戏、猜灯谜、欢乐派对、小丑表演等活动，深受家长及小朋友的欢迎。华侨城集团主题酒店集群中的深圳黑森林酒店专门开设了儿童俱乐部，组织的活动丰富多彩，包括手工制作、小小烹饪课堂、游泳、舞蹈培训及各类小游戏等。华侨城集团主题酒店集群中的另一家酒店深圳茵特拉根酒店目前正推广家长和小朋友一同制作比萨的活动，让萌娃们挑战意大利主厨，增强小朋友的动手能力。珠海长隆马戏酒店计划于近期举办"厨神小当家"评选活动。"餐厅为每位参赛的小选手准备了厨师服、厨师帽，并有专业厨师做现场指导。每位小选手可选择制作小猪、小熊、螃蟹、熊猫、兔子等形状的面点，或字母、数字、奶瓶、木马、花朵、蝴蝶等形状的曲奇。酒店为获奖的小朋友准备了奖状，获一等奖的小朋友还会获得'梦想小厨神'称号和酒店奖励的免费餐券。"该酒店梦想成真餐厅负责人说。

开发个性服务

　　广州长隆酒店推出了多项针对小朋友的专属服务。比如，6月15日，当宾客带着孩子在前台办理入住时，酒店的吉祥物"卡卡虎"人偶就一直陪伴着孩子在一旁玩耍。作为深圳华侨城主题酒店群中的一员，华侨城会所酒店一直打"假期亲子牌"。该酒店与深圳欢乐海岸海洋奇梦馆、水秀等娱乐板块联动，逢六一、端午等假期便推出"亲子度假套餐"，并提供3人免费早餐、延时退房、免费加床等服务。而深圳威尼斯酒店连续两年为家庭客人打造一站式旅游计划服务。该酒店有专人为这类客人精心策划他们在深圳的亲子旅行计划，将华侨城集团旗下的欢乐谷、锦绣中华、世界之窗等景点巧妙地穿插其中。深圳华侨城洲际大酒店是一家以西班牙风情为主题的酒店，除了提供特色的孩童膳食，酒店还针对小朋友的喜好，举办以动画卡通人物为主题的欢乐派对，充分调动了小朋友们的活跃度和积极性。

资料来源 郭光明. 广东主题酒店这样吸引"小客人"［N］. 中国旅游报，2015-07-01（5）.有删减。

分析提示：服务质量管理是旅游景区住宿服务管理最核心的内容。只有针对旅游景区客源对象的特点，提供与其相适应的服务，才能满足游客的需求，提高旅游景区的经济效益。

（2）安全管理。

旅游景区住宿安全管理是景区住宿服务单位为了保障游客、服务人员的人身和财产安全，以及景区住宿服务单位自身的财产安全而进行的计划、组织、协调、控制与管理活动的总称。景区住宿服务单位要综合考虑国家法律法规和旅游景区自身的特点，制定一套科学、有效的安全管理计划、制度与措施。

①犯罪与盗窃的防范计划、控制与管理。其重点包括以下内容：游客生命、财产的安全控制与管理，如旅游景区应加强景区住宿大门入口、电梯入口、楼层走廊的安全控制与管理，加强客房门锁、钥匙以及客房内设施设备的安全控制与管理，加强游客财物和保管箱的安全控制与管理；员工的安全控制与管理，如旅游景区应制定员工岗位工作的劳动保护与安全标准并采取劳动保护措施，在员工的岗位技术培训中增加安全操作的培训与训练，加强对员工个人财物（包括员工宿舍内及更衣室个人衣物贮藏箱内的财物）的安全保护，保护员工免遭外来人员的侵袭，及时护送生病员工及工伤员工就医，防范员工上下班发生交通事故，保证员工饮食安全；财产的安全控制与管理，如旅游景区应注意对偷盗行为的防范和控制。

②火灾的应急计划、控制与管理。火灾的应急计划是指在发生火灾的情况下，全体工作人员采取行动的计划及控制、管理方案。火灾的应急计划要根据住宿的布局及人员状况用文字形式制订出来，并经常进行演练。火灾发生或火灾警报发出时，所有员工必须坚守岗位，保持冷静，并按照平时规定的程序做出反应。所有员工无紧急情况不可使用电话，便于管理层通过电话下达命令。

③其他常见安全事故的防范计划、控制与管理。旅游景区住宿还可能出现一些意外的安全事故，因此景区住宿服务单位必须考虑周全，事先做好相应的防范，做好对游客心理及信息安全的控制与管理、对逃账与住宿服务单位经济安全的控制与管理等工作。

3.3 旅游景区交通服务

3.3.1 旅游景区交通服务概述

1）旅游景区交通服务的概念

旅游景区交通服务是指旅游景区向游客提供的，以实现游客从某一点到另一点的空间位移的各种交通服务。旅游景区交通服务直接关系着旅游者的出游愿望，是景区旅游活动顺利进行不可缺少的物质基础。按照旅游者的空间移动过程，旅游景区的交通服务可以分为外部交通服务和内部交通服务。

旅游景区的外部交通服务是指旅游景区为游客提供的从客源地到景区的空间移动过程的服务，包括从客源地到景区所在地、从景区所在地交通口岸到景区两个服务过程。旅游景区的外部交通关系着旅游目的地的可进入性（时间、距离、便利性），主要的交通工具包括飞机、火车、旅游大巴、自驾车、轮船等。

旅游景区的内部交通服务是指旅游景区为游客提供的在景区内部空间移动的服务。旅游景区的内部交通是联系各个景区、景点的纽带和风景线，是组成景观的造景要素，强调可通达性、视觉效果和美学特征。旅游景区的内部交通服务是游客观光和了解地域风情的途径，一般采用公路、水上游览、特种交通及步行的方式，主要的交通工具包括环保车、电瓶车、出租车、缆车、游船、滑竿、畜力、羊皮筏子、雪橇、溜索等。

2）旅游景区交通服务的地位

旅游景区交通服务是旅游景区向游客提供的一项重要服务，直接影响着游客游览和体验的质量，对于旅游景区的正常运营也起着非常重要的作用。旅游景区交通服务的地位主要体现在以下四个方面：

（1）旅游活动的重要组成部分。

旅游者的旅游活动包括食、住、行、游、购、娱六个方面，其中，"行"（即旅游交通）是整个旅游活动的重要组成部分。旅游景区提供的交通服务的质量直接影响到旅游者能否"进得去、散得开、出得来"。此外，旅游景区交通对于景点布局的设计也具有重要作用。

（2）增加游客的旅游体验。

旅游景区的交通是旅游活动的重要内容，游客乘坐不同的交通工具，接受不同的交通服务，可以领略到不同的风光，获得不同的感受。随着现代旅游业的发展，很多交通服务本身就构成了景区的旅游吸引物。例如，黄山和峨眉山景区提供的独具特色的滑竿等旅游交通服务，其本身就是吸引大批游客前来的旅游吸引物。有些旅游景区还向游客提供骑马、骑骆驼、溜索、观光缆车、划船、乘坐热气球等独具特色的交通服务，这些服务不但起到了交通运输的作用，同时也增加了游客的旅游体验。

（3）旅游景区重要的收入来源。

旅游景区向游客提供的交通服务（尤其是特色交通服务）基本都是有偿的，游客可以通过这些交通服务满足自身的位移和体验需求，同时旅游景区也可以通过这些交通服务获得利润，这部分收入是旅游景区总收入的重要组成部分。

（4）旅游景区经营成功的重要因素。

良好的旅游景区交通服务可以使游客的游览过程畅通无阻，使游客在充分体验美景异俗的同时，节省游览时间，提升游览质量。这一方面可以提升游客的满意度，培养旅游景区的回头客；另一方面，满意的游客也会为旅游景区进行积极的宣传，吸引其他游客前来，在无形之中增强了景区的竞争力。

3.3.2 旅游景区交通服务管理

1) 旅游景区交通服务的要求

旅游景区的交通设施是景区正常运行、游客实现空间位移的基本保障，也是旅游活动顺利完成的必要条件。因此，旅游景区对交通服务有着特殊的要求。

（1）安全性。

旅游者出门旅游是为了获得身体上和心理上的享受，对于旅途中的任何意外都是无法接受的，因此，安全性始终是旅游者最为关心的要素。旅游者往往会充分考虑旅游交通服务过程中的安全性，如线路中道路的安全性、交通工具的安全性以及途经区域的安全性等。

（2）准确性。

旅游景区交通服务带有严密的连贯性，任何一个环节的误点和滞留都会产生连锁反应，最终有可能产生一系列的经济责任，如房费、餐费和交通费的结算问题。对于国际游客还可能诱发一定的涉外事件，如入境旅游者不能按时出境。

（3）节奏性。

旅游景区的客流量在时间上具有较大的变化性。一般来说，进入和离开景区的客流量在每天的不同时段、周末和非周末，以及旅游的淡旺季都各有特点。这就要求旅游景区的管理者和服务人员要协调客流高峰带来的压力，为游客提供高效、优质、快捷的交通服务。

（4）快速性。

在旅游过程中，游客往往希望旅行的时间较短而游玩的时间相对较长。因此，旅游景区的外部交通服务应注重时效性，尽量缩短旅游者从客源地到旅游景区的旅行时间；同时，旅游景区内部应注重景点的空间分布，合理安排旅游节奏，丰富游客的旅游体验。

（5）多样性。

不同旅游景区的交通方式各不相同，同一旅游景区内的交通方式也多种多样，甚至同一种交通方式也存在高、中、低档的差异。因此，旅游景区的管理者和服务人员应优化组合旅游景区内的交通服务，增加游客的可选择性。

（6）层次性。

旅游者的结构具有多层次性，不同性别、不同年龄、不同出游动机、不同支付能力的游客，对于旅游景区交通方式及价格的要求也不尽相同。因此，旅游景区的管理者和服务人员对不同层次需求的交通服务方式要进行运量和运力的合理考虑，以满足游客的不同需求。

2) 旅游景区交通服务的类型

旅游景区交通服务包括陆上交通服务、水上交通服务、空中交通服务和特种交通服务四种形式。本书主要就旅游景区的内部交通服务进行介绍。

（1）陆上交通服务。

旅游景区内的陆上交通服务主要由旅游景区主干道交通服务和步行游览道路交通服务两部分组成。

旅游景区主干道主要指公路，它主要用于景观间的游客运输和供应运输。道路布局要合理，路牌及交通标志要醒目规范，进出应便捷安全。另外，交通工具应注重绿色环保，如目前旅游景区内广泛使用的电瓶观光车。

旅游景区步行游览道路是旅游景区里各个景观内的步行连接道路，它具有十分重要的景观烘托和陪衬作用。旅游景区步行游览道路的设计和建造要有起伏，并贯穿最佳的观赏点，注重生态环境保护的同时尽量体现地方特色及民族特征。例如，九寨沟景区中的步行栈道，蜿蜒在九寨沟森林中，把沿线的道道美景串联起来，游客行走在栈道上，有机会越溪涧、下危岩、穿丛林，在青山翠海中漫游这片神奇的土地，体会"童话世界"的精彩。

> 微型资料 3-2

福山郊野公园（如图 3-12 所示）位于福州市区西北部、闽江东侧，面积约 200 公顷，步道总长约 20 公里，连通大腹山、五凤山和科蹄山三座山脉，将沿线 36 个重要景观节点串联起来，沿途有 300 米长的彩虹步道、24 个景点。生态方面，负氧离子浓度约为每立方厘米 4 000 个，园内及附近生活着 140 多种鸟类；文化方面，设置了各类展现"福文化"的景点，包括祈福台、福字坪、朱熹题的"福"字以及福州市目前最大的"福"字摩崖题刻等。公园依托自然山体资源，善用原生森林植被，在建设时最大程度地保留了原始生态模样，充分展现了山林乡野风貌，成为市民及游客欣赏绿水青山、呼吸新鲜空气、环看城市美景的好去处。

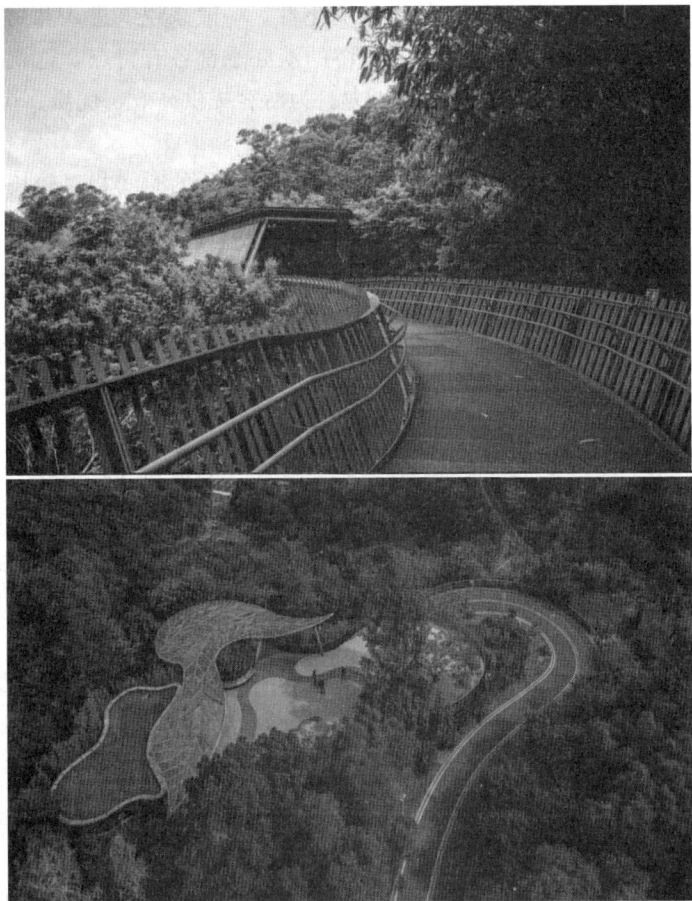

图 3-12 福山郊野公园

（2）水上交通服务。

目前，旅游景区内广泛采用的水上交通工具主要有游轮、普通游船、游艇、帆船、汽艇、气垫船、帆板、冲浪板、竹筏、羊皮筏等。游轮是一种将旅游交通工具、旅游接待设施和娱乐场所三种功能合为一体的旅游设施，深受游客的喜爱。普通游船与游轮相比，体积与规模均较小，功能与设施较为简单，是游览江河湖泊、观赏江南水乡景色的主要水上交通工具，如广西漓江、大理洱海、无锡太湖、杭州西湖等旅游景区的游船服务，以及周庄、同里、角直、乌镇、南浔等江南水乡古镇的游船服务。而游艇、帆船、皮划艇等则是现代水上休闲娱乐项目所采用的水上交通工具。

微型资料3-3

乌篷船是水乡绍兴的独特交通工具，因篾篷被漆成黑色而得名。南宋诗人陆游说它是"轻舟八尺，低篷三扇"。乌篷船船身狭小，船底铺以木板，即使有渗漏，船舱也不会沾湿。船板上铺以草席，或坐或卧，但不能直立。因为船篷低，如直立，便有失去平衡而翻船之险。船的动力是靠脚蹬桨，航向是用手桨来控制的，船行进时，船工手脚并用。乌篷船、乌毡帽、乌干菜并称"绍兴三乌"。

（3）空中交通服务。

旅游景区内的空中交通服务主要以娱乐、休闲、运动为目的。交通工具主要采用小型飞行器，如牵引升空伞、自动升空伞、热气球、滑翔机、超轻型飞机等，还可以采用高塔跳伞和山顶索道滑翔等形式。

（4）特种交通服务。

特种交通服务是指带有娱乐、运动、辅助老幼病残旅游者和特种欣赏意义的旅游交通服务，其交通工具主要有索道、旅游电梯、滑竿、溜索、轿子、马匹、骆驼、牦牛等。

①索道。索道是为了适应各种复杂地形而建造的能跨山、越河的运输工具，同时还具有游览、观光的作用，是森林公园和各种风景游览区一种理想的输送游客的交通工具。索道有助于减少游客的体力消耗，改善旅游景区的接待能力，但也常常会给旅游景区环境造成一定的破坏，如景观破坏、植被毁坏、野生动物受干扰、噪音污染、水土流失等。因此在索道修建时，应注意旅游景区环境和整体景观的保护。

②旅游电梯。旅游电梯是一种垂直运输的交通工具，主要用于高差明显的旅游景区的游客运输。旅游电梯集观光与运输功能为一体，是一种新兴的景区交通方式，为游客提供了一条更加便捷的旅游通道。与索道相同，旅游电梯的修建也要注意与旅游景区整体景观的协调性，注意对旅游景区环境的保护。

③滑竿。滑竿是中国江南山区特有的一种供人乘坐的传统交通工具。目前，这种旧式的交通工具与现代化的汽车、索道、缆车相结合，成为旅游景区交通的一个重要组成部分。滑竿用两根结实的长竹竿绑扎成担架形状，中间架以竹片编成的躺椅或用绳索结成的坐兜，前垂脚踏板。乘坐时，人半坐或半卧在椅中或兜中，由两个轿夫前后肩抬而行。滑竿在上坡时，人坐得最稳；下坡时，人也不会因滑竿倾斜而产生丝毫恐惧感；走平路时，由于竹竿有弹性，因此会上下颤动，从而使人感到非常享受，并且可以减轻疲劳。如今，

滑竿的意义已不再局限于交通工具，更是当地民间习俗的一种体现。中国西南各省山区面积广大，因此滑竿最为盛行，特别是峨眉山上的竹椅滑竿，流传了几千年。

④溜索。溜索是我国西南少数民族的一种跨越江河的传统交通工具。溜索是用两条或一条绳索分别系于河流两岸的树木或其他固定物上，一头高，一头低，形成高低倾斜之势，然后顺势划过。溜索是怒江大峡谷各少数民族的主要交通工具，是怒江大峡谷最奇特的景观。到怒江大峡谷看溜索、过溜索，已成为云南省怒江傈僳族自治州开发的世上独一无二的旅游项目，吸引了无数中外游客。

3）旅游景区交通服务管理的内容

旅游景区交通服务管理就是要确保进出车辆行驶规范、安全有序，工作重点是景区路段、交通标志、运营车辆和运营人员是否符合要求等。

（1）交通管制。

旅游景区内的单位和个人所拥有车辆的停放和通行，必须遵守旅游景区交通管理部门和旅游景区管理委员会的规定。对于违反规定强行通行的车辆，由旅游景区交通管理部门责令纠正交通违规行为，并给予罚款等行政处罚；妨碍执行公务的，由公安机关依法追究法律责任。必要时，旅游景区交通管理部门可以对特定车辆实行交通管制，如规定进入旅游景区的时间和路段，可以有计划地分流，以免造成交通堵塞或引起交通事故等。

（2）停车场管理。

旅游景区一般都设有停车场，这是旅游景区必须拥有的基础设施。停车场可以根据旅游景区的交通状况进行设立，一般可分成级别不同的停车场，用来停靠不同的游览车辆。通常，旅游景区可以开设大型机动旅游车停车场和小型游览车停车场。停车场要与景观环境相协调，停车场的服务应符合旅游景区的统一要求，安排交通协管员或服务人员。交通协管员或服务人员要礼貌待客，文明服务，具备一定的交通指挥技能和知识，有安全意识，维护保管好客人的车辆。例如，常州环球恐龙城智能"物联网"地下停车场采用集全视频引导、智能寻车、掌上支付等先进技术于一身的"智能全视频停车系统"，是国内首个实现"微支付"的景区。全新的环球恐龙城地下停车场通过安装在入闸口前的高清视频摄像机，可快速抓拍并识别车辆信息，无须停车就能顺利进入，当车辆进入后，智能引导系统能够帮助车主快速找到空余车位，并记录停车位置信息，停车时无须记下停车方位或号牌，离开时只要借助停车场内的查询机或扫描二维码输入车牌号即可"反向寻车"，系统还提供最优化的步行线路，相当人性化。缴费亦可通过POS机、自助缴费机、移动缴费、二维码支付等多种方式实现全自助，极大地提升了景区配套服务能力和游客舒适度。

（3）安全管理。

安全管理是旅游景区交通服务管理最基本的工作。游览过程是最易发生交通事故的环节，旅游交通安全事故的发生不但会给游客带来损伤，也会影响旅游景区的形象、声誉和发展前景。因此，旅游景区应建立健全完善的旅游景区安全标志系统，制定严格的工作制度，对游客和工作人员进行交通安全宣传；同时，旅游景区工作人员要注意危险地段、公共场所、交通要道的交通秩序，在旅游旺季加强监视和疏导工作，以避免交通事故的发生。

3.4 旅游景区购物服务

旅游购物是指旅游者为了旅游或在旅游活动中购买各种实物商品的经济文化行为，它包括专门的购物旅游行为和旅游中一切与购物相关的行为，但不包括出于商业目的而进行的购物活动。旅游景区购物服务是旅游景区购物经销商、导游及政府等为旅游者在旅游景区购物提供的一系列服务，包括售前准备服务、现场服务和售后服务三个环节。

3.4.1 旅游景区购物商品概述

旅游景区购物商品包括旅游商品和一般消费品两大类，而旅游商品是其中的主要构成。旅游商品与一般消费品有所不同，旅游商品对于游客旅游体验的提升和旅游景区综合效益的提高影响较大。

1）旅游商品的概念

旅游商品是指旅游者在旅游活动过程中所购买的具有纪念性和当地特色的，或者由于旅游活动需要而购买的各类物质性商品。旅游商品的概念涉及以下几个要点：旅游商品购买的主体是旅游者，客体是具有纪念性和当地特色或者能够满足旅游活动需要的商品；旅游商品是旅游者在旅游活动过程中所购买的物质商品，具有价值和使用价值。

微型资料3-4

伴手礼在古代有一个很美的名字，叫"丹禄"，指的是有人出门到外地时，为亲友买的礼物，一般是当地的特产、纪念品等。"伴手"是伴人送手礼，也就是古人"伴礼"的意思。

2）旅游商品的类型

旅游商品可以分为三大类，即旅游纪念品、旅游实用品和旅游消耗品。

（1）旅游纪念品。

旅游纪念品是指旅游者在旅游活动过程中所购买的，具有地域文化特征、民族特色及纪念性的所有物品。旅游纪念品涵盖的范围广泛，是旅游商品的重要组成部分（见表3-1）。

表3-1   旅游纪念品一览表

旅游纪念品类型		举　例
工艺品	雕塑工艺品	石雕、玉雕、根雕等
	陶瓷工艺品	紫砂陶、景瓷、彩瓷、白瓷、青瓷等
	漆器工艺品	雕填漆器、脱胎漆器、镶嵌漆器、彩绘漆器、漆雕等
	金属工艺品	景泰蓝、铁画、斑铜等
	染织工艺品	刺绣、织锦、绣衣、织染品、编结等
	镶嵌工艺品	螺钿镶嵌用品、大理石镶嵌器具、瓷片镶嵌器具等
	民间工艺品	剪纸、蜡染、泥人、风筝、扇、伞、手杖、荷包、脸谱等

旅游纪念品类型		举 例
文物古董	文物商品	书画、瓷器、古铜器、印章、古书等
	仿、复制品	古铜仿制品、古陶瓷仿制品、名帖复制品等
书画金石	绘画艺术品	国画、民间画、织绣画、工艺画、书法、篆刻、拓片等
	文房四宝	笔、墨、纸、砚
土特药材	酒水类	白酒、啤酒、红酒、黄酒等
	食品类	板鸭、火腿、烤鸭、粉丝等
	水果类	苹果、枣、梨、荔枝等
	茶叶类	绿茶、红茶、乌龙茶等
	药材类	冬虫夏草、枸杞、党参、何首乌、人参、阿胶、鹿茸、甘草等
珠宝首饰		玉器、金器、银器、珍珠、宝石等

（2）旅游实用品。

旅游实用品是指旅游者为实现旅游目的所购买的在旅游过程中使用的商品，主要有旅行车、游艇、旅行箱包、旅游鞋帽、登山器械、滑雪（冰）器械、手杖、雨衣、太阳镜、拍摄设备、防寒暑用品、美容护肤品、常备急救药品、帐篷等。常见分类和举例见表3-2。

表3-2　　　　　　　　　　　　　　旅游实用品一览表

旅游实用品类型	举 例
游览用品	地图、交通工具、旅行手册等
携带用品	旅行包、旅行箱、水果刀、雨伞等
服装鞋帽	旅行帽、太阳镜、游泳衣、运动鞋、雨衣等
轻工（手工）产品	日用陶瓷、毛皮革制品、日用五金等
纺织产品	针织品等

（3）旅游消耗品。

旅游消耗品是指旅游者在旅游过程中所消耗的商品，主要有食品、饮料，以及盥洗用品、当地特色风味小吃、日常生活必需品等。旅游者在旅游过程中消耗的食品、饮料、日常生活用品，基本上是按照平时的喜好来购买的，这种支出是比较稳定和有限的。

行业广角镜3-11　　　　　　　　　　　智慧聚童心　文创产品的趣味

广东番禺的文化和旅游景区众多，文化底蕴深厚，文创产品信手拈来又独具匠心。在沙湾古镇，"石阶石巷"的古村落格局保存完好，还保留了大量明、清、民国时期的古建筑。古镇内现存以留耕堂（全国重点文物保护单位）为典型代表的古祠堂60多座，还有大量一简竹、三间两廊、镬耳屋、高楼、西式住宅、自由式民居等古旧建筑。作为广东省"民间雕塑之乡"，沙湾古镇保存了大量砖雕、木雕、石雕、灰塑、壁画等艺术精品，艺术风格具有浓郁的岭南特色。这些多样化的建筑风格及建筑艺术是沙湾古镇别具一格的重要因素，也是旅游文创产品开发的主要特色与重要源泉。

近期到沙湾古镇的游客尤其是小朋友，无论寒暑几乎人手一份以"铜钱砖雕窗花"为原型的文创冰品雪糕。"铜钱砖雕窗花"冰品雪糕的创意就来自留耕堂内月台旁边的砖雕窗花。在这一片花纹繁复的菱形窗花中，一个"铜钱"图样的砖雕深藏于此，游客找到这个"铜钱"即意味着找到了福气。于是，设计者便以此为由将它做成窗花雪糕，中间的位置嵌上铜钱花样。游客拿着雪糕一边吃一边在古镇游览，四处寻找铜钱元素：地砖上的铜钱，窨井盖上的铜钱，两边的古建筑也是铜钱窗框……游园更显生趣。吃这个雪糕也就是把铜钱吃到肚子里，寓意财源滚滚、福气满满，成为游客打卡热销品。此外，雪糕的配件设计也精巧十足，外包装可以作为明信片，雪糕棍可以做成书签，小小雪糕作出了多样文章。

位于番禺的广州市长隆旅游度假区主题乐园的商店内，琳琅满目的文创品在货架上摆放得整整齐齐，玩偶、衣服、水杯、玩具等日用品无一不带着长隆野生动物文化的色彩。长隆野生动物世界以动物文化为基点，将文创产品延伸至生活中，将游玩长隆的记忆通过文创的方式深刻印记在游客心上。

资料来源　张俊，张宝桁.文商旅融合的"番禺模式"［N］.中国旅游报，2020-12-31（5）.有删减。

分析提示：旅游商品有特色并且能够满足游客需求很重要。旅游者的消费需求在不断变化，旅游商品需要不断创新。多品类、多品种、全系列发展是旅游商品开发的趋势。创意是文化和旅游的核心。旅游商品的创意应基于市场基础，或结合当地物产，或结合企业优势，或结合当地文化等。市场从客观上要求旅游商品开发者逐渐脱离呆板的文化设计，关注生活化旅游商品的开发，为人们的美好、幸福生活而开发。

3.4.2　旅游景区购物服务管理

1）旅游者购物心理分析

在旅游购物服务中，旅游景区只有把握住游客的不同购物心理，才能更好地为游客服务。

（1）求实用心理。

求实用是旅游者追求旅游商品的使用价值的购物心理，是旅游者购买商品的一个普遍性的心理需求。旅游者在购买旅游商品时，特别注意商品的品牌、质量、功能和实用价值，尤其是中低收入阶层的旅游者，更加注重旅游商品的质量和用途，要求旅游商品经济实惠、经久耐用、实用方便。

（2）求审美心理。

求审美是旅游者重视旅游商品的艺术欣赏价值的购物心理。旅游者在旅游过程中，不仅希望欣赏到美的风景，也希望能购买到一些富有美感的旅游商品。他们往往重视旅游商品的款式、包装，以及对环境的装饰作用，喜欢具有民族特色、地方特色和审美价值的旅游商品，特别是那些具有艺术美、色彩美和造型美的旅游商品。

（3）求新异心理。

求新异是旅游者追求旅游商品的新颖、奇特、时尚的购物心理。追新猎奇是旅游者固有的心理需要。旅游者在购买旅游商品时，大多喜欢具有新的颜色、新的款式、新的工艺、新的材质、新的情趣的旅游商品。这些旅游商品可以满足人们求新异的心理，调节枯燥、单调、烦闷的生活。比如，在福建土楼旅游，旅游者喜欢购买土楼模型。

（4）求珍藏心理。

求珍藏是旅游者购买旅游商品以留作纪念的购物心理。很多旅游者喜欢把在旅游景点购买的纪念品连同他们在旅行时拍的照片保存起来，留待日后据此回忆他们难忘的旅行生活；另外，还有部分旅游者会有选择地购买他们感兴趣的旅游商品，以满足自己的某些爱好，如有人喜欢收集各国邮票，有人喜欢收集特定旅游商品的商标，有人喜欢收藏古玩字画等。

（5）求馈赠心理。

求馈赠是旅游者购买旅游商品以赠送他人的购物心理。从旅游地购买的旅游商品具有特别的纪念意义，用其馈赠亲朋好友，可以表达旅游者对亲朋好友的感情和礼貌，增进彼此间的情意。

（6）求知识心理。

求知识是旅游者希望在购买旅游商品的过程中获得某种知识的购物心理。有些旅游者特别喜欢聆听售货员和导游介绍的有关商品的特色、制作过程，如字画的年代及其作者的逸闻趣事，以及鉴别商品优劣的知识，还有些旅游者对当场绘制或刻制的旅游商品及其相关资料说明特别感兴趣。

旅游者的购物心理具有多样性和层次性，它们相互交错，相互制约。旅游者在购买旅游商品的过程中，可能同时存在两种或两种以上的购物心理。不同的旅游者由于具体情况不同，购物心理也不同，形成了不同的购买行为。

行业广角镜3-12　　　　　　　　　　　　　　**岛服，海南旅游的别样风情**

海南岛服（又称"海南衫"）主要用纯棉布料制成，其特点是手感柔软、透气、吸汗、不脱色。海南岛服样式简洁质朴，款式很多，有男上衣、女上衣、男长裤、男短裤、九分裤、七分裤等。海南岛服的图案以热带植物与海洋生物为蓝本，进行了各种或抽象或具象的变形，散发着热情似火与清凉宜人相互交织的奇妙气息。游客远道而来，脱下西装，换上岛服，顿感轻松。

岛服是海南省的标志性服饰，是海南省自然风光与人类自身相亲相融的一种外在表现形式，得到了众多游客的欢迎与喜爱。游客身着布满椰枝、红土、贝壳、珊瑚图案的岛服，徜徉、嬉戏于山水之间，体验和浸染着这块热土的文化精神与情愫，周身都荡漾着快乐与生动。近年来，海南岛服日益流行，花样和款式各异的"花衣裳"穿梭在椰林间，飘动在海岸边，流淌在城市里，销售在商场中，给美丽的海南增添了一道亮丽的风景线。

从一个概念到热门的旅游纪念品，从普普通通的花衬衫到深受游客喜爱的旅游商品，海南岛服不仅承载起了海南岛丰富的旅游文化内涵和多姿的热带民族风情，也为海南带来了蓬勃发展的"岛服业"。

资料来源　根据相关资料整理而成。

分析提示：岛服迎合了人们度假休闲的需要，具有实用性；款式多样，为游客提供了多样性的选择；柔软舒适，价格合理，方便携带；体现了海南特色，具有很强的纪念性。

2）营造良好的旅游购物环境

旅游购物环境主要指旅游购物建筑及其周边环境、旅游购物设施、购物场所内部环境以及旅游景区的人文环境等。旅游购物环境的优劣直接影响着旅游商品的吸引力，影响着旅游者的购物消费。因此，只有营造一个特色化、人性化的旅游购物环境，才能让旅游者买得舒心，买得放心。具体来说，营造良好的旅游购物环境应从以下几个方面着手：

（1）合理布局旅游购物网点。

在旅游商店的布局上，旅游景区可以将分散在景点内部和周边的购物网点集中到旅游商品购物街上，或者在旅游者较为集中的集散地设立旅游购物中心及特色旅游商品专营店，还可以在景区游览线路上的休息点位置设立旅游购物点，从而将购物网点与景区休闲、游憩设施结合起来。另外，在景区特定的活动区域也可以设置旅游购物点，如景区的烧烤区可以设置提供食品、饮料和炊具的购物店。

微型资料3-5

周庄自元末建镇以来，以其得天独厚的地理条件，成为一个手工业中心和商品集散中心，棉纱纺织业、竹器业、粮食业、水产业为周庄的基本行业。古镇居民以商业为主，四乡农户也多以手工业为主，农业为辅，生活较为富裕。周庄的中市街、北市街、城隍埭、后港街都布满了店铺，每逢集、圩或节庆，四乡农民齐集镇市，人头攒动，买卖兴盛。镇上开有各种各样的商店和现时制作的手工作坊，主要街道上有连排的店面，或前店后坊，或下店上宅。这些街市大多为明清时代遗构，体现了明清时期江南水乡繁华贸易集镇的古朴风貌。如今的"周庄十二坊"（如图3-13所示）由酒作坊、竹艺坊、豆腐坊、糕团坊、铁铺坊、木器坊、砖坯坊、苇画坊、中药坊、土布坊、乐器坊、绣鞋坊组成，周边辅以民居客栈、茶馆、食肆等，呈现了"中国第一水乡"周庄历代商业和手工业繁盛的景象。

图3-13　"周庄十二坊"之砖坯坊和铁铺坊

（2）科学规划购物建筑及其周边环境。

旅游景区内商业店铺的建筑和布局要统一规划，做到位置适当、数量合理。旅游购物建筑的造型、色彩、材质也要与旅游景区的特色相融合，与其周边环境相协调。例如，张家界风景区中有一家"银世界"专营店，该店利用当地少数民族喜欢带银饰的特色，在店内挂了大幅的苗族风情照片，柜台内陈设着琳琅满目的银首饰，营业员由盛装的苗族少女担任，吸引了大量的游人前来选购。

行业广角镜3-13　　　　　　　　　　山东制定全国首个购物旅游区地方评定标准

山东省质量技术监督局于日前发布了《购物旅游示范城市评定》《购物旅游示范乡镇评定》《购物旅游示范村评定》《旅游休闲购物街区质量评定》《旅游购物商店等级划分与评定》共5项旅游购物省级地方标准，于6月23日起执行，希望有利于进一步规范购物旅游市场，做强购物旅游产业聚集区，加快全域旅游和乡村旅游购物产业发展。

山东省发布的购物旅游示范城市、乡镇、村系列评定标准，是全国首个购物旅游区评定地方标准。这一标准围绕地方购物旅游发展水平、购物旅游场所软硬件设施、旅游商品开发设计与教育培训、购物旅游场所配套基础设施条件、安全保障等方面内容进行制定，旨在通过标准化建设的方式，使山东省购物旅游场所环境良好、设施完备、服务细致、产品丰富，为进一步规范和扩大旅游购物消费市场，建设地方购物旅游市（县）、镇、村提供技术标准支持。

此外，山东省本次发布的旅游休闲购物街区、旅游购物商店评定标准，是对2009年制定的《旅游购物商店等级划分与评定》和《旅游休闲购物街区质量评定》两个省级地方标准进行修订后重新发布的标准。与旧的标准相比，新标准新增和修订了街区基础设施和服务设施配套、商户密度和街区长度、线上销售、Wi-Fi覆盖等方面内容；同时也对购物商店的消费投诉、消防安保、贵重产品检验证书、食品安全和电子支付做了详细的规定。新标准的发布，既对全省现有旅游购物商店及旅游休闲购物街区的改造提升提供了支持，也对山东省旅游购物场所的设施、环境、服务等做了具体的要求，对于进一步优化旅游购物环境，以及标准化管理和服务提供了有力保障。

资料来源　伍策，郑欣．山东制定全国首个购物旅游区地方评定标准［EB/OL］．（2017-06-25）．http：//travel.china.com.cn/txt/2017-06/25/content_41093315.htm.有删减。

分析提示：只有营造一个特色化、人性化、诚信的旅游购物环境，才能让旅游者买得舒心，买得放心。

（3）有效布置旅游购物商店的内部环境。

旅游购物商店的内部环境布置主要考虑以下内容：商店的招牌、橱窗设计、内部装饰、货架排列与商品展示等方面是否具有吸引力；商店内的空间布局是否有利于与旅游者的交流，是否具有恰当的文化氛围；商店内的环境是否整洁，秩序是否良好，照明是否均匀，店堂是否卫生，空气是否新鲜等。这些都会影响旅游者的旅游购物消费。

（4）严格选售景区购物商品。

旅游购物商店（摊点）经销的旅游商品种类是否丰富，是否有地方特色，是否能够融入旅游地的自然风光、名胜古迹、历史人物、珍贵动物等，是否明码标价，质量是否合格，包装是否富有地方特色，是否能够让旅游者睹物思情并留下美好的回忆，都是提升旅游景区购物服务质量的重要内容。

行业广角镜3-14   做有海南故事和味道的旅游商品

船形屋是海南黎族几千年的传统居住建筑。据传，黎族人的祖先为躲避战乱，自北方乘船来到海南岛。面对这个瓜果飘香、野鹿成群的热带天堂，先民们根据这里高温多雨、蛇虫众多的环境特点，把木船倒置在木桩上，并盖上茅草，墙体则用草和泥巴黏结，两门前后对开，建成了地板离地大约70厘米高的高脚屋，并依山而居。这种冬暖夏凉，适合热带雨林养生的民居，就是黎族人的智慧结晶——船形屋。船形屋被称为黎族精神家园的守望者，并被列入国家级非物质文化遗产名录。

三亚古椰文化发展有限公司以椰子、竹子等可再生材料制作的船形屋工艺品，把黎族人低碳、环保、养生的生活文化理念展现在人们面前。在第六届中国国际旅游商品博览会暨2014年中国旅游商品大赛上，"船形屋"系列产品荣获银奖。

地域文化中最有分量的是建筑物，船形屋是洋溢着海南特色的本土建筑，把船形屋做成工艺品，可以让客人把海南文化带回家。用什么材料才能更好地体现船形屋的文化内涵呢？最终以椰壳、椰棕和竹子为原材料，既环保又可再生。船形屋将海南黎族特色建筑浓缩成工艺品，同时又是一个盒子，可以收纳物品，具备了收藏观赏和实用的功能。船形屋除了可观赏，还可以储存海南特色茶叶"鹧鸪茶"，让游客不仅品尝到舌尖上的海南，也能观赏到指尖上的海南。富含海南黎族文化特色的船形屋造型如图3-14所示。

图3-14 富含海南黎族文化特色的船形屋造型

资料来源 吴婷婷. 做有海南故事和味道的旅游商品 [N]. 中国旅游报，2015-01-16（9）. 有删减。

分析提示：倡导环保理念，使用本土原材料，融入本土文化元素，是船形屋获得成功的重要原因。海南是一个资源丰富的地区，本土的椰壳、贝壳、珍珠、花梨木、橡胶树等材料都是制作工艺品的独特原材料。

（5）塑造良好的旅游购物服务环境。

旅游购物服务环境包括旅游商品经销商提供的旅游购物服务环境、导游人员提供的旅游购物服务环境、政府提供的旅游购物信息服务环境及旅游商品售后服务体系环境等。旅游景区的旅游购物商店是否诚信经营，服务人员服务态度的好坏、服务水平的高低、有无围追兜售和强买强卖、对所销售商品知识掌握的多少、对顾客的热情程度，有关旅游商品、旅游购物商店的信息宣传是否完善，以及售后服务体系是否健全等都会对旅游者的购物活动产生重大影响。

3）提供热情细致的销售服务

销售服务的要点包括以下三个方面：

（1）善于接触旅游者。

在通常情况下，旅游者进入旅游购物商店，或者是想购买商品，或者是想了解商品的行情，或者是要游览参观购物商店，可能没有明确的计划。因此，服务人员要具有敏锐的观察力和判断力，善于通过旅游者的衣着打扮和言行举止，判断旅游者的心理状态，发现旅游者的潜在需求，并把这种潜在的需求变为实际的购买行为。

（2）准确推荐商品。

在把握旅游者需求的基础上，服务人员要有针对性地为旅游者提供个性化的商品销售服务。一方面，针对不同心理特征的旅游者提供不同的商品销售服务，如针对老年旅游者，要根据他们保守、固执的心理特点，推荐一些物美价廉的旅游商品；针对青年旅游者，要根据他们求新奇的心理特点，推荐一些时尚、科技含量较高的旅游商品。另一方面，服务人员要准确地做好商品推荐工作，如提供咨询，推荐商品，介绍商品的性能、特点等。

（3）帮助旅游者决策。

旅游者在景区购物的过程中，对旅游商品的了解有限，且考察和决策的时间较短，缺乏经验性。因此，服务人员要通过对旅游商品的详尽介绍和对旅游者需求的准确判断，帮助旅游者真正了解他们需要什么，促使他们做出购买决策。

4）完善旅游购物的售后服务

在旅游类消费投诉中，旅游商品的质量和售后服务方面的投诉最多。因此，要实现旅游景区购物的可持续发展，就必须完善旅游购物的售后服务，通过建立完善的售后服务体系，降低旅游者的购买风险，增强旅游者的购买信心。完善旅游购物的售后服务应从以下环节入手：

（1）旅游购物商店应提供售后服务。

旅游购物商店提供的售后服务主要包括：大件商品的邮寄、托运，回访旅游者对所购商品的满意度，回答旅游者对商品问题的咨询等。另外，当旅游者在旅行社安排的购物场所购买到假冒伪劣商品或失效、变质商品时，应当有权通过旅行社向旅游景区购物场所追偿。

（2）旅游景区主管部门应及时处理旅游者的购物投诉。

旅游景区的行政主管部门应当建立健全旅游投诉制度，依法受理并及时处理旅游者的购物投诉，对不属于本部门职责范围内的投诉，应当自收到投诉之日起几日内移送相关部门并告知投诉者。另外，旅游景区的行政主管部门还应加强对旅游景区购物商店的指导和监督。2012年4月25日，厦门鼓浪屿举行了企业消费维权联络员队伍成立大会。首批消费维权联络员队伍主要由家庭旅馆、餐饮店（小吃除外）、主要购物场所、景点、旅行社、游船等共147家商户的业务骨干组成。他们的主要职责是发现、化解本单位的一般性消费纠纷，自查消费纠纷隐患并记录在册，受理市场监管等相关职能部门转来的一般性消费纠纷等。这是厦门首支消费维权联络员队伍，旨在快速受理和解决旅游景区的投诉事件。

行业方向球　　　　台湾苗栗南庄山芙蓉咖啡艺廊——最美丽的乡村咖啡馆

走进我国台湾苗栗南庄的山区，是一片绿意盎然的农田和幽幽的远山，又经过九弯十八拐的山路，便可看见"山芙蓉"。首先映入眼帘的是刻有两条龙并写着"山芙蓉民宿"的牌坊，原先对于咖啡馆的所有认知在这一刻都被颠覆了：这哪是咖啡馆，分明是一个遍地鲜花的美丽家园，一个充满爱、充满温馨的世外桃源（如图3-15所示）。在山芙蓉咖啡馆，庭中、墙边、窗外、帘内……到处都是娇艳的鲜花和生机勃勃的绿色植物，所有陈设都似信手拈来，却充满意趣。这里完全没有一般咖啡馆所特有的风尘感，安静、温暖且充满生机，与周遭的自然环境融为一体，处处彰显着上天创造万物的荣耀。置身其中，整个人都会彻底地放松开来，莫名的感动从内心深处油然而生！

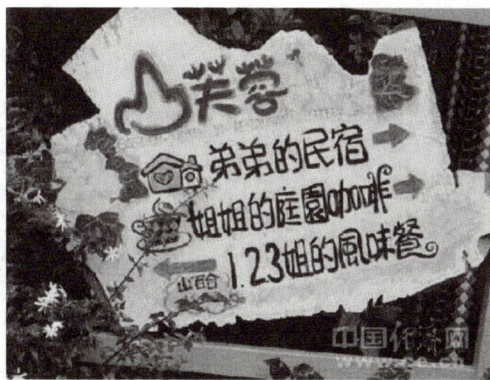

"山芙蓉"温馨的指示牌　　　　　　　　　　"山芙蓉"入口景观

图3-15　山芙蓉咖啡馆入口

山芙蓉咖啡馆是台湾乡间咖啡工场最早的推动者之一。这里原来是翁美珍的老家。25年前，热爱园艺的翁美珍从都市回到父母的家，满腔热情地开始养花种草，规划庭院。多年后，在朋友的建议下，翁美珍决定在周六、日及节假日把自己美丽的家园变成咖啡馆对外开放，让众人分享其中的乐趣。虽然远离都市，隐于曲折的山间，山芙蓉咖啡馆却吸引了无数游客从城市赶来。据说，山芙蓉咖啡馆开业后曾在台湾引起了极大的轰动，甚至有上千人冒雨在门外排队等位。为了照顾不辞辛苦赶来的客人，翁美珍还在庭院门口修建了一个长廊，以使客人在排队等位时免受风吹雨淋。目前，山芙蓉咖啡馆的开放时间为每周六、日及法定假日的10：00—18：00，平日可接待20位以上的团体预约。自山芙蓉咖啡馆开放以后，各种别具特色的咖啡馆、酒吧、饭店、民宿、温泉纷纷开业，并成为都市居民节假日的休闲胜地。目前，山芙蓉咖啡馆所在的南庄乡已有70多家经营各种休闲产业的民间场馆，而苗栗全县共有近200家这样的休闲场所。

山芙蓉咖啡馆的主人翁美珍把当地乡间休闲产业称为"没落的力量兴起"。苗栗原来的经济以林业和矿产为支撑，之后矿产资源枯竭，可采伐的林木也越来越少，整个地方经济趋于没落，大批年轻人离开乡间去外地谋生，苗栗因此成为全台湾最贫困的县市之一。"如果没有南庄传统产业的没落，可能就没有乡村休闲产业的兴起。"如今，在台湾，"保护生态，因地制宜地发展可持续的观光休闲产业"已成为深入人心的全民意识，当地人会抓住所有的机会让所有的自然资源变成观光休闲的素材，因此各种别具风情的乡间咖啡馆、茶馆随处可见。

"山芙蓉"是一间充满浓郁花香以及温馨欧式风格的庭院咖啡艺廊，女主人翁美珍对于艺术的热爱，完整地表现在整座咖啡艺廊中。从百花齐放的庭院设施，到咖啡馆内的陶制器皿，都展现了"山芙蓉"用心经营的理念。在"山芙蓉"，花园就是一个大舞台，许许多多的美丽景象在这里上演。当你走在庭院里，就会感受到不一样的气息，你的心会完全放松，好好地欣赏这片美景。"山芙蓉"的庭院里有许多美丽的花卉，但是光有花卉是不够的，女主人还在"山芙蓉"的庭院内加了许多小小的惊喜，使你不管在任何角落，都会有不同的发现，都会感受到与众不同（如图3-16、图3-17所示）。

"山芙蓉"女主人翁美珍

"山芙蓉"庭院一角

女主人的精心雕逐无处不在

"山芙蓉"内部

图3-16　山芙蓉咖啡馆庭院内外

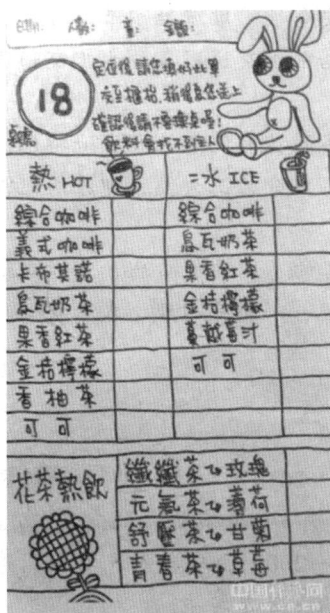

幽默风趣的提示语　　　　　　　　主人寄语及地图

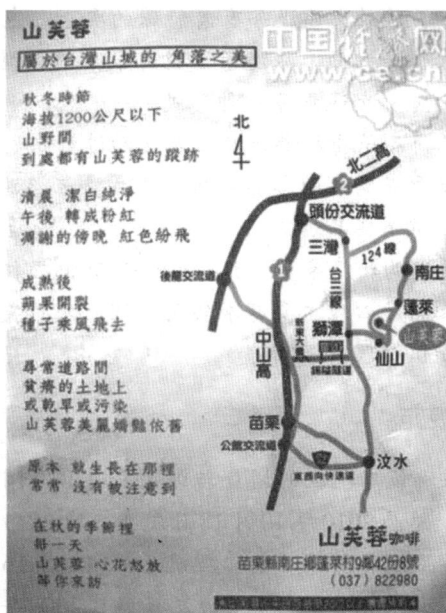

图3-17　山芙蓉咖啡馆的温馨贴士

资料来源　张春彦．山芙蓉——台湾山城的角落之美［EB/OL］．（2011-01-26）．http：//chrnarous-carolthl2011101-26/2813036.shtml.有删减；佚名．不走寻常路　发现台湾乡村风情［EB/OL］．（2011-06-21）．http://www.china com.cn/travel/txt/2011-06/21/content_22830345.htm.有删减。

分析提示：台湾的魅力远远不止阿里山、日月潭等传统的风景名胜，更多地体现在随时随地的自然景观和人文气息里。山芙蓉咖啡馆的女主人翁美珍形容自己的性格犹如山芙蓉一样勤奋，所以才成就了今天"山芙蓉"的惊艳。走进山芙蓉咖啡馆，不仅能够欣赏到迷人的景色、飘香的咖啡，更能体会到"山芙蓉"的精神所在，感受到女主人的梦想与热情，这也正是我们努力的方向。实际上，台湾民宿大多会因其主人的偏好、品位，而呈现出各种各样的风貌。一个有趣、热爱区域文化的主人，是引领游客进入当地文脉的一个窗口。

观念回顾

1.具有特色和创新的食、住、行、购，能够增加旅游者的旅游体验，为旅游景区带来丰厚的收入。

2.旅游景区餐饮服务管理不能完全用社会餐饮服务管理的标准来衡量，而应该从旅游景区餐饮的特点出发，从餐饮单位的选址、设计、菜单管理，以及餐饮产品的开发、餐饮服务质量管理等方面来综合考虑。

3.按照住宿接待设施的档次和运作模式，旅游景区住宿服务可以分为休闲度假酒店类、民居客栈类、文化主题旅游饭店和精品旅游饭店、家庭旅馆类、露营类等主要类型。旅游景区住宿服务管理的内容很多，其中最主要的两个方面是服务质量管理和安全管理。

4.旅游景区对交通服务有着特殊的要求，包括安全性、准确性、节奏性、快速性、多样性、层次性等方面。旅游景区交通服务的类型包括陆上交通服务、水上交通服务、空中交通服务和特种交通服务四种形式。

5.旅游商品是指旅游者在旅游活动过程中所购买的具有纪念性和当地特色，或者由于旅游活动需要而购买的各类物质性商品。旅游商品可以分为三大类，即旅游纪念品、旅游实用品和旅游消耗品。

6.在旅游购物服务中，旅游景区只有把握住游客的不同购物心理，才能更好地为游客服务。游客购物心理主要有求实用心理、求审美心理、求新异心理、求珍藏心理、求馈赠心理、求知识心理。

▌ 相关规范

1.《旅游饭店星级的划分与评定》（GB/T 14308—2010），中华人民共和国国家质量监督检验检疫总局2010年10月18日发布，自2011年1月1日起实施。

2.《商品经营服务质量管理规范》（GB/T 16868—2009），中华人民共和国国家质量监督检验检疫总局2009年5月6日发布，自2009年10月1日起实施。

3.《旅游民宿基本要求与评价》（LB/T 065—2019）（2021年2月第1号修改单），中华人民共和国文化和旅游部，自2021年2月25日起实施。

▌ 应用习题

1.调研一个5A旅游景区，查找相关资料，了解其食、住、行、游、购、娱各要素的发展经营情况，深刻体会"旅游业是一项综合产业"的内涵。

2.回想并写出你经历过的一次最糟糕的购物服务或者最愉悦的购物服务，分析其原因，给出应对之策。

第4章
旅游景区产品开发

学习目标

1. 了解旅游体验的概念、内容和类型，掌握旅游景区体验项目开发的原则和步骤。
2. 理解文化旅游产品的内涵，掌握文化旅游产品开发的原则和步骤，感悟中华文化，增强文化自信。
3. 理解旅游融合产品社会需求，掌握旅游融合产品的主要类型及产品开发思路。
4. 掌握旅游创意产品开发思路，特别是疫情防控常态化背景下对旅游新业态发展的思考，弘扬奋斗精神。

热点关注

研学旅游　旅游体验　产业融合　旅游创意

行业视窗　　**促进文化和旅游消费　济南拿出"泉"方案**

2021年以来，作为第一批国家文化和旅游消费示范城市，济南市在统筹做好常态化疫情防控的前提下，以"泉"为主题，塑造消费品牌，不断推动文化和旅游消费提档升级。

做好"泉"文章。作为天下第一泉风景区的"网红项目"——"泉城夜宴·明湖秀"，汇集喷泉、喷火、喷雾、大船、投影激光等高科技演艺手段，并融入济南的历史文化。游客观看"明湖秀"之前，可以在大明湖东侧的南丰戏楼喝下午茶。南丰戏楼始建于清朝末期，至今有百余年历史。今年4月，南丰戏楼重装开业，以"宣扬国风文化，宣传济南特色"为运营理念，将传统建筑改造成特色文化店铺，打造泉城新IP。"明湖秀"结束后，距离大明湖不远的百花洲民俗文创集市精彩上演，夜市摊位上，具有浓厚济南特色的手工艺品、文创产品、书画作品，吸引着市民、游客围观。人流涌动的宽厚里、曲山艺海的明府城、灯光绚丽的泉城夜宴……近年来，为做好"泉"文章，济南坚持将泉水文化融入文化和旅游消费，提升全市文化和旅游品质与内涵，让游客在游览之余感受泉水文化。

拓展"泉"时空。济南围绕"泉"拓展时空，积极培育数字文化和旅游消费热点，完善"云、网、端"基础设施建设，推动旅游数字化、网络化、智能化，拓展消费空间。推出云上游泉城、云读书、云逛馆、云健身、云课堂、云听戏等系列线上产品，打造"VR云街区"，让城市更具吸引力。济南市政府2019年出台了《关于推进夜间经济发展的实施意见》，提出"打造'泉城之夜'品牌，进一步提升'天下泉城'知名度、美誉度"。举办"泉城之夜文旅消费季"系列活动，推出"十个一百"夜经济文旅项目，组织文化场馆、旅游景区、饭店餐馆、休闲娱乐场所等单位，推出百场夜间文旅休闲活动、百场夜间旅游美食节、百处夜间文化旅游打卡点等。"泉城之夜"已经浸入到"吃、住、行、游、购、娱"各方面，成为济南文化和旅游消费新的助推器。同时，济南市积极发展工业旅游、研学旅游、会展旅游、婚庆旅游、体育旅游、康养旅游等新业态，举办"中国济南·蓝海领航第一届电竞节"、在线足球职业联赛、潮流音乐节、"泉城风尚"国际时装周等活动，激发时尚文化消费活力，拓展"泉"空间。

提升"泉"品质。作为济南名气最大的夜市之一，环联夜市由市内多个小夜市整合而成。经过3年多的发展，如今的环联夜市拥有风情美食区、商品购物区、娱乐天地、儿童乐园4个板块，以及特色风情美食街、女人街、异域商业街、赏玩文化一条街、淘宝集市、亲子文化街6条商街，颇有人气。近期夜市日均客流量有3万至5万人次，最高时达10余万人次，平均日营业额800余万元。如今，各种新潮、文艺范儿十足的网红集市不断涌现。在泉城路新青年集装箱市集体验年轻人的新潮有趣，到与大明湖南门牌坊只有一路之隔的百花洲感受济南文化的厚重多彩，到印象济南·泉世界后备箱集市体验别致创意……济南正变得越来越有趣。品质已成为济南文化和旅游消费的全新标签，特别是在民宿打造上，济南挖掘老街古巷的泉水院落资源，坚持品牌引领，打造一批高端城市民宿"泉城人家"，加大民宿开发和政策支持力度，市级财政每年安排2 000万元民宿业发展专项资金，用于扶持民宿集聚区发展、精品民宿奖补工作。今年"五一"假期，九如山民宿群、尚山民宿、乐沃民宿等出租率达100%。

　　未来，济南将继续分批、分类修缮提升七十二名泉景观，打造"家家泉水"独特景观，进一步推广步游泉城、船游泉城、铛铛车游泉城、泉水探源等十大主题泉水游线路，全面提升泉水文化旅游休闲消费品质。

　　资料来源　李强.促进文化和旅游消费 济南拿出"泉"方案［N］.中国旅游报，2021-06-09（2）.有删减。

　　上述案例中，泉城济南因地制宜，以"泉"为主题，拓展时空要素，打造品质文旅融合产品，塑造消费品牌，培育旅游消费热点。文化和旅游部发布的《"十四五"文化和旅游发展规划》提出，贯彻新发展理念，构建新发展格局，以推动旅游业高质量发展为主题，以深化旅游业供给侧结构性改革为主线，同时注重需求侧管理，坚持旅游为民、旅游带动，坚持科技赋能、创新驱动，不断完善现代旅游业体系，不断发挥旅游业在服务国民经济社会发展、推进文化强国建设、满足人民群众美好生活需要等方面的重要作用。

4.1　旅游体验产品开发

4.1.1　旅游体验的概念和类型

1）旅游体验的概念

消费研究学者莫里斯·霍尔布鲁克（Morris Holbrook）说，在当代社会里，"消费作为消费者的一种主观意愿，更多的是受到消费体验的影响，而不是基于产品的特点和利益分析上的临时决定"。事实上，"体验"的价值正在为越来越多的人所认可，以"体验"为核心创造的新产品、新服务如雨后春笋般地出现，并成为一种潮流。

美国学者B.约瑟夫·派恩和詹姆斯·H.吉尔摩合著的《体验经济》一书对"体验"的阐述如下："所谓体验，是一个人达到情绪、体力、精神的某一特定水平时意识中产生的美好感觉，它具有互动性、不可替代性、深刻的烙印性等特点，每个消费者获得的体验结果都是独一无二的。"

所谓体验经济，就是企业以服务为舞台、以商品为道具、以消费者为中心，创造能够使消费者参与、值得消费者回忆的活动。经济学家已将"体验经济"称为继农业经济、工业经济、服务经济后的第四种经济形态，它将促使社会消费模式、企业盈利模式发生巨大的变化，其中既有无穷的挑战，又蕴藏了无限的商机。

我国较早研究旅游业中的"体验"（experience）的是谢彦君教授。他在《基础旅游学》一书中指出："旅游体验是旅游个体通过与外部世界取得联系，从而改变其心理水平并调整其心理结构的过程，这个过程是旅游者心理和旅游对象相互作用的结果，是旅游者以追求旅游愉悦为目标的综合性体验。"

2）旅游体验的内容

根据谢彦君教授的观点，旅游体验的内容主要包括旅游世俗愉悦和旅游审美愉悦两种。

（1）旅游世俗愉悦。

每个游客的个人内在因素（如受教育程度、职业、宗教等）是不同的，因此其对旅游的感悟也有很大差异。有的游客通过旅游可以获得深刻的对生活和生命本质的感悟，而有的游客仅停留在浅显的、短暂的感官刺激和满足上，如美味可口的晚餐带来的胃口上的满足、紧张激烈的空中过山车带来的精神上的快感和刺激等，我们把这类体验称为旅游世俗愉悦。

旅游世俗愉悦的特点是带有个人功利性和满足性。首先表现为占有，如对一盘美味佳肴的占有，或对一件漂亮的异域民族服饰的占有，然后因为占有而感到愉悦。游客体验中这种建立在人性的感性欲望层面之上的文化价值和理想无处不在。它以感性欲望为人的自然本性，以感性欲望的充分满足和自由表现为理想；它只有内在肯定的层面，没有外在超越的层面；它属于游客体验的粗浅层次，但也是旅游过程中不可缺少的一部分。

（2）旅游审美愉悦。

旅游审美愉悦是旅游者在欣赏美的自然、艺术品和其他人类产品时所产生的一种心理体验，是一种在没有利害感的观照中所得到的心理享受，是审美主体面对审美对象的超功利的认识。

旅游审美愉悦的特点在于它的非占有性或非功利性。例如，游客在欣赏自然山水时，既不占有它，也不使用它，而是将自己的全部意念专注于对山水美的感知和感受中，在美景中忘我，融入自然，最终获得审美的高峰体验。

3）旅游体验的类型

（1）娱乐。

娱乐是以感官为基础的一种体验。游客通过观赏娱乐节目（如观看民族风情表演），或者通过参与娱乐活动（如乘海盗船等），使自己产生开心、兴奋、满足、刺激甚至恐惧的感觉，从而达到放松身心、忘却烦恼、愉悦自我的目的。

根据游客对娱乐活动参与程度的不同，娱乐可以分为观赏型娱乐、参与型娱乐和观赏参与型娱乐三类。观赏型娱乐主要以游客观赏节目的形式实现，游客通过感官静态欣赏、精神参与，从而达到愉悦的体验目的。参与型娱乐需要游客的亲身参与来实现，游客通过参与景区设计的参与型娱乐产品，领略娱乐活动带来的放松和休闲感受。观赏参与型娱乐则是上述两种形式的结合，游客动静皆宜，全身心投入到娱乐产品中，释放真情，宣泄压力。

文化和旅游部发布的《"十四五"文化产业发展规划》（文旅产业发〔2021〕42号）中明确提出："鼓励沉浸式体验与城市综合体、公共空间、旅游景区等相结合。" 例如，杭州宋城景区打造的"杭州宋城奇妙夜"活动，是探索异业合作的升级版。该活动突破惯有风格，将软萌的动漫 IP 融入节会元素，通过对主题街区的新颖包装，与已有网红打卡点互融，设计了丰富多彩的互动体验活动，吸引了众多亲子家庭和动漫粉丝加入，打造出了不一样的"杭州宋城"。

（2）教育。

由于游客的受教育程度不同，因此在同样的情境中，游客的教育体验差异较大。有的游客能主动接受教育并认识这种自我提升的过程和机会，有的游客则被动地接受新鲜事物而无法深刻感悟它。例如，在一些旅游景区开设的亲子项目中，家长和孩子需要一起完成一项困难的任务，景区服务人员会暗示家长要多鼓励孩子，让孩子觉得父母相信我的能力，父母在支持我。有的家长意识到这是一个学习教育孩子方法的好机会，而有的家长则只顾着完成任务拿奖品，完全没有意识到自己的教育体验。

（3）逃避。

忙碌的工作、复杂的人际关系等导致现代人承受的压力越来越大。当这种压力达到极限时，人们便渴望暂时逃避，放松身心。旅游本身带有"异地性"的特点，是暂时逃避压力的一种良好选择。人们到陌生休闲的环境，通过观赏山水或参与娱乐活动等方式，可以暂时忘却自我，抛开日常烦恼，达到释放压力、调节紧张情绪的目的。

（4）美感。

游客通过旅游活动欣赏自然之美、文化之美、民俗之美，将身心沉醉其中，获得愉悦、怡情的审美体验。不同的游客对美的体验的层次和深度是不同的。浅层体验者只能获得感官上的愉悦和舒畅；中度体验者能融汇其中，并抒发自己的情怀；深度体验者则能获得深刻的审美感悟，如感悟大自然的宽广博大，感悟自然中人的渺小，感悟对生活的热爱等。比如，观星旅游是近二三十年欧美国家兴起的一种旅游新业态，新西兰特卡波湖、澳大利亚乌鲁鲁、印度尼西亚布鲁姆山……围绕观星旅游建立了观测点及配套服务设施，为不同人群提供有针对性的服务，成为不错的观星之地。近年来，我国一些地方也在大力发展观星旅游，西藏阿里暗夜公园、黑龙江漠河、吉林长白山、青海茶卡盐湖都有一定的影响力。宁夏从 2019 年开始打造"星星的故乡"文旅 IP，以星空为主题的旅游产品正受到市场的关注和欢迎，以"沙漠星星酒店"等为代表的特色酒店和黄河、长城、草原等观星营地正在打造之中，星空朗读大会、观星研学旅游等活动相继开展。

行业广角镜 4-1 　　　　　　　　看演出登台献唱，住民宿种菜割蜜，宿帐篷细数繁星

——神农架时兴"花式"避暑游

近年来，神农架挖掘景区、民宿、游客聚集小镇潜力，在景区增设体验项目，游客看演出登台献唱，住民宿种菜割蜜，宿帐篷细数繁星……让民宿回归田园，开发夜经济让小镇好吃好玩，神农架"避暑经济"花样频出。今年上半年，神农架林区共接待游客 647 万人次，同比增长 249%。

看演出，登台献唱。7 月 23 日晚，神农架林区木鱼镇香溪街广场、杨家店百姓文化广

场、康帝君兰酒店广场3场文艺晚会同时开演，吸引了2 000多名游客驻足观看。游客们在享受凉爽夏天的同时，感受到了"火热"的旅游氛围。在木鱼镇香溪街广场举办的民俗文化展演上，武汉游客曹先生一首《一杯美酒》，引来台下阵阵掌声，体验一次"开演唱会"的感觉，他表示太爽了！

花样翻新，玩转"慢旅游"。在神农架天燕景区房车露营基地，游客带着孩子体验风洞飞行项目——体验"飞行家"。屈臂、抬头、顶胯、向前倒……一进入风洞，巨大的风力立刻让人"飞"了起来。之后，又带着孩子坐上亲子小火车，在景区刚刚建好的鹿苑，一家人和温顺的梅花鹿亲密接触，其乐融融。下午在露营烧烤基地，架起炉火，串好新鲜的羊肉，自己动手搞起户外烧烤。夜晚，风轻云淡，天燕星空帐篷营地搭起舞台，来自天南海北的孩子们或是逐个登台，或是一哄而上，玩得好不热闹。不知不觉间，夜深了，躺在星空帐篷露天床垫上，看着漫无边际的星空，偶然划过的流星让孩子们新奇不已。今年以来，景区新增风洞飞行、草地越野车、亲子小火车、童真坦克，还增加奢华型、尊享型、探索型房车，新建鹿苑，带动游客体验感全面升级。

回归田园，开发"甜蜜之旅"。游客来到神农架松柏镇，不仅是爬爬山、看看景、拍拍照，还要在八角庙村开启一段"甜蜜之旅"。他们穿过一片清怡的林荫，迎面峭壁上挂着的几十口蜂箱映入眼帘。阵阵清风拂面，蜜蜂嗡嗡悦耳，馨香的百花蜜沁人心脾。游客们被眼前的景象深深吸引，震撼之余纷纷拿出手机，把眼前的美景"秀"到朋友圈。这是中华小蜜蜂，是我国的本土蜂种，它们酿造的蜂蜜保留着'土著'蜜蜂的特殊品质。民宿经营者瞿女士推出了"甜蜜之旅"体验游，让前来住宿的游客观看"从花朵到蜂蜜"的过程。胆大的游客戴上防护帽，拿起割蜜刀，把新鲜的蜂蜜连带着蜂巢一起从养蜂桶里取出。大多数游客体验割蜜后，还会主动购买蜂蜜。去年，瞿女士通过体验游卖蜂蜜收益6万多元，占全年销售额的30%。除了"甜蜜之旅"，瞿女士还在蜂箱园前开垦了半亩菜地，种上黄瓜、辣椒、西红柿、四季豆等蔬菜，并为前来住宿的游客提供厨房、餐具，游客可到菜地种菜、采摘，自行做饭。

"夜经济"为旅游添彩。夜幕降临，神农架林区巴桃园篝火广场传出悠扬歌声，伴着篝火、鼓点回荡在山谷。7月以来，巴桃园成了神农架当仁不让的网红景点，每场篝火晚会都吸引大批游客参与。游客们聚在一起尽情舞动，吃烧烤，喝本地黄酒，消夏纳凉。篝火晚会每晚都在远离山林的篝火广场空地举行，火光、月光、星光融成一体，激活了城里人的夜生活热情。大九湖坪阡古镇森林酒吧试营业。酒吧在集镇河边的小树林里依势而建，几十张桌子中间围着草庐造型的吧台和操作间，令人好生惬意。几百米外，"火头营"民宿的戏台上，一场《薛刚反唐》正在演出。台下，几十桌客人边吃饭边听戏，不时传来爽朗的笑声。隐藏在古镇盐道水街里的精致小店，满满都是文艺范儿，吸引了众多游客前来"打卡"。遇见、倾城酒吧、茶香小镇……这些小店不大，但原木、碎石、绿植、盆栽俱全，一草一木、一砖一石都令人心情舒朗。

资料来源　刘汉泽.看演出登台献唱，住民宿种菜割蜜，宿帐篷细数繁星——神农架时兴"花式"避暑游［N］.湖北日报，2021-07-30（12）.有删减。

分析提示：旅行早已不仅仅是看风景，游客们更希望来一场特别的体验。神农架

"避暑经济"花样频出，以新业态提升游客的参与度、体验感，实现了从单一观光游向休闲度假深度游转变、从景区游向全域旅游延伸。

4.1.2 旅游景区体验产品的开发

1）旅游景区体验产品的开发原则

（1）需求性原则。

需求性原则可以理解为市场导向原则，而市场导向归根结底是由心理导向决定的。旅游景区体验项目的开发应从游客的需求出发，以人为本，真正满足游客的需要，为游客创造体验价值。游客的旅游需要是旅游愉悦，而旅游愉悦需要借助旅游动机和旅游偏好层层实现。因此，旅游景区体验项目的开发应在把握旅游愉悦的前提下，具体分析不同类型游客的旅游动机和旅游偏好。

需求性原则要求在项目开发之初进行市场调查，通过市场调查了解旅游者的具体偏好，再结合专家分析等方法，针对游客的需求理性而适度超前地设计体验项目。

（2）参与性原则。

根据体验层次的不同，游客体验可分为感官愉悦体验、审美愉悦体验、求知愉悦体验和忘我愉悦体验，但无论哪个层次的游客体验，都需要以旅游者的参与为前提。旅游景区体验项目的设计应从各个感官角度考虑，综合设计。为了使游客获得超值的旅游体验，旅游景区应开发能够让游客深度参与的体验项目，使游客在心灵上产生共鸣，从而获得高级层次的旅游愉悦。

（3）系统性原则。

旅游景区体验项目的开发必须注重系统性原则。旅游愉悦是对游客体验的总体要求，旅游景区的物质环境、旅游主题/故事、旅游产品/纪念品等，都会影响旅游愉悦的形成，即影响游客体验的质量。因此，旅游景区体验项目的开发应在系统性原则的指导下，突出和强化一个旅游主题，合理安排旅游线路（项目的时空安排），综合安排购物消费时间和食宿接待服务。旅游景区体验项目在大主题的驱动之下配合各种元素的设计，使得整个旅游景区成为一个协调统一的系统，将游客体验的全过程整体连贯起来，形成完整的游客体验和较高的旅游愉悦度。

（4）文化性原则。

在游客体验过程中，有深厚文化底蕴的体验项目能够通过产品和服务背后的文化内涵与游客个人的内在因素发生相互作用，从而满足游客在精神上的需求。旅游景区在开发体验项目时，应充分挖掘景区的文化内涵，提升体验质量。当然，旅游景区应避免自己的产品和其他景区雷同，力求创造符合自己景区特质的、独一无二的体验，满足游客求新、求异的个性化需求。

行业广角镜4-2　　　　　　　　　　　舟山：特色体验活动备受游客青睐

2018年"五一"小长假，各地游客纷纷聚集朱家尖，徜徉里沙、青沙、牛头山、猫跳、筲箕湾渔村等景点，欣赏花海美景。据悉，4月29、30日两天朱家尖共接待游客11 000余人。

阳光明媚，春风习习。5月1日上午10时，在朱家尖乌石塘景区的一座凉亭内，一群游客围成一圈，好奇地看着正在进行的一场鱼拓画制作。鱼拓画制作台上放着一条约0.5千克的鲈鱼，14岁的小游客焦鹏维在听完工作人员的介绍后，迫不及待地拿起画笔，在调色盘上蘸了蘸，顺着鱼鳞的方向，将颜料涂到鲈鱼的上半部分。随后，他还细心地检查了一遍，看有没有漏涂的地方。涂完后，焦鹏维将宣纸居中放在鱼上，再用手轻轻按压，仔细抚平。最令他兴奋的就是揭纸的那一刻，就如揭开鱼拓画的神秘面纱一般。轻轻一拉，一条橘黄色的鲈鱼跃然纸上，经过补鳍和点睛，一幅栩栩如生的鱼拓画作品展现在眼前。"这个活动非常好，体验感十足，孩子对自己的作品很满意，说要拿到家里挂起来。"孩子的妈妈告诉记者。南沙滑沙、沙雕体验、东沙风筝DIY、乌石塘渔家织网秀……这个"五一"，朱家尖根据景点特色，安排了一系列丰富多彩、趣味性强的活动，并且在活动设计上进一步增强了游客的参与性和体验性，营造了热闹的节日氛围。

中午11时，在朱家尖白山景区的奇石馆里，一场茶艺表演吸引了从上海嘉定来舟山旅游的赵女士和她的丈夫。茶艺师金红一身素净白衣，将茶荷里的普陀佛茶轻轻倒入装了三分之一热水的茶盏里，随着轻柔摇香，一阵茶香立刻四处飘散，接着她以定点注水的方式小心冲入八九十摄氏度的热水，然后用茶勺轻轻将茶盏里的茶舀到白色的小瓷杯里，清香四溢的普陀佛茶得到了游客们的一致好评。"今天近距离观看了茶艺表演，自己也体验了一番后才知晓，原来通过艺术性手段冲泡出来的茶水这么好喝，真的是一种美的享受。"赵女士说。悠扬的古典音乐声中，苍翠的青山里，远道而来的客人们品茗对话，体验分享着茶艺之美。茶香、乐音和山水相辉映，构成了一幅美丽的风景画。

资料来源　佚名. 舟山：特色体验活动备受游客青睐［EB/OL］.（2018-05-02）. https://travel.china.com/trend/11167065/20180502/32367637.html. 有删减。

分析提示：游客的旅游内在需求是愉悦，旅游景区体验项目的设计应以人为本，让游客以个性化的方式参与其中，从而感受到放松、变化、新奇、刺激等心理快感，真正满足游客的需要。

2）旅游景区体验项目的设计步骤

（1）旅游景区资源分析。

旅游景区资源分析是体验项目开发的初始步骤。旅游景区应通过对所拥有的自然旅游资源和人文旅游资源进行全面的考察，了解主要资源类型、资源等级和资源优劣势，对重点资源和潜在优势资源进行有效、可持续的开发利用。对旅游资源的全面把握，是旅游景区体验项目设计的前提。

（2）旅游景区环境分析。

旅游景区环境分析主要包括区域经济环境分析、竞争环境分析、社会文化环境分析、政治环境分析等。区域经济环境分析主要对旅游景区所在区域近年的旅游发展情况及其他相关产业的发展情况进行分析，以把握经济发展规律及区域旅游业的发展趋势。竞争环境分析是对旅游景区周边类似的旅游产品进行对比研究。社会文化环境分析和政治环境分析有利于旅游景区充分借助各种人文和政策优势，增加体验项目设计的魅力。

对旅游景区环境进行分析以后，旅游景区便可总结出自身发展的 SWOT（优势、劣势、机遇、威胁）分析图谱，利用发展优势，抓住发展机遇，克服外界环境带来的不利因素，顺应旅游业发展的趋势，把握科学合理开发的大方向，在此基础上提出旅游景区发展的总体战略和目标，从而为体验项目的设计提供宏观思想指导。

（3）市场需求分析。

一个成功的旅游景区体验项目，不仅能够为游客提供基本的体验需要，还能够为游客提供想要的体验和意外的体验。因此，旅游景区在项目开发之初应充分把握游客究竟需要什么，他们为什么对这个旅游地感兴趣，设计什么样的产品才能提高他们的体验质量等，而对这些内容的把握正是市场需求分析所要解决的问题。

市场需求分析可以结合专家分析法和市场调查法进行。专家分析法即通过专家的眼光对游客体验动力机制进行把握，层层了解游客的体验内驱力、体验需要、体验动机和体验偏好，进而总结出游客体验的一般性需求。市场调查法则形式多样，可通过游客问卷调查、旅行社访谈、网络调查等方式进行。市场调查法所提出的问题一般在专家分析结论的基础上形成，通过相关问题的提出和相关体验项目的假设性测试，把握游客（包括潜在游客）的具体需求。

（4）体验主题的提炼。

构思一个定义良好的体验主题，就像为一个参与性的故事撰写剧本，为剧情的发展提供线索，并由此展开体验的剧情。体验主题是整个旅游景区的灵魂，它犹如一篇文章的中心思想或一支乐曲的主旋律，将旅游景区的各个项目和各类产品串联起来，形成一定的内在关系，从而为游客创造整合的体验感受，留下难忘的回忆。

体验主题的提炼应达到以下几个方面的要求：

①新颖性。旅游景区体验项目的主题必须新颖，凸显个性，避免与其他旅游景区体验项目的主题雷同，这样才能激发游客的尝试欲望，满足游客逃避现实生活世界、在旅游世界寻求愉悦的总体需要。新颖独特的主题具备调整游客现实感受的诱惑力，能够使游客得到在现实生活世界中感受不到的特殊体验，能够使游客在忘我的旅游世界中补偿欠缺，彻底放松自我或实现自我。例如，中国一汽可整合汽车展览厅、冲压线、焊接线和总装线等，以"汽车文化"为体验主题，向人们展示"汽车是怎么造出来的"；周君记可以产业链为线索构建一个崭新平台，向人们展示地道的重庆"火锅文化"；哈药集团根据自身的产品特性和社会追求健康的心理，可以"养生文化"为主题引领工业旅游的发展。

②本土性。游客在补偿欠缺、实现自我的旅游内驱力之下进行旅游体验行为，他们期望得到的体验必然是异于现实生活世界的平常体验。旅游世界是现实生活世界的溢出部分，它之所以能被称为旅游世界，主要在于它呈现给游客的是异于现实生活世界的情景，而这种差异性根植于旅游世界的地域性。体验主题的提炼应当牢牢抓住这一差异性，从旅游景区本土的地脉和文脉当中挖掘主题特色，帮助游客更好地进行记忆区别，以确保旅游景区的生命力持久不衰。

③整合性。体验主题的整合性是指体验主题能够将旅游地的各类资源有机地组合在一

起，形成一个完整的体验体系，从而带给游客整体的愉悦感受。好的体验主题将旅游地的时间、空间和事物协调成一个不可分割的整体，各类体验项目和体验元素有机地、有序地融合在这个整体之中，从而使游客形成立体的、全方位的体验，彻底改变游客对现实生活世界的感觉，完全沉浸在旅游世界的愉悦之中。

3）不同类型旅游景区体验项目的开发

（1）观光型旅游景区体验项目的开发。

根据前述，游客体验包含了感官愉悦体验、审美愉悦体验、求知愉悦体验和忘我愉悦体验，它们分别代表了游客体验的游乐状态、崇高状态、陶醉状态和巅峰状态。大部分观光型旅游景区都能给游客带来前三种状态，特别是旅游资源品级高且奇特的旅游景区，而要达到巅峰状态，还得看游客的个人修为。

生态型、自然型旅游景区应尽量展现山川的壮美，对于有震撼力的景点应力求从不同的视角来展示它，从而使游客能够从不同的角度欣赏其美丽的姿态，让游客流连徘徊在美景前。同时，旅游景区应少一些人工建筑物和构筑物，多一些原生态的景观，除了必要的功能性建筑，尽量少建或小建，从而使大自然的美直接呈现在游客面前，让游客体验到崇高和陶醉。必要的功能性建筑应能够使游客停留下来，坐在美景面前休闲，如边品茶边赏景，从而放慢游客的观赏速度，让游客的心灵在大自然面前栖息。将观光和休闲结合，在观光中达到休闲的目的，是提高观光型旅游景区体验项目质量的秘诀。因此，必要的功能性建筑应该尽量规划为旅游景区的休闲体验空间。

对于历史文化型旅游景区，如古城、古镇、古村落，游客要达到后三种状态是较为困难的，民俗文化表演只能让游客进入游乐状态。构建完善的解说系统，使游客对旅游景区的历史文化内涵、民俗文化生活、建筑特色、环境空间有深刻的认知，是提高游客体验质量的关键。如果游客能沉醉于此，长期住在古城、古镇、古村落里面，体验古色古香的氛围、宜人的环境和丰富的民俗文化生活，甚至将自己置于忘我的状态，把自己作为当地居民的一分子，则体验质量就会大大提升。实际上，此时的历史文化观光已经转化为古城、古镇、古村落的休闲度假。

（2）度假型旅游景区体验项目的开发。

度假型旅游景区体验项目涵盖范围比较广，本书以资源依托型旅游度假体验项目为例来进行分析。资源依托型旅游度假体验项目的开发不仅应以区域内具有不可复制的先天优势的自然资源或文化资源为核心，而且应具有规模化效应。

以森林植被养生类度假型旅游景区体验项目为例，其依托丰富多彩的森林植被景观、沁人心脾的森林空气环境、健康安全的森林食品、内涵浓郁的生态文化等优质的森林资源，与现代医学和传统中医学有机结合，并配备相应的养生休闲、医疗及康体服务设施，在森林中开开发出一系列以改善身心健康、保健、养生、养老为主要目的的森林康养旅游度假产品，如生态游憩、养生康体、运动探险、特色酒店、养生养老地产等项目。

比如，浙江莫干山的山地养生型旅游度假目的地，打造世界裸心神圣养生之地，远离尘嚣、回归自然，以顶级森林山水基底为抓手，引入高品质养生度假产品，富氧优质的森林环境、百年人文别墅群、高端养生度假聚落的组合拳打出了一番新天地。

　　　　从卖旅游产品到卖生活方式　三亚度假酒店引领旅游新变化

海南省的酒店顺应消费升级的大趋势，逐步从功能性消费转换到以极致的精神体验为核心——从卖旅游产品到卖"生活方式"，引领旅游新变化。

酒店，不仅仅是住宿

以休息减压、放松身心为目的的休闲旅游将呈现怎样的趋势？《2017中国休闲度假指数》发布了休闲旅游的六大趋势，其中包括无景点、以酒店为中心、融入当地人生活区域等。酒店，在休闲旅游中扮演重要角色。

2018年4月28日，由复星国际投资110亿元建造的三亚·亚特兰蒂斯酒店正式开业，该酒店由国际酒店管理集团柯兹纳国际运营管理。整个项目占地54万平方米，拥有1 314间全海景房及水底套房和21个餐饮点位，同时该项目拥有20万平方米的亚特兰蒂斯水世界、海水总量达1.75万吨的水族馆，还有可同时容纳1 800位观众的海豚湾剧场，是一座集度假酒店、娱乐、餐饮、购物、演艺、特色海洋文化体验等丰富业态于一体的旅游度假综合体。作为一站式娱乐休闲及综合旅游度假目的地，酒店的愿景是为宾客打造非凡体验和终生难忘的美好回忆。这是一个充满想象又令人惊叹的度假胜地，希望人们都可以在这里找到属于自己的梦幻旅程。

构建一个度假世界，这与"红树林"品牌的运营理念不谋而合。红树林首创的"1+X"度假生活方式，将时尚、娱乐、艺术、餐饮、亲子等生活方式集于一身，带给了人们全新的度假体验。"1+X"的度假生活方式把娱乐、亲子、餐饮、购物等生活元素整合在一起，让所有年龄层的人都能长时间停留，衣食住行、吃喝玩乐全都有，可以自由穿行，随意体验。

丰富体验促客源结构日趋多元

无论是在占地20万平方米的亚特兰蒂斯水世界畅游刺激的水滑道，还是在海豚湾、海狮乐园与海洋哺乳动物亲密互动，抑或是在特色餐厅和酒吧中领略寰球美食，三亚·亚特兰蒂斯酒店为人们构筑起一个充满创意与乐享的玩趣世界（如图4-1所示）。"失落的空间"水族馆位于度假区最为神秘的中心地带，这里是逾280种淡水和海水动物的家园，引领人们探寻奇趣斑斓的水下世界。

图4-1　三亚·亚特兰蒂斯酒店丰富的海洋体验项目

有着奇妙的感官体验和刺激的玩乐项目，酒店正在成为人们休闲度假的目的地。除了有七大不同主题的酒店客房，酒店还有亲子水上乐园、71家特色餐厅、今日书屋、今日艺术汇等完备的设施和全业态的配套，利用这些资源打造娱乐休闲度假平台，希望让更多市民和游客享受不同的度假生活。从3月起，三亚湾红树林度假世界每个月都会推出一项活动，让更多市民和游客参与其中，提升度假体验。3月举行的"地球一小时"活动，吸引了众多亲子家庭加入跳蚤市场，活跃的人气使活动持续了两天；4月底举行的"千人泡泡趴"让5 000多人尽享夏日激情，而抖音比赛也极大契合了年轻人的喜好。据透露，5月19日的"千人假面电音趴"和六一儿童节的家庭日活动也正在紧锣密鼓地筹备中，并将展现酒店的多元化魅力。

全业态的配套和丰富的活动，使得酒店的客源结构愈发多元，亲子家庭、蜜月爱侣、商务人士等占据相当大部分比例，而具有国际范儿的活动也使酒店受到韩国及俄罗斯客人的青睐。

资料来源　赵优. 从卖旅游产品到卖生活方式　三亚度假酒店引领旅游新变化［EB/OL］.（2018-05-11）. http://news.hainan.net/zixun/2018/05/09/3655848.shtml.有删减。

分析提示：休闲度假型旅游景区体验项目的设计，不能仅停留在对环境和硬件设施的要求上，更需要开发全业态的配套产品和丰富的体验活动。

（3）专项旅游体验项目的开发。

主题性、探索性、个性化、追求自我超越、追求新奇和刺激是游客的心理需求，随着旅游业的深入发展，专项旅游的游客会越来越多。因此，旅游景区应根据游客的心理需求来设计专项旅游体验项目。其中，户外体验项目如自驾车营地、露营地的设计等，在今后将越来越受到喜爱。很多旅游景区在这方面的设计还比较滞后，服务管理更是需要加强。自驾车营地不仅要有好的环境，有山有水，交通便利，还要有好的用地条件，能停放较多的车辆，在车旁可搭建帐篷，有供水、供电设施，晚上能举行集体活动，如烧烤、篝火晚会等。游客在搭建"房屋"、野餐等集体娱乐活动中，能够体验到快乐。例如，深圳国旅主办的"深圳情旅"活动，推出了"旅游+交友"的全新模式，在游览秀美风光的轻松氛围中，通过"问候语""看家厨艺大赛""竹筏山歌对唱""榕树下面抛绣球"等一系列活动，为游客创造交往契机。

4.2　文化旅游产品开发

4.2.1　文化旅游产品的概念和类型

1）文化旅游产品的概念

文化旅游产品就是将文化贯穿和体现在旅游的食、住、行、游、购、娱六个要素中，是典型的以文化属性吸引游客的产品，文化旅游的快速发展正是这种消费趋势的表现。广义的文化旅游产品即具有鲜明文化特色的旅游产品，也即人文旅游产品。与此相对应，狭义的文化旅游产品则是指旅游企业或其他组织依托特定的文化元素或文化主题而开发的，用以满足人们的文化旅游需求，或者个体、组织的特定文化需求的旅游产品。文化旅游产品一般涵盖一个或多个文化领域，如宗教文化旅游产品、传统文化旅游产品等。

文化旅游产品是体验经济时代最典型的体验产品。文化旅游产品与其他满足人们基本生理需要的商品相比，其最大的特点就是能够在感官上和精神上同时为游客提供一种"美"的体验。例如，乡村旅游产品若没有文化依托、没有精神体验，仅靠简单的采摘、农家饭是留不住游客的，乡愁难寻，乡亲也难富难留。

┌ 微型资料 4-1

《中华人民共和国国民经济和社会发展第十四个五年规划和 2035 年远景目标纲要》提出，推动文化和旅游融合发展，坚持以文促旅、以旅彰文，打造独具魅力的中华文化旅游体验。"以文促旅"即文化特色塑魂，文化品牌赋能，文化展演活游，艺术工艺创品，以及 IP 价值整合。"以旅彰文"即"八化"：文化产品化、文化业态化、文化主题化、文化品牌化、文化体验化、文化游乐化、文化互动化、文化情境化。文旅融合是一个系统化的工程，围绕系统工程的理念，未来文旅融合之路上要实现五大方面的融合，即机构的融合、场所的融合、业态的融合、产品的融合、管理的融合。

2）文化旅游产品的层次

根据文化旅游产品自身的特点和文化哲学的一些研究结论，文化旅游产品可以划分为文化载体、文化内容、文化精神和文化价值四个层次。

（1）文化载体。

文化载体是文化旅游产品借以表现其文化内涵的形式。例如，佛教文化旅游产品对佛教文化的呈现可以采用油画、寺庙建筑、石刻浮雕等艺术形式；对影视文化的表现可以采用电影节、影视展播、电影器材展览等形式；对革命精神的表现可以采用博物馆、革命圣地景区游览以及文艺演出等形式。再如，扬州东关历史文化街区街南书屋设立 24 小时城市书房、瘦西湖万花园依托"游客之家"设置"游客书房"、高邮盂城驿景区南门大街"诗秦画驿·一邮倾心"非遗进景区活动等，这些都能够很好地促进景区文化传承、文化传播。这几年各地因地制宜地建设集宣传、教育、培训、研究功能于一体的社会实践基地、新时代文明实践基地、研学旅行基地等，这些基地承担着爱国、国防、党性、廉政、科普、生命、安全、环境（生态文明）、家风（家训）、传统美德、禁毒防艾等类型的教育功能。

（2）文化内容。

文化内容是文化旅游产品通过不同的文化载体所承载的文化主题。例如，井冈山革命根据地的红色文化旅游，其文化内容就是红军革命历史回顾；无锡灵山胜境的文化内容就是佛教经典或传说等。

（3）文化精神。

文化精神是文化旅游产品通过文化载体对文化内容的演绎所希望表达的精神境界或价值观念，它是文化旅游产品的灵魂所在。例如，井冈山革命根据地通过历史遗迹对革命历史的再现，向人们传递爱国、献身的革命精神；法国戛纳电影节通过举办节庆活动，展现不断创新、追求卓越的电影人精神；佛教文化旅游景区通过寺庙建筑及其他艺术形式，展现刻苦修行、扶危济困等教化世人的精神、教义等。

（4）文化价值。

文化价值是指文化旅游产品对人类社会的文化传承意义，以及作为旅游产品的市场价值。文化价值在文化传承方面与文化精神层次有重合的部分，但文化价值更强调文化旅游产品对人类社会的文化贡献。例如，巴西的狂欢节具有对巴西传统文化习俗的传承意义，同时该节日也为巴西的旅游业带来了可观的收入；山东曲阜孔庙一方面是中国儒家文化的传承，另一方面也的确为当地的文化旅游业带来了巨大的发展空间。

文化旅游产品的这四个层次不是孤立存在的，它们之间是相辅相成、互相依存的关系。首先，优秀的文化旅游产品需要有"美"的载体和易于被人接受的文化内容；其次，文化旅游产品还必须要有文化精神，否则它就只是一个物质空壳而已；最后，文化旅游产品还必须具有一定的文化价值，否则它就无法存在下去。

3）文化旅游产品的基本类型

（1）文化主题景区。

文化主题景区是目前文化旅游产品中所占比例最大的一类，它是依托某一文化主题而开发的文化旅游产品。例如，宗教文化旅游产品系列（佛教、道教等）、古文化遗址、文化主题公园或景区等，具体包括无锡灵山胜境、杭州宋城景区、无锡影视基地（三国、水浒）景区、开封清明上河园、西安秦始皇帝陵博物院、三亚南山文化旅游区、湘窖生态文化酿酒城等。

（2）历史文化街区。

二维码10

文档：第一批
中国历史文化
街区名单

历史文化街区是历史文化名城的有机组成部分，是特殊类型的文化旅游产品，也是人们日常生活的场所。2015年4月3日，住房和城乡建设部、国家文物局下发了《关于公布第一批中国历史文化街区的通知》（建规〔2015〕51号），公布北京市皇城历史文化街区等30个街区为第一批中国历史文化街区。

（3）创意文化园（街）区。

创意文化园（街）区是一系列与文化关联的、产业规模集聚的特定地理区域，是一种具有鲜明文化形象并对外界产生一定吸引力的，集生产、交易、休闲、居住为一体的多功能园区。园区内形成了一个包括"生产-发行-消费"的产供销一体化的文化产业链。创意文化园（街）区推崇创新及个人创造力，强调文化艺术对经济的支持与推动。"创意文化"的本质在于寻求特色和差异。近年来，越来越多的创意文化园（街）区、企业和艺术表现形式受到游客的喜爱。例如，坐落于南京总统府旁的北京798艺术区、南京1912街区、福州福百祥1958文化创意园、上海"八号桥"创意产业园区等（如图4-2所示）。

北京 798 艺术区

南京 1912 街区

福州福百祥 1958 文化创意园

上海"八号桥"创意产业园区

图 4-2 创意文化园（街）区

（4）城市名片类文化旅游产品。

城市名片类文化旅游产品是近年来城市营销盛行的产物，一般以当地特色文化为灵魂和基础进行开发和经营，既有历史遗迹的复原品，也有当代的作品。例如，各地的地方文化展览、地方风俗类旅游产品、富含地方特色的地标等，具体包括武汉的楚文化旅游产品、无锡的吴文化旅游产品、北京的"京味儿"文化旅游产品、上海东方明珠电视塔（代表时尚现代文化的文化旅游产品，其对于上海的意义相当于埃菲尔铁塔对于巴黎的意义）等。

（5）节庆仪式类文化旅游产品。

节庆仪式类文化旅游产品主要是指那些能够满足旅游者对异质文化的憧憬和追求的理想型文化旅游产品，这类文化旅游产品通过节日或固定庆祝活动向人们展示某种特色文化或者人文精神。例如，特定文化的仪式、文艺活动、异域情调的习俗等，具体包括孔庙的祭孔仪式、洛阳国际牡丹节、潍坊国际风筝节、德国慕尼黑啤酒节、少数民族婚丧嫁娶仪式以及各种能够满足游客文化游览需求的旅游产品。

（6）旅游文化演出类文化旅游产品。

旅游文化演出类文化旅游产品主要依靠演艺作品的品牌效应和魅力元素吸引大批客流和商机，把演艺和观光旅游结合起来，以拉动休闲经济的发展，并形成大范围延伸的产业链和产业集群。近年，以旅游演艺为代表的"夜色经济"逐渐成为景区吸引的"标配"。旅游演艺作为文化创意的一种特定形式，需要强调自身的 IP，但 IP 并不仅仅是内容上的独一无二，而是需要能够转化为市场号召力的独一无二，不同类型的旅游演艺作品应该"因地制宜"。

（7）"自然被人化"的文化旅游产品。

在中国的山水文学描写中，自然万物如天地日月、春夏昼夜、晨昏昼夜、风雨雷电、江河湖海、花草树木及鸟兽鱼虫等，大都被拟人化了，结果转变为千姿百态的象征符号，用以表现或寄托人的情感、意趣、精神与品格。例如，华山的"劈山救母石"、长江三峡的"望夫石"、云南石林的"阿诗玛"、桂林漓江的"三公主"等，都因神话传说而被赋予了特殊的人文情怀。一块人形的石头、一棵古树、一条山涧，只要以传说、典故等方式被赋予了人文精神，就具备了某种神韵而令人向往。

4.2.2　文化旅游产品的开发原则及步骤

1）文化旅游产品的开发原则

（1）突出文化特性的原则。

文化特性是文化旅游产品最根本的特征，也是文化旅游产品与其他类型旅游产品最重要的区别。虽然旅游产品多少都和文化有些关联，但对于文化旅游产品而言，突出的文化性是它的生命线。文化旅游产品的文化性主要表现在：其所有外在形式都是围绕着特定的文化而存在的；能够满足组织和个人对某种文化的审美需要；包含了多种文化元素。以葡萄酒文化旅游为例，葡萄酒的本质是浪漫、健康、社交和情绪，其旅游文化的体验特征既要有企业及产业的同样的品牌诉求，更要强化园区的葡萄酒文化塑造、营销创新和社会公共关系的互动，通过资源价值化、价值品牌化、品牌故事化、故事情境化、情境体验化、体验社交化的方式，达成与消费者沟通、交流的目的。

（2）注重身心体验的原则。

文化旅游产品以其浓厚的文化气息满足人们对特定文化的心理需要，能够为人们提供独特的文化体验，可以是怀旧也可以是寻找慰藉。这一点是文化旅游产品与自然旅游产品的一个重要区别。例如，位于济南曲水亭街的路大荒故居，采用了不同于现有名人故居的运营模式。一位叫马克的人把这座名人故居租用过来，开起了济南故事休闲吧，室内摆放了老电视、留声机、电影机、咖啡、洋酒，马克用微信、微博、QQ等互联网手段推广他的休闲吧，各色人等在这里聚集，听听民谣，做做手工，聊聊老济南往事，包括曾经住在这里的路大荒。马克说："我租下路大荒故居，在这里卖历史和文化，经营咖啡和啤酒，还有慢生活和老故事。虽然一眼瞧上去，除了门牌，很难找到与路大荒有所关联的东西，但是曾经有人奔着路大荒而来，离开时却喜欢上了济南故事，也有人慕济南故事之名而来，离开时知道了路大荒。"

（3）更加个性化的原则。

文化旅游产品的灵魂是文化，而文化又可以依据不同的标准进行分类，如不同地域的文化、不同民族的文化、不同时代的文化等，这些都构成了文化的多样性，同时也形成了文化旅游产品的个性化。例如，印尼巴厘岛乌布是巴厘岛著名的旅游胜地，也是蜚声世界的艺术村落。乌布随处可见的工艺作坊、博物馆以及过半数原住民艺术工作者见证着传统文化的传承发展，乌布还成为数十年来西方艺术家的艺术灵感摇篮。本地人传承发展传统艺术文化，"新乌布人"带来现代创意艺术文化，引入了人与精神互动的禅修产品，开发了人与自然和谐共生的稻田度假村，在保存乌布古朴风貌的同时，低调融入时尚度假元素，为乌布注入时代活力，同时延续了文化及艺术的持续生命力。

（4）更强互动性的原则。

文化旅游产品的本质就在于其能够给游客提供独特的文化体验，体验的过程同样也是一个互动的过程。这里讲的互动可以是精神上的共鸣，也可以是形式上的参与。例如，宗教文化景区或革命圣地等都可以使游客产生一种精神上的共鸣，使其产生文化亲切感。此外，很多文化旅游景区或景点还会推出很多让游客参与的项目，以增强其文化体验的效果。例如，无锡灵山景区就为游客提供了转经筒、烧香拜佛、放生、抱佛脚等参与性活动，以加深游客的佛教文化体验。

（5）多重价值性的原则。

文化旅游产品之所以会被游客广泛接受，就在于其存在的多重价值意义，或者说文化旅游产品开发的意义已经超出了其本来的旅游观光的范畴。例如，宗教文化景点除了能够满足人们旅游观光和文化体验的需要外，还兼有为人们提供精神家园的意义；革命圣地除了能够满足人们对"红色旅游"的向往以外，还肩负着进行爱国主义教育的重任；一些具有城市名片意义的文化旅游景观，不但可以满足人们游览的需要，还可以美化城市环境、提升城市形象等。总之，文化旅游产品与单纯的旅游观光产品相比，具有多重价值。再如，5A级旅游景区景德镇古窑民俗博览区，从2009年开始按计划复建复烧了宋代龙窑、元代馒头窑、明代葫芦窑等古窑，复活传统手工制瓷技艺，11座典型瓷窑成为文化旅游景观，在吸引游客的同时以生产性方式有效保护传承了国家级非物质文化遗产，走文旅融合之路，实现了文化遗产保护传承和旅游产业发展的双丰收。

二维码11

链接：景德镇古窑民俗博览区官网

2）文化旅游产品的开发步骤

（1）挖掘文化旅游资源。

文化旅游产品需要依托一定的旅游资源，并以文化创意为支撑。挖掘文化旅游资源是文化旅游产品设计的前提，既包括对"遗失"于现实生活但"存活"于典籍的具有旅游开发价值的文化资源的抢救、整理、呈现，也包括对已经开发利用的文化资源进行更深层文化价值的探索和研究。旅游景区应在挖掘整理的基础上，筛选出旅游资源的核心文化价值，围绕核心文化价值开发出层次性、系列化和高品位的文化旅游产品，以重塑文化旅游产品和产业品牌的形象，这可以采取"大同小异"的挖掘开发方式。所谓"大同"，是指对文化旅游资源的挖掘和开发要体现一个共同的主题；所谓"小异"，是指不同层次的文化，其表现形式要多样化。

比如，作为中国首个入选世界非遗的节日，端午节的历史与发展涵盖了古老星象文化、人文哲学等方面内容，蕴含着深邃丰厚的文化内涵，在传承发展中杂糅了多种民俗为一体，内容丰富。在古北水镇，端午节不仅保留、延续了赛龙舟、包粽子、舞龙舞狮等传统民俗活动，并与长城文化相结合，在还原经典的基础上注入新意。晨光之中，司马台长城游龙舞动；端午在古代北方人心目中是毒日，民间一直流传着"射五毒"的习俗，景区将五毒图像贴在靶子上，游客可用弓箭、石子射打图像表示驱散五毒；还有给孩子佩戴"五彩线"，按照传统习俗在太阳出来之前系上，而且五种颜色不是随便用五种颜色就行，必须是青、白、红、黑和黄色。在四川泸州的长江湿地公园，除了端午节的品粽子、观茶艺、做香囊，汉服爱好者们还带来了古琴、古风舞蹈表演，另外还有扇面国画体验，国画老师教大家画粽子、熊猫等端午和四川元素。西塘景区本身就以汉服为主打特色，契合端午文化氛围，景区里的端阳渡以摇橹船为原型，在船头安放龙头，以旗帜、船体绘画等为装饰，引领仪仗队进行水上巡游，为沿途游客送上节日祝福，在景区主人口还有画额和沐兰汤、送香囊体验。

（2）打造文化旅游产品。

对于文化旅游产品的打造，旅游景区可以从以下三个方面着手：①选准切入点，突出产品的层次性，如对民俗风情旅游资源可从多个切入点（包括观览、参与体验、知识教化等）进行创意规划和开发；②提炼主题，突出产品的系列性，旅游产品的主题越鲜明，就越有利于对旅游产品分层次、多视角地进行展示和设计，通过强化、充实、剪裁、协调、烘托等创意手法，使其内涵得到充分发挥，从而为旅游者创造出层次丰富而深刻的旅游体验；③丰富文化内涵，突出产品的高品位性。旅游产品品位的高低与旅游产品的文化含量有着十分密切的关系，用创意打造的旅游产品应体现出异地和异时的文化风格及独立的文化主题，以突出旅游产品和旅游场景（或旅游环境）的文化性。

对于物态文化，旅游景区要侧重于借助可视文化载体进行"全方位"的"展示"；对于行为文化，旅游景区要侧重于旅游产品互动性价值的充分发挥，精心选择与游客的互动方式；对于心意文化，旅游景区要侧重于"氛围"的营造，强调对游客心境体验的满足。

（3）强化旅游营销。

旅游景区应通过旅游营销构筑产品竞争优势。首先，选准旅游营销的载体和突破口，用发散的思维进行营销组合，将所有有助于旅游营销的要素都纳入旅游营销的范围；其次，建立目标旅游者群体的品牌忠诚，将弹性的思维运用到营销策略中，针对不同的客源市场、不同的旅游者群体、不同的产品体系，在营销主题、营销内容、营销形式、营销渠道等方面，采用不同的营销策略。

4.3 旅游融合产品开发

4.3.1 旅游融合概念

旅游融合主要指在政府引导、企业主体、金融支持、市场运作、社会参与的大格局下，加快文化及其他资源与旅游资源的整合，探索创新发展新业态，共同推动旅游产业、文化和其他产业的转型升级。推进旅游与其他产业跨界融合、协同发展，提供更多精细化、差异化的旅游产品，研学游、文体游、购物游、乡村游、海洋游、医养游等新业态产品"百花齐放"，延伸产业链，创造新价值。

比如，2020财年迪士尼线下的主题公园受疫情影响，收入同比下降37%。但其总营业收入为653.88亿美元，同比仅下滑6%。迪士尼股价不仅没有下跌，反而上涨6%。原因是迪士尼的媒体网络业务收入同比增长14%，直接面向消费者的业务及国际业务收入同比增长81%，其流媒体用户超预期增长，已达到7 370万人。这就是线上线下结合、旅游和相关产业融合的多元化带来的抗风险能力，迪士尼的旅游业务占比仅25%，但这丝毫不影响其成为世界级旅游企业集团。结合旅游产业的特征，我国需要培养发展一批以品牌为核心的线上与线下结合、具有产业融合能力的旅游企业集团，在目的地层次上推进"旅游+"与"+旅游"。

我国《"十三五"旅游业发展规划》提出实施"旅游+"战略，包括旅游+城镇化、旅游+新型工业化、旅游+农业现代化、旅游+现代服务业，以及旅游与文化融合发展、旅游与健康医疗融合发展、旅游与教育融合发展、旅游与体育融合发展、旅游与商务会展融合发展等。《国务院办公厅关于促进全域旅游发展的指导意见》提出推动旅游与城镇化、工业化和商贸业融合发展，推动旅游与农业、林业、水利融合发展，推动旅游与交通、环保、国土、海洋、气象融合发展，推动旅游与科技、教育、文化、卫生、体育融合发展。全域旅游的一个关键要素是"全域融合"，即从封闭的旅游自循环向开放的"旅游+"融合发展方式转变，加大旅游与农业、林业、工业、商贸、金融、文化、体育、医药等产业的融合力度，形成综合新产能。文化和旅游部《"十四五"文化和旅游发展规划》提出"积极推进文化和旅游与其他领域融合互促，不断提高发展质量和综合效益"。

4.3.2　旅游融合产品类型

旅游与其他产业跨界融合协同发展形成旅游融合产品，其业态非常丰富，类型多样。目前比较具有代表性的有：

1）教文旅融合产品

教文旅融合产品主要指研学产品，传统说法谓之"读万卷书，行万里路"。2014年我国首次明确将研学旅行纳入中小学生日常教育范畴，2016年，又将研学旅行纳入中小学教学计划。同年，《研学旅行服务规范》发布，对研学旅行进行了界定："研学旅行是以中小学生为主体对象，以集体旅行生活为载体，以提升学生素质为教学目的，依托旅游吸引物等社会资源，进行体验式教育和研究性学习的一种教育旅游活动"。2017年教育部印发《中小学综合实践活动课程指导纲要》指出，要以优秀传统文化、革命传统教育、国情教育、国防科工、自然生态等为主题，打造研学旅行精品课程。政策鼓励下，研学活动成为素质教育领域的重要赛道之一。

目前市场上的研学产品按照活动形式主要分为游学类研学和营地类研学。游学类研学旅行以参观、学习和交流为目的，以"游"为核心，注重体验；营地类研学旅行包括各类人文艺术、科技文化以及军事体育等主题式营地教育产品。研学旅行有机衔接了理论学习与课外实践、课堂教学与旅行体验，有利于帮助学生开阔眼界、增长知识，促进书本知识和生活经验的融合。随着人们生活品质的提升，教育方式不断多元化，研学旅行既把学习融入旅行体验中，也把旅行上升成为学习活动，越来越受到学校和家庭的认可。

2019年，我国研学旅行市场规模约为164亿元，主要参与研学旅行业务的企业有7 300多家。携程发布的"2021暑期旅游大数据报告"显示，休闲亲子游、研学旅行体验成为暑期定制游的主力。研学旅游产品较2020年暑期增长超过650%，研学类产品搜索量较去年同期增长2倍以上。

2）农文旅融合产品

农文旅融合产品是指依托区域农业优势和乡村特色文化，开发集农业生产、农事体验，融合农业文明、园艺展示、人文价值、生活趣味等文化要素，结合科学素养教育、旅游休闲、展览演示等活动方式，通过"农业+文化""农业+旅游""农业+康养"等模式，促进农村一二三产业深度融合发展，形成的独具特色的乡村旅游体验等新产业新业态。

▌微型资料4-2

财政部印发《关于进一步做好国家级田园综合体建设试点工作的通知》（以下简称《通知》），支持有关地区立足资源禀赋优势，集智慧农业、创意农业、农事体验、科普教育于一体，贯通产供加销，融合农文教旅，建设生态优、环境美、产业兴、消费热、农民富、品牌响的乡村田园综合体。《通知》要求，叠加旅游功能，形成独具特色的乡村旅游体验，促进城市人口下乡消费，完善田园综合体运营利益联结机制，通过就近就业、保底分红、股份合作等多种方式完善利益链，让农民合理分享新产业新业态增值收益；促进农业高质高效，稳步发展创意农业，开展农事体验活动，创新农业生产过程、场景和农产品的展示形式，融合农业文明、园艺展示和人文价值、生活趣味等文化要素，结合科学素养教育、旅游休闲、展览演示等活动方式，引导社会大众特别是青少年参与农事体验活动，提高综合素养；促进农民富裕富足，通过"农业+文化""农业+旅游""农业+康养"等模式，发展乡村旅游、休闲农业、农耕文化体验等新产业新业态，促进农村一二三产业深度融合发展。

3）商文旅融合产品

商文旅融合产品是指融合购物、服务、休闲、健身、文化、社交等功能，鼓励发展特色餐饮、新式书店、休闲娱乐等品质提升类业态，促进商文旅融合，丰富商业业态，拓展社交化、特色化功能，满足游客及居民多样化的消费需求，提升生活品质。

▌微型资料4-3

2021年商务部、国家发展和改革委员会、民政部、文化和旅游部等12部门出台了《商务部等12部门关于推进城市一刻钟便民生活圈建设的意见》（以下简称《意见》）。《意见》提出，优化信息服务，支持依托智慧社区信息系统，构建城市便民生活圈智慧服务平台（小程序或App），整合本地商户资源，接入购物、餐饮、休闲、文化等线上功能，提供周边商品和服务搜索、信息查询、生活缴费、地理导航及线上发券、线下兑换等免费服务，打造集约式发展生态圈，推动接入智慧城市和基层管理服务平台。引入专业运营商，鼓励整体规划、统一招商、统一运营、规范管理，完善购物、服务、休闲、健身、文化、社交等功能。

4）医（康）养旅融合产品

医养旅融合产品是指在气候适宜、生态环境优良、自然资源丰富，特别是药用动植物资源富集、休闲度假产业基础好、健康相关产业优势明显的区域，通过相关政策引导培育，推动旅游与文化体育、健康医疗、养老养生等深度融合，形成的以文体旅游和健康旅游为特色的旅游产品。

4.3.3　旅游融合产品开发

1）教文旅融合产品开发

（1）开发研学课程。

景区要深挖自然与文化资源，紧跟市场需求，对不同客群和不同主题，结合节日主题和景区新增体验性项目，进行产品研发；或对标课本，精心设计个性化、独特性的研学课程，丰富产品种类。

例如，近年海南三亚大小洞天景区把研学旅行作为景区重要的产业方向，着力为中小学生打造认识自然、了解人文、保护环境的综合素质教育基地，相继成为三亚市第一批全域旅游研学旅行实践教育基地、全国青少年户外体育活动营地和海南省第二批中小学生研学旅行实践教育基地，逐渐成为海南研学旅行的知名品牌。基于古崖州文化和三亚自然博物馆优势，大小洞天景区深入挖掘景区热带海洋文化资源和鳌山文化资源，依托自然博物馆、玄妙阁、鳌山书院、洞天胜景、小月湾等多样性研学资源，结合中小学课本知识，设计研发了一系列具有洞天特色的研学课程。景区已经开发出《海岸线系列：探索海洋保护@爱在蓝丝带》、《探索热带海岸@行走海岸线》、《博物馆系列：探究地球之秘@地球的前世今生》、《博物馆系列：探究物种之谜@恐龙的来龙去脉》、《鳌山国学系列：玄妙阁之玄@老子与道德经》、《鳌山国学系列：玄妙阁之妙@国学与现代生活》、《洞天人文系列：洞天府之风@土风民谣与小洞天》、《洞天人文系列：洞天府之雅@名人雅士与小洞天》和《洞天人文系列：洞天府之颂@江山之美与小洞天》等四大主题系列 9 个研学旅行课程。科学有趣的研学课程，让学生们可以通过五官感知、即兴问答、知识比赛、创意制作、动手实践、团结互动、交流分享等方式，体验和感悟古崖州历史文化和热带滨海文化，使研学旅行实现知识与技能、过程与方法、情感态度与价值观的三维目标，提升学生的综合素质，促进学生全面发展。

（2）培养研学导师。

景区可以对专业讲解员定期开展短期专业的研学教育培训，提高其专业技能，有针对性地开展专业的导师培训活动，建设自身的研学导师队伍，确保能够提供优质的研学服务。景区也可以与所在地院校、科研机构等合作，组建专兼结合研学导师队伍，比如大小洞天景区研学团队由海南师范大学、海南热带海洋学院的人员与景区专业讲解员、研学导师共同组建，主要从事人文类、传统文化类、科普类、地质地理研学课程的研发工作，以及研学活动的组织及策划工作。同时，景区还需要加强对带队导师的资格考评和监督。

（3）注重客户开发。

景区要加强渠道合作，拓宽客源渠道，有效调动资源。可以与各大中小学等进行挂牌战略合作，加强与旅行社、研学教育公司等渠道商合作，制定多款针对不同年级、不同年龄段的大小洞天研学产品，供各学校、旅行社以及研学团体选择，也可以根据各团体需求进行研学活动内容定制，使研学活动更具有灵活性和独特性。

景区应注重在线上线下各类媒体平台进行宣传推广，与社会信息化发展需求接轨，积极参与各类研学产品推介会及研学论坛，加深与同行及供应商的沟通与交流，提升景区市场知名度及产品影响力。

（4）加强制度建设。

景区应加强研学专项制度建设。比如，大小洞天景区先后制定并完善了《三亚大小洞天研学旅行实践教育基地教学管理制度》《三亚大小洞天发展有限公司食品安全管理制度》《三亚大小洞天发展有限公司应急管理方案》等，明确了研学实践的重要意义、基本原则、主要任务、保障措施等，为开展研学实践活动提供了制度保障。

2）农文旅融合产品开发

农文旅融合产品开发要注意突出区域农业产业特色，将特色农文旅资源进行串联。比如，在茶叶种植基地，可以将特色茶叶加工业与洞穴、徒步、写生、观光、茶艺等元素相融合，发展形成"茶园+摄影基地""茶园+茶艺体验""茶园+营地"等新业态。

（1）特色农产品融入"职业"体验。

比如，山东平度市云山镇的蓝树谷项目，建设的是以樱桃作为主题、因地取材的蓝树谷青少年社会职业体验中心食品工业馆，以"学工、学农、学军、学商"的各类社会职业体验和角色互动为特色。场馆园区涵盖了艺术、现代传媒、民俗、消防、交通、金融、医疗、食品、军事等丰富多样的社会职业体验内容，通过引导青少年参加体验活动，培养他们对社会各个行业的兴趣和认知。云山镇大樱桃栽培面积达 4 万多亩，5 月下旬正是露天樱桃成熟的最佳时节，鲜红欲滴的大樱桃挂满枝头。云山镇连续两年将大樱桃节的举办跟蓝树谷巧妙融合。做樱桃蛋挞、樱桃沙拉、榨樱桃果汁……在平度市云山镇的蓝树谷青少年社会职业体验中心食品工业馆里，游客在樱桃园里采摘后，又到这里充当了一回"职业厨师"，玩得不亦乐乎。

（2）"农产品+旅游+电商"模式。

该模式是通过农产品溯源激发消费者的旅游兴趣，带动农产品富足地区的乡村生态游。用户通过互联网渠道订票到景区游玩，享受当地的吃、住、行、乐、游一体化服务，以旅游服务带动当地农产品的销售，用景点认知加速消费者线上农产品下单的步伐。线上主打订票和购物，线下做好旅游O2O。这种新模式是多方整合的产物。

（3）民俗旅游带动农产品销售。

这种模式是依托乡村旅游集镇、村或农庄，以丰富且参与性强的乡村民俗活动来吸引游客和市民，拉动当地和周边农副产品的销售。这些农副产品，由于离产地近，或者现场制卖，都很新鲜，且"土"味十足，让游客更有信任感。游客体验乡村民俗的同时，更深入了解这些农产品的生产过程，甚至能品尝到它们的味道，了解它们的品质，销售情况都较好。

3）商文旅融合产品开发

商文旅融合产品开发要以区域特色商业要素为起点，深入挖掘文化内涵，整合文旅相关要素资源，打造品牌，加强主题策划和宣传，推动产业融合，拓展旅游发展产业链，实现经济增长和目的地形象塑造。

（1）凝练文化内涵。

凝练文化内涵，讲好产品故事。比如，广西深度发掘各地特色米粉的历史文化价值，持续推进国家级非遗代表性项目，申报"桂字号"特色米粉制作技艺传承人，鼓励制作特色米粉系列微电影、微视频和宣传片等，举办米粉文化国际交流活动，扩大特色米粉品牌影响力。

（2）加强主题宣传策划。

开发商文旅产品，应适当进行主题明确、新颖的策划和宣传活动，建立多元、长效、立体的特色品牌宣传推介体系，讲好特色商品背后的故事，宣传好特色商品和区域的历史文化。

（3）加强产业融合发展。

区域特色商业要素与文旅相关要素资源整合，比如广西引导特色米粉企业、园区及相关产业配套基地与文化和旅游产业融合发展，鼓励产业园争创国家 A 级旅游景区及工业旅游示范区，持续推出特色米粉文化体验游线路，开发伴手礼系列产品，满足外地游客"食""购""游"需求，建设一批特色米粉博物馆，开发相关文创产品，举办文创作品征集大赛。

行业广角镜 4-4　　　　　　　　　　　　　　　赣菜进景区　促商旅文融合发展

南昌拌粉、赣州安远三鲜粉、鹰潭牛肉粉、九江炒粉、景德镇冷粉、上饶鳙鱼煮粉……米粉是江西人的一碗乡愁，更是赣菜美食的一张名片。日前，首届中国米粉节在江西南昌举办。"米粉"为媒、"米粉"会友、"米粉"招商，江西以此次米粉节为起点，塑造江西米粉品牌形象，推动赣菜进景区，起到以点带面的效果，让广大消费者更直观了解赣菜。据统计，各大展区累计吸引人流量 80.65 万人次，实现成交额 1.5 亿元，达成意向合作 2.6 亿元。

推动商旅文融合发展。近年来，做足江西米粉的文章、做大赣菜产业、弘扬赣菜文化，通过赣菜品牌的营销推广打造旅游目的地形象，是江西旅游发展的重要理念。2020 年年底，江西省人民政府出台了《江西省打造赣菜品牌三年行动计划（2021—2023 年）》，启动实施赣菜"扬名"行动，明确提出打造赣菜品牌的目标。今年 4 月，江西省文化和旅游厅和江西省商务厅联合出台《推进赣菜进景区工程实施方案》，推动"赣菜+文旅"融合发展，推动赣菜"名品""名店""名节""名材""名片""名厨"进景区，重点推广赣菜名菜、推介名店，在景区打造赣菜"拳头"产品，培育赣菜品牌企业，推动商旅文融合发展，更大范围、更深层次促进消费升级。

如何打造游客喜爱的赣菜？一是要挖掘赣菜文化内涵与特色，通过丰富菜品样式、改善用餐环境、创新菜品盛具、优化用餐程序等方式，塑造赣菜品牌形象，让游客吃得开心、吃得尽兴、吃后留下深刻印象；二是要宣传推广赣菜品牌，在旅游景点、星级饭店、旅游民宿等接待服务场所，加大对赣菜品牌的宣传推广力度，利用"云游江西"微信小程序等新媒体宣传赣菜美食，讲好赣菜故事，分享赣菜"乡愁"文化；三是要做好产业融合发展，通过对"赣菜"品牌的打造，拓展旅游发展产业链，延长旅游消费时间，实现旅游经济增长。

旅游场景凸显美食。热闹非凡、烟火气十足的烹饪现场——滚水煮粉、凉水淘洗、竹篓沥干装盘、佐料调味……热气腾腾中，一份份色香味俱全的江西米粉端上桌来，还有传统老作坊的米粉制作工艺、沉浸式互动内容等。今年端午假期，南昌万寿宫历史文化街区作为首届中国米粉节分会场举办的系列美食活动，吸引了不少市民、游客驻足观赏和体验。赣菜产品被市场认可，离不开近年来江西各旅游景区的宣传推介。为发扬传承宗山米粉文化，南昌市安义县推出了宗山米粉小镇，以"一环""两轴""两带""四心"为布局，将宗山米粉小镇打造成为集非遗展示、乡土体验、田园观光、集市活动、旅游度假于一体的乡村民俗文化休闲旅游聚集区。宗山米粉小镇于2020年12月正式开园，米粉文化园、米粉工艺园、非遗墙等相继建成，宗山手工米粉销售火爆。今年4月，为形成统一的旅游商品宣传品牌，江西统一了江西米粉标识，促进全省赣菜产业品牌化、市场化、特色化发展。此外，江西还持续开展"江西省美食街"认定活动，启动了"江西省美食街"建设提升工程，着力培育1~2条全国知名的赣菜美食街；推选了具有历史文化渊源、代表性强的特色菜品，评定和宣传了赣菜"十大名菜""十大名小吃"；以赣菜美食文化节、江西米粉节为重点，打造推介江西美食、传播赣菜文化、体验特色旅游的平台。

挖掘提炼文化内涵。酒香也怕巷子深。为了让赣菜品牌"走出去"，让更远的游客"走进来"，江西实施了赣菜"四进"工程，推动赣菜名品进星级酒店、景区、机场、高铁站。依托知名线上餐饮服务平台，在北京、上海等中心城市，采取线上宣传、线下推广、落地活动等方式，重点推广2~3道特色经典赣菜。选择一批特色美食街、赣菜餐饮名店和绿色食材基地，制作"江西旅游美食地图"，开发"赣菜美食文化之旅"项目，在"云游江西"智慧旅游平台增设"好吃"版块，打造一批赣菜美食旅游热门景点，推动赣菜与农业、文旅融合发展。江西省商务厅还在北京、上海等重点消费城市开展"赣菜进京入广深"系列推广活动。鼓励赣菜企业、行业协会参加全国美食品牌节会、展销、烹饪表演、比赛等交流活动。

资料来源 陈曦.赣菜进景区促商旅文融合发展 [N]. 中国旅游报，2021-07-06（4）.有删减。

分析提示：美食在旅游生态中正从生活必需品转变为旅游吸引物，最"吃香"的是具有浓郁文化特色的美食。江西做足米粉文章、做大赣菜产业、弘扬赣菜文化，推动商旅文融合发展，通过赣菜品牌的营销推广打造旅游目的地形象值得学习和研究。

3）医（康）养旅融合产品开发

医（康）养旅融合产品开发，是紧密围绕"健康中国"国家战略而进行的旅游产品开发新领域。其一般是选择地理位置优越，交通便利，拥有平原、丘陵、高山等多样地貌，具有合适的气温条件、充裕的森林资源以及温泉资源等自然条件，同时人文历史底蕴深厚，有一定的康养产业发展基础的区域进行，开发集医疗、科研、保健、康养、休闲、教育等于一体的产品，具有养生、养心、养性、养颜、养老等功能。

（1）加强产业融合。

以海南为例，海南依托丰富的黎药、南药资源和海口、三亚国家中医药健康旅游示范基地，正在构建独特的药材种植、研发、生产、加工基地，发展现代南药、黎药产业，提升中医药保健服务水平，将中医药与温泉、森林、海滨气候资源融合性组合开发，"温泉+康养""森林+康养""乡村+康养""运动+康养"等复合型、多维度、跨业态的康养旅游产品日渐成型，中加国际健康管理中心等一批国际化的健康管理中心落户海南，博鳌乐城国际医疗旅游先行区、三亚市中医院等正在发挥医疗健康产业集聚效应。

（2）打造特色产品。

以冰雪运动休闲旅游产品为例，世界主要的冰雪旅游目的地国家都十分注重冰雪特色旅游产品的创新打造。例如，北欧国家芬兰的茫茫林海、炫目极光、驯鹿雪橇、雪地摩托、冰雪桑拿等特色冰雪旅游项目每年吸引着全世界的游客。近年来，芬兰又推出冰雪酒店项目，其所有建筑和装饰元素全部由冰雪设计建造而成，堪称世界上最"酷"的酒店之一。再如，瑞士的达沃斯小镇以欧洲最大的天然溜冰场和高山滑雪场著称，每年冬季在此召开达沃斯论坛，冰雪运动与国际论坛相得益彰，助推达沃斯成为享誉世界的冰雪旅游目的地。

我国拥有深厚的冰雪文化底蕴和冰雪民俗文化活动传统，民间通过冬季打猎、冰湖捕鱼、冰雕雪塑等生产和生活方式形成了多种冰雪活动习俗。清朝乾隆年间冰雪运动被定为"国俗"，乾隆皇帝撰写的《冰嬉赋》中描写了朝中冰上运动的盛况。随着2022年北京冬奥会的临近，我国在促进冰雪文化和旅游融合发展的过程中，应创新打造独具民族特色和地域特色的冰雪特色旅游产品和活动，尤其是品牌节庆活动，如北京冬博会、哈尔滨冰雪节、吉林雪博会、新疆冬博会等，推出一批有影响力的冰雪旅游品牌。

（3）做活产业主体。

开发医（康）养旅融合产品，还需要探索放开市场准入门槛，在山林利用、水体资源利用、运动场馆场地建设、医疗保健与康复疗养、美容、按摩等项目开发方面适度放开准入门槛，引导社会资金向健康旅游市场投入。

4.4　旅游创意产品开发

4.4.1　旅游创意产品的概念

旅游创意产品是指以景区的特色旅游资源为背景，通过展现景区内各具特色的旅游景点和人文资源，创造一种在创意中旅游、旅游中创意的感悟体验模式，从而加深游客对景区品牌和旅游产品内涵的理解，增强游客的好奇心和出游欲望，使景区品牌或产品的营销效果最大化。

比如，年画是中国画的一种，始于古代的"门神画"，是中国常见的民间工艺品之一，大都用于春节张贴，装饰环境，含有祝福新年吉祥喜庆之意。四川绵竹市绵竹村打造美学+文化创意+传统文化体验活动产品，以文化为元素，融合春节习俗文化和乡村特色资源，利用不同载体构建、再造和创新文化现象，形成了"年画村"的雏形。走进该村，由白墙、灰瓦、龙脊、翘檐组成的独具匠心的川西民居错落有致，墙面上随处可见各式各样的民俗年画：从抱着鲤鱼的送福童子，到神气活现的武将，从风趣的老鼠嫁女，再到娇羞丰腴的仕女，一幅幅造型别致、色彩艳丽的年画，使人感觉仿佛走进一个巨大的天然年画展览馆（如图4-3所示）。

图4-3　四川绵竹市绵竹村"年画村"

近年，传统文化频频"出圈"，《唐宫盛宴》《端午奇妙游》口碑炸裂，考古盲盒掀起热潮，文创雪糕增添夏日清凉，《我在故宫修文物》等纪录片刷屏，各类传统文化题材的影视节目、动漫游戏、文创周边走俏市场，以传统文化为核心的新产业、新业态出现前所未有的繁荣，传统文化持续攀升的热度，在满足人们物质和精神文化需求的同时，开创了旅游创意产品发展的新局面。

4.4.2　旅游创意产品的开发举措

2021年8月，文化和旅游部、中央宣传部、国家文物局等八部门联合印发《关于进一步推动文化文物单位文化创意产品开发的若干措施》，明确了推动文化文物单位文化创意产品开发的具体举措。

1）用创意创造旅游产品，促使产业增值，增强核心竞争力

用创意创造文化旅游产品应注意以下三点：一是选准切入点，突出产品的层次性；二是提炼主题，突出产品的系列性；三是丰富文化内涵，突出产品的高品位性。

旅游产品的主题越鲜明，就越有利于创意主体分层次、多视角地进行展示和设计，只有通过强化、充实、剪裁、协调、烘托等创意手法，使其内涵得到充分发挥，才能为旅游者创造出层次丰富而深刻的旅游体验产品。同时，只有突出旅游产品和旅游场景或旅游环境的文化性，才能凸显创意旅游产品对文化旅游需求的多元"文化层次"的关怀与满足。

比如，位于裴梅镇梨树坞村万年县的神农湖景区（如图4-4所示），实现了稻草人+艺术展+经济效益+文化价值。景区别出心裁，购置数千千克稻草，历时半年时间，精心制作200余件稻草雕塑。在花丛中，100多个以农家休闲、旅游、运动、卡通等为主题的稻草人形象，形态不一，颇有创意；在田地里，多姿多彩、动作各异的稻草人生动有趣地再现了农忙场景，吸引了大量游客欣赏。

图4-4 江西万年神农湖景区稻草人

在稻草人艺术展上，稻草是制作稻草人的主要原料，当地农民利用农闲时间，将收集来的稻草卖给制作稻草人的单位和个人，增加了收入。大力发展稻草人旅游产业，进一步拉动了旅游经济，加工制作的"袖珍稻草人""稻草玩偶""稻草鞋"等手工艺品成为价廉物美、无污染的工艺新产品。

同时，稻草人具有文化价值，稻草人身上蕴含着朴素的人与动物和谐相处的农耕文化和民俗文化。稻草人本身廉价环保，既保护农作物，又不会对农作物、大气、水体、土壤等造成污染。作为田间的"守护神"，稻草人这一生态环保教育的"活教材"教育游客要学会与他人、与自然、与动物和谐相处。

2）用创意营造旅游环境，促使环境美化，提高旅游吸引力

随着社会的发展和人们对文化旅游品位要求的提升，当今旅游整体环境的策划、设计打造更应注重文化和人文内涵的挖掘，提升游客在旅游的同时得到精神和心灵的体验和感受的层次。这便要求整个旅游环境要有新的表现方式，要创意文化，文化创新，创新思想，创意精品。

陕西省大荔县范家镇华原村位于黄河岸边，是个典型的北方小渔村。在童话般的油画涂鸦点缀下，七彩渔村（如图4-5所示）吸引着越来越多的游客前往。一幢幢五颜六色的房子坐落在一起，乍眼一看，以为走进了色彩缤纷的童话世界！站在山上眺望村庄，五颜六色的房屋尽收眼底。七彩渔村为七色功能区，红色为"福"文化区，橙色为时尚动漫区，黄色为黄河风情文化区，绿色为自然亲子区，青色为民俗生活区，蓝色为科技前沿区，紫色为爱情主题区。

图4-5　陕西省大荔县华原村

3）用创意强化旅游营销，增加产品渠道，拓展客源市场

为了更好地发展旅游业，除了设计出有吸引力、创造力的产品外，还需要强化营销。一是构筑产品竞争优势，用体验的创意思维创造旅游产品。所谓"最好的广告是满意的顾客，最好的营销是旅游者的口碑"，旅游者的口碑来自对旅游产品的体验。体验营销需要旅游企业从旅游产品与服务的生产者转变成为体验的策划者，将旅游者的感觉、感受甚至思维等诉求于旅游产品的创造，构筑竞争优势。二是建立目标客源市场的品牌忠诚，以弹性的思维运用营销策略。针对不同的客源市场、不同的旅游人群、不同的产品体系，在营销主题、营销内容、营销形式、营销渠道等方面，运用不同的营销策略。

随着文化创意产业的日益崛起，文化创意的思维方式和发展模式将为旅游业的发展注入新动力，成为旅游业新的增长极。随着"Z世代"新生消费力的崛起，国内文博机构日益重视与年轻人的"沟通"，"自带流量"的考古盲盒逐渐成为诸多博物馆文创产品的"新宠"。例如，河南博物院的"失传的宝物"考古盲盒、四川广汉三星堆博物馆的三星堆考古盲盒、陕西历史博物馆的青铜小分队系列盲盒……博物馆文创产品借近年来的"盲盒热"，将创意融入产品开发之中，既给消费者带来参与感，也让消费者感到物有所值。

行业广角镜4-5　　　　　　　　　　**文创雪糕　小切口带来大收益**

景区文创雪糕作为一次性消费品，有了游客的追捧，以及游客消费后在微博、朋友圈等社交平台上的推介，所带来的不仅是"一次性"消费的收益，更有助于扩大景区的品牌影响力。

2021年"五一"假期，四川三星堆博物馆成为热门"打卡"点。三星堆文创馆推出了300多种文创产品，5月1日当天上新1 200多支"青铜面具"冰激凌，一上午便被游客一抢而空。这批冰激凌有"出土味"和"青铜味"两种，未来还会有青铜大立人、青铜鸟头等多款造型冰激凌上市，并将增加青柠、草莓等多种口味。

除了四川三星堆博物馆颇具文化特色的雪糕，其他景区也推出了富有特色的文创雪糕。比如，西安城墙景区推出了多款"城墙味道"冰激凌，杭州西湖有以断桥为背景展示许仙和白素贞断桥相会的创意雪糕，武汉黄鹤楼雪糕自推出以来便成了不少游客打卡黄鹤楼时的必选品，沈阳故宫推出的大殿雪糕和神兽雪糕受到游客喜爱……

文创雪糕一方面满足了游客的消费需求，能够让游客实现"清凉"游览；另一方面也能够为景区添彩。不要小看这小小的雪糕、冰激凌，它可以让游客记忆犹新，甚至能够激发起人们了解产品背后故事的兴趣。对于景区而言，除了能够借此提升品牌形象外，也能够找到新的盈利点。

资料来源　杨玉龙.文创雪糕　小切口带来大收益［N］.中国旅游报，2021-05-07（3）.有删减。

分析提示：景区文创雪糕丰富了景区消费型文创产品的类型，可吃、可看的旅游文创产品让游客能够感知到景区的文化内涵，打造了一张独特的"舌尖上的文创"名片。

行业方向球　　　　　　　　　　**非遗文创为脱贫致富插上翅膀**

新鲜出炉的"十四五"规划和2035年远景目标纲要明确提出，要"深入实施中华优秀传统文化传承发展工程，强化重要文化和自然遗产、非物质文化遗产系统性保护，推动中华优秀传统文化创造性转化、创新性发展"。这为强化《中国传统工艺振兴计划》提供了有力保障。作为振兴计划的重要载体和实施对象，非遗文创在"十三五"脱贫攻坚中已经发挥了重要作用，成为脱贫致富的财富之源。如武汉汉绣、景德镇陶瓷、湘西苗绣等涉及传统美术、传统技艺的非遗项目，均具有内涵丰厚、附加值高、开发和利用价值巨大等特性，在助力脱贫致富方面进行了成功的探索。

1. 用创意唤醒消费欲

目前我国有42个世界级非遗项目，数量居世界首位。这些承载着中华文化优秀基因的遗产，不仅是响亮的"文化名片"，而且是脱贫致富的宝贵资源。如今，发掘非遗的商业潜质，开发文创产品，以带动经济发展，已不再是新鲜事儿。然而纵观市场，大量的非遗文创产品仍停留在低级造物阶段：或在物件上简单套印民族纹样，或在包装上稍做改变，就推向市场。其实，好的非遗文创应该是对民间习俗、民间信仰、民间崇拜、民间审美等有了深入的解读后，提取有代表性的文化符号、故事传说、人物形象，再借传统技艺探寻百姓喜闻乐见的形式，设计创意出形象灵动讨喜、富有文化内涵的非遗文创产品。这样才能唤醒人们的消费欲，进而实现文创扶贫，用创意铺就致富之路。

武汉的"汉绣"是国家级非遗项目。如今，武汉汉绣技艺传承公益活动如火如荼。在湖北大悟县，政府联合妇联从开启"妈妈回家"汉绣巧手脱贫项目至今，举办汉绣技艺初级技能培训10期，52个班次，近2 000名妇女受训成为绣娘。大悟汉绣基地主动拥抱文创设计，将汉绣技艺与现代设计对接，联合高校工艺美术院所开发了汉绣丝巾、床品、胸针、香包等30余款非遗文创产品，拓宽汉绣销售市场。通过线上线下双渠道宣传销售，为绣娘们居家就业、致富增收提供了机遇。这些做法，无疑促进了武汉汉绣非遗文化产业发展，对解决就业问题、脱贫致富起到了助推作用。

2.用整合打造大品牌

各地文化资源丰富多彩，如何整合资源，打造出大的品牌IP以实现共同繁荣，成为文旅融合大背景下亟待解决的问题。

非遗文创让生活更有仪式感，讲究"入乡随俗"的情景设定。景德镇是举世闻名的"瓷都"，"景德镇手工制瓷技艺"是第一批国家级非遗项目。传统手工制瓷技艺非遗文化像血液一般融进了这座城市。景德镇围绕"世界瓷都"的布局定位，整合非遗IP资源，将陶瓷文化融入茶具、餐具、日用品、首饰，甚至城市雕塑等方方面面。以陶瓷为主题开发了文创街区、博物馆、博览园、陶艺村，游客们不仅可以在欣赏把玩中体会千年瓷都的历史情怀，而且可以亲自体验瓷器制作的快乐。在陶溪川文创街区，创客们用文创讲述陶瓷故事，用瓷都IP传播陶瓷文化，用时尚元素将景德镇瓷文化推向世界。2020年中国景德镇国际陶瓷博览会首次采取"云模式"，取得了线下交易额8.9亿元、线上交易额47.47亿元的佳绩。伴随瓷都非遗文化IP资源共享，瓷都地方特色资源被人们更深刻地认识和了解，吸引了大量国内外艺术家来景德镇开设工作室。他们为千年瓷都注入了新鲜血液，也提升了其知名度。这些都为繁荣瓷都非遗文化、盘活地域资源带来了更广泛、更持续的品牌集聚效应，给当地群众脱贫致富创造了机遇。

湖南省湘西土家族苗族自治州十八洞村是全国精准扶贫的首倡地，曾经的贫困苗乡，如今成了小康村寨。"十八洞村苗绣特产农民专业合作社"积极邀请苗绣传承人开展苗绣、花带培训班，帮助当地妇女学习苗绣技艺。他们还与高校艺术设计院系携手，共同开发出苗绣门帘、围巾、屏风等文创产品。不仅如此，十八洞村还将苗绣、乡村游、猕猴桃种植等产业整合起来发展旅游，让游客们体验苗寨风情、重温红色文化、欣赏非遗展演，沉浸式融入当地古朴纯真的人文自然风情之中，不仅创下了每年40万人次的游客量，也带动了当地农家乐、农副产品等产业蓬勃发展，走出了一条非遗文创脱贫致富之路，成为湘西精准扶贫的典范。

无独有偶，凤凰县禾库镇的做法是用非遗文创精准扶贫的另一成功案例。禾库镇是全国易地扶贫搬迁安置建设示范镇。他们向中南民族大学发出了助力扶贫的请求。作为回应，中南民族大学积极组建"凤凰县禾库苗文化品牌打造与文创产品开发精准扶贫"创新团队，投入到易地扶贫搬迁规划建设服务中。团队发挥艺术设计专业优势，开展以传承和弘扬禾库苗文化为主线的校际协作创新"大美禾库·非遗苗文化创意设计"扶贫项目。该项目包括"大美禾库"知识产权保护及形象创建、苗银苗绣文化创意产品设计、苗文化品牌电商平台创建、土特产系列包装开发与创意设计、苗文化品牌推广及传播策划案……其中，除了电影《梧凤之鸣》因受全球疫情影响尚未完成，其他均已落地实施。这些用整合打造大品牌而展开的非遗文创设计取得了丰硕的成果，探寻了一条校际帮扶脱贫致富之路，提供了一套完整、系统、专业的解决方案，赢得了当地党委政府、乡镇企业和广大群众的高度赞誉。

3. 用融媒提升传播力

非遗文化传承千年，蕴含了中华民族特有的人文内涵，而新媒体技术的发展使它的传承发展有了更广阔的空间。不同年龄、不同地域甚至不同国家的人们都能通过互联网感受到中华文化的绚烂多彩，并用时尚新潮的语言进行"破次元"的沟通。随着直播、短视频社交不断发展，"非遗＋直播"的宣传形式逐渐"出圈"，成了口碑载道的网络热点。

2017年光明网联合咪咕视频推出"致·非遗敬·匠心"非遗系列直播，邀请非遗传承人对京剧、昆曲、皮影戏、雕版印刷技艺、篆刻等非遗项目进行了全方位立体式宣传、解读与展示，观看总量破亿次，获得了社会各界广泛好评。2019年快手短视频平台发布"非遗带头人计划"，非遗传承人通过短视频的方式分享非遗文化，用最原汁原味的生活场景展示非遗技艺，吸引更多人关注非遗，走近非遗。在2020年文化和自然遗产日，央视新闻联合文化和旅游部非遗司、中国手艺网推出"把非遗带回家"非遗国货直播专场。直播还邀请了非遗传承人现场展示传统技艺，讲述非遗项目背后的历史文化，共吸引了超过一千万网友在线观看，售出非遗产品总价值达1 261万元，真正做到了用直播为非遗产品销售助力。

在"国潮"文化兴起的今天，越来越多的新兴文创通过年轻消费者喜闻乐见的形式，将传统文化和新潮设计结合表现，借时代风潮助推非遗文化传播。

资料来源 商世民，周欣宇.非遗文创为脱贫致富插上翅膀［N］.光明日报，2021-03-28（12）.有删减。

分析提示：实践表明，非遗文创作为消费品一定要深度挖掘非遗文化，推出满足市场需求、让人眼前一亮的产品。同时，要鼓励非遗传承人积极传授非遗技艺，让更多人参与到非遗传承和文创开发中来，这样才能促进非遗文化发展。新媒体技术不仅拓宽了非遗文化传播渠道，还为助力脱贫致富提供了一条值得借鉴的创新之路。

■ 观念回顾

1. 体验经济是企业以服务为舞台、以商品为道具、以消费者为中心，创造能够使消费者参与、值得消费者回忆的活动。体验经济是继农业经济、工业经济、服务经济后的第四种经济形态，蕴藏了无限的商机。旅游体验的内容主要包括旅游世俗愉悦和旅游审美愉悦两种。游客体验的类型主要有娱乐、教育、逃避、美感。旅游景区体验项目的设计应遵循需求性原则、参与性原则、系统性原则、文化性原则等。

2. 文化旅游产品作为体验经济时代最典型的体验产品，与其他满足人们基本生理需要的商品相比，其最大的特点就是能够在感官上和精神上同时为游客提供一种"美"的体验。文化旅游产品就是将文化贯穿和体现在旅游的食、住、行、游、购、娱六个要素中，是典型的以文化属性吸引游客的产品。文化旅游产品可以划分为文化载体、文化内容、文化精神和文化价值四个层次。目前，文化旅游产品的主要类型有文化主题景区、历史文化街区、创意文化园（街）区、城市名片类文化旅游产品、节庆仪式类文化旅游产品、旅游文化演出类文化旅游产品、"自然被人化"的文化旅游产品等。文化旅游产品的设计步骤包括挖掘文化旅游资源、打造文化旅游产品、强化旅游营销。

3.旅游融合主要指在政府引导、企业主体、金融支持、市场运作、社会参与的大格局下，加快文化及其他资源与旅游资源的整合，推进旅游与其他产业跨界融合、协同发展，探索创新发展新业态，延伸产业链，创造新价值。旅游融合目前比较有代表性的产品类型有教文旅融合产品、农文旅融合产品、商文旅融合产品、医（康）养旅融合产品等。

4.旅游创意产品是指以景区的特色旅游资源为背景，通过展现景区内各具特色的旅游景点和人文资源，创造一个在创意中旅游、旅游中创意的感悟体验模式，从而加深游客对景区品牌和旅游产品内涵的理解，增强游客的好奇心和出游欲望，使景区品牌或产品的营销效果最大化。用创意创造旅游产品，促使产业增值，增强核心竞争力；用创意营造旅游环境，促使环境美化，提高旅游吸引力；用创意强化旅游营销，增加产品渠道，拓展客源市场。

▰ 相关规范

1.《文化和旅游规划管理办法》（文旅政法发〔2019〕60号），文化和旅游部2019年5月7日发布，自2019年6月1日起施行。

2.《国民旅游休闲纲要（2013—2020年）》（国办发〔2013〕10号），国务院办公厅2013年2月2日印发。

3.《研学旅行服务规范》（LB/T 054—2016），国家旅游局2016年12月19日发布，自2017年5月1日实施。

4.《"十四五"文化产业发展规划》（文旅产业发〔2021〕42号），文化和旅游部印发。

▰ 应用习题

1.搜集疫情防控常态化下，旅游企业适应市场需求新变化，以创意打造新内容和新产品，推动旅游企业转型发展，促进产品质量提升的案例，并对案例进行分析。

2.就近选择调研一个旅游新业态景区，了解其区位特征、资源特色、客源市场、产品创意、营销方式等情况，并整理成调研报告。

第5章
旅游景区营销管理

学习目标

1. 掌握旅游景区营销策略组合的4P理论及其应用，掌握营销创新在旅游景区实践中的应用，特别是常态化疫情防控之下，旅游营销的重要性和实施策略。
2. 了解旅游景区品牌的概念、构成要素、特征，掌握旅游景区品牌的设计路径和旅游景区CIS导入方法。
3. 掌握旅游景区节事活动策划的步骤和策略，培养创新思维能力。

热点关注

新媒体　全媒体营销　品牌传播　节事活动

行业视窗　　全媒体旅游营销需要更加重视"温度"的把握

为降低新冠肺炎疫情带来的影响，促进文旅行业提振信心加快复苏，湖南张家界市推出了六大举措，其中排在第一位的是加大旅游市场营销力度，张家界市旅游市场在艰难中重启。

旅游营销一直是张家界旅游的强项。8月份，张家界为防控疫情关闭了全市所有景区景点，虽然隐有壮士断臂之痛，但其闭园海报刷屏朋友圈——"如画风景永远在，风雨过后等你来""其实想说'你别走'，只能暂话'你别来'""云开'疫'散，重逢有时"……一张张美景图片再配上一段段生动的文字，触动很多人的内心。不少网友表示，"这是一座城市的邀约""欠张家界一次旅游"。

常态化疫情防控之下，在市场探索前行阶段，旅游营销的重要性正被进一步凸显出来，而推进之路依然值得探讨。

首先，用户思维，是一个思考方向。

近些年，旅游营销从包装产品到研究消费心理，展现的就是从产品思维向用户思维的转变。曾几何时，旅游景区、旅行社、旅游目的地等都在大力推介自己的环境优势、产品特色、服务亮点，反而忽略了游客真正的消费诉求、选择偏好。没有站在游客角度去思考问题、宣传产品，只对所拥有的进行单向输出式的"王婆卖瓜，自卖自夸"，不少时候会出现曲高和寡的情况。光有吆喝的、没有买单的，是一个很尴尬的场景。要想做好旅游营销，就必须洞悉并理解现在的游客需要什么、对什么感兴趣，真正将供给和需求匹配起来。想游客之所想，实现同频共振，甚至还能开发出游客的深层需求，进一步引领消费需要。

其次，创意为核，是一个发力方向。

毫无疑问，旅游营销需要将创意放到一个突出位置，努力保持一种新鲜度和话题性，在特色化、个性化、社交化等方面多做文章。比如，旅游营销口号一度宣称要"语不惊人死不休"。当然，目的地、景区在营销尺度上还是需要更谨慎点，但并不排斥用丰富的创意点燃旅游热情，在美誉度和传播度上实现"双丰收"。比如，宋城的"给我一天，还你千年"、张家界的"走遍全世界，还是张家界"等营销口号都曾名噪一时，成为其时旅游营销创意的代表作。这两年，从"盲盒"到"随心飞""随心住"，就展现了相关旅游企业的营销创意水平，用有趣的传播方式、生动的传播内容，挖掘"Z世代"年轻市场的消费动能。

再次，以情动人，是一个提升方向。

如何用"情"深入到位地包装推介"景"，则是旅游营销需要思考的一个高级表达。旅游营销需要投入更多构想和智慧去实现以情动人，将静态之景情感化、人性化，以满足游客多重甚至隐秘的情感需要，包括获得生理、心理休憩，表达爱情、亲情、友情等情感需要，展现受到尊重和自我实现的满足，带来真正的流量，传递与众不同的旅游品牌形象，并沉淀为有价值的数据。张家界海报的传播效果之所以

"出圈"，重要原因就是切中了一个情感脉搏——共同抗疫主题下，人们怀着对美好生活的向往。"青山一道同风雨，明月何曾是两乡"，可以在特殊且艰难的时刻打动人心，实现人类情感的共鸣。

最后，全媒体营销，是一个推进方向。

信息爆炸时代，旅游营销需要走全媒体营销之路，要综合运用文字、声音、影像、动画、短视频、网页等多种媒体表现手段，整合报纸、杂志、广播、电视、音像、电影、图书、网络、电信等不同传播工具和媒介形态，充分激发受众在接触信息资讯时的视觉、听觉、触觉等感官的综合体验。同时，这种全媒体营销特别需要与时俱进，时刻关注并迎接新变化。重庆洪崖洞、西安永兴坊的摔碗酒、青海茶卡盐湖等起初都是靠抖音火起来的，营销成本不高，而且借助 UGC 模式实现了传播裂变。

资料来源　沈仲亮.全媒体旅游营销需要更加重视"温度"的把握［N］.中国旅游报，2021-09-07（6）.有删减。

上述案例告诉我们，常态化疫情防控下，文旅行业进入新的拐点，如何在竞争日趋激烈的文旅产业站稳脚跟，旅游营销成为下一个增长点的关键词。新媒体的运用已经开始成为旅游景区营销的"新宠"。新媒体互动式、场景式的传播方式更符合年轻受众群体的接受习惯，也有利于旅游理念以润物细无声的方式深入人心。旅游理念宣传需要依托一些生动、有趣、感人的故事，故事化的叙事更容易影响人们的观念，让人们感同身受，产生付诸实践的动力。

5.1　旅游景区营销策略

5.1.1　旅游景区目标市场营销策略

1）STP概述

旅游景区的经营者都希望自己的景区能吸引所有的旅游者群体。然而，一方面，旅游者群体是由性格、职业、受教育程度等不同的个体组成的异质群体，每个旅游者群体都有不同的旅游偏好和消费特质；另一方面，每个旅游景区的资源都是有限的，无法满足所有旅游者群体的需求。因此，旅游景区应该在市场调研和分析的基础上，细分旅游者群体，找出自己的目标旅游者群体，从而为制定有效的营销策略提供依据。这也是旅游景区营销策略成败的一个关键。

目标市场营销是指旅游景区识别各个不同的旅游者群体，并选择其中一个或几个作为目标市场，然后运用适当的市场营销组合，集中力量为目标市场服务，满足目标市场的需要。目标市场营销分为三个步骤：市场细分（market segmentation）、目标市场选择（market targeting）和市场定位（market positioning）。因为 segmentation、targeting、positioning 三个英文单词首字母的大写组合为STP，所以目标市场营销又称为STP营销。

2）市场细分

市场细分是美国营销学家温德尔·史密斯于1956年在《市场营销战略中的产品差异化与市场细分》一文中首先提出来的。它是指旅游景区经营者通过调研，根据旅游者市场需求的多样性和购买行为的差异性，把整体市场划分为若干个具有某种相似特征的旅游者群体（称之为细分市场或子市场）的过程。市场细分是目标市场营销的首要步骤和重要前提。

市场细分是一个求大异存小同的市场分类方法。经过市场细分的子市场的旅游者具有较为明显的差异性，而在同一子市场的旅游者则具有相对的类似性和稳定性。所以，市场细分的实质是一个"特性聚集"的过程。

市场细分依据地理环境、人口经济状况、购买行为以及心理等因素进行，包括总体细分和深入细分两个步骤。细分出来的子市场要有足够的购买潜力、可接近性、可衡量性以及相对的稳定性。

3）目标市场选择

市场细分以后，旅游景区通常会得到众多的子市场，这时旅游景区还应进一步对各子市场进行评估分析，从中选择出自己的目标市场。

我们可以这样定义目标市场选择：在市场细分的基础上，旅游景区根据自身的优势，从细分市场中选择一个或若干个子市场作为自己的目标市场，并针对目标市场的特点展开营销活动，以期在满足旅游者需求的同时，获取更大的利润。

（1）目标市场选择的条件。

并不是所有的子市场都可以成为旅游景区的目标市场，一个可行的目标市场应具备如下三个条件：

① 子市场群聚的规模要足以实现旅游景区的目标利润。旅游企业经营的根本目的是追求利润，因此，作为目标市场的子市场应有足够的旅游者数量及消费能力，从而达到一定的销售量，保证旅游景区目标利润的实现。

② 子市场内的竞争者数量相对较少。旅游景区应选择竞争对手较少，或者竞争对手较弱的子市场作为自己的目标市场。值得注意的是，有些子市场虽然只有少数竞争者，但这些竞争者的实力强大并且已经基本垄断该市场，这样的子市场就并非最优子市场。同时需要注意的是，有时可能会出现各旅游景区遵循同一思维逻辑，争抢同一个竞争景区数量较少的子市场的现象，这也可能导致决策错误。

③ 符合旅游景区的经营特点和资源能力。每个旅游景区都有自身的经营特点和资源能力。在衡量和考虑前面两个因素的基础上，旅游景区还须结合自身条件作进一步的分析，选择自身能力所擅长的或所能胜任的子市场。

（2）目标市场营销策略。

旅游景区在对各个细分市场进行仔细分析和评估之后，必须做出选择决策，决定是只为一个子市场服务，还是同时介入几个子市场。旅游景区一般可以采用以下三种目标市场营销策略。

① 无差异市场营销策略。旅游景区把整个旅游市场看作一个大的目标市场，只考虑市场需求的共性，而不考虑其差异性，只向市场投放单一的商品，设计一种营销组合策略，通过大规模分销和大众化的广告，满足市场中绝大多数旅游者的需求。

一般旅游景区在下列状况下会选择无差异市场营销策略：景区面对的市场是同质市场，旅游者需求差异性不大（如观光旅游市场）；景区产品是其他行业或竞争者不可替代的（如江南水乡景区品味水乡文化）；景区产品是专利品（如拥有世界文化遗产的景区）；景区处于卖方市场。

现实中，很多旅游景区符合上述条件并采取了无差异市场营销策略来覆盖全部旅游市场。例如，长城作为中华民族的象征，有着不可动摇和替代的位置，中外旅游者对长城的需求大体是一致的——"不到长城非好汉"，因此长城景区采用无差异市场营销策略。再如，安徽黄山、杭州西湖等都是中外知名的旅游景区，它们的魅力和吸引力是其他旅游景区无法替代的，因此这些风景名胜区也可以采用无差异市场营销策略。此外，还有四川大英的死海景区，其天然的盐卤水在中国非常珍贵和稀有，且旅游者对盐卤水的健康需求是共同的，因此死海景区也非常适合采用无差异市场营销策略。

②差异性营销策略。旅游景区决定同时为几个子市场服务，针对不同的子市场，设计不同的旅游产品，制定不同的营销策略，以满足不同的旅游消费需求。

当旅游景区所面对的市场具有较强的需求差异，或产品替代性较强、市场处于买方市场，并且旅游景区具有相当的实力可以同时设计和生产不同的旅游产品时，旅游景区就可以选择差异性营销策略。比如，某滨海景区，除了沙滩休闲娱乐产品，还有海边拓展训练产品。该景区把休闲度假旅游者市场和企业员工素质拓展训练市场作为自己的目标市场，针对这两个市场，推出不同的广告，以吸引旅游者。

③集中性营销策略。旅游景区集中所有力量，以一个或少数几个相似的子市场作为目标市场，并试图在较少的子市场上占有较大的市场份额。例如，一些风景区选择老年人或体弱多病人士作为单一目标市场，集中精力专营疗养旅游服务产品。

一般情况下，旅游景区在资源有限，或者开发产品的能力有限，或者营销力量不足时，宜采用集中性营销策略。

4）市场定位

旅游景区在选定的目标市场上，根据自身条件及竞争者的现状，为本景区及产品塑造一个与众不同的、能够给人留下鲜明印象的形象，并将这种形象生动地传递给旅游者，从而取得竞争优势。

市场定位的实质是使本景区的形象与其他景区严格区分开来，并使旅游者明显感觉和认识到这种差别，从而使本景区在旅游者心目中占有特殊的位置。

①产品定位。产品定位侧重于从景区产品的属性或用途或特色等方面找出本景区的核心优势，从而塑造景区产品形象。例如，海南滨海景区根据自身资源的特点，塑造了"椰风海韵"的景区产品形象；四川大英死海景区根据盐卤水能使人漂浮起来及其对人体有保健作用等特点，打出"漂死海"的口号，非常直观、感性地从用途和功效上树立了景区产品形象。

②企业定位。企业定位即对旅游景区及其经营者整体形象的综合塑造，包括品牌、员工风采、可信度等。

③竞争定位。竞争定位即确定旅游景区相对于竞争者的市场位置。

旅游市场的竞争无所不在，且竞争的环境、形式也处在不断变化之中。旅游景区和它的竞争者或者因为资源特色相近而竞争，或者因为目标市场相同而对立，或者因为营销策略相近而冲突。如何在激烈的市场竞争中为自己博取一定的市场份额呢？这就要求旅游景区找出自身与其他景区之间的关键差异，根据这种差异并针对竞争者树立自己鲜明的形象，将自身的核心优势和与竞争者的关键差异准确地传达给旅游消费者。例如，对于黄山，大家都知道"五岳归来不看山"，相对于竞争者"五岳"，黄山则可以打出"黄山归来不看岳"的形象口号，这样就和竞争者有了各自相对的市场位置。

④旅游者定位。旅游者定位即确定旅游景区的目标旅游者群体，根据不同目标市场的旅游者来进行市场定位。例如，厦门集美学村面对台湾同胞，可打感情牌，塑造"故乡的学堂"形象；而面对建筑学者参观团体，则可打特色建筑牌，塑造陈嘉庚特有的"穿西装戴斗笠"这种中西合璧的学堂建筑形象。

行业广角镜 5-1　　　　意大利波河三角洲旅游推介　"粉色生蚝"迎中国游客

据欧联通讯社报道，由意大利威尼托大区罗索利纳市和波河三角洲国家公园管理局联合举办的 2018 中欧旅游年"光之桥"活动，当地时间 3 月 16 日至 18 日，在意大利罗索利纳市和波河三角洲地区举行。中意旅游服务机构代表、旅行社、新闻媒体和当地民众共同出席活动，并就当地旅游资源开发、如何有效吸引中国游客前来观光旅游进行了广泛的交流和探讨。

活动中，波河三角洲国家公园管理局负责人西尔维亚·巴利奥尼向来宾介绍了波河三角洲丰富的旅游资源，以及人文地理环境和自然风光，他表示，波河三角洲愿进一步加强与中国文化旅游机构的交流合作，并希望通过此次活动，能够让更多的中国人了解波河三角洲，走进波河三角洲，品味意大利优美的自然环境。

波河三角洲国家公园新闻负责人莎拉·比安琪表示，波河三角洲不仅具有广阔的水域、得天独厚的自然风光，而且人们来到这里，还可以品尝具有波河特色的美食和各类水产品。人们可以通过钓鱼、坐船游览去观赏波河的内在美，鉴赏波河的水域文化和湿地文化。

罗索利纳市市长弗兰科说，波河三角洲候鸟成群、水产丰富，这里有珍贵的鱼类、蛤蜊、贻贝等水产品，"粉色生蚝"被誉为波河三角洲的"珍珠"。波河三角洲自然景观独特的魅力和天公之美，不仅广受游人的赞美，而且已被联合国教科文组织评为人类自然文化遗产。

据悉，波河是意大利最长的内陆河，从西向东横跨意大利的北部地区，经波河三角洲流入亚得里亚海。波河三角洲国家公园总面积为 234 平方千米，是欧洲最主要的湿地旅游景区和自然保护区。

资料来源　黄鑫，胡彪. 意大利波河三角洲旅游推介　"粉色生蚝"迎中国游客［EB/OL］.（2018-

03-21）．https：//www.chinanews.com/hr/2018/03-20/8471877.shtml.有删减。

分析提示：市场定位的实质是使本景区的形象与其他景区严格区分开来，并使旅游者明显感觉和认识到这种差别，从而使本景区在旅游者心目中占有特殊的位置。波河三角洲以"粉色生蚝"为核心吸引物，以其独特的魅力给游人留下了鲜明印象。

5.1.2　旅游景区 4P 组合营销策略

传统的市场营销理论经常用 4P 来构筑营销策略组合。4P 是指产品（product）、价格（price）、渠道（place）和促销（promotion）。

1）旅游景区产品策略

旅游景区产品是指旅游景区借助一定的资源、设施向旅游者提供的有形产品和无形服务的总和。我们在理解旅游景区产品时，不能仅仅将它理解为旅游地的风景名胜，它还应该包括必要的旅游设施、旅游环境、旅游者观赏和参与的活动项目、景区的管理和服务等，它属于服务业产品，是有形产品和无形服务的总和。

（1）旅游景区产品生命周期策略。

产品生命周期原是市场营销学中的一个重要概念，它是指一种产品从投入市场到被淘汰退出市场的过程。20 世纪 80 年代初，该理论被引入到旅游研究领域，从而形成了旅游产品生命周期理论。旅游产品生命周期理论认为，旅游产品的发展过程要经历市场导入期、成长期、成熟期和衰退期四个阶段。旅游景区产品的营销历经数个不同的阶段，必须采用不同的营销策略，这是在营销范畴研究旅游产品生命周期理论的现实价值和意义所在。

①市场导入期。这是指旅游景区产品投放市场的初期阶段。在这个时期，由于旅游景区产品刚刚投入市场，产品知名度不高，因此表现出旅游者较少、市场占有率低、产品生产和销售成本较高而利润却很少甚至亏损的特点。同时，旅游景区的销售量缓慢增长，竞争者数量相对较少。

②成长期。这是指旅游景区产品逐渐被市场接受，且产品利润已有显著增加的时期。在这个时期，产品已经相对定型，旅游者数量快速增加，产品成本下降，市场占有率快速提高。在利润不断增长的同时，竞争者数量开始增多。

③成熟期。在这个时期，旅游景区产品的知名度大大提高，旅游者继续增加，潜在市场已经基本被挖掘见底，产品需求量已经基本达到饱和状态，销售量攀上最高点甚至有下降的趋势，利润的饱和及下滑趋势也十分明显。此时，很多相同或类似的旅游景区产品都已经进入市场，产品升级初露端倪，市场竞争达到白热化状态。

④衰退期。在这个时期，产品销售量锐减，利润大幅下跌，市场上新产品开始替代老产品。不少旅游景区开始走向价格竞争的窄巷，旅游景区产品经营进入恶性循环的不良态势，竞争者纷纷退出。

旅游产品生命周期是旅游产品一般的发展规律，但是并非所有的旅游产品都能够表现出理想化的生命周期。不同的产品，其生命周期是不同的，其生命周期所经历的阶段也可能不同。一些具有独一无二特质的旅游景区，其特点和文化内涵处于垄断地位，不可复制，如北京长城、杭州西湖、西安兵马俑等，因此这类景区产品的生命周期就可能较长。

（2）旅游景区产品组合策略。

旅游景区产品组合是指以最大限度提供和满足旅游者的需求为根本出发点，对一切关联的优势要素进行重组优化后推出的全新旅游景区产品。

在景区的旅游活动中，旅游者消费的旅游景区产品是一个整体概念，由各单项产品组合而成。旅游景区产品组合优化程度越高，越符合旅游者的需求和偏好，旅游景区的吸引力就越大。因此，旅游景区产品组合的状况对景区营销起着举足轻重的作用。

①内部优化型产品组合策略。旅游景区产品的内部优化组合是指对各种旅游景区产品（如住宿、饮食、疗养、健身、娱乐、购物、游览等）进行最优化的组合，从而形成新的产品。内部优化型产品组合策略应遵循有利于促进销售和有利于增加景区利润这两个原则，内部优化组合的丰富程度应视旅游景区的单个产品以及整体情况而定。一般来说，拓宽旅游景区产品系列有利于发挥旅游景区的潜能，开辟和争取新市场，提升销售和利润，同时避免较大的风险，但这需要旅游景区有较强的资本运作能力。加深旅游景区产品系列（即在一条产品线中增加产品的种类）则可以促进旅游景区经营专业化，满足特定细分市场的个性化需求，提高竞争力。

行业广角镜 5-2　　　　　　　　　　　　月上金顶，会师峨眉

2011年中秋三天小长假恰逢教师节，这势必会为传统的团圆佳节增添不同以往的意义。峨眉山景区在中秋节庆营销中，紧密结合尊师重道的元素，旨在打造一个专属于教师的中秋节，并将非节庆的活动延伸覆盖了整个秋季。

（1）时间：2011年9月1日—9月15日。

（2）惠师政策：中秋节三天假期（9月10日—9月12日），峨眉山景区对所有教师执行峨眉山景区门票半价优惠。9月10日当天凭教师证享受红珠山森林温泉半价优惠。

（3）活动内容：

①"师话峨眉"：诗仙李白一生迷恋峨眉山月，留下了无数脍炙人口的名句，可谓酒入豪肠，七分酿成月光，三分啸为剑气。然而，一千个人眼中就有一千轮峨眉山月。在不同的老师眼中，峨眉山月又有怎样独特的魅力呢？

9月2日—9月10日，在景区官方微博设立了"教师心中的峨眉山月"话题，征集各学科教师从各自学科的观点对峨眉山月的描述。从不同学科教师的作品中分别选出一个优秀作品（上限10名），在景区官网及其他平面媒体进行宣传刊登，并邀请入选教师享受旅游疗养产品，参观景区"见证豪迈，祈福明天"大型图片展，参加景区的中秋赏月晚会，欢度中秋。入选教师还将获赠旅游大礼包，包括9月10日峨眉山大酒店商务标准间1间、峨眉山大酒店瑜伽温泉名额2个、峨眉山金顶索道名额2个。

②"师出有茗"：千古香茗"峨眉雪芽"有机绿茶，极具生态魅力与养心功效，自古便是延年益寿的养生饮品，是可闻而不可多得的珍品。中秋之夜，赏月品茗，横槊赋诗，举一盏清茶，观峨眉武术表演，与亲朋好友促膝长谈。"峨眉雪芽"推出秋季优惠政策，

在各大门店均可咨询。

③"师语温泉"：教师是一个体力与脑力劳动并重的职业，因常年站立，并与粉笔朝夕为伴，加之秋季天干物燥，很容易导致皮肤提前老化，而多变的气温更是挑战着教师的抵抗力。在这个季节，教师们特别适宜到峨眉山进行温泉疗养，从而荡涤粉尘，促进血液循环，加速新陈代谢，舒缓经络，永葆青春。

④"师疗仙山"：到峨眉山做一次深呼吸，丰富的负氧离子将为教师洗肺清神。峨眉山良好的植被和自然环境早已被大家所熟知，在大自然中净化身心，呼吸负氧离子，峨眉山自然是上佳的去处。针对教师久站、长期伏案工作的特点，景区推出了峨眉山徒步登山健身活动，帮助教师改善全身骨骼的承力状态，同时辅以按摩理疗，为教师缓解腰酸背痛、手麻脚软等职业病痛。针对教师工作压力大、讲话多的职业特点，景区在峨眉山美食林及山间农家乐推出了"师房小菜"，采摘当季的时令野菜，并结合中医理论，推出清肺、亮嗓的养生菜肴。

⑤"师情画意"：穿梭峨眉的金黄黛绿，笑看层林尽染霜叶醉；举杯共邀峨眉月，长吟古今笑谈。金秋，是欣赏峨眉日出、佛光云海等奇观的绝佳时节，是峨眉山最惬意、最温馨、最浪漫的季节，也是人们收神敛气、调养身心的大好时节。针对教师热爱传统文化的特点，景区推出了掌灯夜游赏美景、颂传统诗词、听红珠丝竹音乐会、赏峨眉传统书画等活动，以怡情养性。

⑥"师道尊严"：峨眉山拥有厚重的佛教文化，来此聆听梵呗禅音，感受佛法庄严，可以为心中明台拂尽尘埃，为人生道路增添福慧。

（4）活动及产品：网络微博征集、网络及平面媒体优秀作品选登、中秋晚会、欢乐篝家篝火晚会、红珠音乐会、书画院画展、"峨眉雪芽"秋季卖茶送杯活动。

资料来源　佚名. 浓情秋意　多彩峨眉　秋波大奉送［EB/OL］. (2011-09-02) . http://www. ems517.com/article/12/6593.html.有删减。

分析提示：为了最大程度地满足旅游者的需求，旅游景区可以将一切关联的优势要素进行重组优化后推出全新的旅游产品。

②外部整合型产品组合策略。除了对景区产品进行内部优化组合以外，旅游景区还必须考虑到旅游者至异地旅游，往往不止游览一个景区。因此，旅游景区还应与其他旅游景区密切协作，联合各旅游景区，对相互间的产品进行组合，以满足旅游者的需求，我们将此称为外部整合型产品组合策略。

（3）旅游景区产品创新策略。

旅游景区产品生命周期理论要求旅游景区产品不断升级、创新，以延长其生命周期。

旅游景区产品创新是指通过技术或服务创新等手段，开发出为旅游者所期望的、具有独特价值的旅游景区产品的过程。它包括技术（或服务）推动型产品创新和需求拉动型产品创新两种。

①技术（或服务）推动型产品创新。技术创新（或服务创新）是由科技和管理的发展推动的，研发是这类技术（或服务）推动型产品创新的关键环节。研发既包括对旅游景区科技产品的技术研发，也包括对旅游景区服务产品的研发。其中，标准化服务、个性化服

务、服务差距模型等都属于服务研发的成果之一。技术（或服务）推动型产品创新过程如图5-1所示。

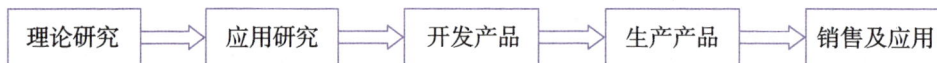

理论研究 → 应用研究 → 开发产品 → 生产产品 → 销售及应用

图5-1 技术（或服务）推动型产品创新过程

②需求拉动型产品创新。这一类型的产品创新认为，产品之所以要创新，之所以能创新，关键在于旅游市场需求的变化和旅游者偏好的转移。一项产品要想获得比竞争对手的产品更多的喜爱和忠诚，就必须能够更出色地满足旅游者的期望。旅游者的消费偏好会随着包括时代在内的各种因素的转变而转变。当面临新的旅游市场需求和新的旅游者偏好时，旅游景区若没有相应的产品，就将无法生存，此时，旅游景区产品创新的趋势便无法阻挡。需求拉动型产品创新过程如图5-2所示。

市场需求 → 经营需求 → 研究开发 → 生产产品 → 销售及应用

图5-2 需求拉动型产品创新过程

行业广角镜5-3   **天公不作美 景区要有招儿**

2015年5月，广东平均降水量为474.3毫米，较往年同期高八成，为有气象记录以来历史同期最多。除雷州半岛的降水量不足50毫米外，其余地区降水量均达到100～500毫米。这样的天气让广东省内景区苦不堪言，游客接待量与旅游综合收入呈现不同程度的下降，遭遇了市场"滑铁卢"，损失最严重的是漂流、水上乐园等以水为主的景区。如何走出靠天吃饭的困境，是相关景区最迫切需要解决的问题。

连降暴雨，景区伤不起。广东省内很多漂流、亲水景区把开漂、开园时间原定在4月上旬，没有想到5月连续4个周末都是暴雨倾盆，包括一年中人气最旺的小黄金周——"五一"假期，"大干一场"的热情被无情浇灭。以水为主题的景区就靠5月至10月这半年的黄金期，面对如此天气，很多含漂流、水上乐园等水上游乐项目的亲水景区"叫天天不应"。笔者调查了广东省近十个景区，这些景区均称因受到天气影响，游客接待量与旅游收入锐减，最低的减幅达到10%，最高的达到40%。以荷花世界为例，"五一"一过，就到了荷花盛开的季节，景区进入旅游旺季。5月本是学生组团看荷花的高峰月，今年却遭遇例外，以往清远各大漂流景区排队等待漂流的场景今年无缘得见。

转变思路寻找突破口。清远田野绿世界景区为避免一直受困于天气因素，近期计划利用景区的天鹅湖、咖啡厅、客家擂茶馆、小吃街、田园小径等已有资源开发"听雨"产品。下雨天，在天鹅湖里安排一些"渔女"，陪伴游客雨中渡舟，或欣赏"渔翁"披蓑带笠，让鸬鹚在雨中捕鱼的场景，感受"孤舟蓑笠翁，独钓一江雨"的意境。

其实，开发"雨"资源是一条可行的路子，但如何将"雨"道具利用到最佳状态？景区不论做出如何反应，都要在服务方面下功夫，把服务做得细心和贴心，毕竟从长远来看，最终能够给体验加分的就是景区为游客提供的方方面面的服务。既然开发与雨有关的旅游产品，就要完善"旅游听雨"的配套设施，如向游客提供一次性雨衣、雨伞租借服务，增设一些游客躲雨、赏雨、听雨的配套设施。只要旅游景区创新思路，依托雨文化、做活雨文章，那么以后春夏秋冬每个季节的劣势就有转化为优势的可能，每个季节都可以开发出相应主题的旅游产品，从而走出"靠天吃饭"的困境。

资料来源　陈熠瑶. 天公不作美　景区要有招儿［N］. 中国旅游报，2015-06-22（6）. 有删减。

分析提示：景区要走出"靠天吃饭"的困境，就要依托景区资源，不断加快新产品的开发与更新力度，丰富旅游项目与内涵，拓宽旅游功能，完善服务设施，提升服务质量，如漂流景区可以建设成为集漂流、河流观光、森林休闲、绿色度假、登山运动、生态疗养、越野徒步、溯溪探险、特色美食、木屋住宿、创意演出、风情乡村等于一体的旅游度假综合体，这样才能"唱好四季歌"。

2）旅游景区价格策略

旅游景区产品的定价会受到多种因素的制约，如成本、消费者需求、竞争者行为、政府干预、市场结构等。尽管目前政府干预影响着旅游景区产品的定价，但随着市场竞争的日益激烈，旅游景区经营主体的价格决策越来越需要充分考虑市场因素。旅游景区营销主体的定价目标大体有三种导向：一是利润导向，即追求利润最大化；二是销售导向，即谋求较大的市场占有率和销售量；三是竞争导向，即根据市场环境和竞争者行为的变化来制定价格。旅游景区经营主体应根据景区自身经营特点、景区产品特性以及所处的市场环境来制定适合自己的价格策略。

（1）利润导向下的高价策略。

这种策略适用于处于完全垄断地位的、有相当知名度的旅游景区产品。例如，北京故宫、苏州四大园林等，它们都是独一无二的、完全垄断型的旅游产品，且均已经有相当高的知名度，不存在靠低价拓展销售量的问题，完全具有实施高价策略的条件和优势，适宜采用撇脂定价法，也可采用目标收益定价法。

（2）销售导向下的低价策略。

这种策略适用于处于成长期和衰退期的旅游景区产品。在成长期，旅游景区产品的知名度不高，旅游者对产品不了解，因此适宜用较低的价格来吸引旅游者，以扩大销售量，达到迅速占领市场的目的。在衰退期，旅游景区产品的市场占有率降低，产品竞争力减弱，因此在产品创新之前，适宜采用低价策略维持销售量。

（3）竞争导向下的价格策略。

这种策略是指旅游景区经营者广泛收集资料，将自身产品的质量、特点和成本与竞争对手的产品进行权衡比较，以对产品价格有决定影响力的竞争对手或市场领导者的价格为基础，采取高于、等于或低于竞争对手的价格出售本景区的旅游产品。

处于行业领导地位的旅游景区可借助其品牌形象好、市场销售能力强的优势，使产品价格超过同类旅游景区产品的价格水平。高价不仅符合其精品定位的市场目标，也与以稳定价格、维护市场形象的定价目标相一致。

具有向领导者挑战的实力但缺乏品牌认知度的旅游景区，适宜以更好的旅游服务、更低的价格将看得见的优惠让利于旅游者，以期促进销售、扩大市场占有率。

新进入市场的、特色性不强的旅游景区，可采用当时市场同类产品的平均价格。

3）旅游景区分销渠道策略

旅游景区分销渠道是指旅游景区产品从景区流转到旅游者手中的全过程所经历的各个环节和推动力量的总和。旅游景区分销渠道策略则是指旅游景区为了使其产品进入目标市场所进行的路径选择活动，如旅游景区应在什么地点、什么时间、由什么组织向旅游者提供旅游产品和服务，选择什么样的分销渠道策略来使自己的产品传递道路畅通等，这将直接关系到旅游景区的生存与兴衰。

（1）直接分销渠道策略。

直接分销渠道策略即旅游景区经营主体选择通过本身将自己的产品传递给旅游者的一种策略。例如，旅游景区通过自己的售票部销售自己的产品，或者通过在其他地点自己投资设立接待处或售票处的方式来销售自己的产品等。

（2）间接分销渠道策略。

间接分销渠道策略是指旅游景区经营主体选择通过分销商将自己的产品传递给旅游者的一种策略。旅游景区根据自身的经营状况和市场状况，可以理性选择密集型分销渠道策略、选择型分销渠道策略、独家分销渠道策略三种间接分销渠道策略。

①密集型分销渠道策略。密集型分销渠道策略是指旅游景区在客源市场范围内，通过许多旅游中间商来销售景区旅游产品的策略。这种策略的优点是可以扩大旅游产品的市场范围和销售量。

②选择型分销渠道策略。选择型分销渠道策略是指旅游景区在某一地区仅仅通过少数几个精心挑选的、最合适的中间商销售景区旅游产品的策略。这种策略的关键在于选择实力强大、专业知识丰富、信誉良好、销售能力强、服务上乘、配合态度好的旅游中间商，并与其建立较为固定的市场合作关系。

③独家分销渠道策略。独家分销渠道策略是指旅游景区在一定市场区域内仅选用一家经验丰富、信誉卓著的旅游中间商来销售景区旅游产品的策略。这种策略的特点是旅游产品生产商和中间商的协作关系密切，利益容易协调，中间商易于配合和控制，但销售覆盖面较小、缺乏灵活性，所以特别适用于一些特殊的高价旅游产品。

（3）结合型分销渠道策略。

结合型分销渠道策略要求旅游景区和中间商有权属关系，或旅游景区持有分销商的股份，或分销商持有旅游景区的股份，或两者共同出资建立专门的销售渠道，共同持有该销售渠道的股份。2002年成立的"四川峨眉广之旅国际旅行社有限公司"就属于结合型分销渠道。它是四川峨眉山景区管委会和广东广之旅国际旅行社共同出资组建的。四川峨眉山景区管委会出资组建该销售渠道的目的是利用广之旅国际旅行社的品牌和强大的销售能力迅速提升峨眉山旅游产品在广东市场的占有率，同时该销售渠道还可以作为独立的中间商分销其他旅游产品生产商的产品，所得利润由四川峨眉山景区管委会和广东广之旅国际旅行社按股份比例分配。

（4）虚拟分销渠道策略。

虚拟分销渠道的典型代表是网络分销渠道，利用网络进行销售是一种新生力量。相对于传统的销售渠道，它可以直接快捷地在营销者和旅游消费者之间建立联系，迅速了解旅游消费者的需求，同时节省旅游消费者的时间和精力成本，因此它是网络时代满足旅游消费者个性需求的较好的渠道模式，我国不少旅游景区都已经建立了自己的网站。旅游景区在建设自己的网络直销渠道的同时，应多关注一些如驴妈妈旅游网、携程旅游网等知名的网络分销渠道，借助这些网站的知名度，在网络上迅速传播本景区旅游产品的信息，积极参与到其推介的自助游线路组合产品中。

微型资料 5-1

驴妈妈旅游网（http：//www.lvmama.com）创立于 2008 年，是中国领先的新型 B2C 旅游电子商务网站，也是自助游产品预订及资讯服务平台。该网站成立之初，就以自助游服务商定位市场，经过数年的发展，形成了以打折门票、自由行、特色酒店为核心，同时兼顾跟团游的巴士自由行、长线游、出境游等网络旅游业务，为游客出行提供一站式服务。

4）旅游景区促销策略

旅游景区通过人员推销、广告、公共关系和营业推广等各种促销方式，向旅游者传递旅游景区产品的信息，以引起旅游者的注意和兴趣，激发旅游者的购买欲望和购买行为，从而达到扩大销售的目的。

（1）促销手段。

①广告。广告即旅游景区以付费的方式，通过各种媒介发布和传递景区形象或景区产品等有关信息的一种非人员促销手段。广告是旅游景区用以对目标旅游者和公众进行直接说服性传播的一种促销手段。广告兼具普及性和针对性，既可以用来树立旅游景区和产品的形象，又可以扩大旅游景区的知名度，刺激销售。

②人员推销。人员推销即旅游景区直接派出销售人员，对旅游者或者分销商进行面对面销售的一种促销手段。人员推销具有较大的灵活性，通过直接观察旅游者，销售人员可以掌握旅游者的购买动机和消费偏好，有针对性地对旅游景区产品进行介绍，促成销售成功。

③公共关系。公共关系是指旅游景区利用各种传播手段，与包括旅游者、分销商、政府行政机构、新闻媒体在内的社会公众沟通有关景区的相关信息以及思想情感等，以期建立良好的社会形象、创造有利的营销环境的一种促销手段。

④销售促进。销售促进又称营业推广，是指旅游景区在特定的时空范围内，对旅游者或分销商提供临时性激励的一种促销手段，目的在于促使旅游者或分销商尽快或大量购买旅游景区的某些特定产品。销售促进往往以强烈的呈现和特殊的优惠为特征，给旅游者或分销商以极大的购买刺激，以促成短时间大量销售的达成。

（2）旅游景区的主要促销模式。

①"景区+政府"二维一体的促销模式。政府或旅游行政机关不是具体的旅游企业，它们在旅游市场上的职责是宏观调控、综合服务和主导促销。包括旅游景区在内的一个旅游地市的整体旅游营销任务只有依靠政府和主管部门才能实现，因为只有它们能够站在全局的立场，发挥促销地市整体旅游产品的作用，而单个旅游企业在促销时关注的只是自身的旅游产品，无法顾及所在地市的整体旅游促销。

政府促销常见的形式有旅游促销万里行、旅游说明会、新闻发布会、国内旅游交易会等，旅游景区应积极介入，充分利用"搭便车效应"，实现旅游景区和政府双赢的目标。

②主题促销模式。主题促销是指根据时代特征和旅游景区目标市场的需求，从旅游景区富有特质的旅游吸引物中提炼富有感召力的主题，进而围绕主题开展系列活动的促销行动。主题促销的关键是主题的提炼。主题要从旅游景区富有特质的旅游吸引物中去挖掘，要能够客观、准确地表现出旅游景区吸引物的性质特征，要充分考虑目标市场状况及其需求偏好，还要简单易记且不可产生歧义。

③联合促销模式。联合促销是指两个或两个以上的旅游景区为了开拓市场、提高竞争能力，通过共同分担营销费用，协同进行营销传播、品牌建设、产品促销等方面的营销活动，以达到资源优势互补和效益最大化的目标。联合促销可以使联合体内的各成员以较少的经济投入获得很好的促销成果，还能达到单独促销无法达到的效果。例如，2021年7月，青海茶卡盐湖景区及新疆伊吾胡杨林景区在北京共同举办了"行走西部·心之秘境"西矿文旅资源北京专场推介会，向北京旅游界展示西北广袤自然之美，邀请北京市民前往两景区旅游。青海茶卡盐湖景区及新疆伊吾胡杨林景区均为西部矿业集团所属文旅板块——青海西矿文化旅游有限公司下属景区。在成功运营天空之镜·茶卡盐湖景区后，2018年，西矿文旅积极响应"一带一路"倡议，走出青海，开发建设了新疆伊吾胡杨林景区。

5.2 旅游景区营销创新

旅游景区营销创新是指旅游景区抓住旅游市场的潜在盈利机会，以获取商业利益为目标，重新组合营销要素，建立起市场竞争力更强的市场营销系统，从而推出新产品、开辟新市场的综合活动与过程。营销创新是管理创新的一个重要组成部分。

5.2.1 旅游景区营销理念创新

营销理念是营销决策和营销策划的基础，现代旅游景区都应树立营销理念，以期在激烈的市场竞争中立于不败之地。现行营销理念有大市场营销理念、动态营销理念、全球营销理念、双赢合作营销理念等。

1）大市场营销理念

大市场营销理念是美国著名市场营销大师菲利普·科特勒提出的一种新的营销理念，其核心思想是强调企业既要适应外部环境，又要在某些方面可以改变外部环境。大市场营销理念是指旅游景区为了成功地进入特定市场，在战略上协调使用经济的、心理的、政治的和公共关系等手段，以获得各有关方面如经销商、供应商、旅游者、市场营销研究机构、有关政府人员、各利益集团及宣传媒介等的合作及支持的一种理念。大市场营销理念是对传统4P营销理论的发展，是在4P的基础上加上2P，即权力（power）和公共关系（public relations）。权力是指旅游景区必须能经常利用法定权利、专家权利、信仰权利等为营销活动创造机会。公共关系就是指旅游景区要通过各种有效的公关措施，加强与旅游者的沟通，提高旅游者的忠诚度。

2）动态营销理念

当前的市场环境因素如营销渠道、竞争者、市场需求以及政策、法令等，是不断变化的，一成不变的营销方式将无法适应多变的环境。旅游景区应经常考虑和评估各种市场环境因素和自身的变化，从而不断调整自己的营销方式、方法或策略，以适应不断变化的市场。

3）全球营销理念

全球营销理念是指旅游景区通过全球性布局与协调，使其在世界各地的营销活动一体化，以便获取全球性竞争优势的一种理念。开展全球营销的旅游景区在评估市场机会和制定营销战略时，不能以国界为限，而应该放眼全球。随着科技的进步，交通通信的发展，各国之间的交往日益频繁，旅游者的需求与欲望向同质化发展，旅游景区要想在激烈的竞争中生存并发展，就必须以世界市场为导向，采取全球营销战略。

4）双赢合作营销理念

双赢合作营销理念是指旅游景区通过合作，实现双方优势互补，增强双方的竞争实力，最终实现双赢的一种理念。双赢合作营销应遵循以下原则：

（1）匹配性原则。

匹配性原则即合作旅游景区不仅要在目标市场、渠道、市场定位上相一致，还要在品牌实力、营销思路上相协调。

（2）互补性原则。

互补性原则即旅游景区希望通过合作，弥补自身短板，增强自身综合竞争力。在竞争日益激烈的今天，优势互补几乎成为旅游景区合作营销必须考虑的因素。

（3）多样性原则。

多样性原则即多角度、多层级、交叉式的合作关系能够在细微之处增加企业的营销砝码，合作方式的多样性可以为旅游景区注入更多的品牌内涵，也可以使差异化的营销理念得到实施和推广。

（4）强强联手原则。

强强联手原则即强强联手，强者愈强。进行合作营销的旅游景区应该尽量选择知名度高、美誉度好、营销能力强的伙伴，这样才能将旅游景区的影响力辐射到更广阔的目标市场中。例如，山东推出"联合推介、捆绑营销"模式，实现了"好客山东"旅游整体形象高频率、高密度的覆盖，产生了强大的集群效应。"联合推荐、捆绑营销"就是整合省、市、县旅游企业的资源和宣传促销资金，采取集中购买媒体版面以及时段节约三分之一、参加"联合推介、捆绑营销"的单位出资三分之一、省旅游发展专项资金支持三分之一的模式，在央视等主流媒体开展以"好客山东"旅游服务品牌为统领的山东旅游目的地整体形象宣传。这一运行机制与传统的营销方式相比，在整合了资源的同时，既节约了资金，又形成了强大的宣传攻势，产生了"四两拨千斤"的效果。

5.2.2　旅游景区营销方式创新

目前，常见的营销方式创新主要有绿色营销、主题营销、体验营销、事件营销、品牌营销、网络营销、联合营销、关系营销等。本书主要就主题营销、体验营销、事件营销、品牌营销、网络营销在旅游景区发展实际中的应用加以分析。

二维码12

微课：从《爱在四川》看旅游景区营销

1）主题营销

主题营销是指旅游景区在组织策划各种营销活动时，选定某一主题作为活动的中心内容，并以主题活动作为手段，吸引旅游者来景区旅游的营销活动。主题营销的最大特点是赋予一般营销活动某种主题，围绕既定主题来营造氛围。主题营销应强调差异性，这种差异不仅包括有形设施的差异、无形服务的差异，还包括广告宣传、营销策略等营销环节上的差异。旅游景区可推出差异性、新鲜性的主题活动，以提高对旅游者的吸引力，增强旅游者对旅游景区的形象感知。主题营销可分为以下三个层次：

（1）主题产品营销。

主题产品营销的重点是主题产品，它通过对原有主题产品的改进、新主题产品的开发或其他营销手段，尽可能吸引更多的旅游者来景区旅游。主题产品营销是第一层次的主题营销。

（2）主题品牌营销。

主题品牌营销的重点是主题产品的品牌，它不仅注重产品的销售，而且注重对主题品牌的塑造。对主题品牌的成功塑造，不仅可以提高旅游景区的声誉，还可以提高旅游景区游客的忠诚度。品牌不仅意味着固定持续的购买，还意味着较高的溢价和利润。主题品牌营销已经上升到品牌的竞争，是一种更高层次的主题营销。

（3）主题文化营销。

主题文化营销的重点不是具体的产品或某一个品牌，而是主题中所蕴含的文化。主题产品是主题文化的一部分，或者说是物质上的载体之一。主题文化还可以通过其他方式表现出来，如礼仪、制度、行为方式、消费程序、通过颜色和声音形成的文化氛围等，因此，主题文化是一个复杂的、多层次的综合体。主题文化营销通过精心设计的主题产品和适当的主题促销活动满足人们内心的愿望和需要，与旅游者产生心灵上的共鸣。主题文化营销的目的是使旅游者在消费过程中不仅能够得到物质上的满足，而且能够获得精神上的愉悦。

行业广角镜5-4　　　　　　　　2010中国·三亚南山健康长寿文化周

南山，面朝南海，坐落在中国唯一的热带滨海城市——三亚市的西南方向20千米处，是中国最南端的山。南山历来被称为"吉祥福泽之地"，中国传扬千古的名句"福如东海，寿比南山"道出了南山与福寿文化的悠久渊源。南山文化旅游区是依托南山独特的山海天然形胜和丰富的历史文化开发建设而成的全国罕见的超大型生态文化景区，是中华人民共和国成立以来中央政府批准兴建的最大的佛教文化主题旅游区，也是国家首批AAAAA级旅游景区。"祈福、长寿"是南山文化旅游区重点打造的文化主题。"2010中国·三亚南山健康长寿文化周"是众多围绕这一主题的活动之一。

（1）时间：2010年10月15日—10月17日。

（2）主题："我乐活，我健康，我长寿"。

乐活百岁，畅享生命！用乐活的方式成就健康，用年轻的心态实现长寿！在"2010中国·三亚南山健康长寿文化周"之际，南山文化旅游区将举办首届南山"乐活 Party"，精心打造丰富多彩的主题活动，组建由老、中、青三代组成的乐活团队，更有主流传媒全程跟踪播报，带来时代与传统相融合的健康生活理念，让你与快乐、健康、长寿结缘！

（3）主要活动：

①"乐活·拓展熔炼"：10 月 15 日（农历九月初八，星期五）。

大型拓展熔炼：与专业户外运动俱乐部一起组建乐活团队，深入认识乐活，开展别开生面的乐活挑战，开启团队 PK。

和和美美泥塑 DIY：南山特色泥塑象征着美好、吉祥，没有上彩的泥塑宝宝等待你发挥自己的创意。

体验南山僧人生活：与僧人共餐，享受绝对健康的绿色果蔬，避免高盐、高油、高糖对身体的损害，可谓是真正的乐活美餐！

南山会馆水上娱乐：将拓展活动放进泳池，让你感受清凉一夏！

②"乐活·健康长寿"：10 月 16 日（农历九月初九重阳节，星期六）。

"乐活 Party"之九九竞高抱佛足：九九之时，登高观音莲花座，既是登高，又是祈福，形式特别，意义殊胜。

"乐活 Party"之小月湾自行车越野接力：在风光无限好的小月湾开展自行车越野接力赛，在领略梦幻南海的同时，带着拓展的精神，沿着"神迹"，找到乐活的意义。

南山养生素斋：用以假乱真的"素"材制作出美味可口的养生盛宴，体验一次排毒养颜的素食之旅。

③"乐活·禅修养生"：10 月 17 日（农历九月初十，星期日）。

"禅修养生"之观海瑜伽：面朝大海，迎着海面喷薄欲出的朝阳，聆听海浪灵性的音韵，在海上观音的光芒中，跟随专业瑜伽教练，舒展身心，迎接崭新的一天。

"禅修养生"之三十三观音堂静心抄经：在南山全新开放的三十三观音堂，借着莲花灯抄写经文，许下美好心愿，心诚则灵，这绝对是一次难得的修身静心之体验。

"禅修养生"之南山寺观音殿坐禅念佛：观音堂上观音慈悲，跟随长老坐禅念佛，驱除心魔。这种安之若素、清心寡欲、无欲则刚的境界，不也是乐活的一种体现吗？

资料来源　佚名. 2010 中国·三亚南山健康长寿文化周［EB/OL］.［2015-06-28］. http://www.nan-shan.com.有删减。

分析提示："祈福、长寿"是南山文化旅游区一直以来重点打造的文化主题。"2010中国·三亚南山健康长寿文化周"围绕健康长寿这一主题来营造氛围，有利于增加旅游者对旅游景区的形象感知，与旅游者产生心灵上的共鸣。

2）体验营销

体验营销是旅游景区通过声音或图像等媒介为旅游者营造一种氛围或情景，影响旅游者更多的感官感受来介入其行为过程，塑造感官体验及思维认同，以此抓住旅游者的注意力，从而影响旅游者的决策过程与结果的营销活动。

体验营销关注的是旅游者的体验，旅游场景强调主题化，产品设计以体验为导向，营销活动以旅游者的需求为中心。旅游景区体验营销可以采取以下几种策略：

（1）感官式营销策略。

感官式营销策略即通过视觉、听觉、触觉与嗅觉，使旅游者形成感官上的体验，从而激发其购买动机，提高旅游景区产品的附加值。

（2）情感式营销策略。

情感式营销策略即在营销过程中，触动旅游者的内心情感。情感式营销需要真正了解什么刺激可以引起什么情绪，从而使旅游者自然地受到感染，并融入到情景中去。

（3）思考式营销策略。

思考式营销策略即启发旅游者的智力，使旅游者获得认识和解决问题的体验，通过运用计谋和诱惑，引发旅游者产生统一或各异的想法或行动。

（4）行动式营销策略。

行动式营销策略即通过精神偶像、特定角色来激发相应的目标旅游者群体，使其生活发生改变，从而实现旅游景区产品的销售。

3）事件营销

事件营销是指旅游景区通过策划、组织和利用名人效应、新闻价值以及具有社会影响的人物或事件，引起媒体、社会和旅游者的兴趣和关注，从而迅速提高旅游景区的知名度和美誉度，树立良好品牌形象的手段和方式。成功的事件营销必须包含下列四个要素之中的一个，且包含下列要素越多，事件营销成功的概率越大。

（1）重要性。

重要性即事件内容的重要程度。事件越重要，事件内容对社会产生的影响就越大，就会对更多的人产生更大的影响。

（2）接近性。

越是心理上、利益上和地理上与目标旅游者群体接近和相关的事实，事件新闻的价值就越大。心理接近包括职业、年龄、性别等因素。一般人对自己的出生地、居住地和曾经给自己留下过美好记忆的地方总是怀有一种特殊的依恋情感。所以，旅游景区在策划事件营销时，必须关注到目标旅游者群体的接近性的特点。通常来说，事件关联的点越集中，越能引起人们的注意。

（3）显著性。

事件中的人物、地点和内容的知名程度越高，新闻价值也就越大。

（4）趣味性。

大多数受众对新奇、反常、有人情味的东西比较感兴趣。

行业广角镜5-5　　　　　　　　　　**《三天两夜》定制栏目　助力全域旅游宣传**

为适应全域旅游消费背景下对定制旅游、自助旅游等品质化消费的个性化需求，福建省三明市旅游发展委员会联合福建电视台旅游频道强档推出《三天两夜》周末定制游体验式旅行节目。

《三天两夜》是紧贴当前"定制旅游"新业态概念,以三明12个县(市、区)旅游资源内涵为主线,通过"产品化旅行"包装,结合主持人、网红嘉宾、素人及当地旅游部门领导实地制定旅行线路、展示攻略地图、体验特色项目等,全方位展示三明全境得天独厚的历史文化资源和鲜明独特的人文价值,助力三明全域旅游宣传推广。该节目拟制作播出14期,每期40分钟。

宁化是著名的革命老区,是中央21个苏区县之一,还是中央红军两万五千里长征的四个起点县之一,宁化石壁作为客家先民由北向南大迁徙的中转站,被誉为"客家祖地"。每年各个国家、各个地区的客家人都会聚集于此寻根谒祖。节目组便以"石壁客家祖地"为切入点展开篇幅,通过祭祖过程中的资深长老抛福米环节,传达"接到的福米越多,福气就越多"的美好寓意。

《三天两夜》的"真人秀表达"并非传统意义上的虚构和游戏,更多的是一种呈现方式上的设置。如在拍摄宁化城东32千米的蛟湖时,导演别出心裁增设主持人及嘉宾下水"捉鱼摸虾"环节,在综合体验天然内陆湖蛟湖的绝美的同时注入活动主体的行动轨迹,更进一步增强了嘉宾间的互动性,也丰富了节目的趣味性。

资料来源 福建省旅游宣传中心.《三天两夜》定制栏目 助力全域旅游宣传[EB/OL].(2018-05-07).http://www.fjta.gov.cn/ar/20180507000031.htm.有删减。

分析提示:旅游景区如果能抓住大多数受众对新奇、有人情味的东西比较感兴趣的心理,通过策划、组织和利用名人效应、有新闻价值的人物和事件,引起媒体、社会和旅游者的兴趣和关注,可以迅速提高知名度和美誉度。

4)品牌营销

在旅游者选择日益多样化、追求个性化的情况下,品牌已具有重要的功能。一件产品可以被竞争对手模仿,但品牌是独一无二的,并且能够引发偏好、建立偏好。品牌营销是指旅游景区通过塑造景区品牌,树立和贯彻品牌意识,使旅游者对旅游景区的产品和服务形成整体认知和印象。品牌营销能够增强旅游者对旅游景区产品的认同感,建立旅游者对旅游景区品牌的忠诚度。旅游景区除了要注重品牌的管理,更重要的是要提升品牌形象,这就要求旅游景区始终树立以旅游者为中心的观念,通过观察旅游者的需求及提供长期的产品质量保证,为旅游者提供满意的服务。

5)网络营销

网络营销是指旅游景区以网络为基础,利用数字化的信息和网络媒体的交互性,辅助营销目标实现的营销活动。网络营销由于具有传播范围广、速度快、无时间地域限制、形象生动、反馈迅速和成本较低的优点,因此逐渐受到旅游景区的青睐。旅游景区的网络平台主要有以下四种类型:

(1)政府网站。

政府网站中一个重要的内容就是介绍该地区的旅游资源。同时,政府网站作为权威度极高的官方平台,可信度很高,非常有说服力。

(2)景区网站。

在现代营销方式中，任何平面、户外、电视、电台广告都无法充分地展现旅游景区的形象和旅游产品，而景区官方网站是旅游景区产品24小时在线展示的最佳阵地，是进行形象宣传与市场销售的重要工具。

（3）门户网站旅游板块。

旅游景区还可以利用免费或收费适中的门户网站建立自己的页面，以景区特色、景区节事活动等为主题，将景区的网站和品牌宣传出去。

（4）旅游商业网站。

以去哪儿旅游网等为代表的旅游商业网站，整合了大部分景区资源，为旅游者提供了全面的旅游目的地信息和一站式的旅游服务，是多数旅游者了解旅游资讯，预订门票、机票和酒店的首选。旅游产品的预订模式将在这类网站中占据越来越大的比重。

微型资料5-2

国家互联网信息办公室、公安部、文化和旅游部等七部门日前联合印发《网络直播营销管理办法（试行）》（以下简称《办法》），自2021年5月25日起施行。《办法》旨在加强网络直播营销管理，维护国家安全和公共利益，保护公民、法人和其他组织的合法权益，促进网络直播营销健康有序发展。一方面，《办法》针对网络直播营销中的"人、货、场"，将"台前幕后"各类主体、"线上线下"各项要素纳入监管范围；另一方面，《办法》明确细化直播营销平台、直播间运营者、直播营销人员、直播营销人员服务机构等参与主体各自的权责边界。

6）新媒体营销

新媒体营销是指利用新媒体平台进行营销的方式，是在特定产品的概念诉求的基础上，对消费者进行心理引导的营销推广方式。新媒体营销平台，主要包括但不限于门户、搜索引擎、微博、微信、SNS、博客、播客、BBS、RSS、百科、App等。新媒体营销并不是单一地通过上面的渠道中的一种进行营销，而是需要多种渠道整合营销，也可以与传统媒介营销相结合，形成全方位立体式营销。

5.3 旅游景区品牌管理

5.3.1 旅游景区品牌概述

1）品牌的概念

"品牌"一词来源于古挪威文字"brand"，即"烙印"的意思，其运用在企业管理和市场营销中，就是"在消费者心中留下烙印，在消费者心中树立企业或产品的深刻形象"。

美国营销协会对品牌的定义如下："品牌是一种名称、术语、标记、符号或设计，或是它们的组合运用，其目的是借以辨认某个销售者或某群销售者的产品或服务，并使之同竞争对手的产品或服务区别开来。"品牌是一个综合、复杂的概念，是商标、名称、包装、价格、历史、名誉、文化内涵、符号以及广告风格等要素的总和。

2）旅游景区品牌的内涵

旅游景区品牌是反映景区独特性，表现景区旅游及相关活动功能的体验感、品质感和形象感的名称、名词、短语、符号或设计，以及它们的组合。景区旅游及相关活动的功能从本质上讲即景区提供给游客的产品，其核心价值是游客因对景区产品的体验而得到的利益，因此景区品牌传输的信息必须表达出景区能够给予游客的多种感官与心理体验。受顾客和服务人员的生理与心理等因素的影响，任何无形商品都会存在品质上的差异性。景区空间范围较大，服务点较多且较分散，服务水平监控有一定难度，同时游客的类型与需求也是多样的，这就导致了服务水平的差异性更易显露，但游客却不希望景区的服务水平低于其期望的某一个层次，因此景区品牌更需要凸显能够给予游客的品质感受，如独特、美好、温馨、个性、细化等。

商标是品牌的一部分，代表商标所有者对品牌名称和（或）品牌标志的使用权，包括注册商标和非注册商标两种。其中，注册商标是指经过注册登记并受到法律保护的商标，如大连圣亚海洋世界注册了"圣亚"商标，使之成为受法律保护的品牌商标，具有专属性和排他性。欢乐谷和长隆欢乐世界的品牌标志如图 5-1 所示。

图 5-1 欢乐谷和长隆欢乐世界的品牌标志

按照《中华人民共和国商标法》的规定，商标实行注册在先的原则，谁先注册谁就拥有该商标权，所以景区如果有意打造旅游品牌的话，进行商标注册就很有必要。取得专用权是品牌受法律保护的前提，而注册是景区取得品牌专用权的唯一途径。当未注册的品牌与注册品牌相冲突时，注册者优先。景区的品牌注册，可以是品牌名称的注册，也可以是景区商标的注册，还可以是支持品牌的某种独有的创新型产品的注册。

3）旅游景区品牌的特征

与其他业态的品牌相比，旅游景区品牌具有如下特征：

（1）区域特征明显。

旅游景区必须占有一定的自然或人工空间，其空间特征为面状而非点状，并且空间结构比较复杂，多有山、水、林、田、路、草地、建筑等，这是其他业态所不具备的特征。现实中，不少旅游景区本身就具有景区与地名的双重身份，如九寨沟、故宫、黄山等，因此旅游景区品牌往往具有比其他业态品牌更为明显的区域特征。

（2）标志性景观突出且具有直接市场吸引力。

由于旅游景区占有一定面积的地理空间，其构成要素或构成要素的组合本身就可以成为不可复制的标志性景观，如黄山景区的迎客松、八达岭景区的长城等。这些标志性景观是景区的核心景观吸引物，是景区品牌的象征和吸引力的源泉，也是一个景区品牌有别于其他景区品牌的特质所在。有些游客前往某个旅游景区，主要原因之一就是有着亲眼目睹那里独特的标志性景观的强烈动机。由此可见，旅游景区品牌这一特性具有很强的市场影响力。比如，浙江民宿区域品牌LOGO以"浙"字为创作源泉，通过重构组合，运用抽象的设计手法将"浙"字结合到浙江绿色生态的自然环境中，传递出浙江民宿的美好与精致（如图5-2所示）。

图5-2 "此心安处是吾乡"浙江民宿区域品牌

（3）品牌名称具有内涵丰富的复合结构。

旅游景区的品牌名称是用描绘性的前缀或后缀加以表述的，如神奇的九寨、不到长城非好汉——八达岭长城、泰山——首例世界文化与自然双遗产等。这一特征来源于三个方面：①适当的表述可巧妙地概括出景区品牌独特的体验感、品质感、形象感，这是对景区核心价值的归纳，同时还具有宣传推广的作用。②景区的区域性特征，即景区可以用诗画般的、易于直观理解的语言来概括自身是一个怎样的地方。③游客对景区的了解首先从其名称开始，而景区的说明性表述不仅有利于游客快速对比景区的特色与自身的旅游需求是否相符，以便做出相应的旅游决策，而且也是一种在同质化程度越来越高的旅游市场上凸显个性、满足游客多样化旅游需求的有效方法。这种复合结构并非旅游景区专有，在其他业态中也有使用，如李宁——一切皆有可能、海尔——真诚到永远，但其他业态多是将表述语句当作广告词，用于传播产品特色或企业理念，而旅游景区则是将表述与名称进行一体化的结合，具有更高的稳定性，传播的效果也更具直观性。

（4）既有整体性，又有分化性。

通常所说的景区品牌，是对景区整体的一种个性概括，它囊括了景区各个层面的内容，是景区品牌整体性的体现。景区总品牌至少可分化出经营者品牌、旅游项目品牌和旅游资源品牌三个分支品牌，这三个分支品牌既有各自的独立性，同时也密切相关，统一在景区总品牌之下。

经营者品牌是景区经营权所有者的品牌，它的名号可与景区相同，也可单独拥有自身的名号；它的主体既可以是企业，也可以是个体经营者。旅游项目品牌是景区旅游以及相关活动的品牌，它既从属于景区总品牌，又与其相辅相成。旅游项目品牌是景区品牌给予游客的利益的深化、细化与现实化的代表，是与景区品牌同体共生的，一旦它的影响力达到一定程度，便可以成为景区总品牌的"代言"。旅游资源品牌与旅游项目品牌类似，与景区一脉共生，亦可成为景区的"代言"，其侧重于景区所拥有的自然或人文旅游资源的独特性，大多数知名景区的运营都依赖于旅游资源品牌。

景区品牌的这一特性还表现为总品牌与分支品牌的结构具有交互性，即总品牌与分支品牌之间、分支品牌之间是相互叠加或穿插组合的，彼此之间既有分化又有重叠。游客进入景区后将同时体验到景区的资源特色、活动项目、管理者提供的服务，对景区品牌的体验和评价具有交互与替代的综合特征，而游客对一般业态总品牌与分支品牌的体验往往是单方面的。

（5）着重突出景区的体验特质。

旅游景区产品的服务性要求景区品牌更着重突出景区的体验特质，因为游客将从视觉、听觉、嗅觉、味觉、触觉、动觉等感官角度和需求、情感、态度、文化等心理角度全方位体验并评价景区产品的特色及其品质。景区品牌的这种体验特质比其他业态品牌更全面、更综合，景区品牌体验价值的高低将在很大程度上影响景区品牌价值的高低。

（6）具有环境保护与文物保护的理念。

旅游景区本身既是产品也是产品生产车间，游客既是享用现成产品的消费者，也是产品生产过程的参与者。旅游景区内的所有景观几乎都是游客的体验对象，甚至旅游景区外的景观也可以成为游客的视觉体验对象。可以说，旅游景区的一山一水、一草一木、一亭一榭、一砖一瓦、一缕一丝，以及工作人员的一言一行等都是旅游景区的产品，也是旅游景区品牌的宣传员。因此，旅游景区品牌必须具有明确的环境保护与文物保护的理念，这是让游客相信旅游景区产品质量不断提升的重要依据之一，也是旅游景区品牌可持续发展的基础。

（7）生命力相对较强。

旅游景区品牌尤其是资源型景区的品牌，可使旅游景区具有强大的旅游吸引力；同时，虽然庞大的客源群体与旅游景区有限的接待量之间存在一定的矛盾，但只要旅游景区的景观、古迹不被破坏，旅游活动项目仍受游客欢迎，旅游景区品牌的生命力就能持续。此外，由于旅游景区品牌的地域性特征，旅游景区往往可以成为一个旅游地的地标，尤其是特色突出、品牌认知度和美誉度高的旅游景区，基本上不会从地图上消失。

（8）强调美的综合性。

旅游景区品牌是一种比其他业态品牌更能从多方位强化其自身综合体验之美的品牌。

4）旅游景区品牌管理的基本原则

（1）总品牌与分支品牌互动原则。

这一原则针对的是旅游景区品牌既有整体性又有分化性的特点，强调的是根据总品牌与分支品牌在市场中的影响力，在品牌导入期与培育期，或以总品牌为主，或以某个分支品牌为主，集中有限的人力、物力、财力资源，强化所选择的品牌对象，并利用人对事物认知的晕轮效应，以及旅游景区总品牌与分支品牌的交互结构与替代特征，最终获取更多的品牌联动效益。

（2）精专为主原则。

旅游景区产品不仅依赖于景区所拥有的各种自然或人文历史资源，同时也依赖于景区的设备设施和景区工作人员的服务行为。服务型产品越专业、越精细，就越能使游客满意并给游客留下良好的印象。因此，旅游景区在品牌管理过程中，应遵循精专为主的原则，根据旅游景区品牌的定位和旅游资源与旅游活动的特征，进行精细化、专业化的品牌塑造，把旅游景区品牌的体验感做深、做透，以创造更优的品牌美誉度和更广阔的市场空间。这一原则也是构造旅游景区品牌差异化优势的重要法宝。

（3）多感并举原则。

旅游景区品牌是体验特征突出的品牌，游客对旅游景区产品的全方位体验，无论是感官体验，还是心理体验，都是其形成对旅游景区品牌的知觉印象和评价的基础。因此，要塑造和提升景区品牌，旅游景区在品牌管理过程中，就需要采取多感并举的原则，全面挖掘并优化旅游景区所有的旅游资源与旅游活动能够给予游客的感官体验及心理体验，用品牌语言表达出来，以构造差异化的旅游景区品牌体验特征。

（4）核心吸引物带动原则。

旅游景区的核心吸引物不仅是景区招徕游客的最大亮点，也是景区品牌区域特征和市场影响力的主要支撑点。通过核心吸引物，旅游景区可以拓展服务的宽度和深度，丰富游客的体验，增加游客的停留时间，创造更多的经济和社会效益，进而以丰富的旅游活动内容强化景区品牌的品质感。因此，遵循核心吸引物带动原则，不仅可以抓住旅游景区品牌宣传推广的要点，而且是提高景区品牌管理效率与效度的基本原则。

（5）发现与创新原则。

游客的旅游动机具有显著的多源性特点，其根本原因在于游客旅游需求的多样性，而跟随时代的步伐，不断满足并创造游客的旅游需求是景区经营和景区品牌管理的根本任务。为了更好地完成这一能够延续景区品牌生命力的任务，旅游景区品牌管理必须遵循发现与创新原则。而实现这一原则的基本方法是在充分研究游客旅游需求的基础上，全面深入地考察旅游景区空间范围内的所有自然与文化存在，发现能够增强游客体验和对接游客需求的节点，并以此为基础创造出更精专的服务和更多样的旅游项目，尤其是旅游节庆活动。这一方法的前提是保护好旅游景区的一草一木、一砖一瓦等，这些都是旅游景区未来发展的潜在资源，也是旅游景区品牌提升和延伸的动力之一。

行业广角镜5-6　　　　　　　　　　　平潭：以风引客打造海风体验特色国际旅游岛

福建省旅发委出台《平潭风主题旅游项目策划（2018—2035年）》（以下简称《策划》），明确提出将以风创美，以风引客，构建观风、感风、乘风、化风、悟风——"平潭五风"，通过创意策划一批以风为主题的引爆性产品，打造平潭独特的风景、风情、风尚与风境，打造独具海风体验特色的国际旅游岛，将平潭建设成世界上唯一一处感悟风之精神的胜地、感受风之文化的海岛、体验风之活动的乐土。

实施项目带动

根据平潭旅游资源优势，《策划》提出，将构建平潭"一廊五区"的项目布局。其中，"一廊"指平潭海洋文化风景廊道；"五区"指五大旅游项目集聚区，即聆风之音艺术海岸、风的故事民俗村、避风湾旅游区、风之童话艺术村落、风之未来科技村。

策划淡季产品

平潭特色的资源和景区主要沿五大风口分布，因平潭岛风沙较大，且受到常遭台风袭击等影响，景区淡旺季非常明显。为了改变这一现状，平潭以风为主题着重策划淡季旅游项目，通过风主题观光、森林休闲、科普教育、特色度假和民俗体验五大主题产品丰富平潭淡季旅游。

树立品牌形象

为了推介平潭旅游资源，平潭将推出"平潭蓝·中国风"品牌形象，以"平潭，风与海交会的地方""想风，来平潭"等作为宣传口号。同时设计了"春""夏""秋""冬"等系列，策划了五大国际性活动，用节庆活动平衡旅游淡旺季差异，实现节事活动项目"月月有精彩，季季皆欢乐"的多元化发展。每年3—5月将举办国际海岛风筝节，举办放风筝比赛、风筝绘画设计大赛、风筝展、专业空中表演等系列活动；3—4月将举办南岛语族海上季风寻祖活动，通过宗族民俗、节日庆典、海上寻根游等方式，让来自世界各地的南岛语族后裔齐聚平潭寻根交流；6—8月将举办不同主题、不同音乐类型的海岛音乐节，打造平潭国际海岛音乐节品牌；9—10月，将举办御风行国际运动会，以"追风+运动+旅行"为主题，加入订制旅行内容，设计马拉松线路、骑行线路、汽车拉力赛线路、海上风筝冲浪等项目；1—2月将举办"冬·风"主题国际艺术展，邀请国内外设计师展出和"风"相关的展品。通过媒体宣传打造平潭风主题艺术品牌，营造平潭独特的"风"艺术氛围。

资料来源　吴健芳，李金枝．平潭：以风引客打造海风体验特色国际旅游岛［EB/OL］．（2018-04-21）．http：//www.fjta.gov.cn/ar/20180421000003.htm.有删减。

分析提示：要塑造景区品牌，就需要采取多感并举的原则，挖掘与优化旅游资源与旅游活动能够给予游客的感官体验与心理体验，特别是核心吸引物的打造，并用品牌语言表达出来。

5.3.2　旅游景区品牌设计

旅游景区品牌设计就是旅游景区根据自身特色收集个性信息并将其系统化的过程。

1）旅游景区品牌定位

旅游景区品牌定位是确立景区在游客心目中的形象和地位的过程，其基本目的在于建立景区所期望的且被目标游客认可的竞争优势，从而使景区的认知形象在游客（包括潜在游客）的心目中占据一定的位置。旅游景区品牌定位是品牌设计的前提，如果没有正确的品牌定位，品牌设计只能越走越偏。

品牌定位是一个分析和决策的系统化过程，它建立在对景区内外部营销环境、目标市场和旅游者消费行为分析的基础上。美国管理学家迈克尔·波特认为，品牌定位的本质是挑选出一套与众不同的方案，向消费者提供一系列独特的价值。迈克尔·波特提供的波特五力分析模型（如图5-3所示），从供应商、买主、潜在进入者、替代品和现有竞争对手五个方面分析企业的竞争地位，提供决策辅助。旅游景区可以根据波特五力分析模型来分析本景区的优劣势、竞争状况、替代品状况等，从而获得决策的依据。

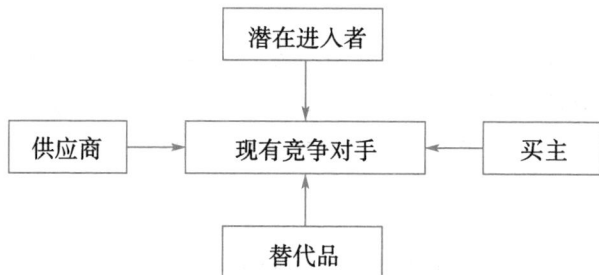

图 5-3　波特五力分析模型

资料来源　波特. 竞争战略［M］. 陈小悦，译. 北京：华夏出版社，2006：23.

　　旅游景区经营者在根据各种模型对景区进行分项分析后，应重点导出景区自身情况分析、目标市场分析和竞争情况分析等方面的资料，而后拟订品牌定位备选方案，等待评估选择通过，最终确定方案（如图5-4所示）。

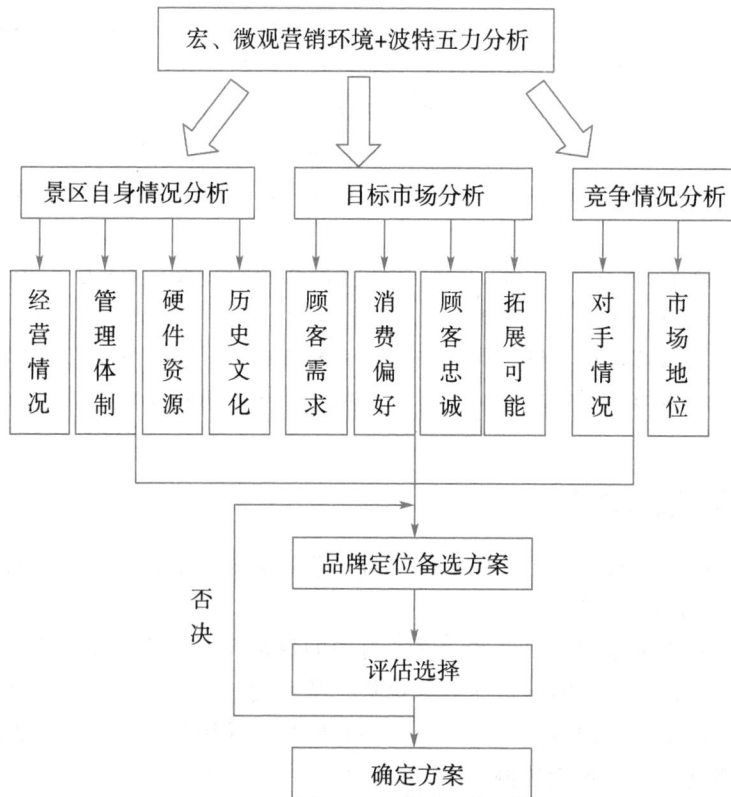

图 5-4　旅游景区品牌定位决策分析

　　景区自身情况分析：包括景区经营情况、资金、管理体制、人力资源，以及景区历史文化内涵、资源丰富程度和知名程度等。

　　目标市场分析：包括顾客需求、消费偏好、是否拥有较好的顾客忠诚度，以及该目标市场是否具有较好的拓展和延伸性等。

竞争情况分析：包括竞争对手的经营状态、竞争对手未来发展对本景区的威胁、竞争对手产品和服务对本景区品牌定位的影响、本景区在市场竞争中的地位、本景区是否有被竞争对手并购的可能、本景区与竞争对手是否有合作开发品牌的可能等。

一个成功的品牌定位，必须在游客心中形成独特的、鲜明的印象，必须具有强烈的差异性和排他性。

2) 旅游景区 CIS 设计

旅游景区品牌设计包括对支持品牌的景区经营理念、经营态度和行为等的设计，对支持品牌的产品和服务的设计，对各类外显符号如名称、标志、色彩、字体等的整体形象设计。

人们对品牌的认知，分为初步认知和深度认知。初步认知基本着眼于影响品牌形象的各种外显因素上，如支持品牌的产品和服务的外显属性、品牌名称、包装、图案、商标、价格、声誉等。深度认知则是在对品牌初步了解的基础上，深入分析品牌所属的景区的经营状况、企业文化、服务态度、管理运营制度、工作环境、工作流程的科学性，以及景区未来的可持续发展等，从而判断该品牌的价值大小以及该品牌能否真正地、长期地满足游客的旅游需求。由此可见，旅游景区的品牌设计，不仅仅是对景区或产品外在符号等的设计和传播，更应注重景区经营内涵和品牌的契合，使游客对品牌的初步认知和深度认知相一致，甚至获得更大的惊喜。

企业形象识别系统（corporate identity system，CIS）将企业文化与经营理念进行统一设计，并利用整体表达体系（尤其是视觉表达系统）传达给企业内部与公众，使其对企业产生一致的认同感，以形成良好的企业形象，最终促进企业产品和服务的销售。

CIS 不仅包括对景区品牌的外显符号的设计，以满足游客对品牌的初步视觉认知，更涵盖了对景区经营理念、运作和行为方式等经营内涵的设计，这既有利于创建优秀的企业文化、提高企业凝聚力、增强产品的竞争力、强化企业对环境的适应能力，又有利于企业吸引优秀人才、增强股东的投资信心、稳定合作关系、赢得消费者的认同等。旅游景区形象识别系统包含以下三个方面的内容：

（1）理念识别。

理念识别（mind identity，MI）是旅游景区形象识别系统的核心和精神所在，是得到社会普遍认同的、体现企业自身个性特征的、为了促使并保持企业正常运作以及长远发展而构建的、反映整个企业明确的经营意识的价值体系。理念识别主要包括两个方面：旅游景区经营存在的意义（即经营使命）和旅游景区的经营理念。

经营使命是指景区依据什么样的使命在开展各种经营活动。这种使命既包含了景区出于利润和生存目的而进行的经营，也包含了景区出于社会责任目的而进行的经营。例如，景区要成为服务最好的景区，或成为旅游者的最佳休闲乐园等，这种社会责任对社会、消费者和景区来说是"三赢"。

经营理念或经营战略是景区经营者对公众和内部员工的宣言，它向公众和内部员工表明景区应该如何去做，让公众和内部员工都能够真正了解景区经营者的价值观，从而产生品牌认同感。经营理念主要包含经营方向、经营思想、经营原则和经营态度等。

行业广角镜 5-7 　　　　　　　　　　　**南山集团企业理念及企业愿景**

企业理念——"厚德至善　峰聚成山"

"厚德至善"即崇尚奉献、追求卓越。南山集团倡导以德为先，注重员工对企业成长的奉献和企业对社会的回报；经营上追求不断超越自我，不断超越竞争，从而实现企业的持续经营。

"峰聚成山"即主业突出、链式运作。南山集团依据产业优势和地缘优势进行有限的多元化扩张，实现企业的快速成长，通过打造数个具有行业地位和竞争力的产业山峰，积淀南山之高度；通过供应链纵向扩张、产业链横向整合、价值链向高附加值延伸，锻造南山之实力。

企业愿景——"整合链式运营　铸就百年南山"

以供应链纵向扩张、产业链横向整合、价值链两端延展为策略，打造5～6个产业集群，塑造5～6个强势产业品牌，形成具有行业优势和综合优势的多元化企业集团。

强化产业集群的经营能力，提升集团的管理水平，通过打造灵活有效的经营平台和统一高效的管理平台，实现企业的健康发展，进而奠定百年品牌的机制和基业。

资料来源　根据相关资料整理而成。

分析提示：南山集团铝业和纺织业的发展水平在我国处于领先地位，并拥有与之匹配的广泛知名度。近年来，南山集团在旅游、高尔夫等行业异军突起，品牌的影响力与日俱增。"厚德至善，峰聚成山"就是其精神所在。

旅游景区在设计理念识别时要注意，理念识别只有可视化，才能便于传递给员工和游客。可视化的一个主要手段就是文字化、条文化，即将抽象的理念变成可以把握的、便于理解的、可以视觉识别的文字，如企业口号、企业宣言、景区公告等，甚至还可以是朗朗上口的歌曲、精神标语等。

微型资料 5-3

部分旅游景区的理念识别：宋城景区经营理念——"建筑为形，文化为魂"；无锡灵山经营理念——"有限灵山、无限产业"；周庄景区宣传口号——"中国第一水乡"；重庆市酉阳县桃花源景区宣传口号——"世界上有两个桃花源，一个在您心中，一个在重庆酉阳"。

（2）行为识别。

行为识别（behaviour identity，BI）是指在旅游景区经营理念的指导下形成的一系列行为规范，是旅游景区形象识别系统中的动态系统。行为识别是景区经营理念的直接反映，是强化理念识别的一种手段，是外界认识景区的一个重要方面，是形成景区形象的关键之一。

①旅游景区行为识别系统的构成。

旅游景区行为识别设计的涉及面非常广，大到景区的重大决策，小到员工的服务态度或礼仪规范。它既包括景区本身作为一个企业参与市场运作的经营行为，也包括景区内部员工的经营行为，可以是景区全体人员参与的集体行动，也可以是个别员工的某一项活动。总体来说，旅游景区行为识别系统基本上由两大部分构成：一是旅游景区内部识别系统，包括管理规范、行为规范、人员教育与培训、工作环境、生产设备、福利制度等；二是旅游景区外部识别系统，包括市场调查、产品规则、服务水平、广告活动、公共关系、促销活动、文化性活动等。

②旅游景区行为识别系统的特点。

一个成功的旅游景区行为识别系统，必须具备统一性和独特性的双重特点。

统一性是指景区的一切行为都要与景区的理念识别保持高度的一致性，同时景区的一切行为都应当做到上下一致，全体员工以及景区各部门所开展的一切活动都要围绕一个中心，即为塑造景区的良好形象服务。独特性是指景区行为识别系统的差异性，即在理念识别的指导下，使景区的行为识别体现出与其他景区不同的个性，而这种独特的个性造就了鲜明的景区形象，并成为社会公众识别景区的印象基础。

③旅游景区行为的规范。

旅游景区在建设行为识别系统时，可以从静态和动态两个方面来规范景区的行为。

静态方面主要是各类制度的制定和完善。旅游景区应在内部进行合理的规章制度的建立、行为规范的认定、组织结构的完善、人员专业化素质的限定等，使企业员工有规可循、赏罚有据。在统一的行为准则和景区制度管理规范制约下的员工，在其工作实践中表现出来的行为特征，才能具有一致性和统一性。

动态方面主要强调员工培训和行为监控。员工是将景区形象传递给外界的重要媒体，如果员工的素质不高，将直接损害景区形象。因此，加强对员工的组织管理和教育培训，提高员工的素质，使每位员工都能认识到自己的一言一行与景区整体形象息息相关，是建设旅游景区行为识别系统中非常重要的工作。只有通过长期的培训和严格的监控管理，才能使旅游景区在提供优质服务和优质产品上形成一种工作风气和一种行为习惯，不断完善旅游景区行为识别系统。

（3）视觉识别。

视觉识别（visual identity，VI）是旅游景区运用系统的、统一的视觉符号系统，对外传达景区的经营理念与情报信息，是旅游景区形象识别系统中最具有传播力和感染力的要素。视觉识别能够使理念识别和行为识别具体化、视觉化。理念识别是视觉识别的精神内涵，视觉识别是理念识别的外在表现。没有精神理念，视觉传达的只能是简单的装饰品；没有视觉识别，理念识别也无法有效地表达和传递。旅游景区视觉识别系统项目最多，层面最广，效果最直接。

①旅游景区视觉识别系统的构成。

视觉识别系统包括基本要素系统和应用要素系统两大类。

基本要素系统包括企业名称、企业标志、企业造型、标准字、标准色彩、象征图案、宣传口号等；应用要素系统包括产品造型、办公用品、企业环境、交通工具、服装服饰、广告媒体、招牌、包装系统、公务礼品、旅游小商品、陈列展示以及印刷出版物等。

②旅游景区标志的设计。

旅游景区标志是旅游景区视觉形象的核心部分，它是指通过造型简单、意义明确、统一标准的视觉符号，将经营理念、企业文化、经营内容、企业规模、产品特性等要素传递给社会公众，使之识别和认同企业的图案和文字。

旅游景区标志的设计不仅仅是一个图案或文字的设计，而是要创造出一个具有商业价值的符号，把抽象概念准确地转化为视觉形象并兼有艺术欣赏价值。

旅游景区在进行标志设计时：首先，应该考虑注入景区的深刻思想与理念内涵，可运用象征、联想、借喻的手法进行构思，将景区独特的经营理念和精神文化采用抽象化的图形或符号具体地表达出来。其次，可以考虑以景区资源产品的外观造型为题材进行构思，这种方法具有形象直观、易认易记的优势，旅游资源特点较强且具有广泛认知度甚至可以垄断公众认知的景区可使用此法进行设计。最后，还可以考虑从景区名称或品牌名称的角度切入进行景区标志的设计，即名称标志，它可以是单独的文字，也可以是文字和标志性图案的结合。景区名称字体可采用对比手法，使其中某一个文字或字母具有独特的差异性，或是字体大于其他文字和字母，或是颜色异于其他文字和字母，以增强图形的视觉冲击力，而特异部分也往往是景区所要表达的关键信息所在。

行业广角镜5-8　　　　　　　　　　　　　　灵山胜境的品牌标志设计及释义

灵山胜境的品牌标志由"佛手拈花"、圆形背光图案和"灵山胜境"文字组合而成，承载着丰富的内涵、精深的寓意，以其独特的视觉形象，成为表现灵山特有使命和灵山特色文化的标志符号（如图5-5所示）。

图5-5　灵山胜境的品牌标志

"佛手拈花"这一独特的图案构成了灵山品牌标志的视觉核心。"佛手拈花"源自佛陀在灵山胜会上拈花示众的公案，它表达了佛教崇尚自性自悟、直指人心的最高智慧。景区期望通过"佛手拈花"表现的精微而深远的意蕴，表达灵山致力于"传播知识、启迪智慧、净化心灵、觉悟人生、和谐社会"的使命所在。

"莲花"清净而不染，在佛教中象征着清净、圣洁与吉祥。灵山胜境品牌标志中的莲花，既是佛教圣洁之物的标记，也传达着灵山对众生心灵净化、圣洁吉祥的美好祈愿。

圆形寓意圆融无碍、圆满无缺。以圆形图案整合"佛手拈花"，体现了以圆融、圆满为境界的灵山文化特色和灵山事业蕴含着的服务游客、圆融社会等种种善缘。灵山胜境融合着的传统文化与现代艺术的精髓，将使灵山胜境成为众生心目中收获愉悦、和乐圆满的祈福胜地。

黄色是中国佛教文化的象征色。灵山胜境品牌标志以黄色作为标准色，采用赭石等色系作为辅助色。从视觉效果而言，黄色近似金色，给人以庄严、光明、亲切、柔和的感觉，富有生命的活力和大智慧，辅助色系则偏向凝重和大气。色彩的完美统一，体现了灵山胜境深厚的文化底蕴，以及庄重、博大的思想意境。

资料来源　佚名．灵山品牌文化 ［EB/OL］．［2014-11-20］．http：//www.chinalingshan.com/web/brand.html.

分析提示：旅游景区标志的设计应包含景区的深刻思想与理念内涵，图形、文字的视觉冲击力要强。

5.3.3 旅游景区品牌传播与延伸

1）旅游景区品牌传播的方式

品牌传播是将旅游景区的品牌形象推广到旅游销售渠道和旅游者中，使旅游者接触、感知、认同旅游景区的品牌价值并最终激发旅游行为的过程。品牌传播直接关系到旅游景区的品牌理念能否被旅游者识别和接受。旅游景区品牌传播的方式有广告、公共关系、直销、促销、互联网等（见表5-1）。

表 5-1　　　　　　　　　　　旅游景区品牌传播的方式

传播方式	特点与要求	具体途径
广告	花费高，要新奇、有创意，具有亲和力	①在重点客源地的报纸、旅游刊物、休闲杂志上刊登宣传材料 ②有选择地在相关广播、电视上播放宣传材料 ③在重点客源地的交通要道竖立大幅广告、灯箱广告
公共关系	费用低，可信度高，需要长期培育	①宣传性公关：通过传媒，采用新闻稿、调查等方式传播品牌信息 ②社会性公关：参加公益活动、重大社会活动，支持福利事业 ③危机性公关：针对景区品牌危机开展宣传与挽救活动
直销	目标明确，真诚沟通，重视旅游者的反馈	①与地方政府、其他景区合作参加各种旅游交易会、推介会 ②对重点地区的旅行社、党政机关、工会、学校、大中型企业、社会团体登门拜访 ③对重点客户直接进行电话销售或发送电子邮件
促销	有新意，重品质，形式多样化，激发旅游者的兴趣	①赠送免费礼品、海报、宣传册等 ②开展优惠促销：打折卡、贵宾卡、有奖销售等活动 ③举办形式多样的旅游节庆活动与主题宣传活动 ④邀请名人担任形象大使
互联网	快捷高效，方便查询，资料翔实，真实可信	①建立景区官方旅游网站，在国内门户网站和各大旅游专业网站、热点旅游论坛上发布景区信息 ②重视搜索引擎查询，逐步发展旅游电子商务和网上预订功能

资料来源　朱强华，张振超．旅游景区品牌管理模型研究 ［J］．桂林旅游高等专科学校学报，2004（12）：29.

2）旅游景区品牌延伸

（1）品牌延伸的概念。

二维码13

微课：旅游景区品牌延伸——从迪士尼品牌谈起

品牌延伸（brand extensions）是指企业将某一知名品牌或某一具有市场影响力的成功品牌扩展到与成名产品或原产品不尽相同的产品上，以凭借现有成功品牌推出新产品的过程。旅游景区通过品牌延伸，可以将新的旅游资源或景点产品和服务迅速地、顺利地打入市场。

品牌延伸并非只是简单借用表面上已经存在的品牌名称，而是对整个品牌资产的策略性使用。当一个企业的品牌在市场上取得成功以后，该品牌就具有了市场影响力，就会给企业创造超值利润。随着企业的发展，企业在推出新产品时，自然要利用该品牌的市场影响力，品牌延伸就成为自然的选择。这样不但可以省去许多新品牌推出的费用和各种投入，还可以借助已有品牌的市场影响力，将人们对品牌的认识和评价扩展到品牌所要涵盖的新产品上。

品牌延伸从表面上看是扩展了新的产品或产品组合，但从品牌内涵的角度来看，品牌延伸还包含了对品牌情感诉求内容的扩展。如果新产品无助于品牌情感诉求内容的丰富，而是降低或减弱了情感诉求的内容，该品牌延伸就会产生危机。因此，企业不应该只看到品牌的市场影响力对新产品上市的推动作用，还应该分析该产品的市场与定位是否有助于品牌市场和社会地位的稳固，两者是否兼容。

行业广角镜5-9　　　　　　　**迪士尼如何从米老鼠身上赚真金白银**

2015年5月20日，全球最大的迪士尼零售旗舰店在上海开张，由于其位于绝好的陆家嘴地段，加上大量游客和东方明珠等景点的配合，这家店被给予非常高的预期。旗舰店内大量的迪士尼商品让人沉浸在童话世界中，而在这些以故事和迪士尼人物为商品分类的布局背后，是迪士尼以"内容为王"，打造一系列深入人心的人物后进行大量科学的虚拟人物管理，继而开发出更多的延伸商品，拉动大量消费需求。通常在迪士尼主题乐园，超过50%的收益并非来自门票，而是来自延伸品消费。

内容为王

在上海迪士尼零售旗舰店内，有一款限量版米老鼠玩偶，售价240元，应该不算便宜，却已有大量客户打算在开业第一天抢购。为什么客户愿意花数百元去买一个玩偶？迪士尼的观点是，因为内心的认同感。记者曾经在美国的迪士尼D23大会上看到，从孩童到耄耋老人都非常积极地参与迪士尼活动，他们都是粉丝，从内心认同这些根本不存在的虚拟人物，因此他们愿意花钱。要做到这一点，首先要有优质的内容。迪士尼对于剧本和制作具有严苛的标准，有时候一个剧本要被修改几十次、上百次，甚至还有最后被"枪毙"的风险。有了好的内容，接下来迪士尼会有一群所谓"幻想工程师"进行天马行空的幻想，这些幻想加上故事剧本形成雏形后，就会交给科技部门以高科技手段实现。当然，其中或许有一些无法实现，但能够实现的效果已经很炫酷。随后，迪士尼有一批顶尖动画师，他们会为了一个皮毛效果就耗时数月进行打造。记得《冰雪奇缘》里的一朵朵雪花吗？这些都是投入重金和专业人士心血制作的。此外，迪士尼的音乐制作团队也很强大，不要小看动画片的歌曲，迪士尼的电影歌曲《Let It Go》拿到了奥斯卡奖。有了如此精良的内容，于是米老鼠、唐老鸭、高飞狗、白雪公主、人鱼公主、灰姑娘、大白、美国队长、钢铁侠、绿巨人等人物和故事就被观众高度认可。这个内心认可度至关重要，因为这是人们随后愿意花钱的源头。

产业链开发

迪士尼不仅仅有动画片，其实还有大量真人电影，比如著名的《加勒比海盗》系列影片。这些内容打造了大量的虚拟角色和歌曲以及电影场景，于是迪士尼的商业模式开始了。迪士尼的第一个盈利点当然是票房，如《复仇者联盟2》数以亿计的票房收益。随后，因为这些人物被人们从内心认可，甚至有些粉丝会认为他们真的存在或想要成为角色那样的人物，于是迪士尼就可以开发各类消费品。这个消费品产业链包括服饰、文具、玩具、摆设、出版物、音乐剧、教育等。"我们会对迪士尼人物根据不同的消费群体进行细分，比如Q版的米奇系列，宝宝形象的米老鼠、唐老鸭，甚至是怪兽大学里面的毛怪也有婴儿般的可爱形象，根据这些Q版的人物所生产的婴儿服饰、日用品就属于婴童产品线。然后是少年儿童阶层的细分市场，因为相比婴童时代，孩子的性别有所差异化，于是就分为女孩系列和男孩系列。女孩系列主要是根据公主人物进行产品开发，比如白雪公主、灰姑娘、长发公主等，用这些形象设计文具、衣服、饰品、食品等。而男孩系列则根据汽车总动员这类卡通形象开发诸多男生喜欢的汽车玩具。"迪士尼内部资深人士透露。不要以为迪士尼只有孩子的消费品，很多成年人甚至中老年人都很喜欢他们的产品。公主系列同时也会吸引到成年女性，而有些公主人物系列或米老鼠系列的家居用品则是妈妈甚至奶奶所喜欢的。当然，成年男性市场也逃不过迪士尼的商业版图，迪士尼收购漫威后，"复仇者联盟"系列人物绿巨人、钢铁侠、雷神、美国队长等绝对是成年男性喜欢的虚拟人物，根据这些人物所开发的服饰、摆设等消费品成为男人们购物篮中的商品。中老年人也会因怀念自己孩童时代的经典人物而购买很多纪念章，这一点在中国市场还不明显，但在美国，太多老年人愿意花钱购买这些商品了。

培育儿童粉丝

商品开发之后就是电影人物继续掘金了。电影会下档，但是音乐剧可以一直演，《狮子王》《歌舞青春》这类具有精良音乐制作水准的作品就被打造成音乐剧在全球持续吸金，永无下档期限。当然同理的还有冰舞迪士尼，让上述人物穿上溜冰鞋，就可打造一台迪士尼冰舞演出，迪士尼可以授权给相关专业演出团队，坐着收钱。

其实主题公园仅仅是上述如此多产业链中的一个环节，属于旅游板块。迪士尼有主题乐园和邮轮，原理一样，是将那些虚拟人物和场景打造成实景，形成主题乐园，乐园有门票、餐饮和消费品收益，乐园的过半收益来自餐饮、商品等二次消费。很多人都只关注乐园，其实乐园仅仅是一个环节，迪士尼的商业涉及电影、消费品、旅游、酒店、出版物、舞台演出等太多领域了。公开数字显示，目前迪士尼中国区一年的消费品销售额约为20亿美元。

资料来源　乐琰. 迪士尼如何从米老鼠身上赚真金白银［N］. 第一财经日报，2015-05-20（9）.

分析提示：品牌即形象，它反映了社会公众的认可度。品牌的设计、传播、维护、延伸是品牌建设的重要环节。迪士尼主题乐园是迪士尼品牌传播的重要渠道，各类资源整合、各种产业叠加发展是品牌延伸的深刻体现。

（2）品牌延伸的途径。

品牌延伸的切入点可以从旅游的食、住、行、游、购、娱六个方面进行考虑，实力强且资金雄厚的景区，还可以将品牌多元化延伸至旅游之外的其他行业。一般的品牌延伸趋势和顺序是：首先延伸至同类旅游产品或服务；其次延伸至其他类型的旅游产品和服务；再次可延伸至旅游产业中的其他行业，如交通业、饭店业或旅行社业；最后才考虑延伸至旅游产业之外的其他行业。例如，东方明珠电视塔是上海5A级旅游景区，该景区早早摆脱了依靠单一观光门票收入的初级阶段，现在已经发展成为集都市观光、时尚餐饮、购物娱乐、城市历史展示、浦江游览、文化演出等多重功能于一体的综合旅游休闲区。景区投资4 000万元在东方明珠电视塔259米处建设了一个长150米、宽2.15米的透明玻璃观光廊，如今这个全球唯一的360度环形悬空玻璃观光廊已经成为上海高塔旅游的一大卖点。同时，东方明珠电视塔还先后开设了"老上海风情街""上海特色食品总汇"两大特色购物区，以及巧克力吧、香茗书吧、上海风情礼品店、可口可乐体验店等，不仅延长了游客停留消费的时间，还提升了游客满意度。

5.4 旅游景区节事管理

5.4.1 旅游景区节事活动的概念

1）旅游景区节事活动的内涵

旅游景区节事活动是景区经营者依托景区内现有的资源、设施和服务，对节事资源进行精心策划、包装而产生的一种景区事件性资源产品。与景区场地的固定吸引物不同，它是一种非固定的动态吸引物——事件吸引物。旅游景区节事活动也可以理解为旅游景区以节日和特殊事件为依托，吸引游客关注和消费的一种旅游品牌传播活动，它包含了对节庆、特殊事件以及各类有意义的旅游活动的调研、策划、推广、实施以及组织和管理。

2）旅游景区节事活动的意义

节事活动既是一种旅游资源，又是一种品牌传播活动，因此它具有双重属性，其意义可以从多个角度来探究。

（1）树立景区形象，迅速提升景区知名度。

旅游景区节事活动是一个被精心策划、包装、推广的旅游产品，它的诞生经历了市场调研、市场细分、形象定位、公关推广等阶段。在这些过程中，景区经营者要提炼活动的主题、设计活动的口号和活动的标志等，同时要广泛借助广播、电视、报纸、期刊、互联网等新闻媒体，通过各种公关方式扩大节事活动信息的覆盖面，加深公众对目的地景区的了解，提升旅游景区节事活动的吸引力，达到在节事活动期间吸引和积聚大量旅游者的目的。因此，节事活动的策划、推广和实施过程就是目的地景区形象的塑造和知名度提升的过程。成功的节事活动的主题或口号，甚至能成为景区形象的代名词，成为公众口口相传的语言载体。

（2）整合景区静态资源，开发景区新产品，创造新卖点。

景区旅游吸引物有场所吸引物和事件吸引物之分。景区固有的景观资源等属于场所吸引物，也称静态吸引物；而景区举办的节事活动，则属于事件吸引物的范畴，也称动态吸引物。作为动态吸引物的节事活动为景区搭建了一个整合资源的大舞台，在这个舞台上，有景区的服务资源、设施设备资源、自然景观资源、人造景观资源、人力资源、资金资本，甚至景区其他的相关社会资源。景区经营者通过优化资源组合，在合理整合它们的基础上，打造出节事旅游产品，创造节事旅游的核心卖点和宣传点，从而实现景区新产品的开发、景区市场的拓展。

（3）削弱季节差异，平衡景区淡旺季销售量。

旅游业具有明显的季节性特征。旅游景区作为旅游业的重要组成部分，因其所处地理位置及资源特色等的不同，明显存在淡季和旺季的销售差别。以北方滑雪场为例，冬季是绝佳的销售旺季，而夏季来临时，旅游者则更倾向于滨海游、春城避暑游等，滑雪场几乎空无一人。而节事活动受上述因素的限制较少，旅游景区可以在恰当的时间通过精心策划，依托节事活动打造景区新形象、推出新卖点，利用节事活动积聚大量游客，从而在一定程度上缓解淡季和旺季的落差，平衡景区销售的时间分布。例如，对黄山景区而言，夏季旅游者较多，冬季是明显的淡季。黄山的"黄山国际旅游节"吸引了大量的中外节事旅游者，正好缓解了黄山冬季旅游市场的冷淡，同时丰富了黄山景区的旅游产品，开拓了更广泛的旅游市场。

行业广角镜5-10　　　　传承民俗文化　创新体验方式

艾叶飘香，端午节至。端午节是中国的四大传统节日之一，承载着丰富而深厚的文化内涵。挂艾草、拴五色丝线、佩香囊、赛龙舟等体验内容，也在不断创新传承方式，让传统端午文化有更多现代表达。各地景区寻找传统文化与当下生活的连接点，实现端午文化的创造性转化和创新性发展，增强端午出游的吸引力和感染力。

每年的端午文化节开幕式在屈原故里文化旅游区举办。"点睛"是赋予龙舟生命力的重要环节，嘉宾们手执毛笔，蘸取墨水，为龙头略突出的眼白处点上圆圆的"眼珠"，原本呆板的龙舟瞬间生动起来。祭江、祭龙头、诵读祭文。礼毕，众人一起抬着龙头，来到江边安装好后，龙舟下水。举行游江招魂时，一般还设置有彩船，彩船上有装扮成屈原和屈幺姑的人物形象，还有人不停地向江中抛洒粽子。江上传来阵阵呼唤，龙舟开始游动。不久龙舟划至江心，呼唤屈子魂归。

作为端午文化节的重要组成部分，屈原故里文化旅游区还举办美食节庆活动，处于长江交通咽喉、黄金水道区域的秭归，口味更接近火辣的重庆川味。另外的重头戏是"骚坛诗会"。明清时期，农民自发成立全国首个农民诗坛"骚坛诗社"，延续百年，自嘲为"泥巴腿子"诗人，在农忙之余以诗为伴，以诗会友，以诗抒情，以诗言志。

2009年9月，联合国教科文组织正式审议并批准"中国端午节"列入世界非物质文化遗产，成为中国首个入选世界非物质文化遗产的节日。由湖北秭归县的"屈原故里端午习俗"、黄石市的"西塞神舟会"及湖南汨罗市的"汨罗江畔端午习俗"、江苏苏州市的"苏州端午习俗"四部分内容组成。

为了将传统文化进行现代演绎，屈原故里文化旅游区打造了夜游产品光影秀——"楚骚秀·九歌大典"大型光影秀。它以屈原诗篇《九歌》为蓝本打造，以屈原祠古建筑群及周边环境为巨幕，用光影艺术动态演绎诗篇中诸多人文、地理元素，上演现代与传统对话的沉浸式体验。

"苏州端午习俗"是纪念伍子胥，而不是屈原。之前苏州有年轻人设计了一款伍子胥的文创背包颇受好评，符合年轻人追求个性化、小众新鲜事物的需求。

资料来源　曹燕.传承民俗文化 创新体验方式［N］.中国旅游报，2021-06-15（5）.有删减。

分析提示：传承端午文化，要围绕端午节丰富的传统习俗和多种传说，传承与新生是端午文化体验的主线。文化的传承与新生，最终需要新一代年轻人来完成。只有开发出一些注重内涵、突出故事性的产品，才能吸引年轻人参与进来。

5.4.2　旅游景区节事活动的类型

1）以自然景观展示为主题的节事活动

这类节事活动是指景区依托富有特色的、能体现景区形象的自然旅游资源开展的节事活动，如中国国际钱塘江观潮节等。这类节事活动一般要求景区拥有较有特色的或知名度、美誉度较高的自然景观资源。旅游景区在进行这类主题节事活动的同时，还可综合展示景区其他风貌，如民俗风情表演展示、景区特色餐饮展示等，充分发挥"搭车"效应。

2）以宗教仪式或庆典为主题的节事活动

这类节事活动要求景区要有较有特色的宗教旅游资源或深厚的宗教文化底蕴。例如，福建湄洲岛的"妈祖"文化在国内外均有较高的认同度，适宜在湄洲岛景区举办"妈祖文化旅游节"等活动。再如泰山脚下的岱庙，供奉着泰山神——东岳大帝，传说夏历三月二十八日为泰山神生日，历代帝王多于这天在岱庙举行封禅大典。帝王的庆典活动、民众的朝山进香活动等，在岱庙一带形成了以贸易活动和娱乐活动为主要内容的东岳庙会。根据这样的宗教庆典资源，泰山景区打造了"泰山庙会"节事旅游。

3）以文化艺术为主题的节事活动

这类节事活动是指景区经营者依托当地的历史文化、地域文化、名人文化、典型艺术或文化、艺术事件等展开策划的节事活动。例如，厦门鼓浪屿是全国钢琴密度最大的小岛，岛上几乎家家户户拥有钢琴或其他乐器，岛上居民常以家庭联合的方式在休息日举办自娱自乐的家庭音乐会，鼓浪屿因此成为"钢琴之岛""音乐之岛"。由于拥有如此宝贵的文化艺术资源，鼓浪屿非常适合开展以音乐文化或钢琴文化为主题的节事旅游活动。其中，"鼓浪屿国际钢琴艺术节""鼓浪屿家庭文化艺术节"都是非常成功的景区文化艺术节事活动。

　4）以体育比赛为主题的节事活动

　　这类节事活动要求景区要有一定的适合开发体育赛事的资源，如山东泰山可以开发登山比赛、福州西湖可以利用西湖开展龙舟比赛等。

　5）以地方特色物产展销为主题的节事活动

　　这类节事活动又称物产节事活动，主要依托地方特色商品和著名土特产品的展示、交流而开展。例如，世界自然与文化遗产地——福建武夷山是中国乌龙茶的故乡，当地武夷岩茶历史悠久，有"中国茶"之称，其中尤以"大红袍"最为名贵，被誉为"茶中之王"。武夷山依托"武夷岩茶"这个特色地方产品，举办了以"世界遗产地，万古山水茶"为主题的武夷山茶文化节。再如，因电影《铁道游击队》而闻名全国的微山湖景区是全国最大的淡水鱼产地和纯天然绿色食品基地，景区还拥有亚洲最大的天然荷花池，其中尤以红荷最为著名，莲子、莲蓬、菱角以及其他各类湖产资源也相当丰富。每年 7—8 月，荷花开遍微山湖，蔚为壮观，且此时恰逢捕鱼季节，因此一年一度的荷花会既可欣赏荷花、吃莲蓬、尝菱角，还能品尝时令湖鲜，是物产节事旅游的好去处。

5.4.3　旅游景区节事活动的策划

　1）环境分析

　　旅游景区节事活动环境包括景区内部环境和景区外部市场环境。

　　（1）景区内部环境分析。

　　景区举办节事活动会涉及景区内部资源的整合。景区内部资源包括旅游资源、基础设施、经营管理和服务、资金等。

　　①分析景区的旅游资源。景区旅游资源的分析可以考虑景区旅游资源的丰富程度如何，它们作为节事活动的依托，可整合性如何。以某林艺园举办生态果蔬节为例，若该林艺园内既有生态瓜果区，又有生态草叶区，还有生态花卉区和天然生态湖区，那么这些旅游资源都可以以节事活动为平台整合在一起。游客既可以在湖区的休闲湖畔品尝或动手制作生态果蔬，又可以在湖区垂钓并现钓现烹新鲜的湖产鱼类，还可以观赏生态花卉并模仿制作花卉菜肴。该林艺园的旅游资源整合度较高，整合后的产品较符合节事活动的主题。在分析景区旅游资源丰富程度的同时，还要考虑旅游资源的特色程度或现有知名度。有些景区资源虽然丰富，但是和其他景区同质性高，无自身特色，且在一定区域范围内知名度也较小，那么这类旅游资源就不宜作为节事活动的主依托。

　　②分析景区的基础设施。景区的基础设施包括景区交通设施、泊车设施、景区内标志、卫生设施、环保设施、安全设施等。景区在节事活动期间会汇聚大量的游客和车辆，基础设施若无法保障，节事活动便会存在很多障碍和隐患，甚至会增加危机营销的可能性。对于景区基础设施的分析，我们可以从以下几个问题切入：景区所在地点是否便于潜在参加者到达；景区是否有足够的游客泊车位；景区是否有候补备用泊车场；景区内的环境装饰是否洁净舒适；节事活动的物流保障是否到位；节事活动参加者的安全保障设施是否完善、到位；游客过多时是否有补充空间提供；景区的通信设施、监控设施是否完善、

到位。

③分析景区的经营管理和服务。节事活动是综合性的整合营销活动，它要求景区有良好的经营管理和服务水平，有能力整合各方资源和人力、物力、财力，有能力组织协调节事活动中的各个利益者，同时，景区工作人员要有很强的现场管理能力，以保障节事活动的顺利实施。

④分析景区的资金。景区经营管理者要分析节事活动是利用自有资金还是争取赞助。有效的赞助是景区节事活动获得足够资金和协作运行的基本途径。赞助可以是现金，还可以是非现金的服务或产品。

（2）景区外部市场环境分析。

景区的市场地位和竞争能力对其节事活动的举办起着举足轻重的作用。在竞争市场中，若景区的核心竞争力强，则其市场地位往往较高，在行业内拥有一定的影响力，在消费市场也通常具有较高的知名度和美誉度。对于这样的景区，其节事活动的影响力和组织力都较强，即便遇上相同时间内其他景区举办同样的节事活动，也能较有效地聚集公众、吸引媒体，达到节事活动公关和营销的目的。而市场地位低、竞争力弱的旅游景区，则应避免和影响力较大的景区的节事活动在发生时间、内容或形式等方面产生冲突，力求寻找富有创意或符合自己景区资源特色和定位的节事活动题材及主题，剑走偏锋，出奇制胜。

2）目标受众分析

目标受众就是景区节事活动要覆盖的顾客范围，是景区在市场细分的基础上选择的目标市场。它可能是全国性的，也可能是地方性甚至区域性的。

对于目标受众的分析，景区可以从以下几个问题入手：景区节事活动的参加者是谁；他们的需要是什么；他们为什么有这样的需要；他们购买和消费的模式是怎样的；他们对节事活动的认知有多少；他们是否有参加类似节事活动的经验；他们在哪里；景区营销人员应如何找到他们并将节事活动信息传递到他们手中；他们最喜欢什么样的产品、什么样的促销方式及什么样的价格。

在对目标受众的分析中，研究目标受众的真正需求是非常关键的。游客的职业、性格、家庭、宗教等各不相同，他们对需求的表达方式也各有不同。有的游客会热情地告知他参加景区节事活动的原因以及他期望的价格；有的游客则需要景区营销人员自己下功夫去了解，游客没有告知的义务和责任；有的游客虽然愿意和景区营销人员沟通，但不愿意透露真正的购买目的，如是因为贪便宜可以免费品尝景区的特色菜肴等；有的游客虽然很热情，但他没有正确表达自己需求的能力。因此，景区营销人员必须通过问卷调查、电话咨询或其他可能的方式，去了解游客的真正需求，分析细分市场的支付能力，研究游客支付不同价位门票的能力和意愿，并由此确定节事活动本身的策划，同时，要能够有效地阐释节事活动如何满足游客需求以及游客能以何种方式从中受益等。

3）节事活动的营销定位

旅游景区进行节事活动品牌传播，要考虑节事活动和景区品牌的一致性问题，即节事活动的营销定位要以景区的主体形象为中心，要和景区的品牌形象定位相一致。

（1）题材的选择。

我国历史文化深厚、特色物产丰富，因此节事资源十分丰富，节事活动的题材也多种多样。旅游景区选择节事活动题材的基础原则是特色性、一致性，即题材的选择要富有特色，具有创新性，并能和景区主体形象保持一致，能反映景区的文化内涵和文化底蕴，使参加者通过节事活动能够牢牢记住景区品牌形象和特色文化。例如，福建自然与文化双遗产地武夷山景区，碧水丹山，题材丰富，既有山的题材——神女峰，也有水的题材——九曲溪漂游，还有深厚的朱熹理学文化题材，更有闻名世界的大红袍茶文化题材。景区的"茶文化节""茶王赛"等活动都和武夷山厚重悠久的茶文化相符，这些节事活动以武夷山茶文化品牌为依托，以"茶"为主要形象线索，将武夷山的山、水、人串在一起，突出了武夷山好山、好水、好茶的形象，给参加节事活动者留下了难忘的印象。

（2）主题口号的设计。

节事活动的主题口号是节事活动主题思想和主要形象的文字载体，是游客认识、感知、记住景区节事活动的手段和方法。成功的主题口号应具备以下特征：①紧扣节事活动，主题鲜明，如"第 7 届中国武夷山大红袍茶文化节"的口号——"游武夷山，喝大红袍"；②语言简练且朗朗上口，符合时代的主流和趋势，如苏州寒山寺除夕听钟声活动的口号——"姑苏城外寒山寺，除夕钟声入我心"，将现代和唐代的风格相结合，引导人们感怀古风、享受休闲宁静的心理趋向；③富有激情，蓬勃向上，如 2006 年广西桂林五排河漂流部落景区举办的"中国大众漂流节"的口号——"漂流不能没有你"和"2006，让我们漂流"。

4）节事活动的传播和推广

旅游景区节事活动要覆盖目标受众，就必须通过一定的传播和推广方式将信息传递给目标受众。

（1）公关+新闻。

在适当的时间、地点举办公关活动和营业推广活动，争取利用广播电台和电视台的现场报道、网络新闻报道等扩大覆盖面，扩大影响力。

（2）广告+人员。

利用电视广告、报纸和杂志广告、网络广告，同时配合销售人员发送的宣传单页，对节事活动信息进行传播和推广。

（3）整合传播。

整合传播是把品牌等与企业的所有接触点作为信息传输渠道，以直接影响游客的购买行为为目标，从游客出发，运用所有手段进行有力传播的过程，是一种全方位、多向式的传播。整合传播要求旅游景区站在较为宏观的角度，借助一切能建立游客信任度和提高企业信誉度、美誉度的方式，综合运用多种手段进行传播和推广，全方位刺激游客的各种感官和体验，力求达到最好、最快的传播效果。

5）节事活动的设计

旅游景区节事活动的设计类似于有形产品的设计和构思。有形产品的设计和构思的成功与否，将直接影响产品的外观、内涵以及游客的感受。同样，旅游景区节事活动的设计，既要有整体和细节并重的概念，还要注意层次分明、有落差性，内容丰富、有差异性，头尾完整、有延展性。

（1）标志性活动的设计。

景区设计的节事活动，可以是一段时期内的系列活动，也可以是一天内多个活动并行。但无论是哪种情况，都必须有一个最重要、最能体现活动主题和景区形象并富有强大号召力及影响力的活动，这就是标志性活动。标志性活动是景区整个节事活动营销的重点内容，从活动前期的策划推广、包装宣传，到活动的开展，一切运作均应以标志性活动为核心点、其他活动为助推点，使二者相辅相成，共同提高节事活动的吸引力。

首先，标志性活动的设计必须紧扣主题，要使标志性活动成为最能体现景区节事传播宗旨的活动，成为景区永久性的识别标志。比如，荷花是济南的市花，山东省济南市大明湖公园举办荷花节，其中的"荷花仙子"巡游活动展示了荷花的象征美，抒发了荷花的清雅文韵，激发了市民爱花、爱家、爱市的情怀，引起了很大反响，成为荷花节的标志性活动，并且"荷花仙子"成为大明湖荷花的标志。其次，标志性活动的设计必须多考虑眼球刺激性和体验感受性的活动元素，旨在给游客带来深度刺激和体验，树立活动的品牌形象。

（2）系列活动的设计。

许多旅游景区的节事活动并不是一个单独的活动，也不是一天两天的活动，而是有阶段性的、由系列活动组合而成的。其中，标志性活动起领头羊的作用，其余活动相辅相成。旅游景区在设计系列活动时，应注意各种活动之间应具有连贯性、一致性，这样才能相互补充、相互协调，才能使主题更加突出、鲜明，避免形成一个混乱、自相矛盾的形象。

（3）节事活动的时空布局。

从时间分布上看，节事活动是可以一年不间断的，景区在旺季可以集中经营景区的游览业务，而在淡季则应择时推出系列的节事活动，以平衡景区的客流分布和营业收入分布。尤其是在淡季和旺季交界时，成功推出覆盖面广和影响力大的节事活动，对于即将到来的旅游旺季是一个绝佳的促销和宣传。从空间选择上看，景区既可以通过巡游、巡展等方式走出景区进行活动空间拓展，也可以通过在景区现有景观资源处布局活动体验要素，加深游客对景区资源的美好印象。尤其是景区设计的新景点，可以选择角度切入节事活动的空间选择方案中，从而把节事活动和旅游促销融为一体。

行业方向球　　　　　　　5个渔村抱团起舞　连片发展乡村旅游

浙江省舟山市嵊泗县又称嵊泗列岛，是浙江省最东部、舟山群岛最北部的一个海岛县。坐落其中的一座座原生态小渔村，海岛风情各异、文化不尽相同，犹如颗颗明珠点缀在东海之上。2018年以来，嵊泗县打破岛屿之间各自为营的模式，将嵊泗本岛五龙乡田岙村、黄沙村、边礁村、会城村和黄龙乡峙岙村等5个渔村联合起来，规划打造"东海五渔村"，并成功将其创建成为国家4A级旅游景区。

5个村庄的集聚发展，融合孕育了"渔乡、渔画、渔歌、渔味、渔宿"五大特色，焕发出传统渔村的蓬勃活力和发展前景，走出了一条生态美、产业兴、百姓富的可持续发展之路。目前，旅游从业人数达到 1 800 人，占常住人口的 43.2%；年接待游客人数 150 万人次以上，旅游综合收入超过 2 亿元。

一村一品一风情

位于东海深处的 5 个村落，曾世代都依赖捕鱼为生，经过几十年发展，不同风貌、物候、习俗而"生长"出来的不同文化气韵，让东海五渔村有着各不相同的鲜明特质。

漫步在田岙村，一幅幅渔家民宿外墙上象征渔家古老图腾的渔民画夺人眼球，鲜艳的色彩、丰富的想象，生动勾勒了海洋生物、岛礁传说、海岛风俗。绚丽的文化景观不仅吸引了游客，还引来了众多高校艺术类专业的师生、艺术家前来创作采风。据了解，为了鼓励村民进行渔民画创作、发展地方特色文化产业，田岙村投资 65 万元建成渔民画创意体验馆。

峙岙村作为嵊泗旅游发展起步较晚的渔业村庄，近年来按照"全域旅游"和"一村一品"理念，提出了"美丽峙岙、东海石村"的村庄发展口号，"石文化"成了当地旅游的金名片。放眼望去，层层叠叠是的石屋像一座"海上宫殿"，石屋、石路、石景浑然一体。靠海吃海，靠石赏石。

田岙村主"动"，发展大众化民宿集群；黄沙村主"乐"，发展休闲渔家乐；边礁村主"雅"，打造海洋文化艺术群落；会城村主"静"，发展特色精品民宿；峙岙村主"俗"，保留与传承石文化和渔文化。5 个渔村 5 种元素，形成各具特色又浑然一体的乡村旅游产业体系。

延伸海岛旅游产业链

2020 年 8 月，第二届"东海五渔节"在黄沙村举行。节庆期间，特色渔歌表演、渔家民宿展播、精品渔画走秀、嵊泗渔味展示、渔俗文化呈现等精彩活动吸引了省内外游客。这是为了融合东海五渔村各村特色而专门打造的渔乡特色的品牌节庆活动。

边礁村通过 2012 年的民居风貌改造工程成为舟山市首个"色彩艺术村"，多彩房屋配合天然海景，让这里成为游客热门打卡地；黄沙村主打渔家美食与沙文化，村口的沙艺术仓库则集观赏、体验、互动于一体，既有精致的沙艺术品，又有生动的游戏、沙画制作体验；田岱村一半以上的村民在经营民宿，主题邮局、电商体验中心、创客空间、智慧旅游中心等让渔村充满"智慧"；会城村的左岸公路是休闲运动的好去处，村里接下来还将营造渔业生产生活的主题场景，建设海景别墅区和渔村民宿区，朝海岛慢生活社区方向转变。

提早规划持续打造精品

如果近期来到东海五渔村，你可能会发现一些新的变化，豚豚和东东的动漫元素在村里随处可见，衍生出的文创产品十分受村民和游客的欢迎，接下来还打算开办微店和实体店，多渠道售卖。"豚豚"和"东东"正是东海五渔村前些日子发布的官方吉祥物，哥哥"东东"创新果敢、个性洒脱，弟弟"豚豚"性格呆萌佛系、悠然自得。将渔村的气质拟人化，希望能够拉近与游客之间的距离，同时形成区域文旅品牌，扩大东海五渔村的知名度。

据了解，东海五渔村的规划最早可以追溯到2016年。接下来，还将加快推进东海五渔村的提升工程，实施"渔家乐"转型升级，做精跳岛游、海钓游等产品。同时，加大招商引资力度，着力招引特色精品旅游项目，推动"瞰海"精品酒店等高端旅游项目开工建设，积极引导民宿迭代升级，实现经济效益、社会效益和生态效益的统一，展示海岛渔村渔俗风情示范点、全域旅游发展的样板区，让村民的振兴梦、游客的海岛梦都在这里实现。

资料来源　陶李.5个渔村抱团起舞 连片发展乡村旅游［N］. 中国旅游报，2020-11-20（3）.有删减。

分析提示：嵊泗县为避免众多岛屿因产品雷同、资源浪费而导致激烈竞争，特选取了五个具有明显渔村特色的村落，提出了"东海五渔村"的概念，旅游产品区域特征明显，产品组合策略得当，营销理念具有创新性。

▓ 观念回顾

1.旅游景区应该在市场调研和分析的基础上，细分旅游者，找出自己的目标旅游者群体，以确定旅游景区在目标群体中的定位，从而为旅游景区营销策略提供依据。目标市场营销又称为STP营销。

2.传统的市场营销理论经常用4P来构筑营销策略组合。4P是指产品（product）、价格（price）、渠道（place）和促销（promotion）。旅游景区产品组合策略有内部优化型产品组合策略、外部整合型产品组合策略。旅游景区价格策略有利润导向下的高价策略、销售导向下的低价策略、竞争导向下的价格策略。旅游景区分销渠道策略有直接分销渠道策略、间接分销渠道策略、结合型分销渠道策略、虚拟分销渠道策略。旅游景区的主要促销模式有"景区+政府"二维一体的促销模式、主题促销模式、联合促销模式。

3.营销创新理念有大市场营销理念、动态营销理念、全球营销理念、双赢合作营销理念等。营销创新方式主要有绿色营销、主题营销、体验营销、事件营销、品牌营销、网络营销、联合营销、关系营销等。

4.一个旅游景区的品牌由品牌名称、品牌标志和商标三部分组成。与其他业态的品牌相比，旅游景区品牌具有如下特征：区域特征明显；标志性景观突出且具有直接市场吸引力；品牌名称具有内涵丰富的复合结构；既有整体性，又有分化性；着重突出景区的体验特质；具有环境保护与文物保护的理念；生命力相对较强；强调美的综合性。

5.旅游景区品牌定位是品牌设计的前提。旅游景区品牌设计包括：对支持品牌的景区经营理念、经营态度和行为等的设计；对支持品牌的产品和服务的设计；对各类外显符号如名称、标志、色彩、字体等的整体形象的设计。

6.品牌传播是将旅游景区的品牌形象推广到旅游销售渠道和旅游者中，使旅游者接触、感知、认同旅游景区的品牌价值并最终激发旅游行为的过程。旅游景区品牌的传播方式有广告、公共关系、直销、促销、互联网等。品牌延伸的切入点可以从旅游的食、住、行、游、购、娱六个方面进行考虑。

7.节事活动既是一种旅游资源，又是一种品牌传播活动。旅游景区节事活动的类型主要有以自然景观展示为主题的节事活动、以宗教仪式或庆典为主题的节事活动、以文化艺术为主题的节事活动、以体育比赛为主题的节事活动、以地方特色物产展销为主题的节事活动等。

■ 相关规范

1.《中华人民共和国广告法》，1994 年 10 月 27 日第八届全国人民代表大会常务委员会第十次会议通过，2015 年 4 月 24 日第十二届全国人民代表大会常务委员会第十四次会议修订。

2.《中华人民共和国商标法》，1982 年 8 月 23 日第五届全国人民代表大会常务委员会第二十四次会议通过，2013 年 8 月 30 日第十二届全国人民代表大会常务委员会第四次会议《关于修改〈中华人民共和国商标法〉的决定》第三次修正。

■ 应用习题

1.就近选择一个景区，了解其交通、旅游产品、客源市场、营销方式等情况，为其策划一个疫情防控常态化下的营销推广方案。

2.在你的记忆中，你对哪些景区品牌有印象？请说出你对这些品牌的所有认知，并说明你是通过什么渠道获得这些认知的。

3.选定一个旅游景区的节事活动，从旅游景区环境分析、节事活动目标受众分析入手，说明该活动的合理性，并分析该节事活动传播和推广的策略。之后，可就近选择一个旅游景区，尝试为其策划一个节事活动，并制订一个完整的策划方案。

第6章
旅游景区自然环境管理

学习目标

1. 理解旅游景区可持续发展、绿色旅游景区的主要内涵，掌握旅游景区实现可持续发展的措施，牢固掌握"两山"理论，弘扬塞罕坝精神。
2. 掌握旅游景区环境管理的思路和措施，理解国家将"碳中和""碳达峰"写入政府工作报告的重大战略意义。
3. 理解承载量管理、垃圾分类、厕所革命的意义，掌握承载量管理、垃圾分类、厕所管理的具体措施，提升对旅游景区高质量发展的理解。

热点关注

"两山"理论　碳中和　绿色旅游景区　承载量　厕所革命

受新冠肺炎疫情的影响，越来越多的市民喜欢到户外"深呼吸"，森林康养成为热门选项。福建省三明市近年来依托森林资源优势，点绿成"金"，提出"全域森林康养"理念，越来越多的游客慕名前来休闲体验。

点绿成"金"

位于福建省中部的三明市是林深之城，全市森林覆盖率78.73%，森林蓄积量1.82亿立方米，森林负氧离子平均浓度1 500个/立方厘米，被誉为"中国绿都"。三明水资源丰富，有"林深水美人长寿"的美誉。

2019年，国家林业和草原局、民政部、国家卫生健康委员会、国家中医药管理局联合印发《关于促进森林康养产业发展的意见》。借此契机，三明市委、市政府把森林康养产业作为绿色产业的新龙头，在全国率先提出"全域森林康养"理念，先后出台了《三明市发展全域森林康养产业的意见》《三明市关于支持文旅康养产业加快发展的政策措施》等，明确提出到2022年，全市有5个（国家级3个）森林康养基地建成运营、扶持培育市级森林康养龙头企业3~5家，每年建成1~2个森林康养基地，逐步实现全域覆盖，努力将三明建设成为全国全域森林康养示范市。同时，从财政奖补、基地建设、游客组织、免费体验有关项目、纳入医保报销等方面出台一系列优惠政策，强化优势资源整合和重大项目带动，坚持"一县一品一特色"差异化发展，构建文旅康养全产业链，打造文旅康养千亿级支柱产业。

产品多元

走进泰宁"耕读李家"森林康养小镇，美丽动人的丹霞田园风光映入眼帘。在这里，游客可以在静谧的森林康养小道漫步，到青翠的"李家菜地"回味乡愁，去"呦呦鹿鸣"鹿趣园体验诗情画意，还可以到仿古的李家客栈休憩放松身心。小镇依托大金湖、丹霞地貌等资源，有机融入农耕、禅修、运动、养生等元素，打造"森林+静心修养"特色产品吸引游客。

大田桃源睡眠小镇由大田县赤头坂国有林场的场部改造而来，拥有林地面积37 197亩，森林覆盖率96%以上。近年来，小镇围绕"睡眠康养"主题，设立睡眠专科门诊，将'焦虑伴睡眠障碍'列入医保特殊病种报销目录，开通医保报销系统，打造'森林+睡眠康养'特色产品。

清流天芳悦潭森林康养基地，依托富锗温泉开展温泉疗养、休闲度假，与金诃藏药合作，开展锗温泉水富集浓缩研究，打造"森林+温泉疗养"特色产品；沙县马岩森林康养基地以中医经络调理为核心，结合森林高氧运动，融入特色健康小吃，打造"森林+食疗瘦身"康养产品；大田翰霖泉森林康养基地，借助森林环境和养胰控糖技术，开展道康源养生、糖尿病调理、森林拓展等康养项目，打造"森林+康复疗养"特色产品，设计了"3天2夜""7天6夜""10天9夜"等套餐，为老年客户提供深度身心疗愈康养体验。

在森林康养基地特色产品规划建设中，三明坚持"三不"原则，即不搞大拆大建，利用国有林场老场部和旧工区、农村闲置房、闲置地和可改造提升的旅游场所，植入康养元素进行提升；不一哄而上，试点先行；不追求高大上，多层次发展。

目前，三明全市转型发展的森林康养基地试点有近 20 处，吸引了八方游客前来。2019 年三明全市共接待游客 3 917.56 万人次，实现收入 416.86 亿元。其中，森林康养产业接纳康养人数 1 175 万人次，实现收入 125 亿元，占全市文旅产业的 30%。

资料来源 李金枝.福建三明：点绿成"金" 森林旅游正当时 ［N］. 中国旅游报，2020-10-30（3）.有删减。

上述案例告诉我们，"绿水青山就是金山银山"。三明发展森林康养产业有条件、有优势、有基础，不仅能够促进乡村振兴，也能推动旅游业转型升级，让老百姓共享生态旅游带来的"红利"，真可谓是一举多得。景区管理者应该把高质量发展同满足人民美好生活需要紧密结合起来，推动坚持生态优先、推动高质量发展、创造高品质生活有机结合、相得益彰。

6.1 旅游景区的可持续发展

6.1.1 旅游景区可持续发展概述

1）旅游景区可持续发展的概念

可持续发展观点是一种发展的哲学思想。党的十八大以来，以习近平同志为核心的党中央高度重视生态文明建设，提出"绿水青山就是金山银山"（下面简称"两山"理论）等一系列创新理论，形成了习近平生态文明思想。"两山"理论将"绿水青山"与"金山银山"有机统一起来，通过走资源消耗最小化、环境损害最低化、社会经济效益最大化的发展之路，解决发展中存在的不平衡、不协调、不可持续等问题，丰富了马克思主义发展观的内涵。

旅游可持续发展是基于全球可持续发展的概念提出来的，世界旅游理事会、世界旅游组织和地球理事会在《关于旅游业的 21 世纪议程》中将可持续旅游发展定义为："在保护和增加未来机会的同时，满足现时旅游者和东道区域的需要"。其中强调，在保护资源与环境并最大限度地增加旅游者享受乐趣和给当地带来效益的同时，将旅游开发对所在地区的消极影响维持在最低限度内，是可持续旅游发展的主要指导原则之一。

所谓旅游景区可持续发展，是指在确保旅游资源、生态环境和社会文化得到有效保护的前提下，通过对旅游景区资源的合理开发、利用，既满足当代人对旅游景区产品的需求，又不损害后代人对旅游资源利用的需要。

2) 旅游景区可持续发展的主要内涵

（1）生态环境的可持续性。

旅游活动的开展对旅游景区的生态环境可能会产生各种不良影响。景区在开展旅游活动的过程中，应根据旅游接待地区的环境和生态系统的特点，评价该地的可持续发展能力，以防止和尽可能减少旅游活动对生态环境的不利影响。比如，为保护青海湖的生态环境和自然资源，2017年青海湖沙岛、鸟岛两大景区闭门谢客，并停止一切旅游经营活动，今年仙女湾景区也关闭，此举给环湖县城乡镇从事旅游业的百姓带来了眼前的直接经济损失，但生态环境的可持续性发展必将为其带来长远的效益。

（2）社会环境的可持续性。

社会环境的可持续性是指一个旅游景区在吸引旅游者来访的同时，其社会的各项职能能够维持正常运转，社会状况能够保持健康和稳定，不会因外来人口的输入造成旅游景区所在地社会发展的不协调，或者说旅游景区所在地能够自动通过社会职能的发挥，将这些不协调问题控制在不影响当地社会健康发展的程度之内。

（3）文化环境的可持续性。

旅游者等外来人口的输入所带来的种种文化差异，往往会对旅游景区所在地的社会文化造成影响。如果来访旅游者的规模不大，则当地社会文化受影响的程度有限；若来访旅游者的规模较大，则当地社会的各种关系，以及人们之间的交往方式、生活方式、风俗习惯和文化传统等，都会因受到旅游者的影响而发生变化。为了避免这种不良后果的出现，同时也为了维护旅游景区所在地文化方面的旅游吸引力，旅游接待地区有必要保护自己文化传统特色的持续存在，保证旅游景区以及东道社会的"原真性"。

（4）经济环境的可持续性。

旅游景区经济环境的可持续性主要是指旅游景区通过发展旅游业所获得的经济收益必须能够补偿任何为接待旅游者来访而付出的直接成本，以及为预防和消除旅游所带来的各种负面影响和问题而采取必要措施和行动所产生的社会成本，并且使旅游接待地区居民能够因旅游发展所蒙受的种种不便而获得适当的经济补偿。景区的旅游资源应能够承载日益增长的旅游者数量，动态满足旅游者日益增长的多样化需求，并能保持对未来旅游者的吸引力，保证旅游景区经济发展的可持续性。

每年11月至次年3月，红嘴鸥都从西伯里亚长途迁徙飞临昆明，与昆明人嬉戏相亲。从1985年红嘴鸥首次现身昆明以来，全民护鸥成为昆明人的集体行动。红嘴鸥也作为公众共享的"公共产品"纳入政府管理范围：昆明市政府多次下发通告保护红嘴鸥；财政拨付专款研制红嘴鸥专用饲料，并安排专人定点投喂；加快滇池湖滨带的生态恢复，为红嘴鸥提供生态栖息地；因为红嘴鸥，昆明成为了国内最早禁止燃放烟花爆竹的城市之一。2003年、2004年、2020年，昆明没有因非典型肺炎、高致病性禽流感和新冠肺炎疫情，驱逐和猎杀红嘴鸥，而是采取全面清扫、消毒，对红嘴鸥血液、粪便和唾液进行采样，检测红嘴鸥是否携带对人类有害的病毒等措施，继续保护红嘴鸥。如今，到昆明越冬的红嘴鸥从1985年的几千只到2021年的4万余只，昆明成为国内唯一一个红嘴鸥定期、长期、大量栖居的城市。"人鸥同嬉"作为昆明旅游项目之一，带来了不可估量的经济价值。

6.1.2 旅游景区可持续发展的主要思路与措施

1）加强景区环境综合治理

（1）要以科学发展观指导构建生态和谐景区。

科学认识旅游景区资源开发利用与产业可持续发展的关系，正确处理旅游景区自然环境结构与旅游景区经营管理体制结构、旅游景区产业结构的关系（如图6-1所示），处理好短期利益与长期利益、局部利益与整体利益之间的关系，坚持"以保护为主，以旅游开发为辅"的方针，克服麻痹思想和急功近利主义。

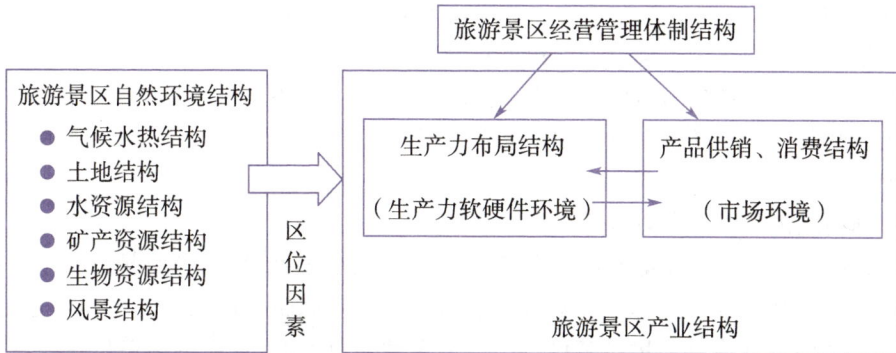

图 6-1 旅游景区可持续发展结构图

青海省生态旅游资源富集，以生态旅游为核心的目的地体系基本建立。青海共有世界自然遗产1个，国家级生态旅游示范区3个、自然保护区7个、风景名胜区1个、水利风景区13个、森林公园7个、湿地公园19个、地质公园7个、沙漠公园12个，逐步形成了以生态旅游为统领，以自然保护区、风景名胜区、森林公园、湿地公园、地质公园和水利风景区等为载体的多类型目的地体系。

（2）理顺管理体制与机制。

为了保障有效的监督管理机制，旅游景区必须从大处着眼，本着实事求是的精神，克服相互扯皮、推诿等人为障碍。一方面，县级以上人民政府应以立法形式来确定旅游景区的环境管理模式，授权区域环境管理机构，提升其行政级别，打破各自为政的局面，建立垂直领导和协调运作机制，理顺各部门间的关系；另一方面，建立联动性的执法队伍，各方配合，通力合作，齐抓共管，提高执法的水平和效果。

（3）景区内不得建设破坏景观、污染环境、妨碍游览的设施，也不得开展与此有关的活动。

具体的措施包括：一是实现功能分区，划定实验区（核心保护区）、缓冲区（重点保护区）和过渡区或外围区（一般保护区）。其中，实验区是旅游景区内生态系统最为脆弱和关键的区域，一般既不对旅游者开放，也不对影视拍摄开放，只供科考；缓冲区也是旅游景区内生态系统敏感的区域，但允许游客在指定范围内少量进入，影视拍摄要经过严格审批并在规定范围内小规模进行；过渡区则可以适当建立一些定居点和商业设施，但不能过量。二是尽量不占或少占景观用地，尽量不破坏地表植被，严禁围湖造田、采石开矿和

195

拦海圈滩以及在水源地兴建设施工程。三是旅游景区内尽量使用无污染驱动的环保型游船、观光汽车及小火车，限定和限制公路和索道线路的布局、数量。

（4）实行生态监测与评估。

生态旅游对景区内资源和环境的影响在短期内很难得到全面和充分的反映，尤其是生态系统结构和功能的变化，它是一种缓慢的渐变过程，当发现其发生变化时，造成的损失几乎是已很难挽回。因此，有必要对景区的生态系统进行监测，根据监测指标所反映的情况，每隔一定时间对景区开展旅游的环境影响进行评估，评估工作由景区管理部门与环境保护主管部门、国土资源主管部门共同负责。具体的措施包括：一是加快建设监测网络和设施（如瞭望台），实行专人负责制；二是对污染物的分布、种类、数量、排放特征、性质进行实地监测；三是对污染源进行污染总量控制，强化限期治理，确保达标；四是定期开展资源普查，对收集到的地质、水文、土壤、气象、生物等环境信息进行系统的整理分析，做出科学预测；五是引入技术创新体系，通过高科技手段，不断完善生态旅游区内的预警系统。

（5）利用经济手段，大力监管。

旅游景区有必要计算环境成本、生态治理成本，向企业、商家征收排污费用，把对超标排放量部分收费改为对全部污染物排放量收费，变单因子浓度收费为多因子总量收费，并增加生态补偿费（通过加快设施设备的折旧速度来收取），促使排污单位从技术工艺上改进对污染物处理的措施，提高环保治理的深度和能力。对违法占用林地、污染林区、毁林开荒等破坏原生态环境的单位、商家、个人，旅游景区可以征收森林植被恢复费。另外，旅游景区还可以设立环境治理专项基金来推动旅游景区环保工作的有效开展。

┌ 微型资料 6-1 ┐

碳中和是指企业、团体或个人测算在一定时间内直接或间接产生的温室气体排放总量，通过植树造林、节能减排等形式，以抵消自身产生的二氧化碳排放量，实现二氧化碳"零排放"。碳中和作为一种新型环保形式，目前已经被越来越多的大型活动和会议采用。碳中和能够推动绿色的生活、生产，实现全社会绿色发展。2020年12月24日在北京正式挂牌成立的中国科学院大气物理研究所碳中和研究中心，是全国第一家从事碳中和基础研究的机构。

（6）倡导生态文明，大力开展环保宣导。

旅游景区应积极帮助当地居民、商户、农户树立正确的环境意识，提高文明素质，如倡导村民退耕还林、还草，改变农药施肥，推广使用清洁能源（如电力、沼气、风能、太阳能等）代替木炭、柴草、煤等。同时，旅游景区应引导广大游客爱护环境，珍惜资源，不随意丢弃废弃物，使文明旅游、绿色消费在旅游景区内蔚然成风。

2）加强景区环境抚育管理

旅游景区环境抚育管理主要是指对旅游景区分布的自然旅游资源的综合保护管理工作。在环境抚育管理中，旅游景区必须坚持防治并举，围绕以下五方面开展工作：开展植树造林工程、治沙工程等；修筑堤坝、塘坝、排洪渠；做好山区水土保持与小流域的治理工作；加强泥石流、滑坡的预警预报；保证道路交通沿线的植被覆盖率。

（1）以森林景观为主的旅游景区应维护和建立植物景观工程。

森林旅游景区应搞好主景、配景和衬景的设计。如果植被结构和分布不适合旅游要求，可在原有植被的基础上，采取人工改造措施（造林、种草、栽花、培植灌木等）；如果植被结构和分布对原生特色生物种群构成威胁（如次生林对阔叶林形成威胁），在国家许可的情况下，可适当砍伐造成危害的植被群落。景区内通行的主干道路两侧应建有30~40米宽的防护林带，大力开展植树造林和水土保持工程，防止土地沙化、荒漠化，可发动居民、学生、游客来进行，多方参与，多出效益。

（2）在国家许可的范围内，实行采育结合，做到既保护生态系统、防止生态退化，又增加经济效益。

对于天然林保护工程内的生态公益林，应严禁采伐；而对于一些速生丰产的商品林（如毛竹），经有关部门批准之后，可在其成熟期内实行限额采伐，然后再补栽，保证科学采育，这样既能避免经济作物经济价值的浪费和生态景观的退化，又能获得一条增收的渠道。

位于河北省北部的塞罕坝，早期是"飞鸟无栖树，黄沙遮天日"的荒凉景象，多年来，一代代塞罕坝人大力发扬塞罕坝精神，建起了百万亩人工林海，被誉为"河的源头、云的故乡、花的世界、林的海洋"。塞罕坝依托优美的生态环境和以塞罕坝精神为内核的文化底蕴，吸引了越来越多游客，旅游业得到长足发展。目前，生态体验游、科普研学游、森林康养游、冬季冰雪游等新业态有序发展，"生态、皇家、民俗"品牌特色逐步凸显，七星湖、塞罕塔、二龙泉、亮兵台、五彩斑斓等景点逐步成为热门打卡地。游客量由当地旅游业起步之初的年均万余人次发展到如今年均60余万人次，年均为社会提供2.5万个就业岗位，释放出较大的生态、经济和社会效益。

3）创建绿色旅游景区

（1）绿色旅游景区的创建。

国家旅游局于2011年2月1日公布了《绿色旅游景区》（LB/T 015—2011）旅游业行业标准，自2011年6月1日起实施。该标准对绿色旅游景区的界定如下：以可持续发展和循环经济为经营和管理理念，以生态化设计为基础，实施清洁生产，倡导生态化服务和消费，有效保护旅游资源和旅游环境的旅游景区。绿色旅游景区的基本要求是实现旅游资源保护和景区生态安全。

①旅游资源保护。旅游资源保护包括自然资源保护和历史文化资源保护。旅游资源保护的主要内容包括：采用科学手段和先进设施保护景区的自然资源，有效预防自然和人为因素对有价值的自然资源的破坏，保持自然资源的原生性和完整性；保护景区的历史建筑资源，保证景区建设不对历史建筑造成破坏；保护景区原有居民聚落的特色文化，包括民族服饰、语言、习俗、地方文艺等，并进行保护性利用。

②景区生态安全。景区生态安全包括生态系统保护、珍稀植物保护、野生动物保护、容量控制、环境认证等。景区生态安全的主要内容包括：

A.保护生态系统安全，不在自然保护区的核心区、缓冲区进行旅游开发；保持生态系统的本土性，禁止或慎重引进可能威胁当地物种生存的动植物；保护生物多样性，有生物多样性保护和管理计划，并将生物多样性纳入检测内容；保护景区内物种的生存环境，保护景区植被、地貌、水系，通过绿化设计等方式扩大适宜物种生存的环境；对野生动物繁殖地、栖息地采取严格的保护措施，如设立隔离区和缓冲区，设置野生动物迁徙通道。

B.景区内不销售以国家保护植物为原料的土特产品、工艺品和食品；不提供以国家保护植物为原料的餐饮；不提供危害国家保护植物生存的旅游活动，如珍稀植物采摘、野生药材采摘等；旅游设施建设和旅游活动开展应选址和布局在珍稀植物分布区外。

C.景区内不销售以国家保护动物为原料的土特产品、工艺品和食品；不提供以国家保护动物为原料的餐饮；景区内的旅游活动项目不涉及捕杀或危害国家保护动物的内容；旅游设施建设及旅游活动开展应避免危害或阻碍国家保护动物的生存、迁徙及繁殖。

D.根据景区的环境承载能力和游客的心理承受能力，确定景区的极限容量和合理容量，设定景区日接待游客上限；建立景区游客容量控制体系，动态控制游客流量，编制有效防止景区超载的预案；旅游建设项目应通过环境影响评价。

（2）绿色旅游景区的创新。

绿色旅游景区在旅游产品的创新上应做到：

①充分利用当地特色的乡土资源，如尝农家饭、住农家屋、干农家活等。

②开展生态教育、环境保护教育活动。

③开展建设绿色景区活动，如环保夏令营、果树种植等。

④提供绿色交通方式，如电瓶车、自行车、木船、畜力车等。

⑤提供绿色住宿设施，如乡土风情旅馆、森林小木屋等。

行业广角镜6-1　　　　　　　　　德清"洋家乐"带来"洋"思路

2008年，一位南非人蹬着山地车来到浙江湖州市德清县一个叫三九坞的小山村，租用、改造农房创办了当地首家"洋家乐"——三九坞国际乡村会所。从那时起，德清便紧紧地与"洋家乐"联系在一起。几年时间，德清的"洋家乐"数量迅速增长，它们"点缀"在幽静神秘的莫干山山麓上，并逐渐发展壮大，享誉海内外。如今，德清"洋家乐"作为一种新的旅游业态，成为带动当地旅游发展的主动力，引起了旅游业界的关注。德清"洋家乐"带来了怎样的新思路？

带来新的经营理念

"4 000元一晚的房间里没有电视？"这令很多初次来到德清"洋家乐"的游客感到异常惊讶。德清大部分"洋家乐"不仅没有电视，一次性的洁具也不提供。室内没有空调、煤气，夏天靠电风扇，冬天靠火炉，家家建蓄水池承接雨水，游客在登记入住时会被告知节约水电。游客来到这里，就要把自己交给自然，过一种简单的生活。"洋家乐"倡导的就是"无景点"的另类健康休闲旅游，推崇"裸家族"的理念。

德清"洋家乐"不仅在硬件设施上处处体现新理念，在服务方面也同样如此。例如，很多"洋家乐"都推出了排毒瘦身、骑马采摘、室内音乐会、米其林大厨厨艺展示等特色活动。如今，环莫干山一带，有大大小小300多家农家山庄，其中"洋家乐"有60多家，投资者分别来自南非、法国、英国、比利时、韩国、俄罗斯等10多个国家。德清"洋家乐""开山鼻祖"三九坞、"当家花旦"裸心谷、"浪漫典范"法国山居、"后起之秀"后坞生活、"小家碧玉"隐居莫干等与"想裸心，到德清"的旅游品牌一起，在海内外知名度日益提高。

当地农民分享利益

"洋家乐"不仅让"外国老板"获得了利润，也让当地农民分享到了利益。由于这些"洋家乐"都是由老房子改造而来，所以当地无人居住、破旧不堪的农民房，如今却成了抢手货。在莫干山镇鸭蛋坞，村民徐银土的一幢旧二层小楼被来自上海的投资者看中，以3万元一年的价格，一口气签了30年的租约，90万元的租金一次性付清。除了通过出租农房获益，很多村民到"洋家乐"去打工，"服务、安保、清洁……一个人工作每月拿四五千元的工资，和在外地打工赚的钱差不多，还能照顾到家里。"当地一位村民说。

德清"洋家乐"的迅速发展，也吸引了很多在外工作的德清人返乡创业，陈燕芬就是其中之一。在外打拼多年的德清人陈燕芬回到了故乡，在走遍整个环莫干山地带之后，她对"洋家乐"的概念、功能布局、经营模式了然于心。她决定修缮家中老宅，把自家小楼打造成民宿。方案敲定后，开始动工，厚厚的土坯墙冬暖夏凉，原木梁粗犷中带着农家风情，水泥地面方便又耐脏，她把村里人认为最应该刨掉的东西都留下来了。

保护与发展相辅相成

2015年年初，德清县人民政府出台了《德清县民宿管理办法》（以下简称《办法》），对民宿的面积、消防、环保、卫生等方面作了具体要求。随着《办法》逐步落实，现在，不合标准的"洋家乐"已越来越少。为了避免原先的"世外桃源"日益喧嚣，德清已经拒绝了许多项目，不环保、不能融入自然的项目不接，此外，还要考虑容量限度。

资料来源　靳畅文.德清"洋家乐"带来"洋"思路［N］.中国旅游报，2015-04-29（16）.

分析提示：绿色旅游景区的基本要求是实现旅游资源保护和景区生态安全。德清"洋家乐"保持"土"味环境，推出"土"味旅游项目，有效实现了可持续发展和循环经济的经营和管理理念。

6.2　旅游景区承载量管理

6.2.1　旅游景区承载量概念

《景区最大承载量核定导则》（LB/T 034—2014），国家旅游局2014年12月26日发布，自2015年4月1日起实施。旅游景区承载量的主要指标有最大承载量、空间承载量、设施承载量、生态承载量、心理承载量、社会承载量、瞬时承载量、日承载量等。

二维码14

微课：旅游景区承载量管理

最大承载量（carry capacity of scenic area），是指在一定时间条件下，在保障景区内每个景点旅游者人身安全和旅游资源环境安全的前提下，景区能够容纳的最大旅游者数量。

空间承载量（space carry capacity of scenic area），是指在一定时间条件下，旅游资源依存的游憩用地、游览空间等有效物理环境空间能够容纳的最大旅游者数量。

设施承载量（facility carry capacity of scenic area），是指在一定时间条件下，景区内各项旅游服务设施在正常工作状态下，能够服务的最大旅游者数量。

生态承载量（ecology carry capacity of scenic area），是指在一定时间条件下，景区在生态环境不会恶化的前提下能够容纳的最大旅游者数量。

心理承载量（psychology carry capacity of scenic area），是指在一定时间条件下，旅游者在进行旅游活动时无不良心理感受的前提下，景区能够容纳的最大旅游者数量。

社会承载量（society carry capacity of scenic area），是指在一定时间条件下，景区周边公共设施能够同时满足旅游者和当地居民需要，旅游活动对旅游地人文环境的冲击在可接受范围内的前提下，景区能够容纳的最大旅游者数量。

瞬时承载量（instantaneous carry capacity of scenic area），是指在某一时间点，在保障景区内每个景点旅游者人身安全和旅游资源环境安全的前提下，景区能够容纳的最大旅游者数量。

日承载量（daily carry capacity of scenic area），是指在景区的日开放时间内，在保障景区内每个景点旅游者人身安全和旅游资源环境安全的前提下，景区能够容纳的最大旅游者数量。

6.2.2　旅游景区承载量管理

1）不同类型景区的基本空间承载标准示例

《景区最大承载量核定导则》（LB/T 034—2014）给出了不同类型景区的基本空间承载标准示例（见表6-1至表6-7）。

表6-1　　　　　　　　　　　　　文物古迹类景区示例

文物古迹类景区	空间类型	核心景区	洞窟等卡口	游步道
八达岭长城	人均空间承载指标	1～1.1 m²/人	—	—
故宫博物院	人均空间承载指标	0.8～3 m²/人	—	—
龙门石窟、敦煌莫高窟	人均空间承载指标	—	0.5～1 m²/人	2～5 m²/人

表6-2　　　　　　　　　　　　　文化遗址类景区示例

文化遗址类景区	空间类型	遗址核心区	游步道
秦始皇帝陵博物院	人均空间承载指标	2.5～10 m²/人	1～3 m²/人

表6-3　　　　　　　　　　　　　古建筑类景区示例

古建筑类景区	空间类型	核心景区	其他区域
黄鹤楼、永定土楼	人均空间承载指标	1～3 m²/人	>2.5 m²/人

表6-4　　　　　　　　　　　　　古街区类景区示例

古街区类景区	空间类型	核心景区	其他区域	保护建筑	游步道
周村古商城	人均空间承载指标	2～5 m²/人	1～2 m²/人	0～30 人/栋	2～5 m²/人

表6-5

古典园林类景区示例

古典园林类景区	空间类型	游步道	其他区域
颐和园	人均空间承载指标	0.8～2 m²/人	>60 m²/人

表6-6

山岳类景区示例

山岳类景区	空间类型	核心景区	游步道
吉林长白山景区	人均空间承载指标	1～1.5 m²/人	0.5～1 m²/人

表6-7

主题公园类景区示例

主题公园	空间类型	核心景区	核心游乐项目等候区
中华恐龙园	人均空间承载指标	0.5～1 m²/人	0.5～1 m²/人

2）景区旅游者流量控制建议

（1）景区最大承载量提升方向。

①提升空间承载量和设施承载量。具体措施包括：合理分配游憩用地、旅游接待服务设施用地和旅游管理用地等；将旅游者人均占路长度、人均占地面积等控制在合理范围内，并基于人文旅游资源或自然旅游资源不同的敏感度、旅游时段、旅游淡旺季等不同特性进行针对性控制；景区投资规模和强度与内外交通运载能力和便捷度、景区供水供电能力相匹配；景区食宿设施、游览娱乐设施、旅游购物设施满足旅游者的需求；加大景区安全卫生设施投入，提高景区垃圾处理率，保持景区的安全和卫生。

②提升生态承载量。具体措施包括：加强环境保护监管，削减污染源；完善环保措施，提高环境净化能力；旅游活动不对景区所在地的空气、土壤、水、植被、野生动物等产生不可逆转的破坏；旅游活动不对景区所在地的景观多样性、差异性和稳定性产生不可逆转的影响。

③提升心理承载量和社会承载量。具体措施包括：充分考虑旅游者的社会经济背景、人口特征等因素，有针对性地提高旅游者心理舒适度；着力提高旅游地居民对旅游社会文化、旅游经济和旅游环境的认知水平，从而提高旅游地居民在发展旅游过程中的心理开放度和舒适度。

（2）景区旅游者流量控制联动系统。

①地方政府外部系统。地方政府组织所有相关部门，重点是交通与公安部门，构建一级指挥调度系统，对通往景区的外围道路入口和主要集散中心（地）进行流量监控，在景区外部进行引导、分流和截流。

②景区内部系统。景区可建立包括门票预约、实施监测、疏导分流、预警上报和特殊预案五个步骤在内的旅游者流量控制系统，并与地方政府一级总控制系统联动，通过自下而上、内外联合，对旅游者流量进行控制。

（3）景区旅游者流量控制流程。

①门票预约。景区可逐步推广门票预约预售，在经上级价格主管部门与旅游行政主管部门同意后，采用预先支付享受折扣等方式引导旅游者提前订票，以有效预估旅游者流量。

②实时监测。景区实时监测可以通过监测常态化、信息平台化、预案有序化来有效完成。

A.监测常态化，即景区逐步推进旅游者流量监测常态化。采用门禁票务系统、景区一卡通联动系统、景点实时监控系统等技术手段，实现景区流量监测的点、线、面布局。

B.信息平台化，即景区通过公共媒体、景区渠道等，结合智慧旅游新技术，利用移动多媒体、智能终端等多样化的旅游信息平台，及时公布景区旅游者流量，供旅游者参考。

C.预案有序化，即景区通过监测数据，预测景区旅游者流量趋势，对景区旅游者流量实行分级管理，为疏导分流工作预案的启动提供依据。

③疏导分流。景区内旅游者数量达到最大承载量的80%时，启动包括交通调控、入口调控、区内调控、区外调控等措施控制旅游者流量。

A.交通调控，即有针对性地启动交通运力动态调整预案，通过周边道路管控、区内停车控制、公交调度控制等措施削减旅游者数量，错峰接待。

B.入口调控，即合理设计旅游者排队等候的方式和途径，通过开通快速入园通道疏导分流入口处旅游者，通过折扣补偿、延长有效期、提供多种形式的通票等，减少景区入口或设备设施入口的旅游者数量，并在景区入口大门及售票区增设电子显示牌，为旅游者提供最及时的信息。

C.区内调控，即通过分时入园、高峰限时逗留，减少景区内旅游者数量，在主要景点前设置电子显示屏，显示旅游者的密集分布情况，供旅游者合理选择下一个景点，必要时根据预案，派专人将旅游者疏导至广场、绿地等公共空间或应急避难场所。

D.区外调控，即通过线路优化、向周边景区景点分流等疏导措施分流旅游者。

④预警上报。景区内旅游者数量接近最大承载量时，应向社会公告并向当地人民政府报告，同时在当地人民政府的指挥、指导、协助下，配合景区主管部门和旅游行政主管部门启动应急预案。景区内旅游者数量达到最大承载量时，立即停止售票，向旅游者发布告示，做好解释和疏导等相关工作。

⑤特殊预案。景区应针对节假日及大型活动制订相应旅游者流量控制预案。

行业广角镜6-2 　　　　　　　　　**故宫积极应对暑期旅游高峰**

2015年7月11日下午，当端门区域电子信息屏显示当日余票数量为0时，故宫立即停止售票，关闭了最后一个售票窗口。同时，端门区域的广播和电子信息屏也开始播放停止售票信息。这是故宫博物院首次启动限流预警及现场控制措施，严格控制观众流量不超8万人次。

购票窗口前的长队不见了

自2015年6月13日起，故宫开始试行单日接待观众不超过8万人次的限流举措，同时全面推行旅行社团队网络预订门票，取消旅行社团体现场购票，提倡散客通过网络预订门票。很多游客认为，故宫推行网络预约订票是很好的措施，省时又省力，可以提前对旅行时间做好规划，还可以有更多时间去深度体验故宫。网上预订门票方案试行一个月以来，黄牛党大大减少了。

网上门票预售增长近10倍

限流措施实施以来，故宫一直高度重视优化游览环境、维护良好景区秩序，并加强了对游客流量的监测工作。故宫的监测数据显示，限流第一周（6月13日—20日），网络门票预售从限流前的每天平均1 000人次增加到每天7 000人次，特别是自6月20日端午节以来，网络预售门票屡屡破万，增长了近10倍，占总参观人数的比重从限流开始时的15%增长到目前的20%，与去年同期2%的涨幅相比，更为显著。

资料来源　杨立，左登基.故宫积极应对暑期旅游高峰［N］.中国旅游报，2015-07-13（13）.

分析提示：严格执行限流措施，对观众流量实行科学、有效的管理，维护观众参观的安全性、有序性、舒适性。

6.3　旅游景区绿化美化管理

旅游景区的绿化美化是以多种类型的风景生态群落结合自然和人文景观为基本形式，并最大限度地保存旅游景区的环境风貌，发挥旅游景区文化内涵的价值特征，实现旅游景区观赏性、功能性、生态性的最佳结合。

6.3.1　旅游景区绿化美化管理的主要措施

1）科学规划，提升档次

（1）鼓励建设有特色的景区园林景观。一方面，对景区绿化进行整体规划，并将其融入旅游目的地大区域的形象系统规划、旅游资源开发整体规划与修建性详细规划中，提升绿化在景区建设中的意义；另一方面，合理配置点、线、面的绿化，充分利用地方树种，引进适合当地栽种的国内外典型树种，突出特色，尽可能在有效的空间内营造出更加丰富、合理的绿化空间。

（2）植物栽植要避免过于杂乱，在统一中求变化，在丰富中求统一。要有主从效应，做到主从分明。设计、布置景区植物景观时，要确立景区绿化的基调植物和骨干植物，并适当选用外来植物，采用多树种、多林种、乔灌草木相结合的方法，将不同生长特性的植物分层配置，以达到最佳搭配效果。例如，福州国家森林公园中的竹类观赏园，南方竹与北方竹共生，以南方竹为主，并将丛生竹与散生竹巧妙搭配，有聚有散、高低错落、形态各异，既讲究变化，又有强烈的统一感。

（3）旅游景区可利用植物的不同形态特征，通过层次、姿态、形色的对比，表现出一定的艺术构思，衬托出和谐的绿化景观。当植物与建筑物相搭配时，还要注意体量与重量的比例协调。例如，南京中山陵和雨花台景区两侧，用高大的雪松搭配雄伟庄严的陵墓；福州西湖公园开化屿（又称孤山）以开阔、略有起伏的草坪为底色，上配松、竹、梅以及荔枝古树、月季、杜鹃等，或丛植，或孤植，植物景观既有对比深度，又能与两边的古建筑开化寺、宛在堂、诗廊连为一体，从而突显了景区古朴、静谧、清幽的环境氛围。

2）充分借景，适度造景

　　旅游景区在建设岩石类和水景类园林景点时，可充分借鉴自然环境条件下的溪流、山涧、山峰、岩壁、原始森林等所显示的造景变化，并在此基础上，适当加以人工点缀，如在池塘、喷泉、广场、道路等处栽种树木、建造草坪、种植花卉等，在人工修剪中保持自然的花序、株形、树姿、草态等，做到景中有绿，绿中有景，景与绿相间，绚丽多彩。

　　中国传统的园林绿化以自然式布置为主，植物配置方面以三五株丛植为宜，"贵精不在多"，孤植以色、香、姿俱全者为上品，多株种植宜采用相似又对比的法则，以求自然之风格；欧洲的园林绿化对草坪的铺设讲求规律、造型、整齐、有序、组合的效果。旅游景区在绿化中要从中国传统文化与艺术意境相结合的角度出发，遵循"师法自然"的法则，适当结合西方绿化布置的传统，从而实现自然美与人工美的有机统一。例如，北京的圆明园遗址公园既从中国园林的角度布局，进行中式绿化，又在一些西洋建筑遗址前进行西式绿化，做到了因地制宜且"融于自然"。

3）理顺机制，保障绿化

　　历史形成的多头行政、条块分割、职能交叉、机构重叠等管理体制上的问题，造成部分旅游景区在绿化管理过程中存在一定难度。例如，庐山国家级风景区由六个部门同时划地管理，鼎湖山国家级自然保护区的旅管处同林管所在管理权限上长期以来存在冲突。因此，旅游景区在实施绿化工程的过程中，应打破各自为政的局面，建立垂直领导和协调运作机制，理顺各部门间的关系，重视园林绿化，尽可能地发挥园林工程师的作用，做到在旅游景区规划建设的各个阶段均有园林工程师的参与，并能够根据现场的具体情况，使园林工程师与景区其他工程设计人员成立工作小组，共同完成旅游景区的绿化设计，避免因相互之间各自为政而带来设计上的盲目性。

行业广角镜6-3　　　　　　　　　　　　**武夷山：建设精品景区，实现可持续发展**

　　武夷山主景区林地面积为51.76平方千米，2000年全部划为生态公益林，林地中集体林面积占99.6%。2005年，景区按照中央关于集体林权制度改革的精神、《风景名胜区条例》和《福建省武夷山世界文化和自然遗产保护条例》等的相关规定，成功完成了景区核心区的"山林两权分离"，即"山林所有权归村集体，使用管理权归景区，实行有偿使用"。补偿金以2006年为基数，随着风景区门票收入的增长而提高。到目前为止，景区7个行政村51.76平方千米的公益林全部签订了协议，不但解决了景区发展的瓶颈，而且从根本上保障了景区村民的利益，形成了"资源共享、效益同步、发展和谐"的良好态势。"山林两权分离"管理办法的实行，不仅很好地落实了《中华人民共和国物权法》《风景名胜区条例》等法律法规和中央关于集体林权制度改革的精神，而且化解了与景区村民的矛盾，维护了广大群众的利益，增加了农民的收入，形成了发展合力，推动了景区的发展。

　　资料来源　余泽岚.武夷山：建设精品景区，实现可持续发展［EB/OL］.［2011-04-02］. http：//www.fjsen.com/zhuanti/2011-04/02/content_4275843.htm.

　　分析提示：旅游景区在发展过程中，要理顺机制，充分保障当地居民的权益，形成发展合力，推动景区的发展。

4）加强养护，大力宣导

旅游景区在绿化中，注重栽培而忽视养护的现象比较突出。俗语说："三分建，七分养。"首先，为了巩固绿化成果，景区应定期拨款，并由专人负责对树木花草实行养护管理；其次，在养护过程中，第一年要不断修剪，清除杂草，每次修剪量不应超过原草木高的一半，如草坪应保持在 2～5 厘米高，以后要在生长季节不间断地施混合肥料，及时喷灌，并防治病虫害。

此外，旅游景区应根据自身绿化管理的特点，大力开展有关的绿化规章制度的宣传教育，提高旅游者、旅游景区管理人员的绿化意识。

6.3.2　旅游景区植物配置应注意的事项

1）要体现区域性

正如看到凤凰花就会想到厦门，说到刺桐就会想到泉州，到了福州就会认识榕树一样，植物配置的基础就是对当地植物、人文精神、历史传统、乡土特色等的总结。受人文习惯及地理大环境的影响，不同的温度、湿度、降雨、土壤类型等形成了不同的自然群落、人文意识和环境特点。植物是有生命的，必须适应特定的环境气候，违反植物的生长特点，再好的植物配置也是空话。例如，某地有一处著名的省级风景区，名为"石竹山"，石竹山因石奇竹秀而得名，历史上有诗形容石竹山——"石能留影常来鹤，竹欲摩空尽作龙"，这正是对石竹山最好的写照。但石竹山目前给人的感觉是只有岩石胜景，看不到竹子胜景，景区基本没有栽种竹林，这让许多游览石竹山的游客感到意外和失望。

2）要有一定的文化内涵

景区园林艺术也是一种文化，是艺术的修养，是艺术家智慧的结晶。皇家园林的气派、私家园林的精巧、寺庙园林的素雅、西式园林的规整，以及人造景观公园的近现代艺术气息，都体现了很强的地域人文特色。即便是同一类型的园林，其内部职能不同，也会有不同的绿化培植，如书斋、藏书楼与会客的厅堂、花厅，它们的植物造景就有不同的讲究。例如，武夷山武夷宫景点内的朱子祠前植有桂树，表明了后人对儒家思想家朱熹的纪念。

3）要讲究几何构图

植物配置的几何构图分为层次构图、色彩构图两个方面：①层次构图应搭配好乔木灌木的层次，形成强烈的植物群落，控制好比例大小，使之与特定空间相适宜；②色彩构图应搭配好常绿叶植物和落叶植物的比例关系及色叶树的点缀，并利用季节变换形成较好的景观效果。此外，构图布置应与环境布局的要求相符合。例如，杭州西湖的"曲院风荷"景区在绿化布置中用片石在水下砌出大小不一、形状各异的堰池，有的毗邻相连，有的衔桥接岸，疏密相间，设置自然，每个堰池中都分栽不同颜色的荷花品种，一堰一种，并留出大片的空旷水面，以便游客欣赏各个品种荷花的茎、叶、花及它们的水中倒影，在夏季更是"接天莲叶无穷碧，映日荷花别样红"，别有一番意境。又如，福州西湖公园和福州茶亭公园的荷塘造景，在构图布置中充分考虑了两旁的历史建筑——桂斋（林则徐读书处）和台江区博物馆（古民居），背景是福州传统的乡土树种香樟、榕树、玉兰、龙柏等，从而形成了"荷亭晚唱"的佳景。

4）注意树种的选择搭配

对于树种的搭配，旅游景区应尽可能地考虑适宜合当地的乡土树种，数量多，适应性好，有自己的特色，树形、质感、叶形则需要和环境氛围一致。例如，福州林则徐纪念馆景点内的绿化采用松柏类长青树种，体现了民族英雄千秋不朽的气节。

同时，旅游景区还要适当考虑树种本身的特性：①根据树木习性选择栽种位置，如将喜阴的种在偏阴的地方，将喜阳的种在地势高的地方，并注意树木间的相生相克；②为衬托个体美，要选择形体好、姿态好的树木种在显眼的地方，如在广场草坪上种植马尼拉草比较美观、松软；③充分考虑树种的环境保护功能，提倡种植保健树种，在景区人流、车流较多的区域种植抗污染树种，如种植夹竹桃可以吸收空气中的有害气体等。

5）注意观花和观叶植物相结合

观赏花木中有一类叶色漂亮、多变的植物，如叶色紫红的红叶李、红枫，秋季叶子变黄的银杏等，将它们和观花植物组合可以延长观赏期，同时这些观叶树也可作为主景放在显要的位置上。常绿树种也有不同程度的观赏效果，如淡绿色的柳树、浅绿色的梧桐、深绿色的香樟、暗绿色的油松和云杉等，选择色度对比大的树种进行搭配效果会更好。例如，杭州西湖的花港公园，园内除了观鱼为一大特色景观外，还建有牡丹园，牡丹园以牡丹为主题，栽培了数百株色泽鲜艳、争奇斗艳的名贵牡丹品种，并配置了芍药、紫薇、海棠、杜鹃、梅树、红枫、翠柏等花木，万紫千红、高低错落、相得益彰。

6）注意色彩和层次的丰富性

分层配置、色彩搭配是拼花艺术的重要方式。不同的叶色、花色，不同高度的植物搭配，能够使色彩和层次更加丰富。例如，对1米高的黄杨球、3米高的红叶李、5米高的松柏和10米高的枫树进行配置，由低到高，四层排列，构成了绿、红、黄等多层树丛。此外，将不同花期的种类分层配置，还可使观赏期延长。

7）配置植物要有明显的季节性

配置植物应避免单调、造作和雷同，应形成春季繁花似锦、夏季绿树成荫、秋季叶色多变、冬季银装素裹的各异景观，近似自然风光，使游客感到大自然的生命及其变化，有一种身临其境的感觉。按季节变化可选择的树种有：早春开花的迎春、桃花、榆叶梅、连翘、丁香等；晚春开花的蔷薇、玫瑰、棣棠等；初夏开花的木槿、紫薇等；秋天观叶的枫香、红枫、三角枫、银杏，以及观果的海棠、山里红等；冬季翠绿的油松、翠竹、龙柏等。总的配置效果应是三季有花、四季有绿。在林木配置中，常绿的比例占1/3～1/4较合适，枝叶茂密的比枝叶少的效果好，阔叶树比针叶树效果好，乔灌木搭配种植比只种乔木或灌木的效果好，有草坪的比无草坪的效果好，多样种植比纯林效果好。另外，旅游景区也可选用一些药用植物、果树等有经济价值的植物进行配置，总之，使游人来到林木葱葱、花草繁茂的绿地或漫步在林荫道上，会觉得满目青翠、心旷神怡、流连忘返。

8）注意草本花卉和木本花卉的搭配

木绣球前植入美人蕉，樱花树下配万寿菊和偃柏，可达到三季有花、四季常青的效果。景区植物配置应在色泽、花型、树冠形状和高度、植物寿命和生长趋势等方面相互协调。同时，还应考虑每个组合内不同植物的构成比例，以及这种结构本身与游览路线的关系，考虑周围裸露的地面、草坪、水池、地表等要素之间的关系。

6.4 旅游景区环境卫生管理

6.4.1 旅游景区垃圾管理

《旅游景区质量等级的划分与评定》对景区内的餐饮场所、文化娱乐场所、游泳场、垃圾箱、公共厕所等的卫生状况都有明确的要求。旅游景区环境卫生管理得好，能够为游客创造一个文明、洁净、舒适的游览娱乐环境，对实现旅游资源的永续利用起到重要的保障作用。旅游景区垃圾处理主要包含以下三个方面内容。

1）垃圾分类管理

垃圾分类（garbage classification），一般是指按一定规定或标准将垃圾分类储存、投放和搬运，从而将其转变成公共资源的一系列活动。垃圾分类的目的是提高垃圾的资源价值和经济价值，力争物尽其用，减少垃圾处理量和处理设备的使用，降低处理成本，减少土地资源的消耗，具有社会、经济、生态等多方面效益。

实行垃圾分类，关系广大人民群众生活环境，关系节约使用资源，也是社会文明水平的一个重要体现。习近平总书记十分关心垃圾分类工作。2016 年 12 月，他主持召开中央财经领导小组会议研究普遍推行垃圾分类制度，强调要加快建立分类投放、分类收集、分类运输、分类处理的垃圾处理系统，形成以法治为基础、政府推动、全民参与、城乡统筹、因地制宜的垃圾分类制度，努力提高垃圾分类制度覆盖范围。

（1）教育引导。

推行垃圾分类，要开展广泛的教育引导工作，使大家充分认识到实行垃圾分类的重要性和必要性，通过有效的督促引导，让更多的人行动起来，养成垃圾分类的好习惯。对垃圾分类进行教育引导的方式很多。

比如，浙江省平阳县麻步镇民居外立面上出现一幅幅关于垃圾分类的壁画彩绘，使得一面面不起眼的外墙成为了"垃圾分类"宣传的亮丽景色。"垃圾图标并列排，蓝红绿灰要记清""减少污染，让水源更清澈""让绿色茁壮成长"……彩绘墙用色彩丰富的图案，向当地居民展示了各种垃圾对应的分类垃圾桶，拓宽了居民建设更好美好家园的思路，简单易懂的宣传标语呼吁居民自觉开展垃圾分类，让居民直观感受到垃圾分类带来的变化，让"垃圾分类就是新时尚"深入人心。比起传统的宣传手册和讲座等，这种彩绘墙更有利于理解，能更直观地影响到每个居民，每一个家庭，从而带动整个镇区。同时，彩绘墙不仅让小区看起来更生动，让原本破旧、单调的墙体有了新的颜色和图案，而且还普及了垃圾分类知识，绘画出了文明新风尚（如图 6-2 所示）。

再如，湖南省株洲市首个生活垃圾分类主题游园——白石园垃圾分类主题游园，占地面积约 2.7 万平方米，共设置知识科普区、娱乐互动区、变废为宝区、创意彩绘区四个游园板块。在长 300 米的游道上，每隔几米就有一个生活垃圾分类吉祥物的 3D 彩绘。中部

图 6-2　浙江平阳：打造"垃圾分类彩画墙"

有一条长 100 米的四色跑道，上面印有各种垃圾分类的图形，蓝色代表可回收垃圾、绿色代表厨余垃圾、黑色代表其他垃圾、红色代表有害垃圾，让市民来此休闲活动的时候，记住这些常识。同时，白石园垃圾分类主题游园还设有文化长廊区，主要是采用光电投影的方式将各类生活垃圾分类小知识投射在背光区域，进一步进行生活垃圾分类知识宣传（如图 6-3 所示）。

图 6-3　湖南省株洲市白石园垃圾分类主题游园一景

（2）科学管理。

推行垃圾分类，关键是要加强科学管理，持续推进，形成长效机制，持之以恒地抓下去。如何让游客"理念上认同，行动上跟上"呢？

①可以在游客中心、景区出入口等多个点位设置规范的分类垃圾桶，并在多处设置垃圾分类宣传展架，便于游客进一步了解垃圾分类相关知识。

②可以在公共场所设置文明旅游督导员岗位，宣传引导游客有效地处理垃圾。

③可以投放颜值高、有特色的垃圾桶，让游客对垃圾分类产生兴趣。

④可以在景区开展"垃圾换礼品的文明"活动，大力倡导游客随身携带垃圾，用垃圾兑换景区纪念品等。

⑤可以通过导游给游客讲解垃圾分类的知识，同时也给游客配备垃圾分类文明出游宣传手册。

⑥可以通过有奖竞答等生动有趣的互动活动，让游客在游戏中掌握垃圾分类的相关知识，形成浓厚的宣传氛围。

除此之外，旅游景区还可以打造"废物手工区"和"废物展示公园"，将废弃轮胎做成景观、用废旧的木头搭成小木屋、把用完的空瓶子变身花盆……将垃圾转化为资源。与垃圾相关的元素"变形"后化为风景，融在山水之中，让游客直观地感受垃圾分类带来的美好变化。旅游景区应积极通过各种方式促进旅游景区实施垃圾分类，倡导游客保护"绿水青山"，除了足迹，什么都不留下。

（3）技术支持。

科技化、智能化先进实用的设施设备，可以切实、有效地提升景区垃圾分类效果，是实现景区垃圾分类的重要保障，开启分类透明、现场消纳、垃圾减负、智能清扫等创新模式。八达岭景区生态厨余垃圾处理站的厨余垃圾处理设备集成度高，操作界面简洁明了，可灵活根据需求处理出料，在实现易腐垃圾减量的同时，最终生成物可用作花草林木的有机肥料，实现了景区厨余垃圾就地资源化处理。

2）旅游景区垃圾盛放装置的类型及要求

旅游景区垃圾应实行分类收集，可采用不同颜色的垃圾桶（箱），也可设置不同的标志，以引导游客处理不同类型的垃圾。

旅游景区的垃圾盛放装置主要有金属垃圾桶、塑料垃圾桶、木头垃圾桶、塑料袋等（如图6-4所示）。其要求是分类标示、不漏水、结实耐用、有盖、易于清洗、安放牢固，且与景区环境相协调。

图6-4　旅游景区垃圾桶示例

微型资料6-2

可回收垃圾主要有：废纸，主要包括废旧报纸、期刊、书本纸、各种包装纸、办公用纸、广告纸、纸盒等，但是纸巾和厕所用纸由于水溶性太强而不可回收；塑料，主要包括各种塑料袋、塑料包装物、一次性塑料餐盒和餐具、塑料泡沫、硬塑料、牙刷、塑料杯、矿泉水瓶等；玻璃，主要包括各种玻璃瓶、碎玻璃片、镜子、灯泡、暖瓶等；金属，主要包括易拉罐、铁皮罐头盒等；布料，主要包括废弃衣服、桌布、洗脸巾、书包、鞋等。

不可回收垃圾主要有：在自然条件下易分解的垃圾，主要包括烟头、果皮、菜叶、鸡毛、煤渣、建筑垃圾、油漆颜料、食品残留物等；有毒垃圾，主要包括废旧电池、水银温度计、油漆桶，过期药品、过期化妆品等。

3）旅游景区垃圾的综合开发与利用

垃圾处理就是要对垃圾进行无害化处理，最后加以合理利用。当今广泛应用的垃圾处理方法是卫生填埋、高温堆肥和焚烧。垃圾处理的目的是使垃圾无害化、资源化和减量化。

垃圾中有大量的可回收利用的资源，如塑料、纸张、玻璃、木材、金属等，垃圾混置是废物，回收就可能是资源。推广垃圾的回收利用也可以实现垃圾的减量。

减量化是解决景区垃圾问题的关键。减量主要包括垃圾生产量的减少及垃圾自身的减少。垃圾生产量的减少必须从源头做起：改变景区燃料结构，提高燃气普及率和集中供热率，减少煤灰垃圾产生量；鼓励净菜进景区，减少厨房残余垃圾生产量；减少一次性塑料袋等的使用，直接减少垃圾生产量。

世界很多国家都很重视旅游景区垃圾的综合利用。比如，位于法国的欧洲第一峰勃朗峰，因游客数量猛增，人为污染非常严重。于是，有关部门在它附近的迈尔杰-格拉斯冰川中心，用游客丢弃的罐头、啤酒瓶、塑料袋等垃圾，搭建了一座高6米、重1吨的巨大雕塑，以告诫人们要保持良好的自然环境。美国佛罗里达州有一座垃圾公园，其游乐设备都是以垃圾为原料做成的，它的目的是告诫人们：身在优美的环境中，要注意对垃圾的利用。印度北部的昌迪加尔也有一座垃圾公园，公园里的动物造型、人物塑像都是用垃圾做成的，公园还以垃圾为肥料，种植各种花草树木，供人们观赏。日本东京曾举办过垃圾节，展品都是从垃圾堆里拣出来的，有各种家用电器、家具、玩具等，其目的在于提倡节俭之风，不要任意挥霍浪费。意大利环保部门经常举办"垃圾摄影赛"，展出拍摄的垃圾照片，哪张照片上的垃圾最脏、最乱，哪张照片就能获头奖，办赛的目的是提醒人们加强环保意识，不要乱扔垃圾。

行业广角镜6-4　　　　　　　　　**垃圾分类助推泰山景区增颜值提气质**

垃圾分类，不仅是基本的民生问题，也是生态文明建设的题中之义，对于旅游景区来讲，尤为重要。近年来，泰山景区党工委、管委会高度重视垃圾分类处理与循环利用，成立了垃圾分类项目工作专班，制定了《景区生活垃圾分类工作实施方案》和《景区垃圾分类考核办法》，坚持"党建引领、政府主导、全民参与"的原则，建立监督队伍，强化垃圾分类日常监督检查，切实保障垃圾分类工作有效、有力开展，实现生活垃圾"减量化、资源化、无害化"，打造品质旅游景区。

在岱庙西南角院落内，新建的仿古亭式垃圾分类定点投放点，整整齐齐摆放着 7 个垃圾桶（如图 6-5 所示），其中有 1 个有害垃圾桶、1 个厨余垃圾桶、2 个可回收物垃圾桶、3 个其他垃圾桶，游客在保洁人员的指引下，将垃圾分类放入垃圾桶中。

图 6-5　泰山景区仿古亭式垃圾分类定点投放点

不同于山下城区的垃圾箱，泰山景区内的垃圾箱是特别设计的泰山景区文化主题垃圾箱，为宫殿造型，高颜值垃圾箱与景区总体游览环境相协调。垃圾箱箱体上分别有"可回收物""其他垃圾""有害垃圾"等字样，内置 40 升可拆装 0.5 毫米镀锌内胆，箱体四周图案为激光雕刻工艺，背景图为泰山风景，采用防褪色 UV 印刷，部分标识为丝印工艺。垃圾箱主要材质为废弃包装制作而成的高密度复合板，耐雨水、抗腐蚀性强、使用寿命长，为废弃物回收再利用，减轻了废弃物带来的环境压力（如图 6-6 所示）。

图 6-6　泰山景区文化主题垃圾箱

资料来源　刘小东.垃圾分类助推泰山景区增颜值提气质 [EB/OL]. (2021-06-18). http://travel.iqilu.com/xinwen/shandong/2021/0618/4884906.shtml.

分析提示：泰山景区坚持绿色发展理念，成立了垃圾分类项目工作专班，加强制度建设，完善垃圾分类基础设施，合理布局景区环卫清运工作体系，提高了景区生活垃圾减量化、资源化、无害化水平。

6.4.2 旅游景区厕所管理

二维码15

微课：小厕所
大民生

2014年，在旅游投诉中，景区的厕所问题（抱怨）占比高达23.3%，仅次于景区门票性价比问题（占比26.42%）。住宿投诉中对厕所的抱怨所占比例为24.3%，仅次于住宿性价比问题的比例（26.59%）。两项比例均占所有投诉的1/4以上。厕所问题不仅关系到旅游环境的改善，也关系到广大人民群众工作生活环境的改善，更关系到国民素质提升、社会文明进步。

2015年4月，习近平总书记就"厕所革命"做出重要指示，强调抓"厕所革命"是提升旅游业品质的务实之举，要发扬钉钉子精神，采取有针对性的举措，一件接着一件抓，抓一件成一件，积小胜为大胜，推动我国旅游业发展迈上新台阶。国家旅游局2015年4月6日发布《全国旅游厕所建设管理三年行动计划》，提出从2015年到2017年，通过政策引导、资金补助、标准规范等方式持续推动，三年内全国共新建、改扩建旅游厕所5.7万座，其中新建3.3万座，改扩建2.4万座，实现"数量充足、干净无味、实用免费、管理有效"的目标。同时发布《旅游厕所建设管理指南》，修订出台《旅游厕所质量等级的划分与评定》（GB/T 18973—2016）标准，将旅游厕所质量等级划分为3个等级，由低到高依次为A级、AA级、AAA级。

国家旅游局发布的《全国旅游厕所建设管理新三年行动计划（2018—2020）》的核心内容如图6-7所示。

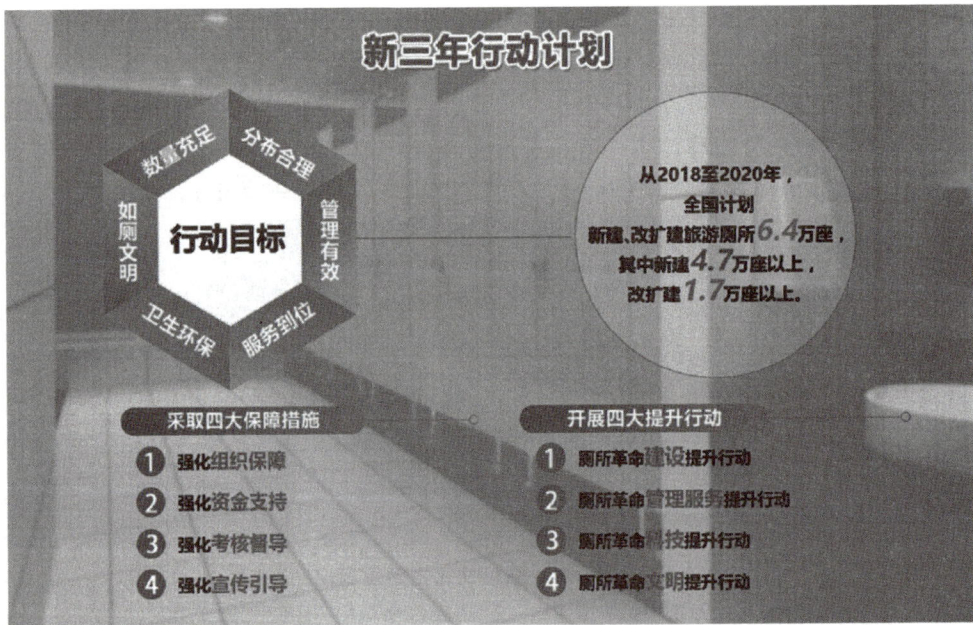

图6-7　全国旅游厕所建设管理新三年行动计划

1）执行卫生标准

《旅游厕所质量等级的划分与评定》，对A级厕所外部清洁卫生要求为：旅游厕所的整体外部周边环境整洁有序，无卫生死角；厕所建筑外表定期维护、清洁；厕所外坡道扶手干净无灰尘；厕所外化粪池、粪井周边场地应无垃圾、粪迹、污水。室内清洁卫生要求：厕所内空间（地、墙、顶、窗）应整洁、干净、地面无积水；便器应冲洗正常，干净、无水渍、污迹；洗手池、水龙头及台面在使用过后随时清洁，干净无污渍；厕间隔断板、搁物板应清洁、完好、无污渍；厕间内挂衣钩、置物台应干净，完好。对应的环境要求为：厕所换气次数在5次/小时以上，应优先采用自然排风，保证厕所臭味强度不大于3级。

2）凸显人文关怀

《旅游厕所质量等级的划分与评定》要求景区厕所的设计与建设要体现对特殊人群的关注，主要体现在男女厕位比例调整和推动设立"家庭卫生间"。

（1）男女厕位比例调整。

为了让男女厕位比例更加协调，该规定给出了男女具体的比例计算方式，并增加了儿童便位设置的相关规定。男性厕位（含男用小便器）与女性厕位的比例不大于2∶3，并建议人流量较大地区为1∶2。

（2）推动设立"家庭卫生间"。

家庭卫生间（family toilet）是指为行动障碍者或协助行动不能自理的亲人（尤其是异性）使用的厕所。家庭卫生间的轮椅回转直径应不小于1.5米，内部设置儿童坐便器、多功能台、儿童安全座椅、呼叫器等。建设家庭卫生间，有助于解决特殊游客群体的如厕需求，如女儿协助老父亲，儿子协助老母亲，母亲协助小男孩，父亲协助小女孩，配偶间互助等，有助于完善旅游公共服务设施，更有助于体现"厕所革命"的人文关怀。

（3）细化完善公共服务。

例如，北京环卫集团推出的"第5空间"，一改以往只能"解决内急"的单一功能，不仅覆盖Wi-Fi，设缴费设备、ATM机，还可以给手机、电动汽车充电，甚至能完成量血压、心率、尿检等体检项目，真正成了城乡公共卫生综合体，满足了人们更加细化的出行需求。

行业广角镜6-5   **入微关怀让如厕成为休闲时光**

北京市密云古北水镇景区的厕所设计得古色古香，与长城脚下别具匠心的北方水镇融为一体。各个卫生间内休息室、母婴室、无障碍厕位、直饮水设置、定时控制排气换气扇和喷香机等设施一应俱全，体现出古北水镇细致入微的人性化服务。

在古北水镇景区的厕所内（如图6-8所示），铺设的防滑塑胶地板可以避免游客踩水滑倒的危险，部分蹲位前侧的双层置物架宽大得足够让游客放置背包等大件物品，蹲位隔板上方的全木置物架方便人们放置手机等随身携带物品。而随处可见的盆栽绿植、定时控制排气换气扇和喷香机能及时消除各种异味。每座厕所内从小便斗到盥洗台都考虑到了小孩、大人的区分使用，个别厕所内还设有母婴室和淋浴室。母婴卫生间有婴儿台；淋浴室设有洗浴的花洒和晾挂衣物的栏杆，这是为了满足夏季游客出汗过多，可以及时冲凉的需求。残老人士卫生间内还专门配有抗菌扶手架和感应抽纸盒。景区工作人员表示，在酷夏时节，清洁人员会在男士小便斗内添加冰块，这样可以有效避免出现异味。覆盖全景区的免费Wi-Fi，冬季不间断供应的热水和便于父母带异性小朋友、老人使用的无性别"第三卫生间"，都在为游客提供极致的细节体验。

景区的保洁组有专门的保洁人员每天从早晨7点到晚上10点不间断维护景区内所有厕所的卫生，并遵照一套严格的管理机制和操作流程工作。"将最大的善意释放给每一位游客"是古北水镇的企业价值观，古北水镇要做的就是将每一处细节做到极致，使游客无论身处景区的任何地方都能感受到景区的亲情化服务。

图6-8　北京市密云古北水镇厕所内部

古北水镇在建设初期就投入超过5 000万元资金用于水厂的建设，其中包括直饮水厂与中水厂。这在国内景区中属于极具前瞻性的举措。游客进入古北水镇的任意厕所，打开水龙头，流出来的水都是达到欧盟标准的。完善的地下排污系统也令污水处理更加便捷。

2016年11月19日"世界厕所日暨中国厕所革命宣传日"评选出"厕所革命十大典型景区"，古北水镇作为北京市唯一一家景区光荣入选。2017年年初，《纽约时报》发文赞许中国政府2016年公布的"十三五规划"中对于厕所革命的开展，并积极倡导文明如厕。

资料来源　王诗培.入微关怀让如厕成为休闲时光［N］.中国旅游报，2018-05-24（3）.有删减。

分析提示：古北水镇入选"厕所革命十大典型景区"的理由是入微关怀让如厕成为休闲时光，人性化的设计和管理是厕所革命努力的方向。

3）重视规划设计

景区厕所的选址、设计和建设，要尽量做到与周围环境相和谐，实现数量与质量、适用与美观的统一。重要景点的厕所还要适当增加文化内涵，在为旅游者提供方便场所的同时做到赏心悦目。

（1）建筑外观。

建筑外观设计上要有亮点，符合当地的旅游环境特色。例如，敦煌鸣沙山月牙泉景区，建有一座地处沙漠深处的旅游厕所，其外部建筑风格和内部陈设都与周边的沙漠风情浑然一体，尤其是镶嵌在厕所门内的骆驼造型，栩栩如生，立体感极强，也最大限度地展现了景区的大漠风情，沙漠驼铃的主题形象叫人过目不忘。贵阳市蓬莱仙界景区的旅游厕所设计成了农庄的样式，和周围的景物相映成趣；贵阳市青岩古镇白墙青瓦的旅游厕所则和古镇中的房屋融为一体。

　　挪威的旅游精髓在于壮美的自然风光，既有高山、峡湾，也有冰川、海岸。其旅游厕所的设计富有创意（如图6-9所示），不仅充分融入所在景观，与自然氛围浑然一体，而且烘托出当地的独特情调。

图6-9　挪威海格兰德海岸观光路线上的一座厕所

　　（2）内部氛围。

　　内部氛围设计上也要有亮点，符合当地的旅游环境特色。广州"百万葵园"主题公园内有两个特色旅游厕所。这两个旅游厕所的占地面积超过500平方米，单层设计，厕所内播放着优雅的音乐，弥漫着花香，洁白的地砖一尘不染，墙壁的瓷砖有向日葵花纹，每个厕格里和门口位置都栽有郁金香，厕所内侧还铺种了5层高的郁金香花丛。因为厕所里铺种的都是荷兰进口的郁金香，所以园方给厕所起了一个优雅的名称——"郁金香化妆间"。

　　广西世外桃源景区厕所配备了阅读室、母婴间，而且极具"温情""民族"特色，壮族、苗族、侗族等少数民族的标志成了"屏风"，散落在厕所内，整个空间显得协调而雅致。广西柳州"卡乐星球欢乐世界"主题乐园的厕所则更有柳州性格，在建筑上，其厕所不仅有典型的直线风格，更有工业设计的霸气，蹲位设计中还融入了"互联网文化"要素，男厕蹲位用"卡通猫"造型隔开，女厕则用"卡通兔"造型隔开，有同行戏称，这哪是上厕所，这简直是体验"钢铁柔情"。

　　　　　　　　　　景德镇古窑民俗博览区的"舒园"

　　江西省景德镇古窑民俗博览区的厕所名为"舒园"（如图6-10所示）。当瓷器与厕所"邂逅"，便成就了古窑的"舒园"。碎瓷片装饰的厕所墙面，仿造青花瓷的洗手池，陶瓷元素的指示路牌，典雅的细节展现了充满东方质感的陶瓷文化魅力。重檐式的屋面设计，凸显建筑的立体感与层次感，入口处借用徽派门头处理，与原有厕所风格呼应，使整体建筑融入古窑文化的大主题。九座星级厕所合理布局，由专人管理，实行"一人一厕、一次一扫"，及时保证卫生干净，无不彰显古窑人的细心与用心。各景点厕所数量充足，让游客安心、舒心。2016年11月19日"世界厕所日暨中国厕所革命宣传日"评选出"厕所革命十大典型景区"，景德镇古窑民俗博览区"舒园"入选，入选理由是建筑材料与整体设计尽显古窑文化特色。

图6-10　江西省景德镇古窑民俗博览区的"舒园"

资料来源　佚名. 古窑荣登"厕所革命十大典型景区"红榜［EB/OL］.（2016-11-25）. http：//www.sohu.com/a/119923930_393128.有删改。

分析提示：旅游景区厕所无论在建筑外观还是在内部氛围设计上都要有亮点，特别是要符合当地的旅游环境特色。

4）体现环保理念

建厕工作对水源要求高，同时又有可能引起环境污染，因此旅游厕建设过程中，要体现环保意识。无上下水系统可供依托的山岳型景点厕所，应尽量建在能使污物自然化解、不会造成环境污染的合适地点，加强自然通风措施，并采取"生态厕所""沼气化粪"等先进技术，以保证厕所外观整洁、内部干净、使用安全。

例如，内蒙古巴彦淖尔市磴口县纳林湖景区2011年开始规划时，就把厕所当作景区的一个重要组成部分来建设。纳林湖长8千米，宽1.5千米，有水面积近万亩，水中生长着鲢鱼、鲤鱼、鲫鱼等多种水生动物。作为一个新型生态观光旅游景区，纳林湖景区设计者们决定摈弃水泥石块，就地取材，用湖里生长的芦苇搭建景区厕所，让其充满田园风光。为了更加节能环保，厕所墙面用周围的废旧木料进行加工改造，顶部采用芦苇帘，内部使用水冲的现代化设备，建筑风格、色调与周围环境一致，且环保节能、造型独特，受到管理部门和游客的一致赞赏。

又如，安徽省亳州市西苑生态采摘园的旅游厕所集低碳、环保、生态、自然于一体，粪便的生态化处理与利用是它的最大特点，该厕所蓄粪池经过科学改造后变成一个小型发酵池，污物经发酵及无公害化处理后，作为肥料直接通过地下管道排放到附近的梨树根处吸收利用，实现人与建筑、建筑与环境的良性循环，同时在厕所四周播种了四季常青的常春藤，让其自由攀爬，直到布满整个建筑。

广东鼓励高新科技企业积极研制应用新技术不断提升旅游厕所建设和管理的科技含量。在节水节能方面，大力推广 3D 设计可移动厕所、循环回用生态环保厕所和生态无水厕所系统技术；在除臭杀菌技术方面，推广电子分解技术、光触媒技术、射线杀菌技术等；在厕所建设材料方面，推广使用生态木、竹钢、彩色混凝土、玻璃钢、复合仿生材料等绿色环保材料。

5）科技助力升级

刷脸支付、刷脸入住已渐普及，如今还有可以刷脸的厕所。走进杭州灵隐景区厕所，就能看到右手边的墙上有一只长方形的黄黑色机器，站在机器的面前，它会对人说："请站在黄色识别区域内。"等人的脸在机器的屏幕里出现，并由绿色框识别成功，机器下方就会缓缓"吐"出一截纸来。整个过程不过 3 秒钟，有时候可能人还在看屏幕里的识别框，纸已经出来了都没注意到。每次出纸长度为 90 厘米，大约是卷筒纸的 6~7 格，人脸识别厕纸机的初衷是为了倡导大家节约用纸，避免厕纸被整卷卷走那样的浪费。除了刷脸取纸机，每个厕位还安装了感应取纸机。该厕所还配备了多种智能化设备：安装在厕门上，显示"有人""无人"的智能化设备；安装在通风口，可杀菌抑菌、中和"臭气"并散发淡淡香味的除味系统；安装在蹲坑位，可防外溅、减少臭气、方便冲洗、节约用水的智能泡洗式洁具；安装在洗手台下方，在阴冷潮湿的冬季和多雨潮湿的黄梅季能向外送热风，使地面保持干燥的通热风管道；安装在厕所进口处，用于收集大数据和安保监控的双摄像头以及在厕所进门处的手机充电器、覆盖整个厕所的免费 Wi-Fi。

6）运营管理模式

2015—2017 的三年间，厕所革命还在以商建厕、以商养厕、以商管厕等方面取得了明显突破。广东梅州市探索"以商建厕、以商管厕、以商养厕"管理运营创新，采取"厕所+商铺""厕所+饭店""厕所+垃圾转运站""厕所+老人活动室"等模式，把商业体与公厕巧妙地结合起来运营，走出了一条旅游厕所可持续发展的新路子。河源市创新旅游厕所管理机制，成立城管局公厕管理队，全面推行组合包干制，实行 3 人承包 2 座或 4 人承包 3 座厕所管理维护的包干模式，在减轻财政压力的同时确保每座厕所保洁到位。新疆阿勒泰地区建立了厕所"所长制"，将厕所管理同公益性岗位招聘和附属商店经营相结合，建立健全科学有效的管养机制。

在国家旅游管理部门的引导下，一些有实力、有眼光的集团甚至开始探索出"厕所+、互联网+、旅游+"的厕所综合开发模式。比如中国光大集团光大置业有限公司探索生态厕所+驿站模式，类似于高速公路上的休息区，集合特色餐饮、商品零售、远程诊疗服务、亲子娱乐等新业态而形成公共服务平台，游客可购买各类当地特色纪念品，品尝"光大咖啡"，在诊疗中心的躺椅上小憩，甚至还能体验VR设备。

行业方向球　　　　　　　长隆：生态文明理念下的野生动物园

长隆集团拥有全世界动物种群最多、最大的野生动物主题公园——广州长隆野生动物世界和全球最大的海洋主题公园——珠海长隆海洋王国。

营造"动物丰容"

在丛林中漫步嬉戏的亚洲象，喜爱攀爬游泳的猕猴成群结队，悠闲分享食物的黑猩猩三姐妹，"茂林处处见松鼠，幽圃时时闻竹鸡"……游客在长隆可以切身感受到动物世界的奥妙。这是长隆的经营"法宝"之一——通过丛林、水潭、水车等环境布置让动物丰容落到实处，调剂动物的生活使其充分展示自然性。这不仅能让游客从更亲近自然的角度观察动物，也使动物在接近野外的自然状态下生长，更好地维持生理和心理健康。

动物丰容是指在圈养条件下，通过提供群居动物合适的生长环境让动物"重回"自然，丰富野生动物生活情趣，满足动物各个方面的需求，保持其天性和自然行为而采取的一系列措施，是提高动物福利的一项重要技术工作。在动物园的经营与管理中，长隆对动物丰容的营造尤为用心。

在元宵佳节，熊猫、华南虎等珍稀动物收到了长隆保育团队送来的由新鲜苹果、红萝卜等做成的"特制元宵"；在黑猩猩"丰容计划表"上，保育员为每天的"藏食"规划了不同的地点及食物品种，令其在持续不断的"食物丰容"中养成在"大自然"觅食的习惯。

长隆野生动物世界初开园之际，大规模野生动物种群放养吸引了无数游客慕名而来。将各种动物放到一起生活，在模拟野外生态环境下，动物会因为种类之间的互相牵制恢复原有的生机与活力，充分展现自然性，有效提高野外生存能力。

在长隆打造的野生动物世界里，动物饲养和动物管理打破了大自然传统的食物链，以精细化、人性化的动物丰容创造了全新的自然生态系统，让野生动物们远离饥渴、生活舒适、不受痛苦伤害和疾病威胁、享有无恐惧和无焦虑的自由、可尽情地表达天性，在圈养圈内实现"向往的生活"。

建立保育机制

严谨专业的动物饲养与繁育团队建设了科学周全的动物保育系统，让来自五大洲40多个国家超500个种类、逾两万只珍稀动物在长隆茁壮成长、生生不息。

在长隆海洋王国的象龟房里，新生的亚达伯拉龟憨态可掬，趴在龟妈妈的背上悠闲地晒着太阳，这是该物种在中国大陆非热带地区的首次成功繁殖。亚达伯拉象龟主要群居在非洲东部，对温度变化极其敏感。为使其顺利出世，保育员将龟蛋放入恒温孵化室中进行孵化，顺利出壳后每天对幼龟进行称重、泡温水促排泄、定期测体尺，精心、细致的照料让来自远方的亚达伯拉龟成功在华南地区"开枝散叶"。

南极洲的企鹅同样经过异地迁居，在珠海长隆海洋王国安家落户。2019年，长隆交出亮眼的保育成绩单，42只新生企鹅在珠海孵化，其中寒带白眉企鹅出壳幼雏实现了100%的成活率。企鹅人工繁殖育幼是业内公认难题，这次繁育成功标志着长隆企鹅饲养与保育水平已走向成熟。

除此之外，长隆集团更积极开展野生动物行为与生态、疾病与防控等科学研究，并与多位动物保护研究领域的专家建立合作，加强国际学术交流。2019年，珠海长隆白鲸怀孕，鲸豚保育团队立即派出专家前往日本学习白鲸繁育技术，以保证白鲸顺利生产，让种幼仔顺利成活。

经过二十年的努力与探索，一套系统、科学的"长隆保育机制"逐渐成熟，全球唯一熊猫三胞胎、世界首例黑叶猴"龙凤胎"、成功繁育濒危物种豹纹鲨等保育奇迹接连不断地出现，长隆野生动物世界也成为华南地区最大的野生动物保护和物种保存基地。

开展科普教育

在现代动物园转变的过程中，新型动物园不再消费野生动物，而将"动物为本"放在了首位。长隆野生动物世界将该理念充分融入园区，设置多个动物大讲堂、科普驿站，并持续开展"爱鸟周""保护野生动物宣传月"等活动，开拓寓教于乐、寓学于游的创新模式，让动物园不再是观赏濒危野生动物，嬉戏游乐的地方，而是人类保护动物，关爱自然的窗口。2000年，长隆野生动物世界被颁牌"广东省青少年科普教育基地"。

依托面向公众以及动物保育研究方面的独特优势，长隆通过野生动物保育与旅游产品创新，探索旅游与科普结合的产品项目，搭建城市青少年与野生动物生态体验、科学研究之间的桥梁，让更多青少年发现自然、理解自然，共同支持野生动物的保护与保育工作。

在2019年的"世界地球日"，长隆野生动物世界启动"动物科普节"探索动物奥秘，全面开放动物育幼后台，让游客近距离观察后台的人工育幼、食物配给、动物治疗等过程，包括体验东辉袋鼠宝宝的"人肉育儿袋"、走进雏鸟育婴室，让小朋友们深度探索动物的繁育、习性和成长等鲜为人知的奥秘。

2018年，长隆与腾讯共同打造全球首个"AR濒危动物园"，游客在园区不同区域扫描图像，就能看到考拉、大熊猫、凤尾绿咬鹃等濒危动物在真实自然环境下的生存情况并与其进行互动。长隆野生动物世界跳出传统动物园等待游客探寻的模式，让珍稀动物走进校园，开展全国野生动植物科普活动，让爱护自然的种子在青少年心中萌芽。2020年年底，科技部、中宣部、中国科协联合授予广东长隆集团"全国科普先进集体"称号。

通过"科普教育+动植物保护"，长隆不断完善"大规模动物种群迁地保护"模式。据介绍，目前长隆已在广州、珠海、清远三地初步建成一系列权威的野生动植物保护机构，位于清远的长隆国家级世界珍稀动植物种源基地、华南虎繁育及野化训练基地也在建设打造中。

资料来源　张宝桁.长隆：生态文明理念下的野生动物园［N］.中国旅游报，2021-03-16（6）.有删减。

分析提示：随着时代的发展，动物保护与科普教育开始取替动物展示、娱乐游客成为动物园的主要功能。如何在算好动物园"经济账"的同时算好"生态文明账"，长隆集团交出了一份可持续发展的绿色答卷。

观念回顾

1.可持续发展是一种发展的哲学思想，适用于人类社会发展的各个层面。旅游可持续发展是基于全球可持续发展的概念提出来的。所谓旅游景区可持续发展，是指在确保旅游资源、生态环境和社会文化得到有效保护的前提下，通过对旅游景区资源的合理开发、利用，既满足当代人对旅游景区产品的需求，又不损害后代人对旅游资源利用的需要。

2.旅游景区可持续发展的主要内涵有生态环境的可持续性、社会环境的可持续性、文化环境的可持续性、经济环境的可持续性等方面。旅游景区可通过加强景区环境综合治理、加强景区环境抚育管理、创建绿色旅游景区等措施实现可持续发展。

3.国家旅游局于2011年2月1日公布了《绿色旅游景区》（LB/T 015—2011）旅游业行业标准，自2011年6月1日起实施。该标准对绿色旅游景区的界定如下：以可持续发展和循环经济为经营和管理理念，以生态化设计为基础，实施清洁生产，倡导生态化服务和消费，有效保护旅游资源和旅游景区环境。

4.旅游景区环境管理包括旅游景区自然生态环境管理和旅游景区人文环境质量管理。旅游景区自然环境管理主要从旅游景区承载量管理、旅游景区绿化美化管理、旅游景区垃圾管理、旅游景区厕所管理等方面入手。

5.旅游景区承载量的主要指标有最大承载量、空间承载量、设施承载量、生态承载量、心理承载量、社会承载量、瞬时承载量、日承载量等。其中，最大承载量是指在一定时间条件下，在保障景区内每个景点旅游者人身安全和旅游资源环境安全的前提下，景区能够容纳的最大旅游者数量。旅游景区要严格按照《中华人民共和国旅游法》《景区最大承载量核定导则》要求，依法依规实施最大承载量控制措施。

6.旅游景区环境卫生管理能够为游客创造一个文明、洁净、舒适的游览娱乐环境，要加强教育引导，注重技术支持，运用科学管理。《旅游厕所质量等级的划分与评定》（GB/T 18973—2016）将旅游厕所质量等级划分为3个等级，由低到高依次为A级、AA级、AAA级。旅游厕所管理要执行卫生标准、凸显人文关怀、重视规划设计、体现环保理念、科技助力升级，同时创新管理模式。

相关规范

1.《绿色旅游景区》（LB/T 015—2011），国家旅游局2011年2月1日发布，自2011年6月1日起实施。

2.《景区最大承载量核定导则》（LB/T 034—2014），国家旅游局2014年12月26日发布，自2015年4月1日起实施。

4.《旅游厕所质量等级的划分与评定》（GB/T 18973—2016），中华人民共和国国家质量监督检验检疫总局2016年8月29日发布并实施。

■ **应用习题**

1.选取 5 个 5A 级旅游景区，通过具体事例，比较其在环境与资源管理方面的举措和效果。

2.想一想对于减少景区垃圾、保护景区环境、实现景区可持续发展，能否找到一些有创意的做法。

第7章
旅游景区人文环境管理

学习目标

1. 理解文物、非物质文化遗产、古旧村落等文化资源保护与活化的价值和意义，掌握保护与活化的举措，传承中华优秀传统文化和革命文化。
2. 了解旅游景区社区管理的内涵，理解旅游景区社区管理的现实需求和管理模式。
3. 了解文明旅游的内涵，掌握旅游景区文明管理的方法，树立家国情怀，成为"美丽中国"的积极参与者和模范行动者。

热点关注

非物质文化遗产　文明旅游　社区管理　氛围环境　阿者科旅游扶贫项目

　　内生驱动 协调治理 古村旅游助力古村振兴

　　大众旅游时代，承载中华民族传统文化的古村与旅游必然发生联系。实践证明，发展乡村旅游是古村保护与振兴的一条重要路径。同时也要注意，旅游开发是一把"双刃剑"，通过旅游留住乡愁乃至实现乡村振兴，需要以与古村可持续发展相一致的价值为引领，以有效的治理机制作保障，还要有符合古村自身特点、满足到访者体验需求的旅游产品。这其中，治理机制链接价值与产品，决定了价值的落地和产品品质，这是古村旅游与开发的关键。

　　既往的古村旅游治理机制（旅游经营机制）可概括为三类：政企主导型，政府主导、村民有限参与型和多方支持下的村民主导型。进一步，其又可分为外力驱动型和内生动力型两大发展模式。从历史发展与现实情况看，应该说两大模式各有利弊。

　　以政企主导、自上而下为代表的外力驱动型较为普遍，优势是易组织、高效率、见效快，长期成效也与主导者的理念和情怀有很大关系。不过，古村作为特殊的旅游目的地，从文化保护与传承角度看，外力驱动型的不足也是明显的：缺少村民参与和相应的人力资本开发，外力驱动容易把传统社区"连根拔起"，古村缺少了文化基因，所谓的文化创意也会丧失根基。

　　以村民为主体、自下而上为特征的内生动力型更符合村落自治的传统和群众创造文化、繁荣文化的方向，在理论上可行，但其实现是有条件的。传统村落人、财、物等基础薄弱，实现自我发展需要村集体的实力、智慧和勇气。

　　在脱贫攻坚战已取得全面胜利、乡村振兴战略正在实施的新时期，把自上而下与自下而上结合起来，推进政府支持、村民主导、社会力量帮扶的内生发展模式，协同治理古村旅游，越来越具有动力基础和现实的可能性。

　　从时代背景看，后工业时代，旅游休闲业方兴未艾，这使得古村依托独特的地域资源进行创意"再造"、实现多功能发展有了坚实的基础。从政策供给看，在国家"五位一体"总布局背景下，党的十九大报告提出实施乡村振兴战略，在脱贫基础上分类推进乡村振兴，重视古村的特点，为乡村振兴中较为特殊的古村振兴指明了方向。直接针对村落保护的《关于切实加强中国传统村落保护的指导意见》等相关政策的持续实施，不仅在全社会形成保护共识，而且在资金支持、村落硬件维护和改善等方面起到了积极作用。而从古村的内环境看，古村旅游作为依托社区资源的事业和产业，对于发展新型集体经济有独特优势。从"人"的因素看，社会组织与专业力量的壮大，是古村人力资源、智力资本结构改善的基础，而驻村工作队的接续是连接上下、用好用活古村政策的组织保障。可以说，今日中国在实现古村旅游协同治理上可谓"天时地利人和"，"人"的主观能动性不断增强，较之前具备了更有利的条件。

　　从实践看，今年"阿者科旅游扶贫项目"因成为高考文综旅游地理题而备受关注。这是一个内生发展模式的典型案例：阿者科村依托世界文化遗产红河哈尼梯田景区和哈尼传统村落风貌、独特的民族文化资源，创新乡村旅游经济合作扶贫开发模式，即在当地政府的基础设施建设、启动资金等支持下，在专家团队、社会组织持续的智力帮扶下，探索内源式村集体企业主导的旅游发展模式——不租不售，不靠外来资本介入，组织村民成立旅游发展公司自我经营和管理，公司收入归全村所有，村集体分成占 30%，村民分红占 70%。这种村民利益优先的治理机制，从目前效果看，不仅实现了全村脱贫，更重要的是较好地体现了遗产地活态保护、传统文化传承与经济发展的共赢，同时还带动了村民对公共事务的自我管理。

应该说，阿者科村的实践并非先例或孤例，多方支持、村集体主导的旅游发展模式也是许多地方一直倡导和探索的。如云南的千年古村诺邓也是通过类似的旅游发展机制实现了"留住本底"的原村经营模式。理论和实践表明，通过协同治理、内生驱动发展古村旅游实现古村脱贫以及走上振兴之路是可行的。在乡村振兴阶段，相关地方部门要思考如何进一步树立与全面协调可持续发展相适应的传统村落保护与发展观，更加重视乡村振兴的长期性和乡村功能的复合性，持续实施经济发展与活态保护并重的考核导向，积极支持、引导古村构建协同治理新机制，通过新机制下旅游经济发展进一步激活内生动力，走向符合"产业兴旺、生态宜居、乡风文明、治理有效、生活富裕"总要求的古村落全面振兴。

资料来源　汤利华.内生驱动 协调治理 古村旅游助力古村振兴［N］.中国旅游报，2021-08-24（3）.有删减。

通过旅游留住乡愁乃至实现乡村振兴，不仅需要以与古村可持续发展相一致的价值为引领，以有效的治理机制作为保障，还要有符合古村自身特点、满足到访者体验需求的旅游产品。旅游景区人文环境质量管理要让社区原住民获益，同时增强文化自豪感。

7.1　旅游景区文化资源管理

7.1.1　旅游景区文物保护与活化

文物是指人们在各个历史时期的生产、生活和斗争中遗留下来的，具有历史、科学和艺术价值的遗物和遗迹。概括地说，文物就是人类历史上物质文明和精神文明的遗物。我国旅游景区文物整体上受到《中华人民共和国文物保护法》（以下简称《文物保护法》）的保护。《文物保护法》于 1982 年 11 月发布并实施，2017 年 11 月第五次修正。

据统计，我国现有不可移动文物 76.7 万处、国有可移动文物 1.08 亿件（套），以及数量众多的民间收藏文物，全国博物馆达 5 000 余家。

1）旅游景区文物保护

（1）级别管理。

《文物保护法》规定，革命遗址、纪念建筑物、古文化遗址、古墓葬、石窟寺、石刻等文物，应当根据它们的历史、艺术、科学价值，分别成立不同级别的文物保护单位。据此，旅游景区的文物保护单位可分为以下三个级别：①县、自治县、市级文物保护单位。此级别的文物保护单位由县、自治县、市人民政府核定公布，并报省、自治区、直辖市人民政府备案。②省、自治区、直辖市级文物保护单位。此级文物保护单位由省、自治区、直辖市人民政府核定公布，并报国务院备案。③全国重点文物保护单位。此级文物保护单位由国家文化行政管理部门在各级文物保护单位中选择或直接指定，报国务院核定并公布。除此之外，旅游景区可仿效文物保护单位的评定，根据自身资源特色和旅游价值，对不列入各级文物保护单位名单的历史建筑、代表性古建筑在当地文物管理部门的指导下进行评定与挂牌。

旅游景区应根据不同级别的文物保护单位所确定的不同保护范围，做到在保护范围内开展各项工作时有专人监督、专人指导，对当地住户、村民、外来人员、单位擅自改造文物保护单位的行为进行必要、有效的干涉、制止，并上报有关部门进行调查处理；在文物保护范围及周围不得进行与文物保护无关的工程建设，根据保护级别划出一定的建设控制地带，在这个地带内修建或新建的工程不得破坏文物保护单位的环境风貌。

（2）保养管理。

文物一般都具有不可再生的特点，旅游景区应成立专门机构对文物进行保养管理，在对文物保护单位进行修缮、保养、迁移的时候，必须遵守不改变文物原状的原则，保持文物原有的风貌与格局。对古建筑等文物古迹，只能"修旧如旧"，而不能"修旧如新"；在珍贵的历史景物和具有重要价值的人文景点上，除必须增设的附属设施外，不得增建其他工程设施，建设附属设施应保持与景观协调，不得建设破坏景观、污染环境、妨碍游览的设施；在游人集中的文物游览区内，不得建设宾馆、招待所，以及休养、疗养机构。比如，2014年7月，有600多年历史的西安南门瓮城城墙加装电梯，尽管后来被叫停，但一处城墙被部分拆除，地砖也被破坏，损失惨重。这不是破坏古城的孤例，古城墙动土修电梯的闹剧也曾在古城南京上演。

（3）消防管理。

文物是不可再生资源，一旦破坏难以修复，造成的损失无法挽回。中国古建筑以土木结构或砖木结构为主，耐火等级低，火灾荷载较大，这些"先天不足"给防火减灾带来诸多不利影响。2021年2月14日，有"中国最后一个原始部落"之称的云南省沧源县翁丁村老寨发生火灾，104间房屋被烧毁；2015年1月11日，云南省香格里拉县有1300多年历史的独克宗古城，一场大火致4万平方米左右面积受灾，烧毁房屋100多栋，经济损失逾1亿元，几乎将独克宗古城毁于一旦。独克宗古城是中国保存最好、面积最大的藏民居群，古城依山势而建，是茶马古道上的重镇。2015年云南省大理白族自治州拱辰楼发生火灾，有600多年历史的古迹全被烧毁。这些过往的灾难，无不折射出部分地方文物古迹消防基础薄弱。事实上，独克宗、凤凰、洪江等古城，不同程度地存在旅游开发过度导致商铺、住户交织，房子密密麻麻，街巷又窄又绕，消防通道不畅的问题，还有一些古城、古村寨也存在房屋结构不耐火、电路老化、生活用火多在室内、居民消防意识差等安全隐患。

旅游景区文物消防管理应做好以下5方面工作：①定期进行文物资源的普查，监控景区人文旅游资源的开发利用状况；②定期对员工及当地居民、游客进行文物保护意识的宣传；③定期开展资源保护巡查活动，纠正、查处违法违规破坏景区文物的行为；④筑牢科学可靠的消防基础设施，完善消火栓管网等基础设施建设和电气线路整修改造，最大限度消除文物古迹的火灾隐患；⑤明晰人员工作责任，落实网格化管理制度，制定完善周密的消防预案，让消防安全真正成为文物古迹保护的重中之重。

2）旅游景区文物活化

文物不只是历史的沉淀、岁月的陈酿，更铭刻着文化的脉络，记录着文明的传承，是鲜活的、生动的。保护文物要注重保护与利用相结合，既要妥善保护、防止损毁，也要科学利用、活化传承，尤其是要把文物所蕴藏的记忆挖掘出来，用文物讲好中国故事、呈现中国文化，为文物注入时代要义、赋予新的内涵，使更多文物能够"活"起来。文物活化还可以探索数字化保护、传承与弘扬，将互联网、3D、AR 和 VR 等数字化新技术引入到文物保护和传承中，使更多文物能够"动"起来，让普通大众直接感受到文物的新魅力和文化的新追求。

行业广角镜 7-1　　　　福建探索文化遗产"数字化"保护　文物古迹"动"起来

数字化赋予文物"新生命"　助讲福建好故事

在首届数字中国建设成果展览会上，由福建省文化厅主办的"海上丝绸之路数字文化长廊"极为吸睛。展馆用数字化将整个文化内涵丰富起来，特别适合家长带着孩子来参观，寓教于乐。

数字化传播，让文物古迹"动"起来。市民在展馆屏幕上点击"泉州开元寺"，就可清晰看见大雄宝殿、广场周围等三维立体场景。将文物转化为情境化、可视化的数字文化形态，能直观、准确地展示当地自然风景和建筑特色，使文物"动"起来。福建博物院推出了"网上博物馆工作计划"，和东南网联手创办服务型网上博物馆，利用现代信息技术对博物馆收藏文物的图像、文字、声音、影像和科学数据等多媒体信息进行收集和数字化技术处理，发布在网上。市民轻轻一点鼠标，就能看到各种鲜活的文物。

信息化管理，让文物数据"住"下来。2013 年 12 月 31 日启动的福建省第一次全国可移动文物普查工作，共普查可移动文物 769 364 件；2007 年启动的福建省第二次全国不可移动文物普查，登记在册的不可移动文物共 33 251 处。如此多的文化瑰宝如何进行更好的管理呢？答案是信息化。2016 年，福建省文化厅启动"福建省文物保护单位综合管理系统"建设，将福建省文物局域内文物保护单位的数据全部收录在该系统中，可实现快速查询和统计。该系统主要用于福建省文物局对省域内文物保护单位的工作现状、项目批复、资金管理等情况进行调查和跟踪，以这些数据为基础进行全方位的浏览、检索、查询、统计、分析等工作，并利用系统中统计、分析的结果总结经验、提高效率，建立起更加科学、完善、高效的管理机制与方法，指导日后的文物保护工作。

数字化保护传承非遗"见人见物见生活"

在数字化时代，散落在民间的非遗以及传承人有了更多的展现方式，也让非遗传承与保护更加立体和多元。近年来，福建省充分发掘丰富多彩的非物质文化遗产资源，建设了"见人见物见生活"的非遗保护传承体系。

"数据库"抢救性记录非遗传承人。木拱廊桥传统营造技艺是福建省的一个非遗项目，整座桥不用片钉寸铁，使用短的构造材料，却形成了大的跨度。不过，随着时代的变迁，许多木拱廊桥年久失修被损毁，也因实用性较弱，渐渐被人们遗忘，熟知建桥技艺的师傅亦越来越少。几年前，宁德屏南县谢坑村重新修复了一座廊桥，技艺传承人按旧工艺进行复原，福建省图书馆组织拍摄团队将整个过程跟踪拍摄了下来，后期制作中还结合了3D等技术。采用数字化的采集、储存、传播等技术，能系统地记录非遗知识和精湛技艺，再经过转换将其复制成可共享、可再生的数字形态，可以为后人传承、研究、利用非遗留下宝贵资料。福建省文化厅自2015年至今已完成20位国家级代表性传承人的抢救性记录，采集寿山石雕、脱胎漆器、客家土楼、妈祖、福州评话、南音等方面共计3 000余条影像和文字资料，并建设了闽南文化生态保护区数据库。

"数字化"讲好非遗故事。戴上一款VR眼镜，出现在眼前的是福建省非遗"农民漆画"的制作过程，观众还可以参与其中，通过操控手柄来体验制作一幅农民漆画的全过程。福建省文化厅实施"互联网+科技+非遗"，讲好非遗故事。通过声音采集，已将南音、闽剧、梨园戏等40项非遗项目建设成声音数据平台，使用手机便可倾听非遗项目介绍及传承人的口述或表演。同时，依托AR技术，可将非遗展品三维立体地呈现在手机上，把"非遗"带回家，随时随地通过手机欣赏非遗精品，了解非遗故事，改变了传统的观展方式。目前已完成的AR非遗项目包括南音、妈祖信俗、中国剪纸、中国水密隔舱福船制造技艺、中国木拱桥传统营造技艺、福建木偶戏后继人才培养计划、寿山石雕技艺、惠安木雕技艺、福建脱胎漆器髹饰技艺等。

资料来源　卢金福，陈楠.福建探索文化遗产"数字化"保护　文物古迹"动"起来［EB/OL］.（2018-05-10）. http：//www.fjta.gov.cn/ar/20180509000090.htm.有删减。

分析提示：文物是我们祖先留下的宝贵文化遗产，蕴含着重要的历史、艺术和科学价值，面对人民群众日益高涨的精神需求，如何拉近文物与百姓的距离也是旅游人一直努力的方向。

7.1.2　非物质文化遗产保护与活化

1）非物质文化遗产的内涵

根据联合国教科文组织的《保护非物质文化遗产公约》的定义，"非物质文化遗产"是指被各社区群体有时为个人视为其文化遗产组成部分的各种社会实践、观念表达、表现形式、知识、技能及相关的工具、实物、手工艺品和文化场所。

根据《中华人民共和国非物质文化遗产法》的规定，非物质文化遗产是指各族人民世代相传并视为其文化遗产组成部分的各种传统文化表现形式，以及与传统文化表现形式相关的实物和场所。其包括：传统口头文学以及作为其载体的语言；传统美术、书法、音乐、舞蹈、戏剧、曲艺和杂技；传统技艺、医药和历法；传统礼仪、节庆等民俗；传统体育和游艺；其他非物质文化遗产。

2）非物质文化遗产保护与活化

2021年7月25日，我国世界遗产提名项目"泉州：宋元中国的世界海洋商贸中心"顺利通过联合国教科文组织第44届世界遗产委员会会议审议，成功列入《世界遗产名录》。至此，我国世界遗产总数升至56项（其中世界文化遗产38处、世界自然遗产14项、世界自然与文化双遗产4项）。世界文化遗产已成为旅游业发展新引擎，能够助力地方经济社会可持续发展，提高人们保护文化遗产的意识，促使社会共享文化遗产价值。

（1）立法保护。

2011年6月1日，《中华人民共和国非物质文化遗产法》（以下简称《非遗法》）颁布实施。《非遗法》将非物质文化遗产保护工作上升到法律层面，对于建立健全科学有效的非遗保护体系具有积极作用，为开展非遗保护工作提供了根本遵循。《非遗法》对非遗调查、建立国家级非遗代表性项目名录、非遗传承与传播、文化和旅游部门的法律责任等提出明确要求，为非遗保护政策的长期实施和有效运行提供了坚实保障。自《非遗法》颁布实施以来，全国非遗保护工作取得诸多成就，如国务院先后公布了四批国家级非遗代表性项目名录，共计1 372个；文化和旅游部先后命名了五批国家级非遗代表性项目代表性传承人，共计3 068人；文化和旅游部先后确立了23个国家级文化生态保护（实验）区；全国29个省（自治区、直辖市）相继出台非遗保护条例等。

《国务院办公厅关于加强我国非物质文化遗产保护工作的意见》（国办发〔2005〕18号）从健全非遗保护传承体系、提高非遗保护传承水平、加大非遗传播普及力度等方面也提出了具体要求，如"完善区域性整体保护制度，挖掘全国乡村旅游重点村、历史文化名城名镇名村等的非遗资源，建设非遗特色村镇、街区"以及"促进合理利用，在有效保护前提下，推动非遗与旅游融合发展、高质量发展"。

（2）规划先行。

文化和旅游部发布了《"十四五"非物质文化遗产保护规划》（以下简称《规划》）。《规划》明确了"十四五"非物质文化遗产保护的总体要求、主要任务和保障措施，系统部署了"十四五"时期非遗保护工作。《规划》坚持以人民为中心、坚持系统性保护、坚持依法科学保护、坚持守正创新，贯彻"保护为主、抢救第一、合理利用、传承发展"工作方针，提出了到2025年的发展目标和2035年的远景目标。《规划》明确了加强非遗调查、记录和研究，加强非遗项目保护，加强非遗传承人认定和管理，加强非遗区域性整体保护，加大非遗传播普及力度和服务社会经济发展6个方面主要任务，并通过8个专栏对传统工艺高质量发展、文化生态保护区建设等重点工作进行了部署。《规划》从加强组织领导、完善政策法规体系、强化机构队伍建设、加强经费保障4个方面保障各项措施的落实，推动形成有利于非遗保护传承的体制机制和社会环境。

二维码16

文档：《"十四五"非物质文化遗产保护规划》

（3）举措得力。

①非遗保护要重视人的作用。建筑者、手艺人、讲故事的人……体现他们技艺和智慧的成果被世人称赞，于是传承人的概念被提出并得到了实际尊崇，这让这些不曾被关注的

创造者走到文化建设舞台中央，使他们有了荣誉感和自豪感，也有了自信心和责任担当。传承、创造的主体得到尊重，有助于非遗这一经受历史锻造的技艺和智慧焕发出旺盛生命力。

②非遗保护要重视技术的作用。非遗记录、传承和传播的手段都出现了前所未有的变化。数字技术尤其是录音、录像使非遗记录变得更加真实和完整，一些以往难以用语言、文字描绘和记录的元素可以得到更好的呈现。

③非遗保护要重视手段的作用。"非遗进课堂""非遗进校园"等新手段、新方式不断涌现，非遗保护的多样性和创造性在年轻一代身上得到了更好的体现。

④非遗保护要兼顾区域协调发展。国家级非遗代表性项目正在覆盖更多的省、自治区、直辖市以及各区、县。例如，辽宁省葫芦岛市的辽西太平鼓、宁夏回族自治区中卫市的黄羊钱鞭、重庆奉节的奉节木雕等被列入项目名录。再如，中国香港特别行政区的香港中式长衫制作技艺、香港天后诞，澳门特别行政区申报的土生土语话剧、土生葡人美食烹饪技艺和澳门土地信俗等项目也被列入名录。满族新城戏、蒙古族皮艺、藏棋、维吾尔族曲棍球、彝族传统建筑营造技艺、壮族天琴艺术、布依族武术、瑶族祝著节、朝鲜族百种节等一批少数民族非遗项目也被列入名录。

⑤非遗保护要积极服务国家战略。96个原国家级贫困县的103个项目，如图什业图刺绣、松桃苗绣等项目被列入名录，沙县小吃、柳州螺蛳粉等一批服务民生、惠及百姓的非遗项目也被列入名录。

微型资料7-1

2021年7月22日至23日，第44届世界遗产大会审议并顺利通过我国"丝绸之路：长安—天山廊道的路网"、拉萨布达拉宫历史建筑群、澳门历史城区、左江花山岩画文化景观、武当山古建筑群、长城等6项世界文化遗产保护状况报告。其中长城被世界遗产委员会评为世界遗产保护管理示范案例，这是继2018年大运河之后，我国世界遗产保护管理工作再次获此殊荣。本次大会共对255项世界遗产保护状况报告进行了审议，仅有3项世界遗产荣获世界遗产保护管理示范案例，长城是唯一一项文化遗产项目，另外两项分别是科特迪瓦的自然遗产塔伊国家公园和科莫埃国家公园。世界遗产委员会在决议中高度评价我国在长城保护方面采取的积极有效措施，赞赏了中国政府推进长城国家文化公园建设，颁布实施《长城保护总体规划》，以及在公众传播推介、遗产地能力建设、专项保护立法、现代科技应用、国际交流合作、缓解旅游压力等方面作出的努力和取得的成效。此外，世界遗产委员会对我国其余5处世界文化遗产保护状况均作出正面评价。大会决议赞赏了我国在实施武当山遇真宫抬升项目等方面作出的努力；对西藏大昭寺反应性监测，以及对我国促进西藏传统工艺发展、为朝圣者和游客制定相关政策表示赞赏；肯定了"丝绸之路：长安—天山廊道的路网"在遗产研究、价值阐释、遗产监测、公共宣传和利益相关者参与等方面取得的积极进展，鼓励进一步发挥政府间协作机制作用；认为左江花山岩画文化景观保护管理有效回应了世界遗产委员会提出的建议；注意到了澳门在特区总体规划制订和实施中作出的积极努力。

"非遗+旅游" 让传统文化焕发新时代光彩

促进活态传承

近年来，文化和旅游部统筹非遗保护传承与经济发展、城乡建设、民生改善等关系，协调非遗单体保护与整体环境的关系，推动国家级文化生态保护（实验）区建设，打造了一批高品质的非遗旅游景区、非遗旅游小镇、非遗旅游度假区等，设立了非遗扶贫就业工坊，促进百姓就业增收，持续巩固脱贫攻坚成果，全面推进乡村振兴。

湖南省湘西土家族苗族自治州武陵山区（湘西）土家族苗族文化生态保护区是国家级文化生态保护（实验）区之一。近年来，该保护区积极推动文化生态保护区的整体性保护，构建覆盖州、县、乡、村四级的非遗生产性保护基地，先后建成55个州级非遗传习中心。以非遗保护为核心，将丰富的非遗资源转化为旅游产品，将蜡染、苗绣、土家织锦、银饰等非遗开发成文创产品，以旅游为载体推动非遗活态传承。贵州省黔东南苗族侗族自治州先后指导丹寨、从江、榕江等县设立非遗扶贫就业工坊。2020年，83家非遗企业入选贵州第一批省级非遗扶贫就业工坊名单。"十三五"期间，该州非遗扶贫就业工坊获得财政专项扶贫资金2 033万元，覆盖贫困户5 620户、1.23万余人。

生产性保护是我国非遗保护的主要方式之一。文化部（现为文化和旅游部）于2011年、2014年公布了两批国家级非遗生产性保护示范基地，其中，江苏省宜兴紫砂工艺厂通过不定期开展技术培训等方式，对员工以及周边从事相关产业的村民进行培训。与中央美术学院、江南大学等高校合作，不断革新紫砂壶制作工艺。同时，积极参与展览活动，扩大紫砂壶的传播力和影响力，帮助非遗传承人获得更大收益。

非遗传承离不开非遗传承人的努力。国家级非遗代表性项目剪纸（包头剪纸）代表性传承人刘静兰2004年成立了工作室，教孩子们剪纸。

非遗赋能旅游

在广西融水梦呜苗寨民俗风情体验园欣赏苗族芦笙舞表演，在山东济南百花洲景区看一场精彩的皮影戏，在广东广州西关永庆坊旅游区的非遗大师工作室购买非遗产品……在文旅融合趋势下，非遗逐渐融入旅游业发展，与演艺、研学、文创等结合，使业态更丰富、游客体验更有趣。走进山西省清徐县宝源老醋坊，传统制醋器具、酿制原料、农耕农具等呈现在游客眼前。这座集科教、醋文化展示、旅游体验为一体的特色景区，既是一座手工酿造老陈醋的古作坊，又是一座以醋为主题的历史文化展示馆，年均接待游客30余万人次。今年"五一"假期，宝源老醋坊晋源号在太原古县城对外开放，成为传承弘扬非遗技艺的新阵地，让游客和研学青少年，充分领略老陈醋酿制技艺，感悟不息的晋商文化和中华优秀传统文化。走进广西融水梦呜苗寨民俗风情体验园，游客可以观看极具苗族特色的表演《苗谒》和《苗魅》，了解苗族芦笙舞、蜡染技艺、银饰锻制技艺等非遗项目。民族风情浓郁的非遗演艺成为吸引游客法宝的同时，也成为当地村民脱贫致富的重要途径。

走进山东济南百花洲景区，光与影的画面交织、精雕细琢的皮影人物、令人惊艳的戏曲唱功，引来游客阵阵掌声。为进一步宣传非遗，国家级非遗代表性项目皮影戏（济南皮影戏）代表性传承人李娟经常在济南百花洲国家传统工艺工作站表演皮影戏。李娟从小跟随爷爷学习皮影戏，作为家族第五代传承人，"80后"的她致力于将传统非遗与现代生活相结合。今年，围绕中国共产党成立100周年，结合1917年高祖父将皮影戏带到济南的家族历史，创作了《假戏真唱》皮影戏，用济南皮影的百年变化，以小见大，反映党的百年光辉。同时，促进"皮影+文创"融合，创作了遥望百年、动感亲子皮影套盒等静态皮影展品，希望吸引更多年轻人关注非遗、爱上非遗。

资料来源：黄高原，等."非遗+旅游"让传统文化焕发新时代光彩［N］.中国旅游报，2021-06-01（2）.有删减。

分析提示：非遗与旅游融合发展要正确把握保护与利用的关系。文旅融合必须以维护文化多样性为前提，文化旅游的意义在于欣赏文化差异性，非遗保护的意义在于维护文化多样性。同时，振兴手工和激活民俗是保护非遗、促进文旅游融合发展的重要路径。依靠群众力量开展乡土艺术活动，既能实现非遗保护，又能为文旅游融合发展提供动力。

7.1.3　古旧村落保护与活化

二维码17

微课：古旧村落保护与活化

　　古村、古址和古建筑等，是我国优秀文化遗产，它集历史、文物、艺术、文化、自然景观与人文景观于一体，集成了中华民族文化的精髓。每一个能够保留下来的古村落，都有着厚重的文化支撑和延续。我国传统文化的根基在农村，传统村落保留着丰富多彩的文化遗产，是承载和体现中华民族传统文明的重要载体。随着工业化、城镇化和农业现代化的快速发展，一些传统村落消失或遭到破坏，保护传统村落迫在眉睫。更好地激活古旧村落的内在价值，需要在推进乡村振兴的背景下，统筹好保护、利用和传承的关系，构建美丽和谐的古旧村落生态系统。

1）加强制度顶层设计

如何保护和利用好古旧村落等历史文化资源，实现其历史价值和生态价值，是各地发展中面临的课题。中央全面深化改革委员会第十九次会议审议通过了《关于在城乡建设中加强历史文化保护传承的若干意见》，强调"加强制度顶层设计，统筹保护、利用、传承"，为在保护中利用古旧村落提供了指引。2021年4月中共中央办公厅和国务院办公厅印发的《关于建立健全生态产品价值实现机制的意见》中提出，"鼓励盘活废弃矿山、工业遗址、古旧村落等存量资源"。在保护好古旧村落的基础上，把历史文化资源利用好、传承好，考验着各地的治理水平。

2）遵守"修旧如旧"基本原则

传统村落、古村落改造应遵守"修旧如旧"原则，然而，一些地方忽视古旧村落的原生态系统保护，热衷于在原址上"拆旧建新""弃旧建新"。"修旧如旧"需要协调好古旧村落周边自然环境与人文环境的关系，确保在承受能力范围内合理利用。在修缮和维护好生态原貌的基础上，依托古旧村落自身的地域文化、传统技艺、民风民俗等文化资源，适度开发文创、旅游等，能够确保古旧村落的生态价值和经济文化价值共同实现。比如，浙江丽水市下南山老村，始建于明朝万历年间，距今已有400多年的历史，是市级文物保护单位。老村现存清末至民国的民居42幢，依山而建，是浙西南土木建筑的典型代表，每年都吸引不少画家、摄影家和学生写生采风，《女大当婚》《蓝天鸽哨》等多部电影曾在此取景。2005年左右，因生产生活需要，下南山村整村搬迁下山。老村因长期无人居住，缺乏日常看管维护，大部分房屋破败不堪，渐渐荒废，老村成为"空心村"。2013年，下南山老村被列入浙江省首批历史文化村落保护利用重点村，当地政府先后投入800多万元，对42幢古民居进行抢救性修复，邀请日本一级造园师参与项目设计，充分保存村落原有风水布局和原生态村貌。2016年，该村在浙江省历史文化村落保护利用重点村绩效评估中被评为"优秀"。下南山古村"修旧如旧"，既有现代园林设计的元素，也有自然农耕的风味，每个院子都是一道风景。

3）因地制宜，走差异化保护与活化发展路径

据统计，目前有近7 000个古旧村落被列入我国传统村落名录。每个古旧村落都有自己的独特之处。在盘活古旧村落的过程中，应努力找到每个村落的独特定位。只有为村落和自然环境注入民风民俗、传统手工技艺等文化内涵，为每个村庄找到差异化发展路径，才能使古旧村落"活"起来、"美"起来，让历史文化在保护中更好地被传承，让乡村景色更美丽、文化更兴盛。比如，江西一些古旧村落注重生态保护，采取保护性开发的策略，同时依托当地"晒秋"等民风民俗、手工技艺等地域文化，打造文旅产业，实现了生态、文化和经济发展的良性循环。

更好地激活古旧村落的内在价值，需要在推进乡村振兴的背景下，统筹好保护、利用和传承的关系，构建美丽和谐的古旧村落生态系统。根据所在地域，我国古村落可分为江南水乡古村落、北方古村落、西南古村落和皖南古村落等。不同地域的实践表明，针对"空心化"较为突出的古旧村落，可由政府主导开发或合理引入社会资本；针对旅游资源较为丰富、常住人口较多的村落，可根据情况采用农民、社区或企业开发的模式，等等。在这一过程中，不论采取哪种方式，都必须建立在统一规划和注重生态环境保护的基础之上，实现古旧村落长期可持续发展。

早在2006年，浙江省就明确提出，在新农村建设过程中要切实加强对优秀乡土建筑和历史文化环境的保护，努力实现人文与生态环境有机融合。2012年，浙江省出台《关于加强历史文化村落保护利用的若干意见》，以西塘、乌镇、诸葛村、堰头村等为代表的一大批历史文化村落，走出了各具特色的保护利用之路，成为与现代文明有机结合的美丽乡村，在全国产生了较大影响。2018年1月，元阳县委、县政府与中山大学保继刚教授的团队合作，派出王然玄担任村主任，执行以村民为主导的旅游开发模式即"阿者科计划"。两年来，该计划使村集体经济收入达到了70余万元，户均分红5 000余元，为乡村振兴、传统村落保护成功探路。

7.2 旅游景区氛围环境管理

7.2.1 旅游景区氛围环境概念和管理要求

1）旅游景区氛围环境概念

旅游氛围是景区的旅游资源、旅游设施、自然生态环境、旅游服务等综合作用于旅游者，旅游者通过视觉、听觉等感知，产生联想、联觉所形成的主观感受。旅游景区的氛围环境管理是指识别影响景区氛围的因素，突出景区特色，营造旅游氛围，并采取有针对性的管理措施。比如，石家庄市第一座廉政主题游园"荷园"，为紧贴"廉政"主题，游园对廊亭、道路、广场等进行了特色命名：如亭子名为清风亭，道路叫清誉路。四个广场分别是清扬广场、清莲广场、清心广场、清韵广场。

2）旅游景区氛围环境管理要求

（1）合理规划旅游设施。

旅游设施建设项目的规划不当或过度开发，会使当地原有的景观环境遭到破坏，即所谓的"开发污染"。一些景区的旅游开发，忽视甚至根本不顾及项目的建设同周围景观环境的协调，造成对当地景观环境的破坏。因此，景区要按照有关规范和条例，制定景区发展规划，控制土地利用，严格执行规划，严格景区设施建设审批，控制景区建设规模。对已有的违章建设的设施、与景观氛围不相符的设施，要适时拆除。对开发的景区经营性商业区要合理调整密度和结构，加强管理。

（2）保护开发地域文化。

旅游景区在地域文化开发的过程中，要妥善保护文物古迹等有形文化资源，对无形的文化风情、民俗、传统表演艺术等的开发要避免舞台化、商品化对传统文化价值的贬低。旅游景区在鼓励社区保留传统文化的同时，也要教育游客尊重社区的文化和习俗，如宗教信仰、民族礼节、传统禁忌等，以减少文化冲突。

（3）有效管理旅游服务组织。

注意对使旅游地性质和整体景观相融合、直接影响游客感官效果的各种接待服务元素进行精心设计，如服务人员的服装、背景音乐的格调等，形象设计越丰富、越全面，景区的旅游氛围就越浓。例如，游客在我国的民俗文化村中，从衣着富有民族特色的服务人员那里获得的感受，远远好于从西装革履的服务人员那里获得的感受。同时，严格执行规章制度，并合理调动导游、景区保洁及安保工作者等各类服务人员的积极性，使其能够为游客提供恰如其分的服务。

（4）有效引导旅游者。

游客的文明程度直观影响旅游景区氛围环境。时代在发展，社会在进步，文明在加速，游客的行为素养需要跟上时代的脚步，我们所追求的道德修养，是发自心底的对文明的追求，对他人权利和社会秩序的尊重。要引导游客把文明的标尺内化于心，时刻提醒自己别逾越规矩。

7.2.2　旅游景区文明管理

立足新发展阶段做好文明旅游工作，是满足人民日益增长的美好生活需要、促进社会文明提升工程和美丽中国建设的重要举措，是贯彻新发展理念、推动文化和旅游业高质量发展的必然要求。文明、健康、绿色旅游，直接反映出广大民众的道德水准、文化和旅游行业治理能力和全社会的文明程度。

二维码 18

微课：文明旅游 风景更美丽

1）文明旅游的内涵

在汉语中"文明"一词最早出自《易经》"见龙在田，天下文明"。在现代汉语中，文明是指一种社会进步状态，与"野蛮"一词相对立。在英文中，civilization（文明）一词源自拉丁文"civis"，是指人民生活于城市和社会集体中的能力，可引申为一种先进的社会和文化发展状态，以及到达这一状态的过程，具体包括民族意识、技术水准、礼仪规范、宗教思想、风俗习惯以及科学知识的发展等，内涵十分丰富。

借鉴国内外关于文明的定义，文明旅游可以界定为旅游发展的一种先进状态以及实现这一状态的过程，包括旅游需求的文明和旅游供给的文明两大部分，旅游文明是一个广义的范畴。从旅游需求方来讲，旅游文明是指旅游者在旅游活动过程中遵守一定的社会道德、风俗习惯和相关法律，通俗地说就是旅游者要"文明旅游"。具体来说，要求旅游者在旅游过程中能够做到《中国公民文明旅游公约（2016版）》中所表述的："重安全，讲礼仪；不喧哗，杜陋习；守良俗，明事理；爱环境，护古迹；文明行，最得体。"随着我国旅游供给侧结构性改革的不断深入，旅游作为一种极其广泛的社会活动，旅游供给方的文明也越来越值得关注。旅游供给方一般是指旅游企业（当然也可以包括旅游行政机构及旅游社会组织）。因此，从旅游供给方来讲，旅游文明主要是指旅游企业诚信、合法、科学地从事旅游经营活动。

行业广角镜 7-3　　　　　　　　　　**故宫博物院开启"零废弃"导游培训计划**

2021 年 7 月 13 日，故宫博物院与万科公益基金会联合举办"故宫零废弃"导游培训宣讲会，正式开启"故宫零废弃"项目面向导游群体与公众的新一轮倡导工作。

文化和旅游部党组成员、故宫博物院院长王旭东为来自全国线上、线下上千名优秀导游讲授第一堂课。王旭东表示，故宫博物院不仅要真实、完整地保护并负责任地传承弘扬故宫承载的中华优秀传统文化，同时肩负着培育和践行社会主义核心价值观的使命。故宫博物院有责任有义务落实"五大发展理念"，创造美好家园，为美丽中国做出贡献。我们愿意成为让公众参与环保、践行高质量发展之路的实践者。

据了解，故宫博物院于 2020 年 1 月与万科公益基金会共同发起"故宫零废弃"项目，采用科学精细的废弃物管理方式，持续追求"将填埋、焚烧处理的垃圾减少至无限趋近于零"的美好愿景。项目开展一年多来，故宫博物院对职工开展了多样化的培训和激励，推进"零废弃办公"，建立院内堆肥试点，使院内资源回收率达到 45%。2021 年，"故宫零废弃"项目将进一步面向导游和游客，重点推广"零废弃游览"，通过赋能导游群体，为游客带来更优质的绿色参观体验。为此，故宫博物院与万科公益基金会首推"零废弃游览"理念，针对故宫博物院参观环境，研发并发布"故宫导游零废弃学习工具包"，由导游群体主动影响游客参与零废弃实践，让游客在参观过程中既收获历史知识，又提升现代垃圾分类实践经验。故宫博物院也将通过探索导游群体协力文博系统提升游客公共意识的方式，形成参考案例，进行系统、深入的总结归纳。在工作领域引入零废弃内容，既是导游社会责任的体现，也是导游对国家生态文明建设的回应。这也为导游工作增添了公益附加值，有助于形成独具特色的导览服务。实践零废弃游览，将为文化和旅游行业注入持久的驱动力和更深远的文化价值。

资料来源　王洋.故宫博物院开启"零废弃"导游培训计划［EB/OL］.（2021-07-14）.http：//www.ctnews.com.cn/news/content/2021/07/14/content_107978.html.有删减。

分析提示：导游是联结博物馆和观众的桥梁。打造一座零废弃世界文化遗产地、国家级博物馆、世界级旅游目的地，离不开导游的共同参与。导游的专业讲解和引领，能够帮助更多游客从历史中理解环境保护意识、从中华优秀传统文化中认同零废弃、从故宫零废弃的实践中受到启发。通过这样的传递，会有更多观众自愿加入日常的环境保护行动，爱环境，护古迹，文明旅游。

2）旅游景区文明管理

（1）旅游需求方——旅游者要文明旅游。

对于提高民族素质、提升国际形象而言，游客的行为是重要环节。旅游过程中的表现，是游客平时生活的真实映射，提升旅游文明关键在于平时。例如，固始汗是青藏高原地区一位重要的历史人物，在特定的历史条件下，为促进民族团结、巩固祖国统一做出了重要贡献。2015年6月一名来自四川的游客在青海省德令哈市柏树山景区游玩时，攀爬蒙古族英雄固始汗巨型雕像，并在其微博上炫耀。2018年"五一"期间，扬州动物园有四只公孔雀遭游客拔毛，其中两只尾羽基本被拔光，另外两只尾羽受损严重，并因此出现发炎症状。故宫博物院则发生了"石头被抠"事件，一名游客以"去了趟故宫，偷点漂亮石头做纪念"为配文，将故宫地面的石子画及手中几块石头的照片发布到网上。上海自然博物馆开馆不到一个月，海星就被乱摸而死，还有"巨蜥"爪子被弄断。诸如此类，实在令人很痛心。

行业广角镜7-4　　　　　　　　　**做文明游客，风景才会更美丽**

芳草鲜美，落英缤纷，"樱花雨"是因时而发的自然美景。每年春天，武汉大学盛放的樱花吸引大量游客前来，高峰时每天接待20万人次。为了与社会共享这片美景，武汉大学敞开校门开放赏樱。面对这难得的美景，我们理应倍加珍惜。

然而，由于一些人的不文明之举，樱花成了武汉大学每年都要面对的"美丽的烦恼"。比如，2018年3月24日晚发生在武汉大学校园里的不和谐一幕，一男子疯狂摇动樱花树干，下起"樱花雨"，并与上前制止的学生发生纠纷。除了此次发生的摇树，还有攀爬、折枝、乱扔垃圾等不文明行为。该校采取了不少措施，如投入科技设备控制游客人数、租用流动卫生间、临时交通管制，加大安保、保洁、交通引导等人力投入，为此给学校带来不小负担。应当看到，武汉大学从早些年的售票赏樱、门票涨价，到如今的开放预约、免费赏樱，传递的正是"开放""共享"的时代人文精神，背后也有广大师生的理解和包容。此时发生摇晃、攀折花木等不文明之举，伤害的岂止是风景？

资料来源 冯国栋，李思远. 做文明游客，风景才会更美丽. [EB/OL]. (2018-03-26). http：//go. huanqiu.com/news/tourism/2018-03/11692512.html.有删减。

分析提示：春光需要呵护，文明需要守护。告别不文明习惯，做更好的自己。别再让美丽无辜的樱花为我们的不文明行为而哭泣。做文明游客，风景才会更美丽！

（2）旅游供给方——经营者要文明经营。

旅游经营者应当诚信、合法地从事经营活动，任何野蛮开发、过度开发都属于旅游不文明行为。例如，青海塔尔寺对游客立新规，作为佛教圣地的塔尔寺，规定游客必须身着长衫、长裙进行景区游览参观，对行为举止等进行了明文规定。

旅游经营企业要通过优化内部管理，从食品采购、加工、销售各个环节杜绝浪费。比如，扬州蜀冈-瘦西湖风景名胜区对就餐形式做出相应调整，早晚自助餐实行蔬菜水果自助、主菜实行点单制的半自助形式；定制科学、合理、操作性强的菜单，通过不同组合搭配，让客人有更多选择。浙江嘉善云澜湾酒店推出"阳光健康菜单"，客人可通过电子菜单看到每个菜品的照片、主料、辅料名称、克数、标价等信息，根据自身需求选择大份菜、小份菜。有些景区自助餐厅向践行"光盘行动"的游客赠送"光盘勋章"，游客凭勋章可享受景区餐饮、游乐项目、住宿方面的费用减免。

行业广角镜7-5 推广旅游标准化体系认证 三亚评出"2017我最喜欢的海鲜店"

为了让市民游客获得完美的三亚旅游体验和培育海鲜餐饮商家诚信经营的风气，推动三亚全域旅游示范区创建工作，由三亚市旅游发展委员会、三亚市科工信局、三亚市工商局联合主办，新浪乐居、三亚市海鲜排档协会、三亚市旅游协会美食专委会联合承办的2017三亚"车道杯我最喜欢的海鲜店"评选活动颁奖仪式暨三亚海鲜美食宣传片发布仪式于2018年1月4日上午在三亚南边海海湾维景酒店华宴楼餐饮会所宴会厅举行。

活动共吸引三亚星级酒店海鲜餐厅、社会海鲜餐厅、海鲜加工店等不同类型的72家海鲜店报名，并创新地将微信公众平台和微信支付、支付宝支付评价平台作为投票平台，使投票模式和渠道多元化，也有效地避免了刷票行为。活动期间累计吸引全国各地的网络投票人次达到718 219人次，在三亚到店消费后评价投票人数达到2 825人，累计消费后评价投票达到13 620人次；活动组委会还组织自媒体对17家参评海鲜店进行了深入报道，并与全国十大网络直播平台展开合作，以网络直播的模式，邀请五位中国烹饪大师对三亚十大创意海鲜菜品、三亚十大海鲜名厨、三亚十大海鲜诚信商家三个奖项的部分报名企业进行现场点评，每期节目单个直播平台在线观看人数超过20 000人。同时为了强化本次评选活动的宣传力度，共向机场、高铁站、旅游服务站点、参评商家等渠道投放美食地图10万册、宣传海报500份、公交车站厅广告20幅，全国150余家媒体对此次活动进行了1 200多次的转载报道。

2017年三亚"'车道杯'我最喜欢的海鲜店"评选活动经过7个多月的商家推广、网络投票、专家评审,最终产生了三亚我最喜欢的十大海鲜餐厅、三亚我最喜欢的十大海鲜店、三亚我最喜欢的十大海鲜加工档口、三亚我最喜欢的十大海鲜菜品、三亚十大创意海鲜菜品、三亚十大海鲜名厨、三亚十大海鲜诚信商家、三亚我最喜欢的海鲜广场等八个奖项。

三亚市旅游委负责人表示,活动的举办对三亚旅游标准化体系认证和三亚旅游诚信商家体系认证的海鲜餐饮企业进行了很好的推广,同时还推出了三亚首款智慧三亚旅游会员卡——海鲜卡,利用评选活动向全国游客推荐三亚认证海鲜餐饮商家信息,破解来三亚去哪吃海鲜的困局,让更多的游客了解三亚的优质海鲜餐饮企业。

资料来源　佚名.推广旅游标准化体系认证　三亚评出"2017我最喜欢的海鲜店"〔EB/OL〕.（2018-01-07）.http://www.visithainan.gov.cn/jiaodianxinwen/shixiankuaixun/sanya/201801/t20180105_78121.htm.有删减。

分析提示:旅游经营者要诚信、合法、文明经营,任何不诚信经营行为都属于旅游不文明行为。

（3）旅游管理方——政府部门立法推动和宣传引导。

要坚持教育引导与加强惩戒"两手抓",引导为主、依法惩戒。要把文明旅游作为社会主义核心价值观建设和旅游业高质量发展的重要内容。一方面要积极创新文明旅游宣传方式,借助新媒体手段,充分发挥旅游从业人员、行业协会和旅游志愿者的作用,加强文明提示、文明引导、文明规劝,大力倡导爱护环境、保护生态、绿色出游、餐桌文明,引导广大游客遵守文明旅游规定和疫情防控要求,理性消费;另一方面要通过法律、行政、经济、舆论监督等手段,多管齐下,加强惩戒,依法依规下大力纠治旅游不文明行为。

①立法推动。国家旅游局先后出台的《中国公民国内旅游文明行为公约》《中国公民出国（境）旅游文明行为指南》《游客不文明行为记录管理暂行办法》等以及"游客黑名单制度"引起社会广泛关注,让文明旅游有了制度规范、不文明行为有了成本代价。2021年4月29日通过并实施的《中华人民共和国反食品浪费法》明确了旅游经营者的相关责任义务。2021年2月,文化和旅游部发布旅游行业标准《旅游民宿基本要求与评价》第1号修改单,标准新增"提供餐饮服务时应制定并严格执行制止餐饮浪费行为的相应措施"条款。

微型资料7-2

2019年8月,《文明旅游示范单位要求与评价》（LB/T 075—2019）颁布实施。2021年3月,文化和旅游部办公厅印发了《关于开展〈文明旅游示范单位要求与评价〉（LB/T 075—2019）实施工作的通知》。参评范围集中在A级旅游景区、星级旅游饭店、旅行社等提供旅游相关服务的单位,及其他能够积极推动文明旅游、在引导旅游者和组织培训旅游从业人员文明行为等方面具有示范性的单位,以最大化调动各类旅游企业和单位参与的积极性,推动行业文明旅游工作整体提升。《〈文明旅游示范单位要求与评价（LB/T 075—2019）〉评定细则》规定,文明旅游示范单位划分为国家级文明旅游示范单位和省级文明旅游示范单位两个等级，包括5类基本项目和附加项目，总分1 000分。其中，5类基本项目包括制度建设、卫生环境、服务质量、宣传引导和实践活动。

②宣传引导。生态环境部、中央宣传部、中央文明办、教育部、共青团中央、全国妇联六部门共同制定并发布了《"美丽中国，我是行动者"提升公民生态文明意识行动计划（2021—2025年）》，提出加强生态文明教育，着力推动构建生态环境治理全民行动体系，培育生态道德和行为准则，力戒奢侈浪费，引导践行绿色健康生活方式，开展包括"绿色餐饮"在内的绿色行动计划，实现生产生活方式的绿色转型。

比如，为了让来重庆的游客吃得放心、吃得安心，重庆在各大餐饮店大力推广"吃得文明"主题活动，在很多餐饮门店内，都能看到"珍惜粮食、拒绝浪费""管住嘴拒野味""重营养，讲搭配"等宣传展板，将吃的文明落到了"食"处。

微型资料7-3

文化和旅游主管部门打造的文明旅游主题活动品牌"文明旅游 为中国加分"自从2015年12月启动以来，每年针对不同季节、不同对象、不同行为开展主题宣传，已成为常年持续开展、具有广泛影响力的文明旅游活动品牌。在2018年"文明旅游百城联动"活动基础上，2019年，文化和旅游部启动"文明旅游 为中国加分——百城千景在行动"，活动范围拓展延伸至100座旅游城市、1 000家A级旅游景区，组织了内容丰富的宣传教育和文明引导活动，形成"旅游部门+行业协会+企业+媒体+志愿者+旅游者"六位一体的文明旅游宣传模式，将文明旅游行动落到实处、深入到基层一线。

7.3 旅游景区社区管理

7.3.1 旅游景区社区管理内涵

社区（community）是指由在一定地区内发生社会互动、具有特定生活方式和成员归属感的人群所组成的相对独立的社会生活共同体。

旅游景区内的社区居民与外来游客是该系统的两大主体。居民要生存和发展，游客要游览和享受，居民和游客在利用资源、享用空间等方面不可避免地存在着矛盾。社区居民要致富，开发业主要赚钱，地方政府要收税，相关利益方不可避免地存在着利益上的矛盾。在利益驱动机制的作用下，三方均希望实现利益最大化。但是，三方若过分地强调各自的利益，往往会造成旅游景区整体形象和质量的下降，反过来又影响了三方各自利益的实现。因此，为了解决旅游景区这一博弈问题，我们需要突破传统旅游景区管理的范畴，从社区管理的角度来研究。

微型资料7-4

乌鲁鲁巨石，也被称为艾尔斯巨石（Ayers Rock），在澳大利亚土著人的心中是一个神圣之地，标志着马拉人在"创造时间"时所走的传统路线。根据有关数据，2011年至2015年期间，大约有16%的游客攀登该石。尽管乌鲁鲁基地的标志告诉游客们不要去攀登，但这从来没有阻止过一些人。经乌鲁鲁-卡塔丘塔（Uluru-Kata Tjuta）国家公园的董事会成员一致投票决定，自2019年起正式禁止登山者攀登澳大利亚标志性的乌鲁鲁巨石，这是出于对阿南格族（Anangu）原住民社区的尊重。

7.3.2 旅游景区社区管理模式

1）旅游景区社区管理的常见模式

（1）官方机构管理局模式。

我国早期开发的旅游景区大都是风景名胜区、自然保护区、森林公园等，为国家所有，政府成立具有一定行政级别的官方管理机构，代表政府行使社区管理。

（2）景区社区一体化模式。

有文化特色的社区一旦开发成为旅游景区，旅游活动就必须依托社区开展，因此社区与景区就融为一体了。例如，西双版纳傣族园主景区由曼将、曼春满、曼乍、曼嘎、曼听5个保存完好的傣族自然村寨组成，景区是以社区为背景建立起来的，因此景区与社区一体化成为必然。

（3）景区社区职能分工模式。

乡村景区的开发建设转变了乡村社区的经济结构，旅游业成为农村经济的主要来源，开发公司与社区居民之间在提供旅游服务的职能上采取合理的分工，对于促进旅游业的健康和谐发展十分有利。

（4）景区社区相对分离模式。

这种模式下，景区位于社区之中，但与社区居民的生活区、生产区相对分离，形成了独立或相对独立的旅游经营区。例如，宜昌三峡人家景区将石牌村的旅游优势资源如龙进溪、杨家溪、灯影石和石牌抗日保卫战遗迹等划分出来，独立开发成景，各景点通过水路、陆路与长江对岸游客中心、宜昌黄柏河码头、石牌趸船等相连，构成了相对独立的旅游营运网络。

2）旅游景区社区管理模式创新

旅游景区是社区居民、开发业主、地方政府三位一体的系统。统筹旅游景区、社区的发展，兼顾开发业主、社区居民和地方政府三方的利益，确保旅游景区的可持续发展，是旅游景区社区管理的出发点和落脚点。

（1）旅游景区社区管理模式创新的原则。

①社区共管原则。社区共管作为国际上一种新兴的公共资源管理模式，是指利益相关者共同参与公共资源管理方案的决策、实施和评估的过程。旅游景区资源是一个特殊的公共资源，也是一个特殊的利益共同体，需要不同的利益群体参与进来，多方共享决策权、多方共同执行决策，特别是要注重引导社区居民的参与。

②利益协调原则。社区共管的焦点是权利和权属。由于各方的价值观、兴趣和关注点不同，受不同利益的驱动，因此景区社区管理的焦点是利益的协调，特别是要拓展各行各业的社区居民参与旅游发展，以确保社区居民从旅游业发展中受益。因为社区居民参与旅游业发展并获得经济效益，是促进社区居民维护旅游景区环境和形象的前提。一个负责任

的企业，需要与当地民众共同发展，否则就难以实现可持续发展。例如，从2012年5月1日起，一台原汁原味的原住民文化大戏经过精心策划在澳大利亚乌鲁鲁度假村唱响，活动包括由原住民导游带领的园林漫步、实地讲解原住民的丛林食物、投掷飞镖、表演回力器、吹奏迪吉里杜乐管、欣赏原住民传统舞蹈、参观原住民艺术市场等，从而为原本平淡无奇的投宿生活增添了古老的传奇色彩。这无疑是一个让游客、原住民和企业三方共赢的举措，也让旅游企业承担起了提升原住民生活质量的社会责任。特别是澳大利亚乌鲁鲁这样一个世界"双遗产"，产权属于原住民，让他们通过旅游发展受益不仅是经济问题，更是一个社会进步的理念问题。

③形象至上原则。景区社区管理应维护和突出景区的整体形象。景区形象既是景区内社区居民认同感的基础，又是体现景区之间差异性的标志，是产生旅游持续吸引力的原动力。旅游景区的良好形象不仅依赖其迷人的景观和环境、完善的旅游接待设施，还依赖良好的社区人文环境。利益相关方应共同塑造和维护景区良好的整体形象，确保游客的旅游质量，促进景区的可持续发展。

（2）旅游景区社区管理的创新模式。

旅游景区大多是社区居民世代居住的家园，景区居民及其所负载的文化是景区的重要吸引力。旅游景区在经营过程中，必须照顾社区的利益，鼓励社区居民参与到旅游活动中来，从旅游业中获益。社区参与，回馈社区。

①景区经营者要积极创造机会，让社区居民参与决策与经营管理，以求可持续发展。

②景区经营者应根据景区开发、经营与发展过程中土地和资源征用的情况，与政府及社区签订协议，每年按照协议支付社区一定比例的景区收益，以弥补社区因景区旅游发展而产生的损失，景区还应从收益中拿出一部分投资社区的公益事业。

③景区的经营管理机构应为社区居民提供就业机会，鼓励社区居民从事旅游商业活动。在乡村旅游发展过程中"以景带村"就是一种非常有效并具有推广意义的乡村旅游扶贫模式。

2015年，全国首个国家公园地方性法规《云南省国家公园管理条例》出台，将社区发展列入国家公园五大功能。比如，普达措国家公园每年从旅游收益中拿出1 500余万元，用于社区居民的经济补偿和教育资助，还为周边社区群众提供工作岗位，社区居民因从事旅游服务，户均年收入递增，有的甚至达到了10万元。

行业方向球　　　**新疆阿瓦提刀郎部落：挖掘刀郎文化 乡亲吃上旅游饭**

眼下新疆阿瓦提刀郎部落景区，麦西热甫、木卡姆、斗羊等丰富多彩的刀郎文化展演精彩纷呈，高潮迭出，吸引游客驻足。旅游聚拢人气，附近村民也共享了旅游发展带来的红利，他们带来的木碗、木勺、蒜臼、果盘、木盆等传统手工艺品美不胜收，另外，抓饭、拌面、凉粉、凉皮、鹰嘴豆汤面、酸奶、桑葚、杏子等风味十足的瓜果小吃也备受游客喜爱。

然而在2007年景区刚开始营业时，游客量有限，附近村民销售旅游商品的热情也不高，景区对旅游商品的销售思路也不清晰。商品单调，同质化严重，集中在景区门口的冷饮铺、瓜果铺，大家卖的东西都一样。如何吸引附近的村民参与景区共建，挖掘文化特色，搭建景区旅游商品的销售舞台呢？为了打破这种局面，景区广开思路，请来传统手艺人入驻景区，免费提供住房和店面，同时每月补助500元。手艺人来了，景区文化特色慢慢凸显，人气越来越高，游客的体验感不断提升，也带动了景区的商品销售。

来自阿瓦提县的手工艺人阿巴斯·阿布拉十年前入驻景区，常年从事手工艺现场制作和销售。收入好的时候，一天可以赚3 000多元，一般情况下每天也有近千元的收入。如今他已经78岁了，他的儿子也开始跟他学做手工艺品，希望这份手艺能够传承下去。

阿瓦提县英艾日克镇托格拉克村的农民艾买提·吐尼亚孜三年前应聘到景区，成为一名演员。他经常骑着毛驴漫游在景区大门至核心景区的步行道上，身着维吾尔族特色服装，模仿阿凡提的模样表演节目，惟妙惟肖、诙谐幽默，丰富的面部表情让游客忍俊不禁也倍感亲切，大家络绎不绝地主动上前打招呼并合影留念。他说："过去家里靠种地为生，一年下来只够吃的，很难维持家用。看到刀郎部落景区游客很多，就应聘过来当演员，我可以跳麦西热甫、扮演阿凡提等故事人物形象，一个月有2 000多元收入。景区管我们的吃住，一年下来家庭可以增收2万到3万元。"

艾尔买江·艾买提尼亚孜也是附近的村民，景区营业的第二年来的，在刀郎宴会厅承包了烧烤摊位，为宴会厅现场制作刀郎烤羊、刀郎烤鱼。"生意不错，一年下来能挣七八万元。"游客就餐时有歌舞表演，演员邀请游客上台互动。新疆不光人杰地灵、瓜果飘香，人民也友善、好客。

历经十余年的打造，景区的刀郎文化氛围越来越浓，已相继吸引当地手工艺人6户，另有26家烧烤、8家特色餐饮都由本地村民经营，40多户村民还参与刀郎特色娱乐活动项目的经营。如今刀郎羊、刀郎鸡，甚至刀郎烤鱼、刀郎慕萨莱思等品牌也融入其中。通过持续挖掘和打造刀郎文化，刀郎部落成为一家极具特色的旅游景区。

截至目前，刀郎部落景区有工作人员380多人，其中当地村民100多人。刀郎文化是阿瓦提县的特色文化，已被列入国家级非物质文化遗产。继续挖掘刀郎文化和胡杨文化，不断推出多彩刀郎文化旅游节产品，全面展现刀郎人的建筑、饮食、手工制作及生活民俗成为刀郎部落景区发展的特色和目标。今后，刀郎部落景区还计划采取奖补和免租方式引入以刀郎文化为主的文创产品，设立刀郎文化销售展柜，吸纳更多当地人通过发展刀郎文化产业实现就业，过上好日子。

资料来源　王思超.新疆阿瓦提刀郎部落：挖掘刀郎文化 乡亲吃上旅游饭［N］.中国旅游报，2021-06-15（5）.有删减。

分析提示：旅游业的发展要使当地社区居民受益，照顾原住民的利益，同时将原住民文化通过旅游展现给游客，实现经济、社会、生态的和谐发展。

■ 观念回顾

1.旅游景区人文环境管理可以从旅游景区文化资源管理、旅游景区社区管理、旅游景区氛围环境管理、旅游景区文明管理等方面入手。

2.旅游景区文物保护与活化、非物质文化遗产保护与活化、古旧村落保护与活化等是旅游景区重要的文化资源管理内容，主要通过立法管理、规划先行、得力措施等加强保护与活化，同时将数字化新技术引入到文化资源保护和传承中。

3.社区是指由在一定地区内发生社会互动、具有特定生活方式和成员归属感的人群所组成的相对独立的社会生活共同体。旅游景区内的社区居民与外来游客是该系统的两大主体。官方机构管理局模式、景区社区一体化模式、景区社区职能分工模式、景区社区相对分离模式是旅游景区社区管理的常见模式。旅游景区要不断创新社区管理的模式。

4.旅游氛围是景区的旅游资源、旅游设施、自然生态环境、旅游服务等综合作用于旅游者，旅游者通过视觉、听觉等感知，产生联想、联觉所形成的主观感受。要通过加强旅游设施的合理规划、地域文化的保护开发和旅游服务组织状况的管理来提升旅游氛围管理。

5.文明旅游是一个广义的范畴。从旅游需求方来讲，旅游文明是指旅游者在旅游活动过程中遵守一定的社会道德、风俗习惯和相关法律，通俗地说就是旅游者要"文明旅游"。从旅游供给方来讲，旅游文明主要是指旅游企业诚信、合法、科学地从事旅游经营活动。政府部门主要通过立法推动和宣传引导推动公民道德素质和社会文明程度进一步提升。

■ 相关规范

1.《"十四五"非物质文化遗产保护规划》（文旅非遗发〔2021〕61号），文化和旅游部2021年05月25日印发。

2.《文明旅游示范单位要求与评价》（LB/T 075—2019），自2019年8月1日起实施。

3.《导游领队引导文明旅游规范》（LB/T 039—2015），国家旅游局2015年4月2日发布，自2015年5月1日起实施。

4.《中华人民共和国反食品浪费法》由中华人民共和国第十三届全国人民代表大会常务委员会第二十八次会议于2021年4月29日通过，自公布之日起施行。

■ 应用习题

1.选取所在区域调研非物质文化遗产保护与活化或古旧村落保护与活化情况，特别是采取的举措和取得的成效，并提出建议。

2.互相分享有效推动旅游景区文明旅游的一些有创意的做法。

第8章
旅游景区运营管理

学习目标

1. 了解旅游景区安全事故的表现形态和产生的原因。
2. 理解旅游景区智慧管理的内涵，掌握我国旅游景区智慧管理现状，理解旅游景区智慧管理对旅游业高质量发展的意义和作用。
3. 了解旅游景区危机类型，掌握旅游景区危机应对的策略，提升对伟大抗疫精神的理解。

热点关注

旅游安全　突发事件　智慧旅游　预约旅游　危机管理

行业视窗　　　　　张家界旅游担起"龙头"的担子

"德尔塔"病毒突袭，旅游经济归零，张家界市用心用情服务滞留游客。如今，景区陆续恢复开放——云开"疫"散，风光无限。

2021年8月27日，时隔24天后，武陵源核心景区、天门山景区、大峡谷景区再次开门迎客。28日，茅岩河景区、五雷山景区、地缝景区正式开放。景区陆续开门，标志着张家界旅游业走向复苏。截至29日，开放的6个景区累计接待游客3 000多人次。旅游，这根张家界经济的"生命线"再一次搏动起来。

云开"疫"散，风光无限。

疫情期间，面对重重压力，张家界旅游行业临危不乱、积极应对，终于迈过了艰难的时刻。7月29日，张家界确诊首例本土新冠肺炎病例。当天，该市即宣布30日起，全面关停全市所有景区景点。全面关停，意味着什么？此前半个月，张家界发布了2021年上半年旅游成绩：共接待游客3 104.38万人次，收入361.17亿元，逼近历史同期最高水平的九成。疫情突袭，张家界市181家旅行社共退团14 656个、退团游客20.66万人，退团费2.26亿元人民币。这只是团队，不包括自由行游客，全市旅游经济瞬间归"零"。

"建议大家暂时不要来张家界旅游。"在该市举行的首次疫情防控新闻发布会上，张家界市旅游部门负责人面对镜头，郑重表示。疫情前，天门山景区每日上山游客量超过2万人，因为疫情每日损失达数百万元。"作为张家界的龙头企业，天门山有责任、有义务作表率、显担当。"第一时间，天门山景区为张家界市疫情防控捐赠1 000万元，景区负责人表示，要以实际行动为抗"疫"贡献力所能及的力量。

张家界市旅游协会旅行社分会党支部发起成立党员志愿者抗疫先锋队，在全市公交、的士停运的情况下，负责将停留在高铁西站、火车南站等地游客接送至安置酒店。仅在8月2日，抗疫先锋队就安排了20台车负责接送，从凌晨4时到晚上10时，最多的一个志愿者往返25趟。

旅游暂停，服务不停。

针对因疫情滞留的游客，张家界市专门成立游客服务组，并在每个定点酒店配备文旅、公安、卫生、心理咨询、街道等工作人员和社区志愿者，共同负责游客的生活服务和隔离管控。"我有个小请求，我心脏不好，药快吃完，能不能帮我买点药？""我小孩只喝特定的牛奶，您能帮我买一下吗……"面对游客的诉求，15分钟内，疫情防控志愿者统统搞定，送到房间门口。这样的服务，每天都在进行。

游客滞留期间，张家界市倾情为其做好服务，政府全力优先保障为游客提供吃住，每天为游客送水果、送盒饭到房间。全天候提供服务咨询，心理咨询专家随时为游客提供心理帮助，人民医院开通紧急救治通道。驻店工作人员随时为有基础病的游客、老人、小孩等特殊人群提供个性化服务。对游客居住的酒店客房及环境严格消杀。他们按照疫情防控要求，在酒店附近及各定点核酸检测采样点设置游客绿色通道，安排流动核酸检测采样组上门服务，还为老人、小孩、孕妇等特殊人群提供更多温馨的服务。

疫情过后，重逢有时。

8 月 13 日，首批滞留张家界的游客开始返程。在旅途中，河北游客李先生将自己在张家界旅游及隔离期间的照片，做了一个小视频。他配文说："半个多月来，有美景，有遗憾，也有温暖。这段不长不短的时间，见到了张家界的美景，也认识了最美的旅游人。"为了保证游客顺利返程，张家界机场、高铁、高速公路、公安等部门组成工作组，由专车、专人护送，将客人送达中转点。机场、高铁安排专用通道和专用休息室候机候车，并提前与游客所在的市、州等地对接，以便他们在游客到达后按照当地疫情防控办法，对游客进行健康监测。"有过抱怨，有过生气，但更多的是感谢""离别是短暂的，希望不久之后，我们还能在张家界重逢""这些天，你们的辛苦看在眼里，记在心里……"不少游客在抵达目的地后，纷纷向隔离点的工作人员表达真诚的感谢。

8 月 27 日，张家界首批景点开放。当日，该市还宣布 A 级景区面向全国游客半价优惠。在天门山景区，开门后所迎来的第一位客人，即是因为疫情滞留在张家界的深圳游客姚女士。"滞留期间，张家界人民很热情，服务很体贴。"她说，得知自己是景区恢复开放后的第一位游客，心里很激动，"很开心，这是我梦寐以求的旅程。"河南游客邵先生一家三口，作为首批游客，在见到武陵源核心景区云雾缭绕的三千奇峰后，不停地从各个角度合影留念，"美丽张家界，值得来！"

资料来源　宁奎. 云开"疫"散　风光无限［N］. 湖南日报，2021-08-30（1）. 有修改。

当今世界，危机已经日益成为一种常态。旅游业是一个极其脆弱的行业，旅游景区也是如此。旅游景区的经营管理者要有风险意识，实施危机管理，维护品牌形象。旅游安全对于旅游景区的发展来说，是十分重要而又非常敏感的。没有安全的旅游，就没有旅游的一切。

8.1　旅游景区安全管理

8.1.1　旅游景区安全管理事故表现形态

旅游景区安全事故表现形态复杂多样，主要表现为：交通安全事故、治安事故、火灾事故、自然灾害事故、食物中毒事故、环境安全事故、其他意外事故。

二维码 19

微课：旅游景区安全事故表现形态

1）旅游景区交通安全事故

旅游景区交通安全事故是指机动车驾驶人员、行人、乘客以及其他在道路上进行交通活动的人员，因其行为违反了国家有关道路交通安全的法律法规的规定，而造成的人身伤亡和财产损毁的事故。根据事故的表现形式，旅游景区交通安全事故可分为碰撞、碾压、刮擦、翻车、坠车、爆炸、失火七种。根据事故发生的空间性质，旅游景区交通安全事故可分为景区道路交通事故、景区水面交通事故、景区索道安全事故、景区代步小工具安全事故等。

（1）景区道路交通事故。

景区道路交通事故是指发生在景区公路、桥梁、隧道、停车场等地方的交通安全事故，表现为旅游车辆由于各种原因相撞、追尾、坠落、陷落、冲撞、撞倒行人，以及车辆遭遇物体袭击、冲压等。例如，2015年3月25日，泰国南部旅游胜地普吉岛一辆旅游大巴在行驶途中突然撞破防护栏，坠入卡隆海滩附近的峡谷；2015年7月21日，湖南湘潭一所高校赴井冈山某活动实践体验团的车辆，载客38人，因大巴司机操作不当，在井冈山230省道八面山路段滑落悬崖（悬崖高约20米，该车并非垂直坠落，而是沿着斜坡滑下去的），事故造成1人死亡、5人重伤、多人轻伤。

（2）景区水面交通事故。

景区水面交通事故是指发生在景区湖面、海面、江河、溪流、码头等地方的交通安全事故，表现为游船、快艇、木船、竹排、橡皮艇、羊皮筏、气垫船等水面运载工具因各种原因碰撞、沉没、翻船、失踪等。例如，2012年4月4日12时40分许，上海稻草人旅行社携大学生团队24人在苏州太湖西山岛分批乘坐快艇游览时，其中搭载8名学生的快艇由于撞上前面两艘货船间的拖带缆绳而发生意外，造成4人死亡、4人受伤。2015年6月1日晚，载有454人的"东方之星"号客轮突遇龙卷风，在长江荆州市监利县大马洲水域翻沉，船上乘客多为上海一旅行社组织的"夕阳红"老年旅游团成员，年龄在50～80岁，翻沉共造成442人遇难。

（3）景区索道安全事故。

景区索道安全事故是指发生在景区高山、峡谷、山丘、江面、岛屿、沙漠等地方的交通安全事故，表现为客运缆车、观光电梯、溜索等空中运载工具停运、坠落、滑落等。例如，2018年4月19日19时30分许，陕西省渭南市华阴市华山景区因突发强阵风造成西峰索道暂时停运（根据西峰索道安全技术要求，运行时风速需在17米/秒以下），索道下行一侧160名滞留游客经多部门近8小时联合救援后，到4月20日凌晨5时5分，全部安全下山。

（4）景区代步小工具安全事故。

景区代步小工具安全事故是指发生在景区各景点的干道、便道上的交通安全事故，表现为电瓶车、自行车、水翼船、雪橇、摩托艇、滑竿等发生失控、冲撞等。例如，2009年5月24日中午12时左右，贵州荔波县小七孔景区鸳鸯湖停车场出口处发生了一起景区电瓶车侧翻事故，造成车上8名游客受伤，其中3名游客伤势较重。

2）旅游景区治安事故

旅游景区治安事故是指由于刑事犯罪而导致的各种事故。根据旅游活动中的犯罪现象，旅游景区治安事故可分为敲诈勒索、诈骗、抢夺、抢劫、盗窃、性侵犯等类型。

敲诈勒索是以非法占有为目的，对被害人以暴力相威胁或采用其他要挟手段强行索要公私财物的行为。诈骗是以非法占有为目的，用虚构的事实或隐瞒真相的方法，骗取数额较大的公私财物的行为。抢夺是以非法占有为目的，公然夺取公私财物的行为。抢劫是以非法占有为目的，以暴力、胁迫或其他方法，强行劫取公私财物的行为，具体表现为对被害人实施殴打、捆绑、逼迫、麻醉、威胁等手段强行夺取被害人财物。抢劫犯罪具有严重的社会危害性，因为其不仅直接侵犯了公私财产的所有权，而且使用暴力、胁迫等手段，也侵犯了公民的人身权利。盗窃是以非法占有为目的，秘密窃取数额较大的公私财物或者多次秘密窃取公私财物的行为。性侵犯包括强奸和性骚扰两种。

行业广角镜8-1 　　　　　　　　　　**花季少女凋谢在风景中**

2002年3月12日，厦门东纶公司职工黄彩恋等4名少女利用闲暇时间，结伴到位于厦门同安区内的北辰山风景区游玩。4人花了20元（门票价每人5元）购票入园后，一路欢声笑语，陶醉在风景中。她们做梦也没有想到，此时危险正在悄悄降临。下午2点多钟，当4人来到景区内一处游人较少的龙泉洞景点时，尾随而至的2名歹徒见有机可乘，便开始实施抢劫犯罪，4名少女不从，2名歹徒操刀便刺……就这样，4名花季少女转眼间凋谢在北辰山如画的风景中。4名少女同时被害，这在社会治安一向良好的厦门顿时成了人们关注的话题。在各方的大力配合和公安部门的全力侦破下，这起厦门自中华人民共和国成立以来最为恶劣的血案很快告破，2名犯罪分子于2002年8月伏法。

资料来源　史蔓蓉. 景区安全责任应如何界定？[N]. 中国旅游报，2003-01-07.有删减。

分析提示：自然风景区一般占地面积较大，地形较为复杂，容易滋生刑事犯罪。因此，旅游景区要加强治安管理。

3）旅游景区火灾事故

旅游景区火灾事故是指由于人为因素而引发的各种火险。根据事故发生地点的类型，其可分为景区住宿设施火灾、景区餐饮设施火灾、景区游览设施火灾、景区娱乐设施火灾、景区游乐设施火灾等；根据事故成因，其可分为故意纵火、过失失火两种；根据事故级别，其可分为一般火灾事故、重大火灾事故、特大火灾事故三种。例如，2008年12月8日，华山景区发生山林火灾，虽未造成人员伤亡，但景区森林植被过火面积达60 000平方米，损失巨大。

4）旅游景区自然灾害事故

旅游景区自然灾害事故是指因自然灾害而导致的安全事故。其通常包括以下几种类型：地质灾害、气象灾害、生物灾害、环境疾病灾害等。地质灾害是因岩层地貌受到破坏而引发的灾害，包括洪水、滑坡、泥石流、地震、火山喷发、雪崩、滚石、地层塌陷、溃坝等。气象灾害是因气象变化异常而导致的灾害，包括暴雨、雷电、暴雪、沙暴、台风、海啸、冻雨、霜冻、龙卷风、阴霾、极端低温、极端高温、森林自然火灾等。例如，2018年1月，瑞士著名滑雪胜地策马特连日暴雪，积雪阻塞所有通往当地的道路和铁路，交通完全中断，多达1.3万名游客被困。生物灾害是生物圈内各种生物的活动给人类的活动环境带来的破坏，包括动物灾害、植物灾害、微生物灾害等，具体如凶猛动物、有毒有害昆虫的袭击（包括追猎、捕捉、叮、咬、蛰、刺、啄等），以及游客误食或误碰有害植物、森林发生病虫害引起树木倒伏损伤游客等。环境疾病灾害是因环境问题而引发的疾病，包括因空气质量差而引发的流感，因水质及土质污染、环境卫生状况差而引发的腹泻、疟疾，因缺氧而引发的高原反应等。例如，2007年5月2日，云南梅里雪山发生雪崩，造成2名游客死亡、1名游客重伤、6名游客轻伤；2009年8月15日，受秦岭主峰南麓短时强降雨影响，位于秦岭腹地的陕西宁陕县广货街镇嵩沟村旅游景区暴发山洪，10名游客被洪水冲走，最终6名游客遇难、4名游客获救生还。2015年1月26日，陕西蓝田县流峪飞峡景区内冰瀑上的冰块掉落，造成1名游客死亡、4人受伤。

5）旅游景区食物中毒事故

旅游景区食物中毒事故是指因景区饮食卫生条件差、食品不洁而导致的游客集体突发病（急性非传染性疾病）。这是游客在摄入了含有生物性或化学性有毒有害物质的食品或者把有毒有害物质当作食品摄入后出现的非传染性的急性、亚急性疾病。食物中毒的病原可以是生物性的致病微生物或化学毒物；食物中毒的原因可以是食品污染，或者是食用了有毒动植物，或者是把有毒有害的非食品当作食品误食；食物中毒的发病特点是非传染性的急性、亚急性疾病，可区别于其他食源性疾患。例如，2010年10月8日，四川海螺沟景区的广州游客在食用海螺沟磨西镇一家酒店提供的早餐后发生食物中毒事故，该事故造成1人死亡、42人入院。

6）旅游景区环境安全事故

旅游景区环境安全事故是指景区内的自然环境、游览场所因自然因素（非灾害因素）或人为因素而导致的安全事故。其通常包括以下几种类型：海滨安全事故、山地安全事故、环境容量安全事故、防护安全事故等。

（1）海滨安全事故。

海滨潜在的安全隐患是海浪、潮水等。例如，2003年7月30日，杭州近钱塘江地段连续发生4起钱江潮卷人事件，共有33名市民和游客被钱江潮卷走，其中25人获救、8人被海浪吞没。2013年8月22日，钱塘江大潮冲上海宁老盐仓堤坝，冲毁部分海塘防护设施，造成了34名观潮游客不同程度受伤。

（2）山地安全事故。

山地潜在的安全隐患是险峰、悬崖、峭壁、危岩等。2015年3月19日上午，广西桂林市叠彩山景区内发生落石事故，一块巨石突然滚落，击中正从游船登上码头的多名游客，造成至少7人罹难、25人受伤。

（3）环境容量安全事故。

环境容量潜在的安全隐患是空间狭小导致的拥挤、踩踏、建筑物倾倒等。2014年12月31日晚，正值跨年夜活动，很多游客和市民聚集在上海外滩迎接新年，黄浦区外滩陈毅广场进入和退出的人流对冲，致使有人摔倒，发生踩踏事件，致35人死亡、43人受伤；2015年4月14日，浙江苍南县矾山镇鹤顶山天湖户外拓展基地举办了"世界矾都杜鹃花文化旅游节"，开幕式期间，因大量游客爬上户外拓展训练网观看"翻九台"表演，导致训练网倒塌，事故造成2人死亡、48人受伤；2015年7月14日，印度南部安德拉邦拉贾蒙德里市的"浴河节"活动引发踩踏事故，造成至少27人死亡，另有数十人受伤。

（4）防护安全事故。

防护安全事故包括客观条件导致的安全事故和主观条件导致的安全事故。前者是指因游览安全设施老化、损坏、故障而导致的保障不力等；后者是指因游客自我保护意识和保护措施不足而导致的走失、失足、溺水、中毒、触电、受辐射、染上当地传染病等，以及因景区救助人员救护不及时、不到位、不稳妥而导致的游客伤病加重、危急等。例如，2012 年 2 月 4 日中午，27 名游客在济南跑马岭野生动物世界猛兽区内遭到虎群围攻，游览车挡风玻璃破碎，游客经历虎口逃生。英国《每日邮报》2018 年 3 月 30 日报道，在坦桑尼亚的塞伦盖蒂国家公园，来自美国华盛顿州西雅图的一个旅游团遭遇了一只猎豹跳进他们的观光车内的惊险时刻。当时有 3 只猎豹在周围，旅游团成员正专注于看一只猎豹爬上越野车引擎盖时，另一只猎豹跳进了车的后部，在座位上四处嗅探并咀嚼之后才离开汽车。猎豹走开后，全旅游团的人互相凝视了 10 秒钟才终于再次放松下来。2021 年 7 月 12 日，浙江省安吉县云上草原景区内一名教练带着一名客人借用该基地玩滑翔伞，滑翔伞飞到索道附近时，与正好上行的缆车发生碰撞，滑翔伞教练和游客从空中坠落，导致两人受伤。

微型资料 8-1

奈良公园地处日本奈良市东部，附近有著名的东大寺、春日大社等，是赴日旅游热点，尤以游客投喂园内放养的鹿而著称。但也正是由于这种"亲密接触"，导致一些游客被咬伤。鉴于此，奈良公园决定在游客购买投喂食品处竖立中、日、英三种语言指示牌，提醒游客投喂时动作要快；不要挑逗，以免鹿被激怒而攻击人类；如果食物已投喂完，要及时伸出手向鹿示意。

7）旅游景区其他意外事故

（1）高风险旅游行为造成的意外事故。

近年来，高空玻璃桥、热气球、高空跳伞、蹦极、攀岩、极限登山、滑翔伞、漂流潜水、野外探险等充满刺激性和挑战性的高风险旅游项目日益受到旅游者的青睐，同时不少景区不断开发特种设备目录外的高风险旅游项目。这些项目专业性强、风险程度高，易因天气、环境、设施和操作等因素的影响而发生各种安全事故。还有，有些游客喜欢挑战自我，刻意追求高风险旅游行为，却没有经验或能力做足事前准备，其代价往往是牺牲游客人身安全。例如，2020 年 6 月，有游客只准备了简单的帐篷、睡袋等物品，就贸然单人单车进入可可西里，闯入无人区，最终失去了生命。

（2）旅游者无意识过错行为造成的安全事故。

这包括游客因随意扔弃烟头、野炊、野外烧烤等而引发的山林大火；游客因误入泥泞沼泽地、有瘴气的山谷或毒蛇及部分野兽猛禽经常出没地而意外丧生。例如，2015 年 7 月 15 日，某家庭游客 3 人，行至青海祁连县峨堡镇黄草沟村，就地搭建户外帐篷休息，因天气寒冷，将燃烧煤炭的火炉放在帐篷内取暖，而帐篷内无通风烟囱，密闭空间内一氧化碳过量，最终导致一家 3 口中毒死亡。

（3）游客对旅游目的地的文化背景缺乏了解而造成的意外事故。

部分地区文化内涵丰富，但社会发展滞后，当地居民对于开展旅游较为被动甚至排斥，而游客在进入景区活动时，因放松肆意的心态、道德感弱化、文化背景差异及对民族禁忌的不熟悉，会扰乱当地居民的正常生活，于是就可能与当地居民发生冲突，造成旅游安全问题。此外，因游客与摊贩发生纠纷而引起的事故也不在少数。

《旅游安全管理办法》（国家旅游局令第 41 号）于 2016 年 9 月 27 日发布。其中第十六条规定："国家建立旅游目的地安全风险提示制度。根据可能对旅游者造成的危害程度、紧急程度和发展态势，风险提示级别分为一级（特别严重）、二级（严重）、三级（较重）和四级（一般），分别用红色、橙色、黄色和蓝色标示。风险提示级别的划分标准，由国家旅游局会同外交、卫生、公安、国土、交通、气象、地震和海洋等有关部门制定或者确定。"

8.1.2　旅游景区安全事故原因分析

1）景区管理不到位

（1）安全管理意识薄弱，忽视安全管理投入。

如果旅游景区未能处理好接待与安全、效益与安全、发展与安全的关系，安全管理意识薄弱，忽视安全管理投入，就容易造成安全服务基础薄弱、安全技术落后、安全设施不足、安全设备老化，以致消防、交通、饮食、治安等方面存在安全隐患。比如，2021 年 5 月 10 日，杭州市举行杭州野生动物世界"金钱豹外逃事件"新闻发布会，会上通报，由于园区饲养人员在工作交接班时没有严格按照流程操作，三只金钱豹于 4 月 19 日上午逃逸。

（2）救援体系不健全，应急机制不完善。

有的旅游景区突发事件的应急预案不具有可行性，或滞后于旅游发展，甚至缺失；也有的景区安全生产宣传教育和培训工作不够普及、深入、细致和实用，对应急救援的重要性认识不够到位。比如，2021 年 5 月在甘肃省白银市景泰县黄河石林景区举行的第四届黄河石林山地马拉松百公里越野赛遭遇极端天气，发生了 21 人遇难的惨烈事故。尽管事故主要由极端天气引起，但赛事运营方和景区在赛事组织管理上还是存在缺位，如补给站和避险点设置不足、未强制装备冲锋衣、气象预警没有得到充分重视、健康筛选不全面等，应急救援能力不足在一定程度上增加了风险。

2）旅游者自身的原因

（1）游客安全意识弱、安全行为差。

旅游的本质决定了旅游者以追求精神愉悦与放松为目的，因此游客出游的主要动机是放松休闲、逃避世俗环境。游客在流连于山水之间时，精神上容易放松警惕，行为上有时也表现出放纵自我，以期获得更大的自由，这些都为旅游安全隐患变为现实提供了温床及恣意扩大的空间。例如，2017 年下半年，印度尼西亚巴厘岛火山进入活动期，外交部先后发布了 12 次预警，提醒"暂勿前往"，但仍有数以万计的中国游客前往，致使火山喷发后 1.7 万名中国游客滞留。我国政府调遣航班紧急前往救援，总共花费了 3 000 多万元。目前，我国发布的"海外安全提醒"分为三个等级，由低到高分别是"注意安全"、"谨慎前往"以及"暂勿前往"，其有效期通常不超过 6 个月，但到期后也可能会延期。

当前，新冠疫情常态化下，旅游者应当正确认识疫情防控形势并强化安全防疫意识，严格遵守国家疫情防控要求与文化和旅游部以及景区的安全规定，出游前做好旅游线路规划和行程安排，做好安全筹划，选择合适的出游时段，提前预约，保持防疫距离，佩戴口罩等。在旅游经营场所消费时，要遵守防疫规定和人流管控要求，不聚集、不拥堵，发现身体不适症状第一时间告知相关工作人员。

（2）游客盲目追求个性体验。

一方面，部分游客刻意追求高风险的旅游行为，个别游客甚至不顾生命安全去寻求危险和刺激，包括极限运动、峡谷漂流、探险旅游、野外生存等在内的一批惊、险、奇、特旅游项目正在成为一种流行时尚；另一方面，游客不再满足于传统的被动旅游的方式，纷纷转向主动式、自助式、多文化主题的个性化旅游，主观上愿意选择游客相对稀疏的景区，强调刺激、动态参与及单独行动，这就比较容易导致旅游安全事故的发生。旅游者要准确判断自身的体能、技能和安全素质，参加徒步探险、攀岩、跳伞等各类高风险旅游项目时，务必做好安全保护工作，做好体能、技能和物资准备，不能把无保护的旅游冒险当成旅游探险，更不能盲目参加未开发区域的探险旅游活动，要在有保障的情况下参加各类正规旅游活动。

3）社会层面的影响

旅游政策、法规相对于旅游经营实践存在滞后性，至今还没有建立起专门的旅游安全法。我国的旅游安全管理部门比较多，景区的日常运营涉及多个政府职能机构，如旅游、市场监督、林业、环境等，虽然多部门都在尽力理顺彼此间的协作关系，但是难免出现责任落实不到位等情况，形成景区安全管理上的"真空地带"，使得旅游景区安全受到威胁，安全隐患问题得不到及时发现和解决。

（1）相关法规不配套。

旅游安全管理立法方面还存在空白之处，有时遇到问题只能套用其他相关法律法规。一些颇受游客欢迎且对安全要求较高的特殊旅游项目尚未纳入安全管理的范畴，缺乏制度上的保障。

（2）安全管理执法不力。

由于种种原因，已有的相关法律法规及安全制度仍然存在没有很好地落实的情况。目前，我国旅游景区还存在重旅游基础建设、轻安全设施建设的现象，景区安全隐患依然存在，直接给景区安全带来威胁。

（3）其他因素。

导致旅游景区安全事故的其他因素主要是自然因素，如洪水、泥石流、滑坡、地震等自然灾害，这些灾害在山区型旅游景区比较多发。在旅游高峰期，一旦发生自然灾害类旅游安全事故，往往会造成重大损失。此外，导致旅游安全事故的其他因素也包括人为因素，如旅游设施的设计不合理、质量不过关等，都埋下了安全的隐患。

微型资料 8-3

欧美许多国家建有一套完整的野外救援体系。这些国家的野外救援主要依靠救援组织的专业志愿者。在美国，高山救援协会已成为和消防、公安、医疗等系统紧密联系的一部分，其主要负责户外探险的救援工作。高山救援协会的所有成员全是志愿者，都受过专业的培训，并取得了救援资质。目前，全美各州均有高山救援协会的分会，分会下还设有多个救援中心。在业务上，救援中心归地方警察局领导。求救电话与报警电话一致，都是911。当接到野外遇险求救时，协会会派出至少10名志愿者到达现场参加救援。美国高山救援协会属于社会安全保障体系的一部分，因此能够享受到政府一系列的优惠政策——救援协会和救援中心的办公地点由政府提供；救援协会购置车辆、器材等享受免税；志愿者参加培训和救援工作时，其所就职的单位必须无条件支持，不得克扣薪水；军队、警察、保险、医疗等部门必须全力支持救援工作，如有需要，军队和警方应向救援协会提供直升机和警犬。很多欧洲国家的救援体系与美国相似，救援队伍主要由志愿者组成，并与军队、警察、保险、医疗等部门合作实施救援工作。

8.1.3　旅游景区安全控制与管理

旅游景区安全管理的复杂性和综合性要求景区的旅游安全管理要有一套合理的系统来进行规范。旅游景区安全管理不仅具有一般旅游安全管理的内容，还需要考虑旅游景区特殊的地理位置、生物、地质、气候、历史等因素。这就要求旅游景区需要与各有关部门进行协作，如与气象部门、交通部门、医疗卫生部门、生态环境部门、文物保护部门、公安部门、科研部门等进行合作与沟通，以保证相关信息及时、可靠，预防和救援工作及时、有效。旅游景区安全管理系统由控制机制系统、信息管理系统、安全预警系统、应急救援系统四个子系统组成，四个子系统之间相互联系，如图8-1所示。

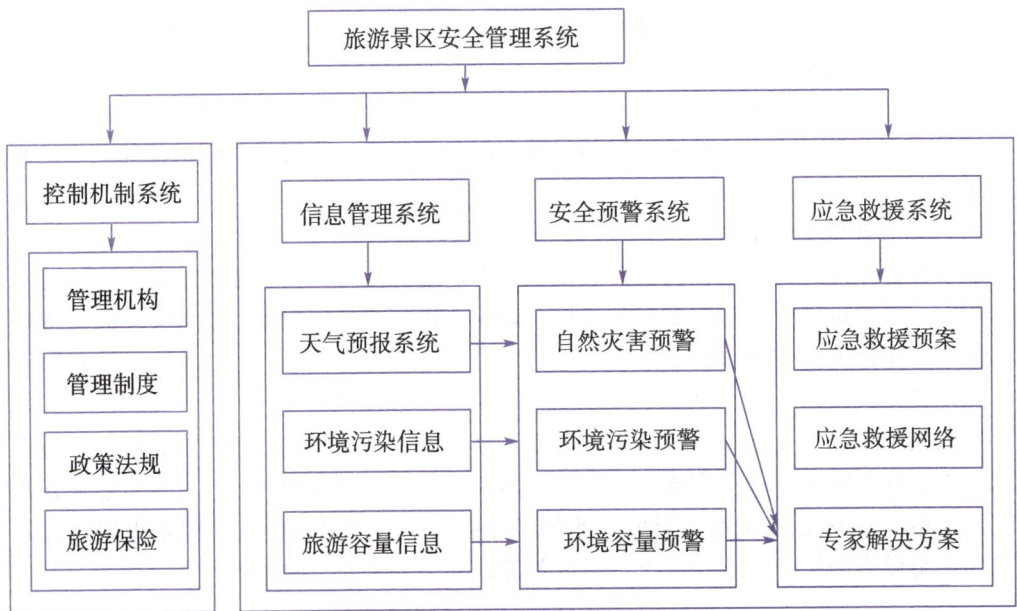

图8-1　旅游景区安全管理系统图

资料来源　王瑜，吴贵明. 风景区旅游安全问题表现形态及管理体系构建［J］. 莆田学院学报，2008（4）：24-29.

1）控制机制系统

控制机制系统是对旅游景区整个安全管理系统的控制，主要包括管理机构、管理制度等内部管理控制协调机制，以及政策法规、旅游保险等外部管理体系保障。

（1）设立旅游景区安全管理机构。

旅游景区应设立专门性的安全管理机构，负责旅游景区的日常安全管理工作和旅游景区安全的防范、控制、管理和指挥工作。旅游景区安全管理机构可设立安全保卫管理委员会，直属最高管理层，其下设安全保卫管理委员会办公室，分设计划与发展组、宣传教育组、监察执行组、旅游监察大队等，如图8-2所示。

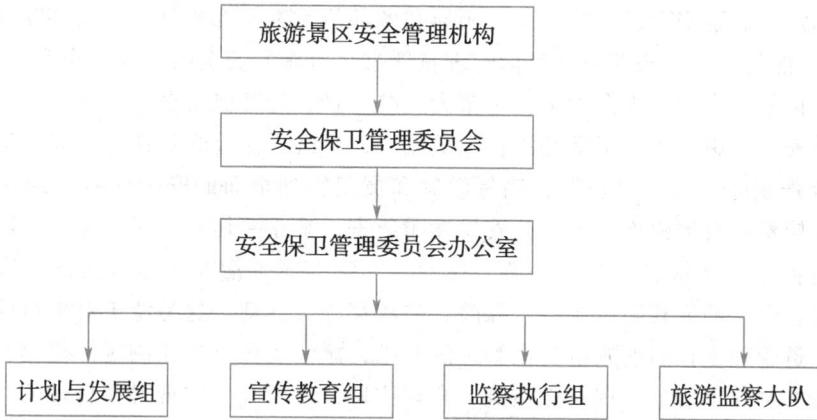

图8-2　旅游景区安全管理机构图

资料来源　王瑜，吴贵明. 风景区旅游安全问题表现形态及管理体系构建［J］. 莆田学院学报，2008（4）：24-29.

旅游景区还应与公安部门合作，建立能满足旅游景区安全管理需要的景区公安局或派出所，由景区公安局或派出所的旅游警察或旅游警务人员来防控和管理旅游景区的安全。不具备设置景区公安局、派出所，或远离旅游执法单位、地段偏僻的旅游景区，应建立如"联合执法组"、"综合执法队"或"流动执法小组"等形式的旅游景区联合治安执法队伍，以加强对偏远景区的安全控制与管理。例如，2018年5月，陕西省西安市公安局正式成立旅游警察支队，并在碑林区、莲湖区、雁塔区、临潼区、长安区等5个分局分别增设旅游警察大队。旅游警察大队主要负责指导西安市涉旅治安管理、涉旅违法犯罪案件侦办工作，为处级建制，下设政秘科和指导科。此举旨在强化旅游市场治安管理，严厉打击破坏旅游市场秩序的违法行为。

旅游宣传教育机构与当地治安部门应制订统一的宣传教育工作计划，明确各自在这项工作中的责任和角色，采取"明确责任、密切配合"的协同工作方式来发挥各部门的作用，提高旅游景区的安全预防控制功能。例如，为确保游客安全，湖北神农架林区建立了暴雨、风雪、山洪、人员走失、交通事故、野生动物、森林火灾、客流高峰、游客突发疾病等9种应急预案和相应处理流程，并将有关神农架的旅游知识和9种应急预案印制成小册子，发放给区内旅游和相关部门的一线工作人员，全区现有导游人手一册。不仅如此，神农架林区还对导游进行了专项培训，开展了应急演练，每一位导游都是兼职的旅游安全员。

（2）制定旅游景区安全管理制度。

旅游景区安全管理制度是在国家相关法规条例的指导下，为保证景区员工和旅游者的人身和财产安全而制定的符合旅游景区安全管理实际情况的章程、程序、办法和措施，是旅游景区安全管理必须遵守的规范和准则，主要包括安全岗位责任制、领导责任制、重要岗位安全责任制、安全管理工作制度、经济责任制等。比如，福建武夷山风景名胜区的旅游龙头企业——福建武夷山旅游发展股份有限公司坚持"安全第一、预防为主"的安全管理方针，制定了旅游安全责任制，公司领导和各部门负责人都签订了"旅游安全目标管理责任书"，各部门根据"旅游安全目标管理责任书"对旅游安全的各项工作实施目标管理、责任到人。再如，广西壮族自治区百色市大王岭风景区为确保安全，每日开漂前都要进行晨检，排除安全隐患后才能正常开漂；在漂流季，景区投保公众责任险、雇主责任险、车辆商业险及强制险、财产保险等，确保游客和员工得到全面的安全保障。2020年，青海省海西蒙古族藏族自治州格尔木市公安局发布通告，禁止一切社会团体和个人随意从格尔木前往可可西里自然保护区开展旅游、探险、非法穿越等活动，违者将依法依规严肃处理，以"逐客令"的方式限制旅游、探险、非法穿越等活动，这是源于对生命的尊重。

游客容量管理是预防性旅游安全管理的基础，旅游景区可以从制度上优化容量管理方式，确保从机制和手段上实现有效控流、合理错峰，从而真正实现科学合理的"限量、预约、错峰"。

<u>微型资料 8-4</u>

《中华人民共和国旅游法》第七十九条规定："旅游经营者应当严格执行安全生产管理和消防安全管理的法律、法规和国家标准、行业标准，具备相应的安全生产条件，制定旅游者安全保护制度和应急预案。旅游经营者应当对直接为旅游者提供服务的从业人员开展经常性应急救助技能培训，对提供的产品和服务进行安全检验、监测和评估，采取必要措施防止危害发生。"

（3）构建旅游景区安全政策法规体系。

旅游景区安全政策法规是从权威性和强制性的角度来规范和控制从业人员的行业行为。旅游景区安全政策法规体系有三种表现形式：由国务院及其各部门颁发的全国性政策法规与标准，如《中华人民共和国旅游法》《中华人民共和国消防法》《中华人民共和国道路交通安全法》《风景名胜区条例》《旅游安全管理办法》等；由地方政府、行业主管部门颁发的地方性、行业性法规、条例与标准，如《乌鲁木齐市旅游景区管理条例》；由企业和部门制定、实施的规章制度。三种形式的政策法规同时运用于旅游活动的六个要素的安全控制与管理，从而形成了一个完整的、有效的、操作性强并能规范与指导旅游活动安全、有序进行的旅游景区安全政策法规体系（如图8-3所示）。比如，2021年初，山东省青岛市体育局联合青岛市公安局等八个部门出台《青岛市帆船水上摩托艇旅游管理暂行办法》。该暂行办法从船艇适用范围、部门管理职责、从业者备案要求、从业人员自律等方面进行了规范，以备案的形式对帆船、水上摩托艇实行统一管理，体育、公安、规划、交通运输、海洋发展、文化和旅游、市场监管、海事等部门建立备案信息共享机制，开展联合执法。

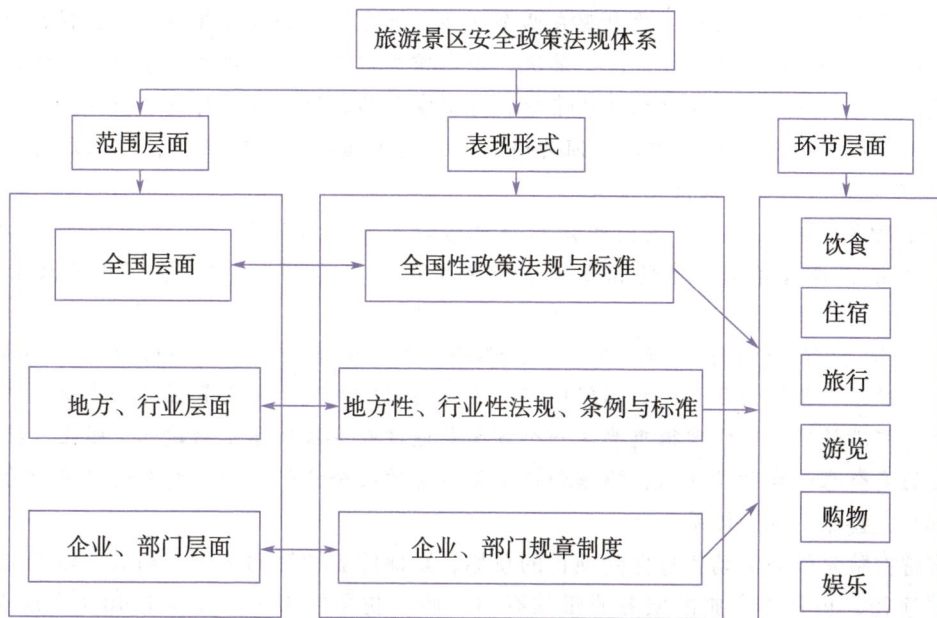

图8-3 旅游景区安全政策法规体系图

资料来源 王瑜，吴贵明．风景区旅游安全问题表现形态及管理体系构建［J］．莆田学院学报，2008（4）：24-29.

行业广角镜8-2　　　　　　　　　自拍杆：伴游神器还是安全隐患？

2015年3月25日，中国国家博物馆在官网发出《关于禁止使用自拍器等摄影附加设备的公告》，公告如下：为保护展品安全，维护参观秩序和参观环境，即日起在本馆内禁止使用自拍器、三脚架等摄影附加设备。国家博物馆挂出公告，在很大程度上代表了博物馆类景区的态度——对自拍杆下"封杀令"。

自拍杆走红成一道风景

2014年年底，《时代》周刊评选出了上年度对世界最具有影响力的发明，其评选设置了一个重要门槛，就是"它们让世界变得更好、更智能，同时还要有趣"。上榜的25项大发明中，自拍杆与宝马i3电动汽车、苹果手表等一起入选。毫无疑问，自拍杆之所以获得用户的青睐，是因为它可以把智能手机伸长到臂展之外，从而获得最佳的自拍角度。而这也恰恰与万千游客去到景致优美的景区，渴望留下动人瞬间的初衷相一致。如今，拿着自拍"神器"的游客们俨然已经成为景区里的一道风景。

禁用令从海外博物馆开始

伴随着自拍杆的流行，使用它在欧美的美术馆和博物馆里自拍也逐渐成为一种潮流。2015年年初，推特上还开展了"博物馆自拍日"活动，激发起全球人在博物馆里自拍的热情。与此同时，也有一些美术馆却宣布禁止观众在展厅中使用自拍神器。继美国纽约现代艺术博物馆、大都会艺术博物馆等之后，法国巴黎的一些博物馆也加入了"禁用"的行列。

溯其原因，业界的共识主要表现在两个方面：首先，自拍杆或其他摄影器材在使用时有可能对作品和其他观众造成危险。其次，美术馆应该是让观众观赏和学习的地方，如果有人使用了自拍神器，不仅自己无法集中精力观赏作品，还有可能打扰到他人。卢浮宫管理层就对这根"棍子"充满担忧。因为越来越多的游客挥舞着它自拍，往往距离珍贵的《蒙娜丽莎》等油画真迹仅仅几厘米。

出于几乎同样的忧虑，我国的博物馆也纷纷对自拍杆亮起"红牌"。安徽、江苏、陕西、广东、台湾等省的博物馆或美术馆纷纷做出严格规定，"不在馆内开放使用自拍杆"。

资料来源　王洋. 自拍杆：伴游神器还是安全隐患？［N］. 中国旅游报，2015-03-30（5）.有删减。

分析提示：旅游景区企业和部门制定、实施的规章制度是安全管理政策法规体系的构成部分。旅游景区安全管理很重要的一个方面是通过政策法规体系的建立，强化和提高从业人员的安全意识和防控意识，唤醒和提高旅游者的安全意识，约束旅客的旅游行为。

（4）完善旅游保险体系。

旅游保险是旅游活动各种保险项目的总称，是保障旅游活动中相关利益主体正当权益的重要途径，也是提高旅游服务质量的有力后盾。我国的旅游保险从1990年发展至今，基本上已形成了包括旅行社旅客责任险、旅游人身伤害险、旅游意外保险、旅行社责任险、旅游救助保险等多险种的旅游保险运作体系。从2001年9月1日起，国家不再强制旅行社为游客购买旅游意外保险。为了获得更为完善的保障，游客可自行联系保险公司或通过旅行社与保险公司联系，按各自的需要投保旅游保险，如旅游救助保险、旅游救援保险、旅游意外伤害保险、住宿旅客人身保险等。

2）信息管理系统

信息管理系统对于旅游景区安全管理之所以重要，主要是因为旅游景区的安全管理有很强的不可预见性。不可预见性事故包括自然灾害事故和突发旅游安全事故。事故和灾害的突发性及危害性众所周知，旅游景区是海啸、地震、台风、赤潮、泥石流等自然环境灾害发生的敏感区，及时、准确的预警信息将有利于缓解和减少经济损失和对游客生命财产的威胁。

旅游景区信息管理系统主要由三个子系统构成：天气预报信息、环境污染信息和旅游容量信息。每个子系统都要有旅游安全信息的搜集、信息的分析、对策的制定和信息的发布四个职能。旅游景区安全管理系统中各项功能的实现都以信息为支撑。信息的转换、更新、传输为系统的正常运行提供了必要的保障。

例如，如果能及时、准确地获取有关洪水、泥石流、地震、火山爆发以及大风、暴雨、冰冻等各种灾害性天气预报，并预料由此可能引发的各种严重危及旅游安全的自然灾害，管理部门就能够采取安全保障应对措施，同时把自然灾害可能给旅游活动带来的不便和危险通过网站、公众号等及时告知旅游者，从而使旅游者提高警惕，减少各种安全事故的发生。

另外，旅游景区可以利用大数据、物联网等技术做好游客流量分析与预测，向游客提供旅游地容量信息，发布安全风险预警，提醒游客错峰旅行，引导游客的流量和流向，促使游客理性安全地开展旅游活动。

3）安全预警系统

旅游景区安全预警系统一方面能够对可能发生事故的区域提前发出预测和预警信息，以防止或避免事故的发生；另一方面能够对已经发生的事故发布报警信息，以减少损失，保护人们的生命财产安全，控制其发展。

（1）自然灾害预警。

自然灾害的突发性及危害性众所周知，旅游景区安全预警系统可以将气象、环境、地质、交通、海上救助等部门联网，实时监测地质、潮差、天气、海水水质等指标数据，并对这些指标数据进行对比分析，以预测可能引发的各种严重危及旅游安全的灾难与事故，同时根据危害程度的不同，发出不同级别的警报。

例如桂林"3·19"滚石伤人事件，滚石固然属于自然灾害，但并非不可防范。岩石从风化滑动到滚动下落，是一个由量变到质变的过程。在落石事故发生之前，必然出现石缝变大、石体松动等先兆。如果能及时发现苗头，采取有效的应对措施，就能避免滚石伤人悲剧的发生。同时，在容易发生落石的危险地段，安装防护网，设置防撞护栏，也能够起到拦截落石、保护游客的作用。此外，地震、暴雨、台风等外力容易诱发落石，遇到这种极端情况，提前关闭景区，疏散游客，也是景区管理者义不容辞的责任。

（2）环境污染预警。

旅游对景区环境的影响主要来源于两个方面：一是旅游活动；二是景区的建设和生产。景区进行基础设施及旅游景观建设，会破坏旅游环境的原生性和完整性，从而给景区环境带来了不同程度的影响。因此，为了控制和缓解环境污染，确保游客的身体健康，旅游景区必须适时监测空气质量、气象要素、海水水质、单位面积游客量等指标，对污染物超标可能发生污染事故的地区发出预警信息，以保证游客的生命安全和对环境的永续利用。

（3）环境容量预警。

旅游景区环境容量是指景区环境各要素在特定时期内所能承受的旅游者人数和旅游活动强度。环境容量预警旨在提醒旅游者合理选择相应时期内的旅游目的地，以避免旅游地游客过分集中而对旅游者、旅游地的生态环境和人文环境造成损害与破坏。

旅游景区要及时规范与核定景区最大承载量，编制客流控制预案。《中华人民共和国旅游法》第四十七条规定，"景区应当公布景区主管部门核定的最大承载量，制订和实施旅游者流量控制方案"。假日期间，交通拥挤，客流量大，制定旅游者安全保护制度和旅游者流量控制方案、应急预案更加必要。2015年4月1日正式实施的《景区最大承载量核定导则》强调，"景区应针对节假日及大型活动制订相应旅游者流量控制预案"。根据《景区最大承载量核定导则》的要求，当景区内旅游者数量达到最大承载量时，应立即停止售票。

4）应急救援系统

旅游景区应急救援系统是对突发性风险事件做出快速反应和果断处置的系统。构建一个完善的旅游应急救援系统，不仅能最大限度地保障旅游者的安全，也能保证旅游景区的可持续发展。旅游景区应急救援系统包括核心机构、救援机构、外围机构（包括直接外围机构和间接外围机构），是一个由旅游企业、旅游救援指挥中心、保险机构、新闻媒体、通信部门、医院、公安机关、武警部队、消防部门、工商部门、卫生防疫部门等多部门、多人员参与的社会联动系统（如图8-4所示）。

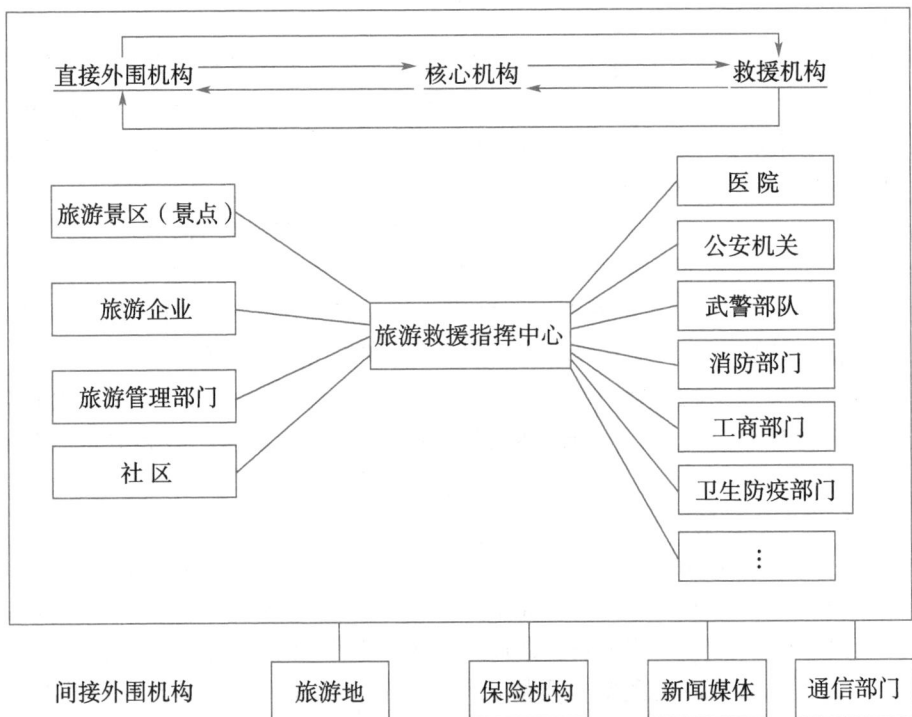

图8-4　旅游景区应急救援系统图

资料来源　王瑜，吴贵明. 风景区旅游安全问题表现形态及管理体系构建［J］. 莆田学院学报，2008（4）：24-29.

（1）核心机构。

核心机构即旅游救援指挥中心，统管旅游救援工作。旅游救援指挥中心的建立可以考虑如下方式：一是由政府牵头组织全国性的紧急救援中心，主管全国的安全救援工作，下设旅游救援指挥中心，统管旅游安全救援工作；二是在文化和旅游部的基础上，联合公安、消防、武警部队等相关机构，拓展现有职能，组织全国性的旅游救援指挥中心；三是扶持、整合国内现有的旅游救援机构，在充分合作的基础上，利用国际性救援机构及其网络形成旅游救援中心；四是设立拥有全国网络的旅游安全救援特服电话，全国布点、全国联网，及时把各地拨打旅游救援特服号码所反馈的信息于第一时间上报旅游救援指挥中心。

（2）救援机构。

救援机构根据救援指挥中心的指令和要求，开展不同等级的救援行动，并把救援过程、救援结果适时反馈给旅游救援指挥中心，以利于旅游救援指挥中心根据具体情况对救援行动方案进行修改。旅游救援机构可划分为医疗性旅游救援机构和非医疗性旅游救援机构两大类。因为绝大多数的旅游救援都跟医疗有关，所以应增加医疗卫生部门参与旅游救援。其他非医疗性旅游救援机构可以分别从旅游活动的不同环节关注旅游安全的表现形态，以确保旅游救援工作的顺利开展。例如，消防部门可以检查景区的消防设施是否符合要求，并在火灾事故发生后，进行火灾抢救工作；公安部门可以协助旅游交通事故的鉴定和处理工作。

我国公益性旅游救援组织基本上处于"散兵游勇"的状态，缺乏规范化的运作体系，也缺乏国家足够的支持。然而，很多西方国家的救援行为都依靠由志愿者组成的救援协会或应急组织来承担，其专业性和公益性能确保救援效率的提升，同时国家也给予救援组织和救援志愿者在办公条件提供、设备购置免税、重大设施配备、救援时间协调等各方面的便利。我国的民间救援组织正处于起步发展阶段，北京、深圳、重庆也有将民间救援机构纳入政府应急体系的先例。因此，我国需要通过明确的法制和行业统筹决策，确立民间救援机构的地位、作用及科学的管理体制，以推动民间救援机构的公益化、体系化和常态化发展。

（3）直接外围机构。

直接外围机构是旅游安全问题的发生地，即旅游景区（景点）、旅游企业等。景区景点既要着眼于游客安全保护制度建设，明确安全预案、突发事件应急处理预案、应急救援预案等，也要做好演习演练，确保危机发生时各项方案顺利实施。作为景区景点经营者，更应切实将安全生产宣传教育纳入日常工作计划，定期组织开展安全生产培训和演练，不断增强从业人员安全防范意识，提升安全生产工作事故处置能力水平，遇到突发险情时妥善处置，最大限度争取救援时间和主动权。同时，旅游企业应根据消防部门、公安部门、卫生防疫部门、市场监督管理部门等部门的要求和规定，重视日常安全检查，防患于未然。

（4）间接外围机构。

间接外围机构与旅游安全问题有一定联系，并对旅游安全问题的解决与旅游救援工作的开展有一定帮助。间接外围机构包括旅游景区所在地、保险机构、新闻媒体、通信部门等。旅游景区所在地的社会经济发展水平、医疗、卫生状况等会影响旅游景区安全问题的数量、性质以及救援工作的质量；保险机构与旅游安全问题的关系往往体现在旅游安全问题发生后的理赔上；新闻媒体对旅游景区安全管理起到舆论监督的作用，新闻媒体的大众性使之有可能成为现实的旅游安全投诉中心和信息中心；通信部门在整个旅游景区应急救援系统中主要起到信息传递的作用，由于通信部门的参与，旅游景区应急救援信息的传递将更加有效。

8.2 旅游景区智慧管理

8.2.1 智慧景区的内涵和意义

1）智慧景区的内涵

智慧景区是指景区对游客、景区工作人员实现可视化管理，优化再造景区业务流程和智能化运营管理，同旅游产业上下游企业形成战略联盟，实现景区环境、社会和经济的全面、协调和可持续发展。

智慧景区建设是一个复杂的系统工程，既需要利用现代信息技术，又需要将信息技术同科学的管理理论集成，是对景区硬实力和软实力的全面提升。

2）智慧景区的意义

（1）有助于推动景区管理机构服务职能的转变。

建设智慧景区可以借助技术手段，促使景区资源的合理安排、整合协调、动态监管，发挥其对旅游信息公众化服务、行业规范性指导作用，通过准确地掌握游客的旅游活动信息和旅游企业的经营信息，实现从传统的被动处理、事后管理向过程管理和实时管理转变，向主动服务转变。

（2）有助于促进景区旅游产业的跨越式发展。

随着旅游电子商务平台、旅游公共服务平台、旅游营销宣传平台、手机移动服务平台等一批项目的建设投入，全方位的旅游资讯和动态服务，将充分吸引游客对景区旅游产品推介、旅游生活体验的关注，促使游客由线上体验到线下消费的现实转变，特别是散客资源。旅游景区作为旅游产业链中的核心组成部分，其智能化设施和智慧化管理也将提升旅游业态对游客的吸附和消化能力。

（3）促使旅游企业实现旅游经营增长和管理成本优化的双重丰收。

旅游景区管理机构作为满足游客体验需求、吸引游客体验消费的服务主体，具有商业盈利和服务规范的双重诉求。信息技术的应用和智能设施的投入，从服务数量上，扩容了旅游景区对快速增长的游客的接待能力和服务能力。从服务营销上，通过旅游舆情监控和数据分析，旅游景区可以挖掘旅游热点和游客兴趣点，策划对应的旅游产品，确定对应的营销主题，推动旅游行业的产品创新和营销创新。另外，旅游景区也可以通过量化数据来分析和判断营销渠道，优化合作渠道。从服务质量上，其提升了旅游企业对游客日益增长的多方式、多途径信息获取诉求的响应能力。

8.2.2 智慧景区发展建设现状

以互联网为代表的现代信息技术带动了一轮又一轮的旅游服务创新。而大数据、云计算、移动通信和智能终端在旅游业的加速应用，既带来消费方式的变化，服务模式的丰富，也改变了旅游服务的供给方式，拓宽了发展空间。"互联网+旅游"在提升游客体验方面的作用比较明显，完善分时段预约游览、流量监测监控、智能停车场等服务，开发数字化体验产品，普及电子地图等智慧化服务，不仅改善了游客的游览体验，还有利于景区优化营商环境，激发创新活力。

文化和旅游部发布的《"十四五"文化和旅游发展规划》中提出，智慧旅游主要做好"五个智慧"，即推进智慧建设、打造智慧产品、加强智慧管理、提升智慧服务、加强智慧营销。

目前，我国旅游景区智慧建设在以下四方面初见成效。

1）预约旅游

目前，智慧旅游服务已覆盖旅游全过程，形成酒店、交通、门票、美食等线上一站式预约预订模式。文化和旅游部还印发了《智慧旅游景区建设指南》。截至目前，全国提供在线预约服务的 A 级旅游景区已超过 6 000 家，5A 级景区除了开放式景区外均已实现分时预约，4A 级景区线上预约覆盖率超过 75%；国有旅游景区有望于 2021 年年底前全部实现在线预约预订服务。

预约旅游是指游客提前将个人的假期、旅游目的地做好安排，并通过门票预订、到访登记等形式提前向景区报名，从而有效避免因旅游旺季而造成的线路名额紧张、价格过高等问题的旅游方式。预约旅游聚焦景区智慧化发展的长期价值，是旅游行业未来发展的重要趋势之一。

预约旅游在行程追溯、客流管理等方面功能强大，用科技创新提升旅游品质，助力景区提高游客的满足感和幸福感，符合现代化、精细化旅游服务要求的预约旅游制度将有助于实现更加安全、美好、深度的旅游体验。

具体来说，预约旅游在以下三方面具有比较明显的作用：

（1）提升行程确定性和舒适度。

艾媒咨询发布的《2021 中国景区门票预约服务专题研究报告》显示，针对景区门票预约服务的体验，有 45.2% 受访者体验到"提前限流，不需要排队"，有 42.1% 受访者认为可以"提前了解确定行程"，有 41.9% 认为能够"提前知晓景区信息"。这说明预约管理有助于提升行程确定性和舒适度。

《2021 中国景区门票预约服务专题研究报告》还显示，随着新冠肺炎疫情后"限流、预约、错峰"等措施的开展，作为主要参考指标之一的门票线上化率已提升至 22.4%，但与电影、火车、飞机等行业 80% 以上的线上化率相比还有很大提升潜力。同时，超八成受访者表示知晓"景区门票预约"这一概念，并有七成以上受访者对景区门票预约服务的推行持乐观态度。说明景区门票预约服务正在获得大众的认可。

分时预约带来了景区精细化管理服务的新契机，提供给景区个性化运营的新选择。但在落地执行过程中，要始终以提升游客体验为出发点，不仅要方便景区管理，更要方便旅游者，要充分考虑游客感受和景区现实因素，不能"一刀切"，更不能让分时预约成为横在景区、资源和游客之间一道新的鸿沟，游客消费便利度是最重要的考量要素。

（2）助力景区数字化运营。

2019 年 8 月，国务院办公厅发布的《关于进一步激发文化和旅游消费潜力的意见》提出，推广景区门票预约制度，合理确定并严格执行最高日接待游客人数规模。到 2022 年，国有 5A 级旅游景区全面实行门票预约制度。

2020 年 11 月 30 日，文化和旅游部等十部门联合发布的《关于深化"互联网+旅游"推动旅游业高质量发展的意见》提出，加快建设智慧旅游景区，明确在线预约预订、分时段预约游览等建设规范，落实"限量、预约、错峰"要求，国有旅游景区应于 2021 年年底前全部提供在线预约预订服务。新冠肺炎疫情加速了预约旅游的推进速度，助推游客对预约的认可度，也成为景区开展预约服务的动力来源。

文化和旅游部发布的《"十四五"文化和旅游发展规划》中强调，要积极发展智慧旅游，加强旅游信息基础设施建设，深化"互联网+旅游"，加快推进以数字化、网络化、智能化为特征的智慧旅游发展，推进预约、错峰、限量常态化，建设景区监测设施和大数据平台。

（3）提升景区运营管理水平。

预约旅游对于不同类型景区在安全、游客体验、运营管理等方面的价值逐渐凸显。比如，2011 年 9 月 25 日，故宫开始试行网络销售门票，2015 年 6 月 13 日，故宫推行分时、限流、实名制参观，成为景区门票预约制的标杆。在 2015 年故宫全面实行预约旅游、当日限流 8 万人次的政策之后，全年游客总量非但没有下降，平均每年有 10% ~ 15% 的客流增长。2019 年，故宫客流达 1 900 万人次，是未实施电子票之前的 1.58 倍。限流是手段，目的是均衡。

预约旅游有利于降低安全卫生风险。瞬时来的客人多，虽然短期看收益大，但容易造成拥堵和安全隐患。预约旅游不仅帮助景区实现游客溯源，也能让景区有计划"错峰"，合理安排开放时间、区域，避免人群聚集，降低安全卫生风险。

预约旅游还有利于实现景区精细化运营。预约旅游带来的数据连接让景区对游客有了更深刻的了解，知道哪些做得好的地方可以做得更好，哪些做得不好的地方需要改进，帮助景区不断优化服务，更有针对性地提升品质。同时，许多景区接待有淡旺季，实行预约旅游后，景区可以动态掌握景区内游客的变化趋势，提升游客游玩体验的同时，对景区内演艺产品、餐饮服务等资源的调度也更加合理，一定程度上也促进了景区内的二次消费。

2）智慧文旅产品

旅游景区的智慧文旅产品供给越来越丰富，很好地满足了游客的旅游新需求。旅游景区正在逐步加大开发数字化文化和旅游体验产品，发展定制、智能、互动等消费新模式，打造沉浸式旅游体验新场景。比如，西安碑林博物馆利用微信、微博和其他数字网络平台，推出数字展览、网上讲座、网上直播等线上服务。在直播中，博物馆讲解员以风趣幽默、通俗易懂的"脱口秀"方式讲述碑林故事，传递碑林文化。再如，"数字故宫"小程序集合了多个产品和信息平台入口，观众可以通过首页的产品入口找到并快速浏览"故宫名画记""数字文物库""全景故宫"等平台的藏品、建筑信息，也可以在"发现"频道第一时间获取故宫博物院官方渠道更新发布的内容，小程序中的"全景故宫"还可以实现随时逛"无人紫禁城"的愿望，观众甚至可以"走"进太和殿，数一数宝座上的雕龙有几条，"V 故宫"则实现了"时空穿越"，可以看到复原前后的建筑场景。

3）数字化保护

数字化探索为文物保护和传统文化传承提供了一种新思路。壁画可能会在岁月变迁中褪色，古建筑可能会面临风化坍塌的风险，但数字化保护让它们"永恒"，成为数字化时代的一种可世代传承的文化遗产。敦煌壁画是宝贵的世界文化遗产，承载着人类历史文明，保护敦煌壁画意义重大。数字化技术的介入，为敦煌壁画艺术信息的永久性无损保存提供了新的思路，此外，将人工智能与图像处理技术相结合，还为研究壁画的衰退演变过程以及重现其原貌提供了新的可能。

建设智慧旅游景区，需要在生态环境监测、自然资源保护、人文资源保护上满足相应的数字化要求。在生态环境监测方面，要求使用现代信息化技术对景区生态环境进行监测，包含但不限于气象监测、空气质量监测、水质监测、噪声监测等；在自然资源保护方面，则应使用现代信息化技术对景区内的自然景观资源、植物资源、动物资源等进行信息化与数字化保护；在人文资源保护方面，应使用现代信息化技术对景区内的牌坊碑文、文物古迹、建筑景观、博物馆收藏、非物质文化遗产等进行信息化与数字化保护。

4）监管服务

各地景区不断完善旅游监管服务平台，建立健全线上旅游投诉和处理机制，提高了游客投诉快速处理能力。例如，江苏的"啄木鸟"投诉系统实时受理公众旅游投诉，云南利用网络平台处理旅游投诉，平均办结时间从原来的 7 天缩短到 1 天。

8.3　旅游景区危机管理

旅游景区危机是指由于某些事情或事件，致使景区处于一种不稳定状态，甚至危及景区经营目标的实现。危机管理即对危机进行管理，以防止和回避危机，使组织或个人在危机中得以生存下来，并将危机所造成的损害降低到最低限度。当今世界，危机已经成为一种常态。旅游业是一个极其脆弱的行业，旅游景区也是如此。不仅战争、瘟疫、天灾、人祸、政治骚乱、经济风波、恐怖活动、刑事犯罪等危机是它的天敌，人为因素引起的其他形式的潜在危机也大量存在并无时无刻不在威胁着脆弱的旅游景区。

8.3.1　旅游景区危机的类型

1）战略危机

战略是贯穿于一个企业在一定历史时期内的决策或经营活动中的指导思想，以及在这种指导思想下做出的关系到全局发展的重大谋划。景区的战略危机体现在以下方面：景区没有制定发展战略或制定的发展战略不完善；景区制定的发展战略目标不明晰；景区有几个发展战略，且相互之间充满了矛盾，从而导致战略混乱；景区发展战略滞后于景区内外环境的发展，如不进行战略调整，则不利于景区的进一步发展，甚至会影响景区的生存。例如，曾经辉煌一时的广州飞龙世界游乐城，短短 4 年便夭折，就是由于战略和策略的失误。

2）旅游资源（产品）危机

首先，旅游资源（产品）受到人为因素破坏，旅游品位降低，如不制止，危机会继续恶化，最终危机爆发，企业破产，景区走向死亡。

其次，景区产品同质，特色不鲜明，经济效益低。例如，20世纪90年代初，深圳的"锦绣中华""民俗文化村""世界之窗"成功实现了三级跳，开创了我国人造景观的先河。一时间，广东沿海地区的人造景观一哄而起。广州的"世界大观"1996年建成开业，"华夏奇观""航天奇观""中华百绝"破土动工，珠海"圆明新园"、阳江"宋城"、潮州"美人城"快速跟上，其结果或是胎死腹中，或是半途夭折，建成开业者亦经济效益低下，惨淡经营。

3）景区形象和品牌危机

（1）景区形象不鲜明。

例如，广州白云山风景名胜区中的"羊城八景"，对白云山风景区的总体形象是什么、其与周边的同类景区有何差异等的界定并不是很清晰，从而危及了景区的进一步升级和发展。

（2）景区形象差。

由于没有进行形象策划或形象定位简单粗糙，因此景区主题不突出、个性不鲜明，服务设施以至整个城市的文化氛围难以为旅游景区的形象塑造服务。例如，广州从化温泉水质一流、生态优雅、开发悠久、区位优越，曾经是广东乃至我国温泉旅游度假开发的一面旗帜，然而近10年来，由于其不注意形象和品牌工程的建设，导致其主题混乱、形象不佳，"从化温泉"金字招牌日趋暗淡，生存已经出现危机。

4）服务质量危机

景区服务质量是景区质量评价的一个重要内容，它直接影响旅游者的旅游体验，关系到旅游者对旅游景区的评价，从而产生"口碑"效应，影响旅游景区的发展。反之，有些景区的资源等级、规模和市场区位并不优秀，但通过创立优质、特色的服务文化，使得景区的资源和产品不断增值，并形成良好的口碑和品牌，发展良好。

5）突发事件危机

海啸、瘟疫、火山、泥石流、热带风暴等自然灾害，以及军事入侵、国际经贸摩擦、恐怖活动、景区本身管理不善等人为灾害，均会给依赖性、关联性和脆弱性极强的旅游业带来重创。例如，完全依赖于美国单一客源市场的著名旅游胜地海地，由于"9·11"事件导致其旅游业乃至整个社会经济顷刻陷入了全面崩溃的危险境地。

行业广角镜8-3　　　　　　　　　**泰山景区说明"拥挤滞留"原因　向游客致歉**

2021年6月13日，一则"下山游客大量滞留泰山"的消息冲上热搜。14日，山东泰山景区管委会发布《关于泰山中天门区域短时拥挤的情况说明》（以下简称《说明》），对因旅游设施提升工程施工及服务不细致、管理不到位等原因造成的不便向游客致歉。

泰山景区在《说明》中称，6月13日晨，泰山山顶大雾无法观看日出和景点，导致等候观日出游客集中下山，到达中天门后选择乘索道、乘车下山的游客也快速增加。但是天门索道每小时单向最大运力为1 630人，天外村客运专线每小时单向最大运力为3 000人，索道、客运专线车运力有限，乘索道、乘车游客等候时间较长。8时10分以后，中天门游客中心内等待乘车游客逐渐增多，但游客均有序排队。9 时 6 分，中天门游客中心个别候车游客违规翻越隔离护栏、冲击检票口，闯入旅游车发车区、旅游公路等非游览区，导致专线旅游车通行效率降低、游客中心秩序短时混乱。发现该情况后，景区管委会第一时间启动应急预案，抽调公安、武警、消防救援等力量，同时增加运输车辆、简化售检票流程、引导游客文明有序排队，10 时 20 分，中天门游客中心乘车区域恢复正常运行秩序。

据了解，泰山景区单日最大承载量 8.55 万人，景区瞬时最大承载量 5.25 万人，岱顶最大瞬时承载量 2.55 万人。6 月 12 日 0 时至 24 时泰山累计接待进山游客 2.8 万人，13 日 0 时至 11 时累计接待进山游客 1.2 万人，其中 13 日晨山顶观日出游客约 1.4 万人，均未达到游客接待量"红线"。

泰山景区在《说明》中表示，景区将继续从严落实"限量、预约、错峰"要求，恪守"以游客为中心"理念，确保旅游安全、文明、有序，持续提升旅游满意度。

资料来源　李强. 泰山景区说明"拥挤滞留"原因 向游客致歉［N］. 中国旅游报，2021-06-15（2）. 有删减。

分析提示：企业危机具有普遍性、突发性、紧迫性、危害性、双重性的特点。旅游景区的经营管理者不仅要有风险意识，更要有处理突发事件的心理准备和能力即能够实施危机管理。

8.3.2　旅游景区危机的应对

1）危机的预防

防患于未然是危机管理的最主要部分，危机一旦爆发，就会像病毒一样迅速蔓延，做好旅游景区的危机预防工作，是降低危机影响的有效手段。景区管理部门应事先制订一个具体的、有针对性的、可操作性强的危机预防方案，并坚持做好以下三方面工作。

（1）增强危机意识。

旅游景区管理机构和管理者要树立"凡事预则立，不预则废"的意识，充分认识加强危机管理的重要性和必要性，提高危机敏感度。旅游景区危机的发生大都有前兆，主要表现在：在市场环境方面，服务质量投诉增多、产品价格非理性变化、新的竞争对手加入、国家调整旅游产业政策等；在内部管理方面，信息沟通渠道堵塞、人际关系紧张、人才流失、亏损增加、过度负债、技术设备更新缓慢等；在产品促销方面，缺乏整体战略、新产品开发缓慢、促销费用不足等。旅游景区要从危机征兆中透视企业存在的危机，并引起高度重视，预先制订科学而周密的危机应变计划。

比如，为全面贯彻落实"外防输入、内防反弹"疫情防控要求，精准防控、快速处置突发疫情，切实加强全疫情防控应急处置工作，2021 年 8 月无锡市太湖鼋头渚风景区组织开展疫情防控应急处置演练。本次演练设置了现场隔离组、现场转运组、环境消杀组、物资保障组、配合流调组、信息发布组 6 个小组，分别负责隔离、转运、消杀等相关工作。本次演练共分为两个科目，第一个科目是核验游客健康码为"黄码"应急处置演练。全面模拟"发现黄码、临时留观、闭环转运、环境消杀"等处置流程。第二个科目是真实再现"接到通报、临时闭园、溯源调查、核酸检测、信息上报、恢复开园"全过程处置环节。

（2）设立旅游危机基金。

旅游景区在危机发生期间，要进行紧急救助活动；危机过后，还要开展额外的促销、沟通活动来重振旅游经济。因此，旅游景区应提前设立旅游危机基金，并预先规定危机基金的使用许可，简化决策程序，从而快速灵活地应对紧急情况。

（3）建立危机预警系统。

旅游景区应组建危机管理小组，一般由企业最高决策人担任小组负责人。危机管理小组应建立工作制度，定期分析、研究景区可能发生的危机，并结合景区自身特点有针对性地开展模拟危机处理。

2）危机的应急处理

危机发生开始阶段的处理至关重要。任何一个不谨慎的反应都有可能使景区陷入更大的危机，而有效的危机应急处理则可以帮助景区更快地从危机中恢复。

（1）重视沟通。

政府、企业、行会、景区之间应保持较高频度的信息交流沟通，了解旅游地的发展现状及各项活动的进展情况。旅游景区管理部门要设立新闻及沟通部门，任命新闻发言人，负责与媒体和旅游者进行沟通。例如，云台山景区2021年因洪灾和疫情影响景区正常运营，景区高度重视与游客的沟通，得到了游客充分的理解和认可（如图8-5所示）。

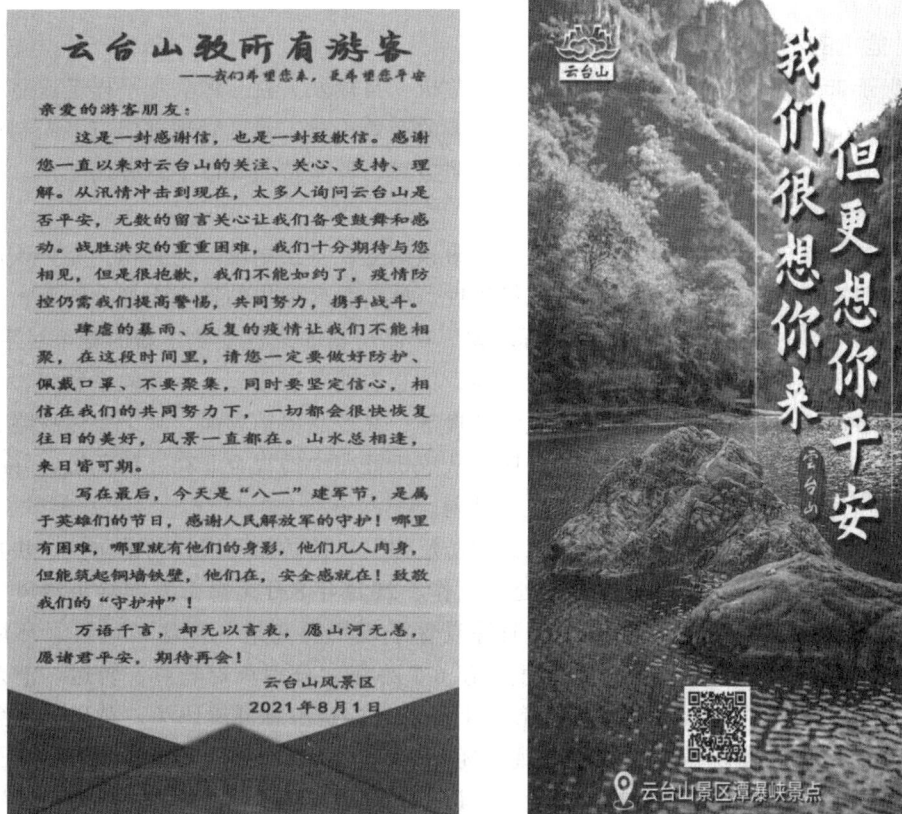

图 8-5　云台山景区致歉信及宣传海报

（2）帮助受害者。

景区在危机发生时应展现人性化的一面，迅速采取措施对受害者进行救助，对已经与旅行社签订合同但尚未进入景区的游客，劝其取消行程或调整游期。

（3）注重资料的收集。

景区管理部门应该主动了解关于危机的第一手资料，尽可能并尽快向危机发生地派出自己的调查队伍，以了解危机期间的客源情况、旅游动机，以及当地媒体报道的主要方向、消息来源、对景区形象的影响等，然后迅速将这些信息反馈给有关部门。

（4）采取措施减轻灾难造成的损失。

景区应直接与合作伙伴进行沟通，突出安全信息，在确保安全的前提下，降低价格，组织周边地区的旅游者前来游览，以减少旅游损失。

3）危机后的恢复重建

危机过后，景区应科学总结，重塑形象，变危为机。危机总结是指对危机的表现形式、危机出现的原因、危机处理的方法和措施进行总结。危机总结有利于景区更加有效地管理危机。危机后形象重塑的举措主要有：

二维码20

文档：张家界：重整河山"待"你们

（1）加强旅游形象建设。

危机过后，旅游景区尤其要加强与媒体的沟通和信息交流，积极向新闻界传递旅游景区复苏的信息。

（2）开展灵活多样的促销活动，及时启动市场促销。

（3）不断修订危机管理战略计划。

修订危机管理战略计划的目的是提高旅游景区未来的安全性。旅游景区应根据危机管理战略计划实施的效果和形势的变化，定期对危机管理战略计划进行回顾和总结，对安全程序进行评估，同时关注新的信息和组织的变化，加强与其他受危机影响的旅游景区的合作，对危机管理战略计划进行持续、及时地更新。

2012年，四川省旅游局与《中国国家旅游》杂志联合出品以"爱"为主题的系列微电影——《爱，在四川》。其中第四部"汶川篇"主要取景于汶川、北川两地，影片展现了两地在全国各兄弟省市的无私援建下筑起幢幢高楼，让人们看到了在各界爱心汇集下涅槃重生的、更加美丽的新汶川、新北川。这正是危机之后的形象重塑。策划者以微电影为载体，希望人们知道，汶川很好，北川很好，这里比以前更美，也很安全，当地的百姓欢迎五湖四海的朋友去那里旅游。

行业方向球　　　　　　　　**智慧景区建设给游客带来新体验**

随着互联网、大数据、人工智能等新技术在旅游领域的应用，以数字化、网络化、智能化为特征的智慧旅游成为旅游业高质量发展新动能。

"十四五"规划和2035年远景目标纲要提出，"深入发展大众旅游、智慧旅游""强化智慧景区建设"。智慧旅游如何改善游客体验？未来，景区智慧化发展需从哪些方面发力？近日，记者在贵州安顺黄果树景区进行了采访。

入园——分时预约、刷脸识别，买票无需排长队

6月中旬，连日下雨。眼看着瀑布的水量多起来，黄果树景区迎来传统的客流高峰期。上午10点，记者来到黄果树景区新城检票口。尽管实时数据显示，当日入园人数已接近1万人，景区入口却没有出现游客排队的现象。在检票闸机口，游客先刷身份证，再进行人脸识别，之后闸机便自动打开，整个过程只需几秒钟。从一辆旅游大巴车上下来的几十位游客，分散通过一字排开的20多台检票闸机，不到一分钟就可完成检票入园。

作为我国第一批5A级景区，黄果树景区年接待游客已突破500万人次。尤其在旅游旺季，游客几乎每天都会达到3.5万人次的接待上限，且游客入园时间相对集中。在以前，80%的游客会集中在上午10点到下午2点入园。这样一来，景区的有限容量和游客瞬时暴增的需求量之间的矛盾就凸显出来。比如，2018年旅游旺季的一天，黄果树景区票务中心早上6点开始售票，但凌晨4点就里三层外三层地挤满了排队买票的游客。早上7点，景区就卖出了近2万张门票。到中午12点，当天门票已销售一空，此时排队等待购票的游客还有1万多人。这么多游客挤在一起，有不小的安全隐患。景区很多工作人员吃完早饭到岗后，一天下来连口水都不敢喝，就怕去上厕所。游客的参观体验也受影响。游客为了能顺利入园，不得不起个大早，花费数小时排队购票、再排队检票。

2019年5月1日，黄果树景区开始试行实名制分时预约售票；6月6日，全天9个时段的分时预约售票制度正式在景区推行。刚开始，有的游客到了景区后，被告知无法现场买票很不理解，为此，黄果树景区把服务前置，通过黄果树智慧旅游电商平台"快行漫游"等渠道，提前告知游客怎么来景区、如何预约参观，帮助游客更好地了解和适应预约门票制。通过种种努力，如今黄果树景区的购票和入园体验大大改善，实现了从"接待1万人次游客都要排长队"到"接待3万人次游客不用排队"的转变。

乘车——实时显示、智能调度，景区交通顺畅有序

在黄果树景区运营管理指挥调度中心的后台终端，点击进入"智慧调度平台——观光车调度"，景区内的每一台观光车都能实时显示在智慧大屏上；再点击大屏上的车辆，便可查看该车的车辆编号、行驶状态、实时位置、今日已行驶里程、搭载多少位乘客、驾驶员状态等信息。

游客抵达景区后，最理想的体验是能在最短时间内看到核心景观。景区要做的就是合理调动各种资源，帮助游客缩短不必要的等待时间。在黄果树景区，由于大瀑布、陡坡塘、天星桥等景点之间的距离较远，游客必须乘坐观光车往返于出入口和各个景点之间。

以前，观光车调度中心靠对讲机搜集车辆信息，然后用一支笔、一个本进行记录，再把调度指令通过对讲机传递给乘车点和驾驶员。由于不掌握景区整体的实时信息，所以很难实现有效调度。经常出现这样的情况：每个乘车点都在上报游客多、需要观光车，可车辆究竟在哪里、该派去哪里，谁都搞不清。智慧化改造后，观光车不仅是运输工具，还成了管理工具。在掌握游客和观光车实时数据的基础上，调度中心可以高效调度观光车：乘车点出现游客集中，可以随时调度观光车疏散客流；一个方向的客流出现拥挤，可以马上调整观光车运行路线，让游客先去参观人流相对较少的景点。

靠对讲机沟通联络的状况也大有改观。在景区工作人员的手机里，都安装了景区自主

研发的"景区管家"手机 App。进入景区后，每一个工作人员都可以通过 App 实现和指挥中心的实时视频连线，以便出现紧急情况时上报信息、及时反应。在黄果树大瀑布前的观景台上，以往人挤人、脚踩脚的情形消失了，游客们在瀑布前惬意地欣赏美景、拍照留影，参观秩序井然。

游览——智慧产品、多元服务，旅游体验更加丰富

在黄果树景区每个景点的显眼位置，都能看到一个"微信扫码、免费导览"的黄果树景区自助导览系统二维码。用手机扫码进入系统，就能收听该景点的语音介绍。记者在现场看到，很多游客都会拿出手机使用这一服务。小小的二维码，是黄果树旅游产品智慧化的一个缩影。智慧旅游归根结底是为了改善游客体验，旅游产品智慧化正是其中一项重要内容。

以前在黄果树景区，游客要听讲解，只能找景区讲解员。淡季还好，到了旺季，讲解员数量有限，游客排队等待的现象很常见。现在，游客用手机扫描二维码就能免费听语音讲解，不仅随扫随听，还能反复收听。目前，黄果树景区还在不断探索旅游产品智慧化，虚拟现实、增强现实等新产品即将上线，为游客提供更加丰富的旅游体验。

对于景区来说，门票线上预约过程中沉淀的游客数据，不仅可以帮助景区更好地调动资源，也能在改善旅游产品方面发挥更大作用。以前，数据从哪儿来是个难题。比如，为了获取游客来源地的数据，过去只能让工作人员守在高速公路出口，看车牌、画正字。即便如此费力，也只能拿到一些粗略的数据。现在，在智慧景区运营管理指挥调度中心的系统里，点击"游客来源地分析"，来自不同省份游客数量的排名，以及总数、占比、同比增幅等数据一目了然。基于此数据，景区可以更有针对性地调整餐饮、住宿、旅游文创产品等配套产品和服务，更好地匹配不同来源地的游客需求。

旅游是个综合产业，旅游消费也是一连串消费行为的集合。智慧景区建设要有"旅游目的地运营"的视野，从"等着客人来"到"引着客人来"，从"玩好"到"全场景优质消费"，只有这样，才能让游客既一路看到好风景，又全程拥有好心情。

黄果树景区实行分时预约后，不少预约下午时段参观的游客，会利用上午时间到周边景区游览。为此，黄果树旅游集团对周边资源进行了整合、调动，盘活和优化住宿、餐饮、交通及乡村旅游等资源，努力通过智慧化发展实现全链条的消费体验提升。

当前，黄果树景区正继续加快推进智慧化；与此同时，景区尝试和贵州省内以及全国多家景区合作，让智慧旅游的经验和探索在更大范围进行推广应用，并利用大数据深耕旅游目的地生活服务。智慧化是手段，优质化是目的。

资料来源　王珂.智慧景区建设给游客带来新体验［N］.人民日报，2021-07-14（19）.有删减。

分析提示：从全国范围看，5G、大数据、云计算、人工智能、虚拟现实、增强现实等新一代信息技术正在旅游领域加快应用，智慧景区、智慧乡村旅游建设正快速发展。在门票预约方面，线上预约出游的普及率越来越高。同时，各地积极探索智慧旅游公共服务平台模式，"一机游""一码游"等为游客提供多元化体验和服务。另外，不少景区、博物馆等发展线上数字化体验产品，让旅游资源借助数字技术"活起来"，并培育云旅游、云演艺、云直播、云展览等新业态，打造了沉浸式旅游体验新场景。总之，旅游景区应聚焦

游客消费升级新趋势,不断深化智慧旅游探索,为消费者提供更多优质旅游产品和服务。

观念回顾

1.旅游景区安全事故表现形态复杂多样。主要表现为:交通安全事故、治安事故、火灾事故、自然灾害事故、食品中毒事故、环境安全事故、其他意外事故。旅游景区安全事故的原因主要有景区管理者因素、旅游者因素、社会因素等。

2.构建旅游景区安全管理系统是旅游景区安全管理的内在要求。旅游景区安全管理系统由控制机制系统、信息管理系统、安全预警系统、应急救援系统四个子系统组成,四个子系统之间相互联系。

3.智慧景区是指景区对游客、景区工作人员实现可视化管理,优化再造景区业务流程和智能化运营管理,同旅游产业上下游企业形成战略联盟,实现景区环境、社会和经济的全面、协调和可持续发展。"互联网+旅游"在提升游客体验方面的作用比较明显,完善分时段预约游览、流量监测监控、智能停车场等服务,开发数字化体验产品,普及电子地图等智慧化服务,不仅改善了游客的游览体验,还有利于景区优化营商环境,激发创新活力。

4.旅游景区危机是指由于某些事情或事件,致使景区处于一种不稳定状态,甚至危及景区经营目标的实现。旅游景区危机的类型包括战略危机、旅游资源(产品)危机、景区形象和品牌危机、服务质量危机、突发事件危机等。

相关规范

1.《旅游安全管理办法》(国家旅游局第41号令),国家旅游局2016年9月27日发布,自2016年12月1日起施行。

2.《旅游行政处罚办法》(国家旅游局第38号令),国家旅游局2013年5月12日发布,自2013年10月1日起施行。

3.《突发事件应急预案管理办法》(国办发〔2013〕101号),2013年10月25日发布,自印发之日起施行。

应用习题

1.选择一个比较典型的旅游景区安全事故,分析事故形态、发生原因、处理过程及启示。同时,就近选择一个旅游景区,实地了解其安全管理现状,找出其安全隐患,并提出预防安全事故发生的方案。

2.以小组为单位调研一个景区,了解其智慧景区建设在提升游客体验方面的实践,举办"智慧景区与体验"为主题的沙龙活动。

3.以小组为单位搜集新冠疫情发生后,旅游景区面对危机采取的积极有效、有创意的举措,互相分享并交流。

综合案例

文化和旅游部《"十四五"文化和旅游发展规划》（以下简称《规划》）提出，"十四五"时期，我们将贯彻新发展理念，构建新发展格局，以推动旅游业高质量发展为主题，以深化旅游业供给侧结构性改革为主线，注重需求侧管理，坚持旅游为民、旅游带动，坚持科技赋能、创新驱动，不断完善现代旅游业体系，不断发挥旅游业在服务国民经济社会发展、推进文化强国建设、满足人民群众美好生活需要等方面的重要作用。《规划》中的"完善现代旅游业体系"包含深入推进大众旅游、积极发展智慧旅游、大力发展红色旅游、丰富优质旅游产品供给、完善旅游公共设施、提升旅游服务质量、统筹推进国内旅游和出入境旅游发展7项重点任务。在大众旅游方面将突出四项重点：在供给上，进一步丰富和优化旅游产品体系；在需求上，进一步强化消费激励和消费引导；在空间上，进一步优化旅游发展布局；在服务上，进一步强化质量提升和宣传引导。我国旅游景区的发展任重道远！

世界旅游联盟联手知名酒店及旅游业顾问公司浩华管理顾问公司发布的《2021年上半年中国国内旅游市场景气报告》显示：旅游者更加关注旅游公共安全，愈发注重短途周边游和本地休闲游。在需求层面，国民的旅游需求趋于更追求品质，更愿意发掘隐秘、小众和极致体验；在供给层面，更具眼界的旅游企业已将眼光投向国内，促进旅游市场供给端品质升级，众多更新换代的旅游度假产品正应运而生。

本书列举了5个综合案例，这5个综合案例都是我国旅游景区在现实服务和管理中，具有创新理念和创新方法，并给景区带来了很好的发展动力和综合效益的具体案例。这些案例有助于读者开阔视野，更好地理解和把握旅游景区未来的发展趋势，促进读者思考，培养创新能力。

综合案例1　管理运营新思路——村落景区运营，激活内生动力

案例导引

浙江临安通过与爱乡村、会策划、懂营销的乡村运营师团队开展合作，将乡村资源优势、生态优势转化为经济优势、发展优势，探索乡村市场化运营之路。2017年4月，临安

创造性地提出"村落景区"概念，编制了《村落景区临安标准》，并开始招募乡村运营师。3年多来，一大批年轻人在乡村施展才华，一个个项目落户青山绿水间，一批批游客住进村居，临安乡村迎来了翻天覆地的"蝶变"。

微课："始于情怀，忠于梦想"人才回流助力临安乡村振兴

案例资料　　　　　浙江临安：乡村运营师带来新思路、新活力

　　2020年12月31日晚上，虽然气温接近零下10℃，但浙江省杭州市临安区的多个村落中，却是一派热闹非凡的景象：在天目山镇月亮桥村，体验打麻糍、做豆腐、炸玉米粿的游客络绎不绝；晚上8点，高虹镇石门村里"叫好声"不断，杭州杂技总团正在这里表演；晚上10点，在龙上村猷溪畔，游客们手牵着手，绕着熊熊燃烧的篝火起舞欢唱，期盼2021年的到来……如此丰富精彩、宾客尽欢的乡村新景，得益于临安不断探索乡村市场化运营之路。（如图综-1所示）

图综-1　浙江临安乡村旅游

把"后浪"引入乡村

　　与如今的热闹不同，以往，石门村有的仅仅是"冷清的美"。因为地处天目山北脉的水涛庄一级饮用水水源保护区，石门村不能发展工业。石门村却因此得以保留了好山好水，加上明清时期的老街、经营百年的药店、杭徽古道驿站等，石门村的旅游资源不可谓不丰富。2017年年初，临安着手整合美丽乡村，打造村落景区。石门村与相邻的大

山村、龙上村被规划为"龙门秘境"景区。环境整治、房屋外立面改造、旅游集散中心建设等项目紧锣密鼓地推进，短短几个月，村子逐渐显现新气象。然而，单一的旅游业态、偏远的交通区位都削弱了石门村的吸引力，游客来得不多，农民增收缺乏持久动力。

石门村的改变源自乡村运营师娄敏。娄敏就是石门村人，年轻时在外办企业。成就一番事业的她，保持着每月回村看望老人的习惯。招募乡村运营师的政策推出后，临安区文化和广电旅游体育局向娄敏发出邀请："不管村子，只管运营。运营师与村集体自愿签约，双方组建合资公司。村委会管理村庄事务，运营师负责打造旅游产品、策划主题活动，打造具有一定盈利能力的乡村业态，最终收益按照公司股份分成。"既能够发挥所长，又不会被事务性工作所困，被新政策吸引，娄敏决定留下来，成为"龙门秘境"村落景区的乡村运营师。除娄敏之外，在旅游市场摸爬滚打近20年的章小云、从事外贸行业的唐晓丹、法国留学归来的潘青青等10余名乡村运营师陆续到岗，用他们的奇思妙想推动临安从美丽乡村向美丽经济转型。

将乡村带进市场

成为乡村运营师后，娄敏进行清晰的业务规划：农产品包装开发、农家乐整合提升、策划营销活动。入村不久，她就发现，依靠现有的农家乐难以吸引游客，只有充分盘活山水资源，才能形成完整的产业链，乡村才能引得来客，留得住人。为此，她累计投入3 000余万元，流转闲置农房、土地，打造"垄上行"民宿、菊花基地、高山蔬菜基地。短短3年，石门村、龙上村和大山村成为长三角地区游客争相打卡的"网红村"，村集体经济收入分别达到10万元、17.5万元和20万元。石门村还先后入选"2019年度浙江省善治示范村""文化和旅游部第二批全国乡村旅游重点村"名单。

和娄敏"无中生有"的乡村运营实践相比，在清凉峰山脚下的杨溪村里，运营师章小云做的更多的是"好上加好"。早在2014年，杨溪村就与章小云所在的临安旅游集散中心有限公司合作，依托郎氏祠堂、韩世忠墓等，共同开发"忠孝学堂"课程，每年能够吸引1万余名学生前来体验忠孝文化。"但仔细盘算，除了入场费，真正给村庄带来的收益并不多。"在调研了游客与村民的需求后，章小云拿出了运营方案——拉长产业链，拓展新市场。之后，"忠孝学堂"课程加入了做麻酥糖、编草鞋、农耕体验等活动，将原本半天的行程延长至1～2天。同时，利用村落景区建设资金，打造了全新的体验基地，增加了小火车、土灶头、户外运动等体验项目，引来更多游客。以前村里做项目，要么缺少特色，要么种类单一，看不到持续收益。现在不一样了，运营师擅长用市场的角度想问题，游客喜欢什么，就针对性地开发什么，用好了资金，升级了产业，村庄发展也更有生命力。

让村民成为主体

在太阳镇双庙村，运营师唐晓丹把关注重点放在了本村村民上。2018年10月，唐晓丹应邀成为一名乡村运营师，与双庙村合资成立了杭州慕仁文化创意发展有限公司，个人占股65%，村集体占股35%。随后，唐晓丹开始逐门逐户走访，会做木工的罗师傅、种田达人罗阿姨……村民们的手艺让唐晓丹佩服不已，也让她的运营思路逐渐明晰。为了更好地发挥村民特长，展示双庙村风采，唐晓丹带领团队为双庙村量身打造了一条长达4千米的乡村游线路，不仅串联起山谷、水库等核心景点，还安排了豆腐坊、酒坊、油坊、花园餐厅、龙虾餐厅等新业态，再加上不定期举行的乡村集市、音乐节、酿酒节等活动，为双庙村聚拢起过去不曾有的人气。去年年初，唐晓丹的团队联合10余位农业大户，开发了"暇暇农"平台，设计了"田地认养""农产品销售""村民有话说"等板块。在"村民有话说"板块中，10多位村民定期发布音频，传授种田、酿酒经验，引来不少点赞，一跃成为"网红"。

目前，临安区已有14家村落景区与运营师及其团队签约合作，完成落户项目53个，项目总投资达5.2亿元。3年来，12个村落景区共吸引返乡青年100余人，吸引了96位身怀绝技的手工匠人参与运营，增加村民就业岗位200余个。

不久前，临安区青山湖街道举办了招募乡村运营师新闻发布会，洪村村、郎家村、孝村村、白水涧村、研里村、朱村村6个村的书记记分别介绍了当地的文化和旅游资源，签署了"乡村运营师招商服务承诺书"，以此招引更多乡村运营师前来应聘。

无论是挖掘乡村生态、生产、生活价值，还是推动传统产业向文旅、农旅融合等现代产业转变，都不能依赖政府有关部门的无限投入。乡村运营师为乡村带来了新的思路、新的视野、新的活力。临安区每年都会组织第三方机构开展绩效考核，对考核合格的乡村运营师给予20万元至100万元不等的奖励，希望有更多的乡村运营师加入进来，为临安乡村振兴注入更多的活力。

资料来源　靳畅.浙江临安：乡村运营师带来新思路新活力［N］.中国旅游报，2021-01-07（8）.有删减.

案例创新启示

2017年年初，浙江省杭州市临安区首次提出"村落景区"概念，之后进一步提出"村落景区运营"概念，引入市场化运营团队，进行整村性、系统性、多维度的运营，相比投资商只负责项目在村庄的实施和盈利，运营师更注重整个村落的资源利用和多元业态打造，更关心村民观念的转变，更关注如何吸引年轻人返乡创业。只有因地制宜地让村民参与进来，让村子热闹起来，才能激活乡村发展的内生动力。

乡村运营师是乡村运营的主力军，是让村庄活起来、产业旺起来、村民富起来的专业团队。村落运营，在地性与共生性非常重要，一定要让村民得到实实在在的收获。运营商与村委会共同组建运营公司，运营效益好的村子，村民年底会有股金分红，同时，村民的闲置房屋可用于民宿经营，提供家门口的就业机会，通过搭建利益共同体进行"融入式运营"，村落运营才能可持续。以共创、共融、共生、共享为运营理念，实现区域产业共创、经济共融、业态共生、资源共享，以"公司+村+合作社"为运营核心架构，实现公司与村民共赢。

综合案例2　文旅融合新思路——非遗融入生活，焕发时代魅力

案例导引

依托海南传统技艺黎锦、苗绣，传统戏剧琼剧、公仔戏，传统美术椰雕、木雕等丰富的非遗资源，近年来，海南非遗以研学、旅游、直播、文创等全新姿态融入现代生活，展示非遗和当代生活相融的魅力，不仅成为海南旅游的一大亮点，也让非遗传承"见人、见物、见生活"。

案例资料　　　　　　　海南非遗：融入现代生活 焕发旅游魅力

非遗旅游有味道

"感觉海南琼剧特别有意思，虽然听不懂，但旁边的字幕都上了大忙，太精彩了！"来自湖南的张女士无意间"邂逅"海南琼剧，便被其独特的舞美、唱腔吸引。她说，外出旅游，除了山海景致，探寻当地那些具有"烟火气"的生活，可以说是旅途中最大的乐趣。

如今，非遗不仅在逐渐"年轻化"，还在逐步"日常化"。许多细心的市民和游客发现，在海南酒店和景区，身穿黎苗民族服饰的工作人员越来越多，已成为一道靓丽的风景线，竹竿舞早已被列入日常互动节目当中。乡村旅游也正逐渐增加独具特色的沉浸式非遗体验。前不久，在做好疫情防控的前提下，海南琼中云湖乡村旅游区举办了"久久不见久久见——2021年海南（琼中）乡村民歌音乐会"，让人们领略到了海南民歌的魅力。崖州民歌、儋州调声、黎族民歌、临高渔歌等国家级非物质文化遗产大放异彩。与一般音乐会不同，当晚乡村音乐会的歌者来自海南民间，他们放下锄头拿起话筒，收起渔网连上互联网，用别具一格的方式为大家奉献了一场海南民歌的视听展演。

从景区到酒店，从都市到乡村，极具地方特色的非遗项目为旅游者带来"独家记忆"。同时，越来越多综艺节目到海南取景时也不约而同地将镜头转向了海南非遗项目。通过综艺"种草"，人们发现原来除了阳光海浪，带着浓厚历史印记的海南非遗旅游还可以这么好玩！

非遗项目进景区

"一个动作代表一个图腾，真的这么神奇吗？"在海南槟榔谷黎苗文化旅游区内，孩子们正跟随黎族演员学习叮咚舞，了解黎族崇拜的大力神、龟、牛蛙等吉祥物的寓意。在这里，黎族纺染织绣技艺、钻木取火、打柴舞、原始制陶技艺等10项国家级非物质文化遗产项目得以集中展示，成为海南非遗研学的一扇重要窗口。

海南槟榔谷黎苗文化旅游景区近年来将非遗研学作为重点开发项目，以民族文化旅游资源优势为核心，不断拓展基地"产、学、研"配套设施，打造沉浸式体验，让游客近距离感受海南非遗的魅力。

陵水椰田古寨黎苗文化旅游区将海南少数民族原始生存文化、歌舞文化、婚礼习俗等搬上景区"古寨剧场"的舞台，这场名为《高哒莱》（"高哒莱"在黎族语言中是"好久

不见"的意思）的舞台剧是了解海南生活文化和人文风俗最直观、最震撼的沉浸式体验。该剧目自推出以来广受好评。《高哒莱》由海南省民族歌舞团和椰田古寨黎苗文化旅游区联袂出品，是景区的一次成功探索。演出将黎锦、八音竹木乐器、打柴舞等海南非物质文化遗产融入其中，集聚黎苗歌舞艺术精华，让观众在领略海南独有的黎苗民俗风情的同时，了解海南非物质文化遗产。

非遗传承有盼头

在海口骑楼老街，国家级非物质文化遗产琼剧和海南公仔戏"逢节必演"，成为人们在海口感受海南非遗的必打卡项目；在乐东莺歌海盐场，人们在这里探寻一颗海盐的阳光之旅，领略海盐晒制技艺；黎锦服饰大秀走进百年历史文化街区闪耀琼岛；非遗传承人走进电商直播间也早已不是什么新鲜事……目前，海南非遗与旅游、电商、时尚、教育等融合发展，海南旅游也愈发"有滋味"。此外，海南还通过非遗研学创意设计大赛、非遗研学研讨会等系列活动，汇集形成人才智库，为推动非遗产业化发展而精准发力。

资料来源　林雯晶.海南非遗：融入现代生活 焕发旅游魅力［N］.中国旅游报，2021-08-06.有删减.

案例创新启示

　　海南的非遗项目是海南一张重要的文化名片，通过加强和社区、学校、民宿、酒店、景区及更多的商业机构进行跨界融合，能让非遗项目更生动地展现在老百姓的面前，让更多年轻人喜欢非遗、传承优秀传统文化。事实上，旅游业是一个渗透性、关联性、融合性特别强的产业，我们需要不断寻找、发现、推动产业融合的发展模式，尤其应注意以下几个方面：一是要善于捕捉旅游消费热点，发展沉浸式旅游体验，在智慧文旅、人工智能、数字文博、遗产旅游、演艺娱乐等产业融合领域发力。二是要拓宽文旅融合深度，适应人们休闲方式个性化和多元化需要，进一步进行市场细分，增加文化附加值，推动文旅产品整体增值。三是要发展智慧旅游，以数字旅游再造产业链，以新型旅游产业体系驱动消费进一步升级。

综合案例3　旅游服务新思路——关注特殊群体，提升旅游品质

案例导引

　　国家卫健委2021年10月15日公布的《2020年度国家老龄事业发展公报》显示，截至2020年11月1日，全国60周岁及以上老年人口26 402万人，占总人口的18.70%；全国65周岁及以上老年人口19 064万人，占总人口的13.50%。全国老龄工作委员会预测，到2050年，我国60周岁及以上老年人口将达到4.87亿的峰值，占总人口的35%。从旅游业发展角度看，"银发族"是一个不可忽视的旅游客源。近年来，文化和旅游部认真贯彻党中央、国务院决策部署，聚焦老年人需求，推动旅游行业提升老年人服务水平，落实相关优惠政策，让老年人更好享受旅游发展成果。各地开展丰富活动，推出优惠措施，完善、创新助老服务手段，做优老年旅游服务。

案例资料 弘扬孝亲敬老美德 做优老年旅游服务

起式、扎马、云手……2021年10月14日重阳节当天，在江西鹰潭龙虎山景区游客中心，30多名老年人伴随着悠扬的音乐向游客展示太极功夫。当天，景区还举办了百人重阳登山活动，参加活动的老年游客一边登山，一边欣赏龙虎山的丹霞地貌，一路欢声笑语。今年10月是我国第12个"敬老月"，旅游行业面向老年人推出了一系列活动，营造敬老、爱老、助老社会氛围。

敬老爱老 老有所乐

购买糖画、面塑、皮影、翻花等手工艺品；品尝冰糖葫芦、泉水茶汤、黄家烤肉等老济南特色美食；欣赏戏曲演出、非遗展示……10月10日至17日，第三十九届济南千佛山"九月九"重阳山会举办，一系列传统文化、特色民俗活动吸引了不少老年游客。近年来，千佛山风景名胜区不断创新办会内容，重阳山会由原来单一的市集活动逐渐演变，如今加入了更多民俗文化内容，成为传承优秀传统文化的载体，更好满足了老年游客的需求。10月15日，青岛市即墨古城景区组织即墨区北安街道80余位老年人到古城内参观，这样的敬老月活动，即墨古城已开展5年。景区还在节假日、周末不定期组织柳腔、秧歌、大鼓书、相声等文化惠民演出，深受老年游客喜爱。

各地景区积极落实老年优待政策，面向老年游客推出多种优惠。在山西洪洞大槐树景区，65周岁及以上老年人可凭有效证件免费入园，60至64周岁的老年人凭相关有效证件可享门票挂牌价5折优惠。在江西龙虎山景区，60周岁（含）以上老年人可免景区资源性门票（不含经营性的观光车和竹筏票）。

科技适老 更加便捷

随着智能技术在旅游中的应用日渐普及，一些老年人因运用智能技术存在困难，在出游中遇到不便。2020年12月，文化和旅游部办公厅、国家文物局办公室印发了《关于落实〈关于切实解决老年人运用智能技术困难的实施方案〉的通知》，就相关工作做出部署。近一年来，各地聚焦老年游客需求，通过完善传统服务、优化智能产品和服务，让数字时代的旅游服务更加适老。

"阿姨，您点击微信购票后，先选择入园时间，再根据需要选择优惠票种……"2021年10月15日，在福建武夷山景区南入口游客服务中心，在景区工作人员指导下，60岁的江西游客张阿姨通过手机线上预约购票。"我不太会用微信购票，好在这里贴了操作流程，还有工作人员热心帮忙。"张阿姨说。为方便老年游客购票，武夷山景区制作了"景区线上预约购票攻略"，并将之张贴在游客服务中心主要入口处及售票点旁；在游客服务中心设置咨询台，安排工作人员现场答疑解惑，同时设立24小时咨询电话，可随时为老年游客提供咨询。

5月以来，杭州开发了一批体验性更好的适老旅游产品。目前，杭州西湖西溪景区主要景点已全面简化入园流程，实名预约的老年人只需要刷身份证便可直接入园，无需重复"亮码""扫码"。打开艺龙旅行网，进入"无障碍通道"，页面上端有"重置""声音开关""放大""缩小""语速""配色"等一排拇指大的按钮,点击按钮便可进行相关设置。今年以来,艺龙旅行网积极推进适老化及无障碍改造,通过上线相关功能,更好满足老年游客的预订需求。

无微不至　传递温暖

在出游中,老年人在安全、健康等方面有着相对特殊的需求。旅游企业应从细节入手完善设施和服务,彰显对老年人的关爱,传递温暖。西安龙之旅秦风国际旅行社为老年团全程配备一名"金牌导游",随团配有保健医生。在交通工具选择上,以火车、汽车这类"银发族"偏爱的交通工具为主。在景点线路选择上,不安排高风险或高强度的项目。饮食方面,尽量安排偏清淡、口感松软的饮食。山西蓉兴国际旅行社的导游会利用车上的时间教老年游客唱民歌、学方言,并注重交流互动,比如让老年游客介绍自己难忘的事情等。在餐饮方面,其会为老年游客精心安排特色餐和养生餐。行程结束时,导游还会颁发最美家庭奖、最美搭档奖等各种奖,为游客的山西之行留下难忘、美好的回忆。上海龙之梦万丽酒店将细致助老服务贯穿在接待全流程中。客房浴缸及坐便器旁均装有扶手,方便老年人起身。考虑到糖尿病患者的需求,餐厅工作人员会提前告知就餐的老年客人饮料是否含糖。酒店一系列周到服务赢得了老年客人的肯定。

江西龙虎山景区把对老年游客的关爱体现在一项项无微不至的服务中,景区内外设置多个无障碍通道,为老年人游览提供便利;景区检票处为老年人提供优先检票服务;游客中心为行动不便的老年人免费提供轮椅租赁服务;景区设置第三卫生间,为行动不便的老人如厕提供便利。

资料来源　崔哲.弘扬孝亲敬老美德 做优老年旅游服务［EB/OL］.［2021-10-19］. http://www.top-tour.cn/index.php?m=content&c=index&a=show&catid=16&id=28337.有删减.

案例创新启示

《中华人民共和国国民经济和社会发展第十四个五年规划和2035年远景目标纲要》提出,发展银发经济,开发适老化技术和产品,培育智慧养老等新业态。我国于2016年推出《旅行社老年旅游服务规范》,针对老年旅游者的特点,对旅游产品、行程安排、保险及相关特殊服务提出了要求。旅游景区要建设成老年友好型景区,加快对现有旅游设施进行适老化改造,使景区里多一些适老化设施,旅游活动多一些适老化特色,以更加适应老年游客的实际需要。这不仅能丰富老年人的精神文化生活,让其有更多获得感、幸福感、安全感,还能推动旅游供给侧结构性改革,释放老年人的旅游消费需求,让老年人更爱旅游,也更享受旅游。

综合案例4　产品开发新思路——微旅游慢生活,发现身边美好

案例导引

近年来,在旅游人数和行业规模不断扩大的同时,旅游市场不断细分。聚焦都市圈周

边的"微旅游"等新兴业态开始成为行业发展的重要方向。相比千里迢迢去遥远之地看风景，发现身边的美好，来一场说走就走的"微旅游"，在疫情防控常态化下，显得更方便、更轻松。"微旅游"让人们有充足的时间，在一处景点、一个街区、一个主题慢慢游、细细品，游出不同的味道。

据报道，2021年以来，上海市推出了多种半日游、一日游产品，包括时尚都市、历史古镇、文化探寻、乡村休闲、健康徒步、欢乐亲子等内容，融旅游和本地生活于一体，受到本地市民和外来游客的欢迎。这种旅程短、费用低，又有特色的旅游方式被业界称为"微旅游"。让"微旅游"的体验更丰富，让"微旅游"更好地融入历史风貌、时尚潮流、文娱生活、特色美食等元素，对"微旅游"产品的设计研发和服务质量都提出了新要求。

案例资料　　　　　　　公共空间"微旅游"新型文化"慢生活"

不久前，以"微旅游、慢生活"为导向，上海市文化和旅游局会同全市16个区，启动了上海市"家门口的好去处"评选，最终遴选出了50个场所，其中，徐汇区有5个场所上榜，分别是：画家街、康健社区体育公园、66梧桐院·邻里汇、水岸汇·云建筑站和嘉澜庭。这些亲民便民、宜乐宜游的新型文化旅游公共空间究竟怎么样？

画家街在上海已有20多年的历史，紧邻近代工艺美术的发源地土山湾。明朝大学士、大科学家徐光启，谥号"文定公"，画家街所在的"文定路"因此得名。如今，画家街作为文定坊的一张文化名片，成为新艺术聚集地。定期举行的现场写生、画画体验等活动，备受周边居民的喜爱。（如图综-2所示）

图综-2　画家街

康健社区体育公园（康健社区体育场）是2004年建成的上海市首家社区体育场，占地13 000平方米，设有足球场、篮球场、健身步道、羽毛球馆、乒乓球馆、市民健身中心等设施，全年无休。2019年6月改建开放的康健街道市民健身中心，特别建设了智慧管理系统，实现以全人群、全时段、全功能、智能化为一体的智慧型运动中心。（如图综-3所示）

图综-3　康健社区体育公园

　　66梧桐院·邻里汇地处衡复风貌区的中心位置，建筑面积约1 200平方米，是一座具有88年历史的文物保护建筑，是居民群众家门口的"一站式"社区综合服务体，党群站、会客厅、托老所、便民点一应俱全。"邻里餐厅""梧桐会客厅""天天影吧""喜阅书吧"等设施，为市民解决了养老、育幼、就餐、理发等"刚性需求"。（如图综-4所示）

图综-4　66梧桐院·邻里汇

　　水岸汇·云建筑站是徐汇滨江岸线特别设置的公共服务配套设施，围绕休憩、便民、资讯、旅游、应急、党群6大核心功能，如今已成为既有卓越水岸品质，又有西岸文化特色，更有生活服务温度的公共服务品牌。（如图综-5所示）

图综-5　水岸汇·云建筑站

　　嘉澜庭经过重新设计后，变身为老百姓身边的开放口袋公园，中间是开阔的喷水广场，四周设置了休憩回廊。专为口袋公园打造的口袋咖啡坐落在广场南侧，自由、休闲、温暖、活力的氛围吸引越来越多人在这里驻足停留。嘉澜庭为周边居民群众提供了风貌区难得的舒适停留和休憩交流的户外公共空间，也为风貌区保护发展注入了生机与活力。（如图综-6所示）

图综-6　嘉澜庭

资料来源　吴学安. 公共空间"微旅游"新型文化"慢生活"——徐汇5个场所入选"家门口的好去处"[EB/OL]. [2021-02-22]. https://mp.weixin.qq.com/s/b-Ab2xrgAHZvTTm48wXhsw.有删减.

案例创新启示

"微旅游"体现了新的旅游方式和生活方式，游客在有限空间中停留，像手持一个放大镜，慢慢欣赏因快速的生活节奏而忽略的美。一路走，一路看，最是寻常动人心。一场说走就走的慢游，通过富有个性、参与感的深度体验，收获新的城市感悟。

"微旅游"是一种健康休闲的生活方式。游客不需要舟车劳顿，只需要利用闲暇时间，便可细细感受城市肌理，发现家门口的美景。消费者对于"微旅游"的关注反映了旅游休闲观念的转变。随着生活水平的提高，人们愈发注重旅游带来的身心愉悦感。"微旅游"大多是心向往之而达成的出游，因为时间花费不多，随时可以出发，不需要太多的行装，也不需要长时间精心计划和安排。

"微旅游"实际上与自助游、自驾游相似。游客在乎的不是目的地，而是看风景时的心情。一方面，旅游企业要挖掘更多既符合未来发展趋势，又有别于传统旅游概念的"微旅游"产品，在细节上追求精致，围绕特色旅游资源，打造出个性化特色旅游产品。另一方面，有关部门要通过大数据分析，深入了解新潮的玩法和发掘新的旅游资源，帮助平台商家设计新型"微旅游"产品，并通过大数据技术对多样化产品和需求进行精准供需匹配。

综合案例5　营销策划新思路——多元化新媒体，运营思维景区

案例导引

Z世代指1995年至2009年之间出生的一代人。Z世代消费者已经成为旅游业朝阳消费

人群，他们喜欢的旅行内容呈现多样化、个性化的特点，短内容对Z世代的渗透率明显高于其他群体。跨界营销帮助景区不断"上新"，让景区越来越"有搞头"，也成为吸引年轻客群的一种有效手段。

案例资料　　迎接Z世代新消费浪潮 海南景区"破圈"营销

跨界合作

2021年5月，泡泡玛特潮玩IP DIMOO以5米高潜水员形象出现在三亚·亚特兰蒂斯失落的空间水族馆，成为三亚·亚特兰蒂斯的新地标。与此同时，泡泡玛特海洋主题店入驻其中，为消费者打造独特的线下体验空间，实现"线上"到"线下"的流量转换。亚特兰蒂斯海洋主题与潮玩品牌泡泡玛特进行跨界合作反响热烈，活动推出一个月便在线上获得超过20亿次的强势曝光，这也让三亚·亚特兰蒂斯独特的海洋文化实现"破圈"传播。

三亚海昌梦幻海洋不夜城以"影视综艺打卡不夜城""电竞IP竞技赛""三亚之眼·摩天轮应援""电商成团夜"等形式与浙江卫视、腾讯游戏、爱奇艺、京东等知名品牌达成合作，借助粉丝经济、明星效应、电竞热潮、电商流量等力量，获取精准客群，从而提升品牌知名度。

"音乐节+旅游"的模式被广泛看好，总结草莓音乐节、MDSK音乐节、ISY电音节的成功经验，各景区开始架起音乐舞台，吸引乐迷们开启爱乐之旅。作为国内最受年轻人喜欢的大型音乐节之一，2021迷笛音乐节在国庆期间于三亚天涯海角景区举办，很多乐迷早早将国庆之旅定在了三亚。海南的沙滩、椰影和音乐节的活力四射相配。和三亚天涯海角景区一样，儋州海花岛旅游度假区同样将目光锁定在了国庆假期，水母烟花音乐节提供了"音乐节+烟花秀+灯光秀"多维度视听体验，实现音乐文化与旅游经济互促共进发展。

打造网红

在天涯海角怎么把夕阳和海浪同框拍出唯美大片？在天涯书局如何拍出吸睛大片？天涯故事文创店要如何"出圈"？三亚天涯海角景区开通微信视频号，除分享景区美景和游乐项目，还特别推出了一系列"宝藏级拍照教程"视频，形式多样的视频作品为屏幕前的观众"种草"。景区希望通过短视频向游客推荐他们喜闻乐见的内容，从而激发他们的出游需求。

三亚大小洞天景区牢牢抓住游客拍照"打卡"需求，去年打造了高端婚拍基地，短短几个月内新建了南海福门、婚庆礼堂、网红秋千、无边泳池、瀑布假山、中国风背景墙等42个婚拍景点，被网友誉为"必去拍照胜地，分分钟出大片"，成为该景区去年下半年的最大亮点。

带着对热带滨海风光的向往，冲浪、潜水、帆船、桨板、赶海等特色项目成为不少人来到海南进行"玩海初体验"的"打卡"首选。瞄准这种个性需求，海南多家滨海景区近两年也加大了亲水运动项目的投入，共同打造出"玩海胜地"这一旅游形象，进一步打造海南"玩海"名片，聚拢更多人气。

综艺圈粉

随着综艺节目《披荆斩棘的哥哥》的热播，海口观澜湖冯小刚电影公社热度飙升；从热带雨林到山间风月，再到滨海休闲，旅游度假综艺《完美的夏天2》带领观众深入海南多地感受海岛美景；《奔跑吧兄弟》多次前往海南取景，全方位展现海南风土人情及丰富旅游资源……借力综艺，海南众多景区走进大众视野，新奇有趣的玩法不断刷新人们对海南旅游的认识和想象，带来流量增长。在海南岛全岛上进行整季拍摄的旅游度假综艺《完美的夏天2》，堪称海南旅游宣传片。《完美的夏天2》是继《恰好是少年》后又一档在红峡谷取景录制的综艺，该节目将海岛独有风光、人文风情与嘉宾的表现相融合，以嘉宾真实体验为载体，全方位展现海岛风情。三亚西岛、陵水分界洲岛、万宁日月湾、琼中黎母山、五指山红峡谷等也借此机会进一步实现"走出去"，扩大景区知名度。

而凭借深厚的文化底蕴和浓郁的海南味成为各大综艺节目组"心动嘉宾"的海南槟榔谷黎苗文化旅游区更是圈粉无数。人们通过镜头，学习黎族问候方式，了解黎族纺染织绣技艺、钻木取火技艺、打柴舞、竹木器乐等一批非物质文化遗产，感受传承千年的文化魅力。

资料来源　林雯晶.迎接Z世代新消费浪潮 海南景区"破圈"营销［EB/OL］.［2021-10-19］.http：//www.toptour.cn/index.php?m=content&c=index&a=show&catid=16&id=28340.有删减.

案例创新启示

当下景区营销方式从传统媒介走向多元化新媒体推广发展，跨界营销是大势所趋。如今社交媒体在旅游市场作用显著，基于特色体验的"网红打卡"吸引着爱玩、爱分享的Z世代。

新媒体营销的渠道，主要包括但不限于：门户网站、搜索引擎、微博、微信、SNS、博客、播客、BBS、RSS、百科等。新媒体营销并不是单一地通过上面的渠道中的一种进行营销，而是通过多种渠道整合营销，也可以与传统媒介营销相结合，形成全方位立体式营销。（如图综-7所示）

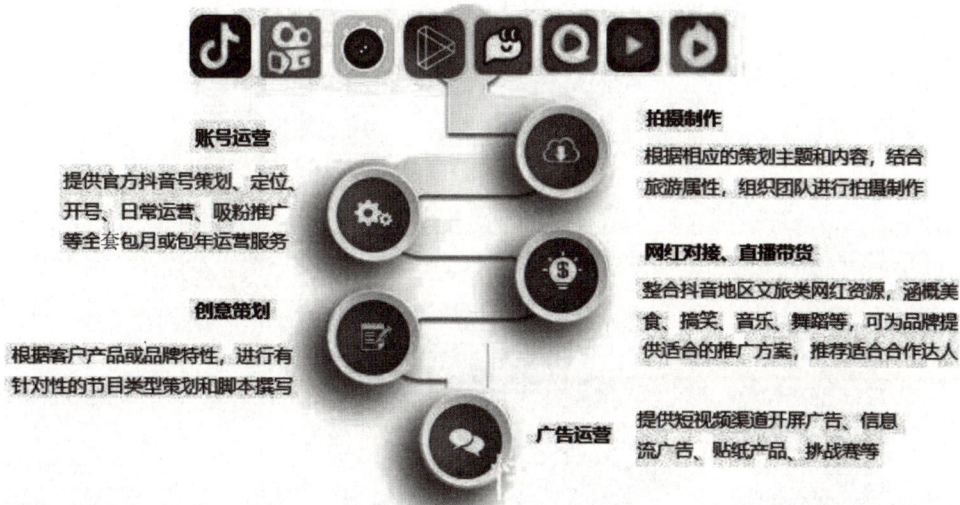

账号运营
提供官方抖音号策划、定位、开号、日常运营、吸粉推广等全套包月或包年运营服务

创意策划
根据客户产品或品牌特性，进行有针对性的节目类型策划和脚本撰写

拍摄制作
根据相应的策划主题和内容，结合旅游属性，组织团队进行拍摄制作

网红对接、直播带货
整合抖音地区文旅类网红资源，涵概美食、搞笑、音乐、舞蹈等，可为品牌提供适合的推广方案，推荐适合合作达人

广告运营
提供短视频渠道开屏广告、信息流广告、贴纸产品、挑战赛等

图综-7　部分新媒体营销示意

近年来，文旅项目"重开发，轻运营"的理念逐步退出历史舞台，"内容为王""运营为王"的时代号角正在吹响，景区应该走出一条独特且适合自身发展的道路——用新媒体运营思维经营旅游景区。

主要参考文献

［1］蒋保安.乡村旅游三十六计：建设36计+运营36计［M］.北京：经济管理出版社，2019.

［2］周亚敏.全球绿色治理：直面经济增长与环境升级［M］.北京：社会科学文献出版社，2019.

［3］谢镕键，张丹丹，曾令明，等.民族地区旅游扶贫"什寒模式"研究［M］.北京：中国旅游出版社，2018.

［4］汪传才.旅游景区法律风险控制机制的实证研究［M］.北京：中国旅游出版社，2018.

［5］王芳.世界自然遗产地旅游富民模式与机制研究：以博格达片区为例［M］.北京：中国农业出版社，2018.

［6］干永福，李卫宁.乡村旅游产品实务：乡村旅游案例百则［M］.北京：中国旅游出版社，2018.

［7］罗景峰.旅游安全风险综合评价技术及应用［M］.北京：社会科学文献出版社，2018.

［8］四川省旅游培训中心.乡村旅游创新案例：乡村旅游操盘手实录与经验分享［M］.北京：中国旅游出版社，2018.

［9］王欣.文化创意旅游发展研究：机制与模式［M］.北京：旅游教育出版社，2018.

［10］黄平芳.流动与圈定：一个客家山村的旅游发展与社区重构［M］.北京：旅游教育出版社，2018.

［11］谢小芹.制造景观：基于黔东南乡村旅游实践的叙事［M］.北京：社会科学文献出版社，2018.

［12］徐丁，李瑞雪，武建丽.休闲农业与乡村旅游［M］.北京：中国农业科学技术出版社，2018.

［13］中国旅游研究院.中国研学旅行发展报告（2017）［M］.北京：旅游教育出版社，2018.

［14］李金领.旅游商品营销与设计［M］.北京：中国纺织出版社，2018.

［15］成国良．民俗文化与旅游工艺品设计［M］．北京：中国纺织出版社，2018．

［16］梁俊山．旅游网络舆情危机与政府治理创新：以五台山景区为例［M］．北京：中国书籍出版社，2018．

［17］耿松涛，宋蒙蒙．产业融合背景下的旅游创新业态发展研究［M］．北京：知识产权出版社，2018．

［18］方法林．开放式景区的发展：模式、管理与效应［M］．北京：旅游教育出版社，2018．

［19］邓宁，牛宇，厉新建．2017年中国5A景区网络口碑指数报告［M］．北京：旅游教育出版社，2018．

［20］王维艳．社区参与旅游发展制度增权二元分野比较研究［J］．旅游学刊．2018（7）．

［21］陆锋．新媒体时代的旅游目的地宣传和营销［J］．旅游学刊．2018（4）．

［22］吕俊芳，张嘉辰．国内近20年旅游目的地研究述评［J］．安阳师范学院学报，2018（2）．

［23］沈泽江．中国农业公园理论探索［M］．北京：中国农业出版社，2017．

［24］邢中有．我国体育旅游产业集群竞争力提升研究［M］．北京：中国水利水电出版社，2017．

［25］陈卫新．民宿在中国［M］．沈阳：辽宁科学技术出版社，2017．

［26］邹统钎．旅游景区开发与管理［M］．北京：清华大学出版社，2021．

［27］徐挺，朱虹．旅游景区游客中心规划与管理［M］．北京：中国旅游出版社，2017．

［28］徐挺．景区旅游商品开发与管理案例［M］．北京：中国旅游出版社，2017．

［29］仇梦嫄，张婕，张宏磊，等．基于旅游声景认知的游客环保行为驱动机制研究：以厦门鼓浪屿为例［J］．旅游学刊．2017（11）．

［30］李渊．旅游者时间约束和空间行为特征的景区旅游线路设计方法研究［J］．旅游学刊．2016（9）．

［31］陆霖．旅游景区服务质量管理及其实证研究［M］．北京：北京交通大学出版社，2016．

［32］舒伯阳，王季云．旅游景区标准化管理实务［M］．北京：中国标准出版社，中国质检出版社，2015．

［33］姜若愚．旅游景区服务与管理［M］．3版．大连：东北财经大学出版社，2011．

［34］邹统钎．遗产旅游管理经典案例［M］．北京：中国旅游出版社，2010．

［35］杨振之，魏荔莉，张丹，等．景区升级与服务质量管理［M］．北京：科学出版社，2009．

［36］王瑜．旅游景区管理实训教程［M］．北京：机械工业出版社，2009．

［37］沈绍岭．旅游景区细微管理［M］．北京：中国旅游出版社，2009．

［38］吴贵明，王瑜．旅游景区安全案例分析［M］．上海：上海财经大学出版社，

2008．

　　［39］维佛卡．旅游解说总体规划［M］．郭毓洁，等，译．北京：中国旅游出版社，2008．

　　［40］孙英杰，王慧元．景区餐饮业的经营管理研究［J］．产业与科技论坛，2008（7）．

　　［41］高峻．旅游景区开发与管理［M］．大连：东北财经大学出版社，2007．

　　［42］董观志．景区经营管理［M］．广州：中山大学出版社，2007．

　　［43］马勇，李玺．旅游景区管理［M］．北京：中国旅游出版社，2005．

　　［44］周玲强．旅游景区经营管理［M］．杭州：浙江大学出版社，2006．

　　［45］郭亚军．旅游景区管理［M］．北京：高等教育出版社，2006．

　　［46］钟永德．旅游景区管理［M］．长沙：湖南大学出版社，2005．

　　［47］谢彦君．基础旅游学［M］．北京：中国旅游出版社，2004．

　　［48］罗佳明，中国遗产管理体系研究［M］．上海：复旦大学出版社，2004．

　　［49］邹统钎．旅游景区开发与经营经典案例［M］．北京：旅游教育出版社，2003．

　　［50］彭德成．中国旅游景区治理模式［M］．北京：中国旅游出版社，2003．

　　［51］赵黎明．旅游景区管理学［M］．天津：南开大学出版社，2009．

　　［52］杨正泰．旅游景点景区开发与管理［M］．福州：福建人民出版社，2000．

　　［53］杨富斌．旅游景区经营管理中的法律问题［M］．北京：中国旅游出版社，2006．

附　录　推荐网站

1.中华人民共和国文化和旅游部，https：//www.mct.gov.cn/

2.中国旅游新闻网，http：//www.ctnews.com.cn/

3.第一旅游网，http：//www.toptour.cn./

4.三江源国家公园，http：//sjy.qinghai.gov.cn/

5.大熊猫国家公园，http：//www.giantpandanationalpark.com/

6.东北虎豹国家公园，http：//www.hubaogy.cn/

7.海南热带雨林国家公园，http：//www.hntrnp.com/

8.武夷山国家公园，http：//wysgjgy.fujian.gov.cn/

9.黄山风景名胜区管理委员会，http：//hsgwh.huangshan.gov.cn/

10.杭州西湖风景名胜区管理委员会，http：//westlake.hangzhou.gov.cn/

11.宁夏沙坡头旅游区，http：//whhlyt.nx.gov.cn/content_lyzx.jsp?id=9123

12.中国科学院西双版纳热带植物园，http：//www.xtbg.ac.cn/

13.周庄旅游，http：//www.zhouzhuang.net/

14.景德镇古窑民俗博览区，http：//www.chinaguyao.com/index.html

15.南山文化旅游区，http：//www.nanshan.com/nanshan/index.html

16.灵山集团，http：//www.chinalingshan.com/

17.清明上河园，http：//www.qingmings.com/

18.故宫博物院，https：//www.dpm.org.cn/Home.html

19.秦始皇帝陵博物院，http：//www.bmy.com.cn/

20.中华恐龙园，http：//www.cnkly.com/index.html

21.长隆度假区，http：//www.chimelong.com/

22.宋城集团，https：//www.songcn.com/group/

23.携程旅行网，https：//www.ctrip.com/

24.驴妈妈旅游网，http：//www.lvmama.com./

25.张家界旅游，http：//www.zjjw.com/

26.浙江特色小镇官网，https：//tsxz.zjol.com.cn/

27.福州三坊七巷官网，https：//www.fzsfqx.com.cn/

28.海南全域旅游网，http：//www.lvyou.hi.cn/